REVISTA DE DIREITO MERCANTIL
industrial, econômico e financeiro

116

Publicação do
Instituto Brasileiro de Direito Comercial Comparado
e Biblioteca Tullio Ascarelli
do Departamento de Direito Comercial
da Faculdade de Direito da Universidade de São Paulo

Ano XXXVIII (Nova Série)
outubro-dezembro/1999

MALHEIROS EDITORES

REVISTA DE DIREITO MERCANTIL
industrial, econômico e financeiro

Nova Série — Ano XXXVIII — n. 116 — outubro-dezembro de 1999

REVISTA DE DIREITO MERCANTIL
publicação trimestral de
MALHEIROS EDITORES LTDA.
Rua Paes de Araújo, 29, conjunto 171
CEP: 04531-940
São Paulo, SP - Brasil
Tel. 3842-9205 - Fax 3849-2495

Assinaturas e comercialização:
CATAVENTO DISTRIBUIDORA DE LIVROS S.A.
Rua Conselheiro Ramalho, 928
CEP 01325-000
São Paulo, SP - Brasil
Tel. 289-0811 - Fax. 251-3756

Diretor Responsável: Álvaro Malheiros
Diretora: Suzana Fleury Malheiros

Supervisão Gráfica: Vânia Lúcia Amato
Composição: EDITORA FRASE LTDA.

SUMÁRIO

NOTÍCIAS DO INSTITUTO

ASSINATURA DO "CONVÊNIO DE COOPERAÇÃO" ENTRE A COMISSÃO DE VALORES MOBILIÁRIOS — CVM E O INSTITUTO BRASILEIRO DE DIREITO COMERCIAL COMPARADO E BIBLIOTECA TULLIO ASCARELLI 7

RESOLUÇÃO USP 4.708, DE 22.9.1999 — Institui e baixa o regulamento do "Prêmio Universidade de São Paulo de Direitos Humanos" 9

DOUTRINA

O NOVO DIREITO DE RETIRADA DO ACIONISTA NOS CASOS DE FUSÃO E INCORPORAÇÃO

— Fábio Konder Comparato 11

PATENTE E BIOTECNOLOGIA: QUESTÕES SOBRE A PATENTEABILIDADE DOS SERES VIVOS

— Luiz Guilherme de Andrade Vieira Loureiro 17

ATUALIDADES

ALGUNAS CUESTIONES SOBRE LA LIBRE PRESTACIÓN DE SERVICIOS EN EL MERCADO ÚNICO EUROPEO

— Alfonso-Luis Calvo Caravaca e Javier Carrascosa González 78

NÓTULAS SOBRE O NOVO ESTATUTO DA MICROEMPRESA

— Rachel Sztajn 97

A LEI-MODELO SOBRE ARBITRAGEM COMERCIAL INTERNACIONAL DA UNCITRAL EM FACE DA LEI BRASILEIRA DE ARBITRAGEM

— Eduardo Grebler 101

PRESSUPOSTOS DA QUEBRA

— Jorge Lobo 110

OS CAMINHOS DA ÉTICA NO "FRANCHISING". A importância de um Código de Ética

— Luiz Felizardo Barroso 118

A CÉDULA DE CRÉDITO BANCÁRIO (Medida Provisória 1.925, de 14.10.1999)

— Haroldo Malheiros Duclerc Verçosa 129

CONSELHO MONETÁRIO NACIONAL, BANCO CENTRAL DO BRASIL E COMISSÃO DE VALORES MOBILIÁRIOS. Considerações acerca de sua natureza jurídica, em face das chamadas "Agências Administrativas"

— Egon Bockmann Moreira 136

FECHAMENTO DE CAPITAL, EXTINÇÃO DA OFERTA PÚBLICA NO "TAKE OVER" DA COMPANHIA E OUTROS PROBLEMAS AFETOS À PROTEÇÃO DAS MINORIAS SOCIAIS
— João Luiz Coelho da Rocha 151

A ALIENAÇÃO DE CONTROLE ACIONÁRIO DE COMPANHIA ABERTA E O DEVER DE INFORMAÇÃO AO MERCADO
— Heller Redo Barroso 157

EMISSÃO DE AÇÕES PREFERENCIAIS POR INSTITUIÇÕES FINANCEIRAS — LIMITE DE 50% DO CAPITAL SOCIAL
— Simone Lahorgue Nunes 162

A CONVENÇÃO DE VIENA SOBRE COMPRA E VENDA INTERNACIONAL DE MERCADORIAS E SUA UTILIDADE NO BRASIL
— Adriana de Oliveira Giffoni 167

JURISPRUDÊNCIA COMENTADA

SOCIEDADE POR QUOTA — MORTE DE UM DOS SÓCIOS — HERDEIROS PRETENDENDO A DISSOLUÇÃO PARCIAL — DISSOLUÇÃO TOTAL REQUERIDA PELA MAIORIA SOCIAL — CONTINUIDADE DA EMPRESA
— Paulo Salvador Frontini 171

A LEI E A VONTADE DO ESTADO. Sociedade anônima. Cisão. Direito de recesso. Subsistência desse direito mesmo após a vigência da Lei 7.958/89 que, modificando o disposto no art. 137 da Lei 6.404/76, absteve-se, entretanto, de alterar o contido no art. 230, *caput* da mesma Lei que também regulava o direito de retirada
— Frederico Simionato 180

ESPAÇO DISCENTE

EFICIÊNCIA ALOCATIVA DAS NORMAS DE DIREITO SOCIETÁRIO EM RELAÇÃO AO ACIONISTA MINORITÁRIO
— Uinie Caminha 194

PARECERES

CESSÃO DE CRÉDITO NO MERCADO FINANCEIRO
— Nelson Eizirik 200

ILEGALIDADE DA ARRECADAÇÃO DOS BENS DA SOCIEDADE CONTROLADA NA FALÊNCIA DE SUA CONTROLADORA
— Celso Barbi Filho 211

Errata referente a trabalho publicado na *RDM* 114, de autoria do Prof. Doutor Newton de Lucca: onde se lê, na p. 32, "uma companhia com dois acionistas, um com a totalidade das ações votantes (1/3 do capital) e outro com a totalidade das ações votantes (2/3 do capital (...)", leia-se: "uma companhia com dois acionistas, um com a totalidade das ações votantes (1/3 do capital) e outro com todas as ações preferenciais (2/3 do capital) (...)".

COLABORAM NESTE NÚMERO

ADRIANA DE OLIVEIRA GIFFONI
Advogada em Belo Horizonte

ALFONSO-LUIS CALVO CARAVACA
Catedrático de Derecho Internacional Privado - Universidad Carlos III de Madrid

CELSO BARBI FILHO
Professor-Assistente e Mestre em Direito Comercial na Faculdade de Direito da Universidade Federal de Minas Gerais. Procurador do Estado de Minas Gerais

EDUARDO GREBLER
Professor da Faculdade de Direito da Pontifícia Universidade Católica de Minas Gerais

EGON BOCKMANN MOREIRA
Mestrando em Direito Administrativo da Pontifícia Universidade Católica de São Paulo. Chefiou a Consultoria Jurídica do Ministério Federal da Administração e Reforma do Estado (1º semestre/1995). Advogado em Curitiba

FÁBIO KONDER COMPARATO
Doutor *Honoris Causa* da Universidade de Coimbra. Doutor em Direito da Universidade de Paris. Professor Titular da Faculdade de Direito da Universidade de São Paulo

FREDERICO SIMIONATO
Mestre em Direito e Doutorando em Direito Comercial da Faculdade de Direito da Universidade de São Paulo

HAROLDO MALHEIROS DUCLERC VERÇOSA
Mestre e Doutor em Direito pela Faculdade de Direito da Universidade de São Paulo. Professor de Direito Comercial nos Cursos de Graduação e Pós-Graduação da USP e da UNICID

HELLER REDO BARROSO
Advogado no Estado do Rio de Janeiro

JAVIER CARRASCOSA GONZÁLEZ
Profesor Titular de Derecho Internacional Privado - Universidad Carlos III de Madrid

JOÃO LUIZ COELHO DA ROCHA
Professor de Direito Comercial da Pontifícia Universidade Católica do Rio de Janeiro. Advogado

JORGE LOBO
Livre-Docente em Direito Comercial pela Universidade Estadual do Rio de Janeiro. Advogado

LUIZ FELIZARDO BARROSO
Professor-Adjunto em Direito Comercial da Faculdade de Direito da Universidade Federal do Rio de Janeiro. Advogado

LUIZ GUILHERME DE ANDRADE VIEIRA LOUREIRO
Juiz de Direito e Mestrando em Direito Internacional da Faculdade de Direito da Universidade de São Paulo

NELSON EIZIRIK
Advogado

PAULO SALVADOR FRONTINI
Professor das Faculdades de Direito da USP e da Faculdade de Direito do Centro Universitário UNIFIEO. Doutor em Direito pela USP. Ex-Procurador-Geral de Justiça do Estado de São Paulo. Advogado no Estado de São Paulo

RACHEL SZTAJN
Professora-Associada da Faculdade de Direito da Universidade de São Paulo

SIMONE LAHORGUE NUNES
Mestranda na Faculdade de Direito da Universidade de São Paulo. Advogada no Estado do Rio de Janeiro

UINIE CAMINHA
Pós-Graduanda da Faculdade de Direito da Universidade de São Paulo

Notas do Instituto

Solenidade de assinatura do "Convênio de Cooperação" entre a CVM — Comissão de Valores Mobiliários e o Instituto Brasileiro de Direito Comercial Comparado e Biblioteca Tullio Ascarelli, presidida pela Professora Doutora Ivette Senise Ferreira, D.D. Diretora da Faculdade de Direito do Largo de São Francisco.

A solenidade se realizou aos 6 de outubro de 1999, no salão Visconde de São Leopoldo, tendo as entidades sido representadas, respectivamente, pelo Doutor Francisco da Costa e Silva e pelo Professor Doutor Luiz Gastão Paes de Barros Leães.

Notas do Instituto

RESOLUÇÃO USP-4.708, DE 22.9.1999

Institui e baixa o regulamento do "Prêmio Universidade de São Paulo de Direitos Humanos".

O Reitor da Universidade de São Paulo, tendo em vista o deliberado pela Comissão de Legislação e Recursos em sessão de 23 de agosto de 1999, baixa a seguinte Resolução:

Art. 1º. É instituído na Universidade de São Paulo o "Prêmio Universidade de São Paulo de Direitos Humanos".

Art. 2º. Fica aprovado o Regulamento do "Prêmio Universidade de São Paulo de Direitos Humanos", anexo a esta Resolução.

Art. 3º. O "Prêmio Universidade de São Paulo de Direitos Humanos" será outorgado a partir do ano 2000.

Art. 4º. Esta Resolução entra em vigor na data de sua publicação (Proc. USP 99.1.6120.1.6).

"PRÊMIO UNIVERSIDADE DE SÃO PAULO DE DIREITOS HUMANOS"

REGULAMENTO

Capítulo I — Do Prêmio

Art. 1º. O "Prêmio Universidade de São Paulo de Direitos Humanos" visa identificar e distinguir, anualmente, pessoas e instituições que, por suas atividades exemplares, tenham contribuído significativamente para a difusão, disseminação e divulgação dos Direitos Humanos no Brasil.

Parágrafo único. O "Prêmio Universidade de São Paulo de Direitos Humanos" consiste em troféu especialmente criado e diploma assinado pelo Reitor da Universidade de São Paulo.

Art. 2º. O "Prêmio Universidade de São Paulo de Direitos Humanos" será atribuído nas seguintes modalidades:

I — Prêmio individual: outorgado à pessoa física que se distinguir por estudos/pesquisas e ou em ações concretas, desenvolvidos na defesa ou na promoção dos Direitos Humanos.

II — Prêmio institucional: distinção a pessoas jurídicas, de direito civil ou de direito público, ou ainda grupo de pesquisas que tenham realizado ou estejam desenvolvendo atividades destacadas, positivas na difusão e promoção de Direitos Humanos.

Capítulo II — Dos Candidatos e Inscrição

Art. 3º. Podem ser indicados ou se inscrever pessoalmente candidatos de qualquer nacionalidade, sexo, idade, formação ou profissão, radicados no Brasil.

Art. 4º. As inscrições serão abertas anualmente pela Comissão de Direitos Humanos da Universidade de São Paulo, que divulgará o local e o período para seu recebimento.

Parágrafo único. O material enviado para inscrição não será devolvido.

Art. 5º. Nas inscrições individuais devem ser apresentados:

I — Ficha de inscrição devidamente preenchida, a ser retirada na sede da Comissão ou pedida via correio, fax ou e-mail.

II — Justificativa escrita, com informações sobre os trabalhos publicados, indicação das pesquisas efetuadas, das atividades realizadas pelo candidato e, se houver, cópia das principais publicações, bem como documentação visual e sonora.

Art. 6º. Nas inscrições institucionais devem ser apresentados:

I — Ficha de inscrição devidamente preenchida, a ser retirada na sede da Comissão ou pedida via correio, fax ou e-mail.

II — Ofício de encaminhamento assinado por responsável legal da instituição.

III — Justificativa escrita, com informações sobre os trabalhos publicados e/ou atividades realizadas pela instituição ou pelo grupo de pesquisas e, se houver, cópia das principais publicações, pesquisas e/ou documentação visual ou sonora.

Capítulo III — Da Comissão Organizadora e da Comissão Julgadora

Art. 7º. A Comissão Organizadora é a Comissão de Direitos Humanos da Universidade de São Paulo.

Art. 8º. A Comissão Julgadora será formada por três (03) membros, indicados pelo magnífico Reitor da Universidade de São Paulo, dos quais dois serão docentes da Universidade de São Paulo.

Art. 9º. Os resultados do "Prêmio Universidade de São Paulo de Direitos Humanos" serão divulgados pela Comissão de Direitos Humanos da Universidade de São Paulo.

Capítulo IV — Disposições Finais

Art. 10. A entrega do "Prêmio Universidade de São Paulo de Direitos Humanos" será feita pelo Reitor da Universidade de São Paulo, preferencialmente, no dia 10 de dezembro de cada ano, data da celebração da Declaração Universal dos Direitos Humanos, quando os vencedores devem apresentar um relato de seu trabalho ou atividade.

Art. 11. Os casos omissos neste Regulamento serão resolvidos pelo Presidente da comissão de Direitos Humanos da Universidade de São Paulo.

DOE de 23.7.1999

Doutrina

O NOVO DIREITO DE RETIRADA DO ACIONISTA NOS CASOS DE FUSÃO E INCORPORAÇÃO

Fábio Konder Comparato

1. O direito de retirada foi o remédio jurídico encontrado pelo Código Comercial italiano de 1882 (art. 158)[1] para proteger os acionistas minoritários, como compensação ao abandono do princípio de que certas decisões extraordinárias da assembléia-geral, como as de mudança do objeto social, de fusão societária, ou ainda de dissolução antecipada da companhia, salvo previsão no ato constitutivo, só poderiam ser tomadas pela unanimidade dos acionistas.[2]

Comentando o dispositivo, assinalou Vivante que "o direito de retirada age como um freio e um remédio contra o poder ilimitado das assembléias de modificar o próprio estatuto. É um instituto de ordem pública, do qual não podem os acionistas ser privados, nem pelo estatuto nem pela assembléia".[3] Além de irredutível, considerou que se tratava de um direito irrenunciável pelos acionistas, quer no momento da constituição da sociedade, quer ulteriormente.

O recesso acionário foi, assim, criado como um contradireito potestativo do acionista em relação a um poder legal da assembléia; não como uma forma de indenização por danos injurídicos que esta tenha provocado.

A distinção é importante e merece ser sublinhada. Se o direito de retirada do acionista tivesse por função indenizá-lo de danos antijurídicos causados por uma deliberação da assembléia-geral, o seu exercício estaria situado no amplo território do *damnum iniuria datum*, sem quaisquer restri-

1. "I socii dissenzienti dalle deliberazioni indicate nei numeri 3º, 5º e 6º (fusão com outra sociedade, reintegração ou aumento do capital social e mudança do objeto social) e dalla prorogazione della durata della società, se non è acconsentita nell'atto costitutivo, hanno diritto di recedere dalla società e di ottenere il rimborso delle loro quote ed azioni in proporzione dell'attivo sociale secondo l'ultimo bilancio aprovato."

2. O nosso Decreto 434, de 4 de julho de 1891, que consolidou as disposições legislativas e regulamentares sobre sociedades anônimas, dispôs, em seu art. 128, que "nas suas faculdades (da assembléia-geral), salvo cláusula em contrário, se inclui a de modificar e alterar os estatutos, ou contrato social. Não lhe é, porém, permitido mudar ou transformar o objeto essencial da sociedade". O Professor Spencer Vampré (*Das Sociedades Anonymas*, São Paulo, n. 758, p. 359, 1914), que ilustrou uma das cátedras da Faculdade de Direito de São Paulo, anotou, a respeito das assembléias extraordinárias, o seguinte: "O direito da assembléia de modificar ou alterar os estatutos tem limites necessários, derivados da natureza mesma das cousas, da essência da personalidade jurídica das sociedades anônimas (*Sonderrechte*). A essência das sociedades anônimas consiste em que: 1º. O fim social é produzir frutos que devem ser partilhados; 2º. A responsabilidade dos acionistas é limitada, e não se podem alterar as suas entradas tornando-as mais onerosas; 3º. Não se pode modificar o objeto essencial da sociedade".

3. *Trattato di Diritto Commerciale*, v. II, 5ª ed., Milão (Casa Editrice Dottor Francesco Vallardi), n. 517, 1929.

ções legais ou estatutárias. Para a correta fixação das perdas e danos, notadamente, seria mister avaliar o montante desse prejuízo em sua dupla modalidade: dano emergente e lucro cessante (Código Civil, art. 1.059).

Em se tratando, ao contrário, de um direito potestativo (ou direito formador — *Gestaltungsrecht*, como denominam os germânicos) concedido pela lei como remédio compensatório único a um poder próprio da assembléia-geral, tudo muda de figura. Em primeiro lugar, como em todo direito potestativo, os fatos legitimadores do seu exercício são sempre típicos, não comportando ampliações ou restrições estatutárias nem interpretações extensivas. Ademais, o objeto desse direito, nada tendo a ver com danos antijurídicos causados por deliberações da assembléia, é sempre fixado pela lei *ne varietur*.

2. Ora, a evolução do direito de recesso, em todas os sistemas jurídicos que o admitiram, mostra uma curva parabólica de ascensão seguida de descenso.

No Direito italiano, onde surgiu o instituto, o Código Civil de 1942 restringiu as hipóteses de aplicação à mudança do objeto social, ou do tipo societário, e à transferência da sede da companhia para o estrangeiro (art. 2.437).

Nos Estados Unidos, após um primeiro período de grande expansão na legislação estadual e na jurisprudência, o *appraisal right* passou a sofrer claras restrições a partir de meados dos anos 60, chegando-se a falar em verdadeira "investida" contra esse direito individual do acionista (*the assault on appraisal rights*).[4] O grande argumento brandido pelos críticos do instituto foi o de que, nas companhias abertas, os acionistas dissidentes de uma deliberação da assembléia-geral podem facilmente se retirar da companhia pela alienação de suas ações em Bolsa de Valores ou no mercado de balcão, não tendo sentido obrigar os demais a suportar uma redução do valor patrimonial de suas ações, por via do reembolso aos retirantes.

Sensível a essa razão, a *American Bar Association* aprovou uma modificação no *Model Business Corporation Act*, em 1969, excetuando do direito de recesso as ações das companhias largamente negociadas no mercado. Várias legislações estaduais fizeram o mesmo. Uma lei do Estado de Delaware, onde está sediada a maior parte das companhias norte-americanas, retirou do âmbito do *appraisal right* as ações admitidas a cotação numa Bolsa de Valores de âmbito nacional, ou as ações de companhias registradas em nome de não menos de 2.000 acionistas, salvo se o estatuto dispuser diversamente.[5]

3. Esse argumento da liquidez das ações no mercado acabou, afinal, repercutindo no Brasil e serviu como uma das justificativas para a alteração das condições legais do recesso acionário, instituída pela Lei 9.457, de 5 de maio de 1997.

Entre nós, também, a evolução legislativa do direito de retirada do acionista conheceu um período ascensional, seguido de uma retração.

O Decreto 21.536, de 15 de janeiro de 1932, que introduziu em nosso direito as ações preferenciais, atribuiu ao acionista dissidente o direito de retirada na hipótese de criação de ações preferenciais, ou

4. Cf. Melvin Aron Eisenberg, *The Structure of the Corporation — A Legal Analysis*, Boston e Toronto (Little, Brown and Company), cap. 7, 1976. Idem, Robert Charles Clark, *Corporate Law*, Boston e Toronto (Little, Brown and Company), § 10.6, 1986.

5. "§ 262. Appraisal rights. (...)

"(b) Appraisal rights shall be available for the shares of any class or series of stock of a constituent corporation in a merger to be effected pursuant to §§ 251, 252, 254, 257 or 258 of this title:

"(1) Provided, however, that no appraisal rights under this section shall be available for shares of any class or series of stock which, at the record date fixed to determine the stockholders entitled to receive notice of and to vote at the meeting of stockholders to act upon the agreement of merger or consolidation, were either (i) listed on a national securities exchange or (ii) held of record by more than 2,000 stockholders; (...)."

alterações nas preferências ou vantagens conferidas a uma ou mais classes delas, ou criação de nova classe de ações preferenciais mais favorecidas.

O Decreto-lei 2.627, de 1940, abriu mais três outras hipóteses de recesso (art. 107), e a Lei 6.404 aumentou-as para dez. A Lei 7.958, de 1989, iniciou o movimento de retração, o qual prosseguiu com a Lei 9.457, de 1988.

Na redação original do art. 137 da Lei 6.404, de 1976, além dos casos previstos nos arts. 252, § 1º (criação de subsidiária integral mediante incorporação de ações), 256, § 2º (compra, por companhia aberta, do controle de qualquer sociedade mercantil) e 264, § 3º (incorporação, por controladora, de companhia controlada), cabia o recesso nas hipóteses de:

a) criação de ações preferenciais ou aumento de classes existentes, sem guardar proporção com as demais, salvo se já previstos ou autorizados pelo estatuto;

b) alteração nas preferências, vantagens e condições de resgate ou amortização de uma ou mais classes de ações preferenciais, ou criação de nova classe mais favorecida;

c) alteração do dividendo obrigatório;

d) mudança do objeto da companhia;

e) incorporação da companhia em outra, sua fusão ou cisão (hipótese reafirmada no art. 230);

f) dissolução da companhia ou cessação do estado de liquidação;

g) participação em grupo de sociedades (art. 265).

Sobreveio, em 20 de dezembro de 1989, a Lei 7.958, a qual suprimiu do art. 137 da menção ao inciso VI do art. 136 (hipótese de incorporação da companhia em outra, sua fusão ou cisão), sem no entanto revogar o art. 230.

Agora, com a Lei 9.457, os fatos geradores do direito de retirada do acionista, de acordo com a nova redação do art. 137 da Lei 6.404, passam a ser:

I — criação de ações preferenciais ou aumento de classes existentes, sem guardar proporção com as demais espécies e classes, salvo se já previstos ou autorizados pelo estatuto;

II — alteração nas preferências, vantagens e condições de resgate ou amortização de uma ou mais classes de ações preferenciais, ou criação de nova classe mais favorecida;

III — redução do dividendo obrigatório;

IV — fusão da companhia, ou sua incorporação em outra;

V — participação em grupo de sociedades (art. 265); e

VI — mudança do objeto da companhia.

Ademais, a Lei 9.457 submeteu ao regime da incorporação da companhia em outra a criação de subsidiária integral mediante incorporação de ações, bem como a incorporação de companhia controlada pela sua controladora.

Foi em relação às hipóteses mencionadas nos incisos IV e V acima que a nova lei assimilou o argumento da liquidez acionária no mercado de capitais. Os dois pressupostos jurídicos para o exercício do direito de retirada, expressos no inciso II do art. 137, coincidem, em substância, com as exigências da legislação do Estado de Delaware acima referida, a saber:

"Art. 137. (...) II — nos casos dos incisos IV e V do art. 136, somente terá direito de retirada o titular de ações: a) que não integrem índices gerais representativos de carteira de ações admitidos à negociação em bolsas de futuros; e b) de companhias abertas das quais se encontram em circulação no mercado todas as ações da companhia menos as de propriedade do acionista controlador; (...)."

4. Uma das questões polêmicas do novo direito de recesso, nas hipóteses de fusão e incorporação, diz respeito ao caráter cumulativo ou alternativo da *condicio iuris* estabelecida no art. 137, inciso II, da Lei de Sociedades por Ações.

Como se fez questão de ressaltar, essa restrição ao exercício do direito de retirada do acionista, no Direito brasileiro, inspirou-se na evolução ocorrida sobre o tema no Direito norte-americano, notadamente na legislação-padrão que é a do Estado de Delaware. Ora, na *General Corporation Law* desse Estado, as exceções ao recesso acionário em razão de fusão ou incorporação (*merger* ou *consolidation*) foram claramente dispostas em forma de alternativa: "Provided, however, that no appraisal rights under this section shall be available for the shares (...) *either* (i) listed on a national securities exchange *or* (ii) held of record by more than 2,000 stockholders (...)".

A razão dessa alternativa é óbvia. A liquidez do investimento acionário é considerada em dois níveis: ou se está diante de valores mobiliários negociados no mercado nacional — liquidez máxima, da qual obviamente beneficiam-se muito poucas ações — ou cuida-se de papéis, em muito maior número, os quais possuem razoável índice de liquidez local, marcado pelo número de acionistas cujos nomes são registrados nos livros da companhia. Se a lei estabelecesse a cumulatividade dessas condições, a primeira delas — ações negociadas em bolsa nacional de valores — seria claramente supérflua, pois todas as companhias, cujas ações são admitidas a cotação numa bolsa nacional de valores, têm muito mais do que 2.000 acionistas inscritos em seu livro de registro. Bastaria, portanto, fixar apenas essa exceção.

5. No tocante às exceções estabelecidas no inciso II do art. 137 de nossa lei acionária, a situação é análoga. No primeiro desses incisos, contempla-se o caso de ações da mais alta liquidez no mercado nacional (ações que integram índices gerais representativos de carteira de ações admitidas a cotação em bolsa de futuros). No segundo, ações de menor liquidez, mas que, ainda assim, permitem aos acionistas a retirada razoavelmente fácil da companhia por via de alienação no mercado (ações de companhias abertas,[6] das quais o total possuído pelos não-controladores corresponde a menos da metade do total das ações emitidas, excetuando-se as de propriedade do controlador).

Também aqui, não é preciso muito esforço de análise para se perceber que se trata de uma alternativa, e não de situações complementares. Com efeito, hoje, somente 57 espécies de ações integram o índice representativo de carteira de ações na modalidade *Contrato Futuro de IBOVESPA*, na Bolsa de Mercadorias e Futuros — BM&F. Todas elas são de emissão de grandes companhias abertas, em que os acionistas controladores detêm menos da metade do total das ações representativas do capital social. Por conseguinte, tal como no quadro da legislação do Estado de Delaware, se se interpretassem as duas alíneas do inciso II do art. 137 como impondo condições cumulativas, a exigência constante do primeiro desses incisos seria totalmente supérflua.

Ora, uma das regras hermenêuticas mais tradicionais da tópica jurídica é a de que a lei não contém palavras supérfluas e, *a fortiori*, sentenças inúteis: *verba cum effectu sunt accipienda*, ou, equivalentemente, *verba sine effectu non sunt accipienda*. A presunção maior do intérprete é de que a lei é obra de razão (*lex aliquid rationalis*), vale dizer, tem coerência, não expressa absurdos ou inutilidades.

6. Mas quando a lei se refere, na alínea *a* do inciso II do art. 137, a "ações que não integrem índices gerais representativos de carteira de ações admitidos à negociação em bolsas de futuros", estaria ela incluindo no termo *ações* também os certificados de depósito delas?

Entendo que não. Tratando-se, como se trata, do exercício de um direito potesta-

6. Ou seja, uma maior exigência de liquidez do que a segunda condição estabelecida alternativamente pela legislação do Delaware, pois nesta não se exige que a companhia seja aberta.

tivo, as hipóteses legais devem ser interpretadas à justa, sem ampliações nem restrições que não estejam compreendidas razoavelmente no sentido técnico das palavras.

Ademais, os certificados de depósito de ações foram regulados pela nossa Lei de Sociedades por Ações (art. 43) como valores mobiliários típicos, perfeitamente distintos das ações. O pressuposto óbvio do legislador é de que, se os certificados de depósito de ações são admitidos à cotação no mercado de valores ou índices, com maioria de razão as ações depositadas também o são. Quando isto não ocorre, é que os certificados de depósito de ações são negociados fora do mercado nacional onde circulam as ações. Ora, tal fato não me parece legitimar a extensão do sentido do vocábulo *ações* no dispositivo do art. 137, II, *a*, pois a lei brasileira, analogamente da citada lei geral de sociedades anônimas do Estado de Delaware, há de ser interpretada, nesse passo, como se referindo ao mercado nacional de valores mobiliários.

7. No tocante à inteligência a ser dada ao disposto na alínea *b* do art. 137, inciso II, penso que se há de atender ao princípio de que as palavras da lei devem ser tomadas em sua primeira e mais evidente acepção, a não ser que essa interpretação conduza ao absurdo. Assim, quando a lei esclarece que se deve entender "por ações em circulação no mercado todas as ações da companhia menos as de propriedade do acionista controlador", não está o intérprete autorizado a concluir que a sentença legal é mal redigida, de forma que onde se lê "todas as ações da companhia" deve-se entender "todas as ações de determinada espécie, emitidas pela companhia". Para dizer a verdade, não se pode encontrar hipótese mais clara de aplicação do brocardo *ubi lex non distinguit nec nos distinguere debemus*.

Essa interpretação distorcida, de resto, como todas as de sua espécie, conduz a um evidente paralogismo. Imaginemos, por exemplo, o caso de um acionista controlador de companhia aberta, o qual, embora possuindo mais da metade do capital acionário desta, não detém nenhuma ação preferencial. Nesta hipótese, como é óbvio, os dissidentes, titulares desta última espécie de ações, ficariam permanentemente impedidos de exercer o seu direito de retirada da companhia, nos casos expressos nos incisos IV e V do art. 136.

8. Em se tratando de fusão da companhia, ou sua incorporação por outra, parece-me incontestável que a exigência constante do inciso II do art. 137 é de aplicar-se em relação às ações da nova companhia resultante da fusão, ou da companhia incorporadora. Se, no momento em que se perfaz a fusão ou a incorporação existia a *condicio iuris* da iliquidez das ações, apurada segundo os critérios determinados em lei, o acionista dissidente tem pleno direito de pedir o reembolso de sua participação acionária, pouco importando o compromisso, eventualmente assumido no protocolo de que trata o art. 224, de se adequar o capital acionário da nova empresa resultante da fusão, ou da companhia incorporadora, às condições de liquidez estabelecidas no citado dispositivo legal.

9. Se se cuida de constituição de subsidiária integral por incorporação de ações, na forma do disposto no art. 252 da lei, entendo que a condição de liquidez das ações, constante da alínea *b* do art. 137, inciso II, há de ser considerada após o encerramento da operação e não antes. O que se leva em conta, para efeito de retirada dos acionistas da companhia incorporadora das ações, é uma alteração na sua estrutura, ou nas bases essenciais da instituição societária, alteração essa que a lei presume seja desfavorável aos acionistas não controladores. Se estes mantêm a mesma condição de liquidez acionária de que gozavam anteriormente, ou adquirem maior liquidez após a operação, não têm objetivamente do que se queixar.

O mesmo se diga da possibilidade de recesso por parte dos acionistas dissidentes da companhia cujas ações são incorporadas. Se a situação de liquidez de sua participação acionária mantem-se inalterada, ou torna-se melhor do que antes, eles não têm fundamento para exigir o reembolso do valor de suas ações. Ainda aqui, portanto, as exigências legais para o exercício do recesso devem existir no momento em que se completa a constituição da subsidiária integral mediante incorporação de ações.

10. Uma última questão merece ser aqui destacada.

Ao falar em ações "de propriedade do acionista controlador", o art. 137, II, alínea *b*, da Lei de Sociedades por Ações refere-se àquele que detém, diretamente, a maioria dos votos nas deliberações da assembléia-geral e o poder de eleger a maioria dos administradores da companhia. A lei não está, portanto, nessa disposição, se referindo ao controlador indireto, mencionado no art. 243, § 2º. Este, com efeito, não é proprietário das ações da sociedade situada em último lugar na cadeia de controle, mas exerce o controle dela "através de outras controladas".

Doutrina

PATENTE E BIOTECNOLOGIA: QUESTÕES SOBRE A PATENTEABILIDADE DOS SERES VIVOS*

LUIZ GUILHERME DE ANDRADE VIEIRA LOUREIRO

INTRODUÇÃO. I — BREVES CONSIDERAÇÕES SOBRE O DIREITO DA PATENTE: 1. Origem e evolução; 2. O direito internacional: 2.1 A Convenção de Paris; 2.2 O Acordo TRIPS; 3. O conceito de "invenção": 3.1 Invenção de produto e invenção de processo; 3.2 A diferença entre "invenção" e os conceitos de "criação" e "descoberta"; 4. Os requisitos materiais da patente: 4.1 O requisito da novidade; 4.2 O requisito da atividade inventiva; 4.3 O requisito da aplicação industrial. II — A PATENTEABILIDADE DOS SERES VIVOS: 1. As matérias da biotecnologia: 1.1 Os produtos saídos da biotecnologia; 1.2 Métodos e processos biotecnológicos; 2. A patente de plantas: 2.1 A proteção das novas obtenções vegetais; 2.2 Os métodos de obtenção vegetal; 2.3 Conclusão; 3. Patente de animais: 3.1 A patente sobre novas raças animais; 3.2 Patente sobre processos relativos a animais; 3.3 Conclusão; 4. Patente de seres humanos; 5. A patente de microorganismos; 5.1 O microorganismo como produto da invenção; 5.2 Patente de processo microbiológico; 5.3 Conclusão. III — O DIREITO DE PATENTE E AS INVENÇÕES BIOTECNOLÓGICAS: 1. Os titulares da patente: 1.1 As invenções realizadas em virtude de contrato; 2. Os requisitos de forma para a obtenção de patente sobre microorganismos: 2.1 O depósito de microorganismos; 3. O alcance da proteção conferida pela patente e o problema da descendência do material biotecnológico: 3.1 O princípio do esgotamento dos direitos de propriedade intelectual; 4. A licença biotecnológica. IV — A SOLUÇÃO DE CONTROVÉRSIAS EM CASO DE INFRAÇÃO DE PATENTE BIOTECNOLÓGICA: 1. Ações judiciais: 1.1 As ações em violação; 1.2 Ação de nulidade da patente; 2. Arbitragem: 2.1 A arbitrabilidade das questões relativas à patente; 2.2 Arbitragem internacional; 3. Mecanismo de solução de litígios da OMC. V — CONCLUSÃO. Bibliografia.

INTRODUÇÃO

A biotecnologia constitui, atualmente, um importante domínio de pesquisa, desenvolvimento e de atividades comerciais. Com efeito, os progressos realizados neste domínio estão cada vez mais presentes na vida cotidiana do homem, de forma que deixaram de ser mera "ficção científica" e se transformaram em solução aos diversos problemas da humanidade nos campos da saúde, da alimentação, do meio ambiente etc. A revolução biotecnológica teve início no começo da década de cinqüenta, quando Watson e Crick propuseram a estrutura

* Trabalho que obteve 1º lugar no Prêmio "Tullio Ascarelli" de 1998.

do DNA. Mas a biotecnologia, tal como a conhecemos hoje, têm desenvolvimento mais recente — início dos anos setenta — quando se tornou possível transformar a *Escherichia coli*, cortar e juntar as moléculas de DNA e supervisionar este tipo de manipulação. Foi a partir deste momento que se tornou possível a criação do DNA recombinante. Tais técnicas permitem isolar um gene do DNA de um organismo, de recombiná-lo em um tubo de ensaio com o DNA de outro organismo e de reintroduzilo no hospede.[1]

A expressão "biotecnologia" engloba numerosas disciplinas e, em termos gerais, pode ser definida como uma união sinérgica de ciências da vida. Segundo J. R. Rudolph:[2] "A biotecnologia representa a combinação de dois conceitos de base. O primeiro, a Biologia é um campo de estudo muito vasto que engloba todas as plantas, os animais, os réptis, os anfíbios, assim como todos os organismos, microorganismos e entidades unicelulares, dita de outra forma, a ciência da vida. O segundo, é a tecnologia que pode ser definida como 'uma arte prática ou industrial (...) uma aplicação da ciência'" (trad.).

A biotecnologia, portanto, compreende qualquer técnica que utilize organismos vivos (ou parte de organismos) para fabricar ou modificar produtos, melhorar variedades vegetais ou raças animais, ou para desenvolver microorganismos para fins particulares. Ela "abarca o essencial do setor das ciências da vida, concretamente a bioquímica, a enzimologia, a virologia, a bacteriologia e a imunologia, assim como as formas de vida superiores, incluídas as dos vegetais e animais, mediante a aplicação de conceitos e procedimentos de engenharia química (...) Em uma esfera tão diversa, evidentemente as possibilidades de invenção são amplas e as invenções resultantes não serão estereotipadas".[3]

Convém fazer uma distinção entre biotecnologia clássica e o que pode ser denominado como nova biotecnologia. A biotecnologia clássica tem suas raízes na mais antiga tecnologia de alimentos e bebidas, embora tenha alcançado seu apogeu nos tempos modernos com a produção de antibióticos, enzimas, aminoácidos e outros produtos industriais. A invenção protótipo da biotecnologia clássica utiliza microorganismos ou células de organismos superiores para produzir novos produtos ou produtos já conhecidos mas em uma nova e aperfeiçoada forma. Os procedimentos industriais baseados na biotecnologia clássica recorrem essencialmente aos microorganismos retirados de sua fonte natural e cultivados de forma adequada para serem utilizados nas fermentações industriais. Já a biotecnologia moderna se caracteriza pela intervenção técnica na célula ou células do organismo.

O Brasil possui uma posição privilegiada para participar desta revolução biotecnológica, uma vez que suas indústrias, particularmente suas indústrias primárias como as da agricultura e de papel e celulose, oferecem desafios e possibilidades enormes neste campo. Ademais, o Brasil é o mais rico país do mundo, em se tratando de biodiversidade, e deve incentivar o desenvolvimento local da empresa biotecnológica para evitar que seus recursos genéticos sejam explorados por sociedades estrangeiras, sem nenhuma vantagem para a comunidade local.

No entanto, a indústria biotecnológica exige um investimento considerável. As demoradas pesquisas e as complexas infraestruturas materiais e pessoais necessárias

1. O gene recombinante, introduzido no organismo hóspede, lhe confere, se a transferência foi realizada com sucesso, os traços característicos do gene original. V. R. W. Old e S. B. Primrose, *Principles of Gene Manipulation: An Introduction to Genetic Engineering*, 5ª ed., Oxford: Blackwell Scientific Publications, 1994.

2. *Regulation of the Products of Biotechnology Under the Canadian Environmental Protection Act: Any Impetus for Innovation?* (1993) 10 CIPR 317 a 318.

3. OMPI, *Guia de Licencias de Biotecnología*, Genebra, 1994.

para transformar uma "descoberta" em uma "invenção" exigem pesados investimentos. É natural, pois, que os inventores possam, pois, usufruir de um monopólio temporal na exploração comercial de seus inventos, como forma de recuperar o investimento e obter lucro. Por tal motivo, a maior parte dos especialistas reconhecem que, neste domínio, os direitos de propriedade intelectual são da mais alta importância para o desenvolvimento e o crescimento das empresas biotecnológicas. Pode-se afirmar que, o importante investimento na área da biotecnologia feito até este momento é, em grande parte, atribuível ao sistema de patente que concedeu os primeiros privilégios em matéria de organismos vivos a partir de 1980.

Desta forma, o setor de biotecnologia é uma indústria em evolução, particularmente dependente da proteção pelo sistema de patente. Apenas a efetiva proteção do inventor poderá estimular o investimento e a inovação em benefício do ser humano e possibilitar o desenvolvimento desta importante indústria nos países interessados.

É necessário, portanto, examinar o sistema de patentes vigente no Brasil, notadamente diante das importantes inovações trazidas pela Lei 9.279/66, para verificar se é ele suficiente para conferir uma proteção adequada às invenções biotecnológicas.

Certas características essenciais do domínio da biotecnologia diferem daquelas comuns a outros domínios tecnológicos, o que vem a conferir uma certa dificuldade e complexidade às questões atinentes às patentes biotecnológicas. O primeiro problema, se assim podemos dizer, é que as biotecnologias se aplicam sobre matérias vivas. As invenções biotecnológicas podem envolver microorganismos ou mesmo as formas de vida superiores. Vários direitos, como o brasileiro, excluem estes últimos seres do sistema de patente. Será esta a melhor solução? Ela se justifica por razões éticas e de moralidade? Há evidências de mudanças em tal orientação? São questões que iremos analisar no presente trabalho.

Uma outra particularidade da invenção no domínio da biotecnologia, e que concerne à natureza viva da matéria utilizada, é que alguns destes organismos vivos são auto-replicadores. Isto significa que o adquirente de um produto patenteado, consistente em microorganismos, pode obter a sua reprodução. Neste caso, poderia o adquirente utilizar para fins comerciais esta descendência sem ferir os princípios do direito de propriedade industrial?

Outras questões surgem do fato de que a matéria produzida pela biotecnologia é extremamente complexa, já que se trata de um organismo vivo diverso daquele comumente encontrado na natureza. Mas como não foi ele "construído" pelo homem, sua descrição para fins de obtenção da patente toma-se complicada. Ademais, a complexidade de tal invenção toma também dificultosa a aferição do requisito da novidade, indispensável para a concessão do privilégio. Tais questões também devem ser objeto de reflexão, para a correta interpretação e aplicação dos dispositivos previstos na Lei de Propriedade Industrial.

A adoção de um novo direito de propriedade industrial e o desenvolvimento da engenharia genética no nosso país implicarão, ainda que a médio ou a longo prazo, no surgimento de lides relativas às patentes biotecnológicas. Daí a razão do presente trabalho, que pretende analisar os novos dispositivos legais introduzidos na ordem jurídica brasileira à luz do direito comparado e servir de base para a discussão e aprofundamento da matéria que, por sua atualidade e relevância, não pode ser ignorada pelos aplicadores do direito.

Para tanto, examinaremos as questões principais ligadas à patenteabilidade dos seres vivos, o que exige uma prévia e breve apresentação dos conceitos principais do direito de propriedade industrial. Assim, após verificarmos o desenvolvimento do direito imaterial no âmbito internacional e nacional, estudaremos os conceitos de invenção e patenteabilidade. Ao analisarmos, em seguida, o tema da patenteabilidade das invenções biotecnológicas (patenteabilidade dos seres vivos), veremos as noções de bio-matéria, as normas aplicáveis às plantas, aos animais e aos microorganismos. Na parte seguinte do trabalho, analisaremos questões básicas do direito de patente e suas peculiaridades no que tange às patentes de biotecnologias, tais como os requisitos formais, o alcance da patente, o contrato de licença biotecnológica etc. Finalmente, antes das conclusões, examinaremos, ainda que de forma sumária, as principais medidas judiciárias para a garantia dos direitos previstos na Lei de Propriedade Industrial.

Não se tratará neste trabalho de questões ligadas à bioética, à não ser de forma superficial quando inerente à questão examinada.

I — BREVES CONSIDERAÇÕES SOBRE O DIREITO DA PATENTE

1. Origem e evolução

Segundo uma parte da doutrina, o direito de patente foi previsto pela primeira vez em Veneza. A Parte veneziana de 19 de março de 1479 já garantia ao inventor, além do direito moral, o direito de exploração da invenção de forma exclusiva pelo prazo de dez anos, com a condição de que a sua invenção fosse original e nova sobre o território da República e que ela apresentasse um caráter industrial.[4] Outros doutrinadores entendem que os direitos do inventor foram reconhecidos pela primeira vez no famoso *Statute of Monopolies*, promulgado em 1623 pelo rei Jacques I, da Inglaterra. Posteriormente, os direitos do inventor foram também reconhecidos pelo ato de 10 de agosto de 1790, dos Estados Unidos da América, e pelos decretos franceses de 31 de dezembro de 1790 e de 7 de janeiro de 1791, adotados sob o reinado de Luiz XVI.

A história da propriedade industrial, em nosso país, conforme lembra João da Gama Cerqueira,[5] inicia-se com o Alvará de 28 de janeiro de 1809. O objetivo deste texto legal era permitir e incentivar a industrialização do país, até então vedada pela Metrópole. Entre outras matérias, permitiu o Alvará a concessão de privilégios aos inventores e introdutores de novas máquinas. Com a Independência do Brasil, a Constituição do Império, de 1824, passou a prever que "os inventores terão a propriedade de suas descobertas ou de suas produções. A lei lhes assegurará um privilégio exclusivo temporário, ou lhes remunerará em ressarcimento da perda que hajam de sofrer pela vulgarização" (art. 179, 26). Portanto, o princípio da propriedade do inventor foi proclamado no nosso país, cerca de meio século antes de sua consagração na Convenção da União de Paris. De acordo com a Constituição de 1824, surgiu a lei de 28 de agosto de 1830, a primeira lei nacional sobre patente, com 12 artigos. A partir de então, observa-se contínuo aperfeiçoamento do nosso direito patentário, com a ratificação de tratados internacionais e edição de novas leis.

Segundo o direito atual, a patente é o título concedido pelo Estado que confere ao seu titular o direito exclusivo de exploração da invenção que foi seu objeto. O inventor que traz para a sociedade um produto ou um método novo recebe, em contrapartida à revelação dos meios que permitirão reproduzir sua invenção, um direito exclusivo e temporário de exploração. Essa noção, tradicional na doutrina européia, é complementada pela definição advinda do direito norte-americano, segundo a qual a patente confere ao titular o direito de impedir que terceiros realizem certos atos relativos ao objeto da invenção patenteada.

O direito de patente é, portanto, um direito de propriedade que tem como objeto o conhecimento adquirido pelo inventor ou outro titular da patente. Sem a patente, ou seja, sem o título concedido pelo Esta-

4. Cf. Jean Foyer e Michel Vivant, *Le Droit des Brevets*, PUF, Paris, 1991, p. 6.

5. *Tratado da Propriedade Industrial*, v. I, Revista Forense, Rio de Janeiro, 1946, p. 23.

do, não nasce o direito à exploração exclusiva da invenção, vale dizer, ao monopólio do uso. A concessão da patente não é automática e o inventor pode optar pela proteção de sua criação intelectual pela patente ou a proteção pelo segredo. No primeiro caso, por um determinado lapso temporal (20 anos a partir do depósito do pedido ou não menos que 10 anos a contar da concessão da patente, no direito brasileiro), somente ele poderá explorar sua invenção. Ultrapassado esse prazo, a invenção cai no domínio público e qualquer pessoa poderá explorá-la comercialmente.

O direito de patente é, basicamente, um direito de propriedade que tem como objeto o conhecimento adquirido pelo inventor (direito, este, que pode ser transferido). Sem a patente, ou seja, sem o título concedido pelo Estado, não nasce o direito à exploração exclusiva da invenção, o monopólio do uso, vale dizer, o direito de propriedade industrial.

2. *O direito internacional*

O direito da propriedade industrial, como outros ramos do direito, tem uma vocação internacional. A circulação de pessoas, de conhecimentos, a internacionalização do comércio e da indústria implicaram na necessidade de uma proteção internacional das invenções e dos sinais distintivos. Nesse sentido, várias convenções foram celebradas, de âmbito universal, sobre os mais variados temas de propriedade industrial.

No que se refere especificamente ao tema ora tratado, merecem ser citadas a Convenção da União de Paris, de 1883; o Tratado da União de Budapeste para o reconhecimento internacional do depósito de microorganismos para fins de instauração de processos em matéria de patentes, de 1977 e o recente Acordo sobre Aspectos de Direito de Propriedade Intelectual Relacionados ao Comércio (TRIPS), da Organização Mundial do Comércio.

2.1 A Convenção de Paris

O texto fundamental desse direito internacional de proteção da propriedade industrial é a Convenção da União de Paris, ou Convenção de Paris. Concluída em 1883, foi ela completada por um Protocolo interpretativo, em Madri, em 1891, e seu texto foi revisado em Bruxelas (1900), Washington (1911), Haia (1925), Londres (1934), Lisboa (1958) e em Estocolmo (1967); e foi emendado em 1979. Atualmente, 136 Estados são Partes na Convenção.[6] Esses países formam uma união, uma entidade de direito internacional, para a proteção dos direitos de propriedade industrial. O texto da revisão de Estocolmo da Convenção de Paris foi ratificado pelo Brasil através do Decreto n. 1.263, de 10 de outubro de 1994, e, portanto, foi incorporado ao direito interno.

Segundo Mathely[7] "a instituição da união significa que os países aderentes formam fictamente um território único para a aplicação das disposições da Convenção". São súditos da União não só os súditos dos países aderentes, mas também os súditos dos países não aderentes, desde que eles possuam um estabelecimento comercial ou industrial no território de um país-membro da União.

A Convenção de Paris é administrada pela OMPI. Ela comporta duas séries de disposições: a primeira consagra o princípio da assimilação dos unionistas aos nacionais (princípio do tratamento nacional); as segundas instituem um sistema de harmonização do direito. O princípio do tratamento nacional é clássico no direito internacional e é previsto em várias outras Convenções. Segundo este princípio, cada Membro da União deve conceder aos nacionais de outros Membros um tratamento não menos favorável do que aquele que conceder aos seus próprios nacionais no que diz res-

6. Dado de 1º de janeiro de 1996 — Informação Geral da Organização Mundial da Propriedade Intelectual.

7. *Le Droit Français des Brevets d'Invention.*

peito à proteção dos direitos da propriedade industrial. Outro grande avanço trazido pela Convenção de Paris é representado pela previsão de um "standard" mínimo de proteção dos direitos imateriais, que deve ser assimilado por todos os Membros. Na prática, isso representa uma certa harmonização do direito da propriedade industrial nos países-membros da União de Paris.

A Convenção não institui uma patente nacional ou supranacional. Os países unionistas concedem patentes nacionais que emanam das respectivas soberanias (com exceção da patente européia prevista na Convenção de Munique de 5 de outubro de 1973, de caráter supranacional). Ela instituiu, no entanto, regras fundamentais como o direito de prioridade e concretizou a regra de independência da patente.

Importante regra que deve ser mencionada é aquela prevista no art. 4 da CUP, que institui e regulamenta o direito de prioridade. Quando um unionista fizer um pedido de patente num dos países da União, a publicação desse pedido não é obstáculo à concessão de uma patente simétrica por um outro país da União. O interessado tem um prazo de doze meses, a partir do depósito do pedido inicial, para fazer os pedidos de patente para a mesma invenção nos outros países da União. Este prazo de doze meses é conhecido como "prazo de prioridade".[8]

Assim, durante esse período, o titular da patente pode patentear sua invenção em qualquer outro país da União, com prioridade sobre qualquer outra pessoa e a divulgação resultante do primeiro depósito não lhe é oponível de forma a destruir o requisito da novidade.

Da mesma forma, as patentes concedidas pelos diferentes países unionistas derivadas do direito de prioridade são independentes entre si (art. 4 *bis* da CUP). Assim, são as patentes independentes no que se refere ao prazo de duração, nulidade, falta de exploração etc. A legislação de cada país vai ser aplicada para a patente requerida no seu território no que tange a cada um desses itens. Vale dizer, uma patente considerada nula na Inglaterra (p. ex., por falta de descrição regular) não implica na nulidade da patente concedida na Alemanha, cujo pedido tenha preenchido todos os requisitos previstos na lei alemã.

2.2 *O Acordo TRIPS*

Outro tratado de fundamental importância no que tange aos direitos de propriedade industrial é o Acordo TRIPS ou ADPICs ("Aspectos dos Direitos de Propriedade Industrial Relacionados ao Comércio).

O Acordo TRIPS estabelece um patamar mínimo de proteção dos direitos intelectuais, abrangendo as patentes, marcas, nomes geográficos, desenhos industriais, direitos do autor, circuitos integrados, segredos industriais e concorrência desleal. Suas normas complementam as regras previstas nas Convenções de Paris, Berna e Washington (sobre propriedade intelectual em matéria de circuitos integrados, 1989). De fato, os arts. 2 e 9 do TRIPS prevêem que as partes deverão cumprir o disposto nas Convenções de Paris e de Berna e que as obrigações estabelecidas nos tratados supracitados continuam a vincular os Estados-partes.

Não obstante, o estabelecimento de normas mínimas que permitirão a aproximação e harmonização dos direitos nacionais, o TRIPS permite que os países legislem livremente sobre importantes aspectos destes direitos a nível nacional, como, por exemplo, no que se refere à patenteabilidade dos seres vivos. Da mesma forma, foram previstas disposições transitórias que permitem aos países em desenvolvimento e aos países pouco desenvolvidos um prazo suficiente para a adequação de seus ordenamentos jurídicos ao patamar mínimo de proteção dos direitos de propriedade intelectual exigido pela OMC, particularmente no

8. Albert Chavanne e Jean Jacques Burst, *Droit de la Propriété Industrielle*, 4ª ed., Précis Dalloz, 1993.

que se refere à questão da patente de produtos farmacêuticos e alimentares, ainda não reconhecida pela maioria dos países não-desenvolvidos.[9]

O descumprimento das disposições do Acordo TRIPS pode resultar, contra o país infrator, na instalação de procedimento por intermédio do mecanismo de solução de diferenças da OMC, culminando, eventualmente, em sanções comerciais impostas pelo país afetado por tal inobservância.

Face à importância e amplos reflexos destas novas normas no âmbito dos ordenamentos internos de quase duzentos países, inclusive o Brasil, torna-se necessário o exame, ainda que em âmbito sumário, dos objetivos e princípios previstos no Acordo TRIPS, para melhor conhecimento do atual estágio do instituto da proteção internacional da propriedade industrial, fundamental para a correta compreensão do tema que nos propomos a tratar no presente trabalho (patente dos seres vivos). Seus dispositivos materiais, no que concerne à patente, serão analisados posteriormente, quando do estudo do direito brasileiro da patente e da patenteabilidade dos seres vivos.

Foram consagrados os seguintes princípios básicos: tratamento nacional, nação mais favorecida e princípios que beneficiam o desenvolvimento sócio-econômico.

O princípio do tratamento nacional, com já vimos, assegura que o mesmo tratamento dispensado ao cidadão nacional deve ser garantido aos estrangeiros residentes ou não residentes.

Segundo o princípio da nação mais favorecida, todas as vantagens, favores, privilégios ou imunidades concedidas por um Estado-parte a outro, deve ser estendida a todas as outras Partes do acordo. Esse princípio veda, assim, a discriminação de um Estado-parte por outro Estado-parte na Convenção. Quanto aos princípios que favorecem o desenvolvimento econômico, podemos citar o favorecimento à transferência de tecnologia e o incremento do comércio internacional.

Os objetivos do Acordo TRIPS estão previstos nos seus artigos 7 e 8. Tais artigos são importantes para a correta interpretação do acordo, especialmente no que se refere às disposições que deixam aos países-membros opções normativas, como é o caso das exceções aos direitos exclusivos, da patenteabilidade dos seres vivos e da definição dos requisitos para a licença obrigatória.

As discussões sobre a proteção dos direitos de propriedade intelectual foram introduzidas no âmbito do GATT pelos países desenvolvidos, com a finalidade de expandir e fortalecer a proteção de tais direitos a nível mundial. A ausência de uma adequada proteção por parte de alguns países gerava graves perdas econômicas para os países desenvolvidos[10] e causava perturbações nas relações internacionais, especialmente devido aos poderes concedidos ao Poder Executivo dos EUA pela Seção 301 da Lei de Comércio e Tarifas de 1984 (revisada em 1988), que autorizava o estabelecimento de retaliações econômicas aos países considerados como violadores dos direitos de propriedade intelectual.

9. Em 1989, 49 países não reconheciam a patente de produtos farmacêuticos e 35 não concediam patentes para produtos alimentares — dados da OMPI, "Comité d'experts sur l'harmonisation de certaines dispositions des législations protégeant les inventions — Exclusion de la protection par brevet", Genebra 2 a 6 de novembro de 1987.

10. A National Agricultural Chemicals Association, dos EUA, estimou que em 1985 as perdas para as empresas associadas, pelo fato da violação de direitos de propriedade intelectual, foi da ordem de 150 a 300 milhões de dólares por ano. No que range ao direito do autor, a International Intellectual Property Alliance Association estimou, no mesmo ano, a perda em 1,3 bilhões de dólares por ano em virtude da ausência de proteção adequada das obras americanas em dez países. No âmbito da CEE, o Parlamento Europeu estimou as perdas em 40 bilhões de dólares por ano, em decorrência de violações de direitos de propriedade intelectual, o que levou à supressão de 100.000 empregos na CEE. Cf. Relatórios da OCDE sobre a amplitude econômica da violação da propriedade intelectual.

De fato, um dos objetivos explícitos do Acordo TRIPS é a redução das "tensões mediante a obtenção de compromissos firmes para a solução de controvérsias sobre questões de propriedade intelectual relacionadas ao comércio (...)" (Preâmbulo). A aceitação do mecanismo de solução de controvérsias implica na desistência, pelos países-membros, da adoção de medidas unilaterais de represálias relacionadas com direitos de propriedade intelectual.

Ainda no Preâmbulo do Acordo, fica claro que o objetivo principal do TRIPS é a redução das distorções ao comércio internacional através da promoção de uma proteção eficaz e adequada dos direitos de propriedade intelectual e da adoção de medidas e procedimentos destinados a garantir tal proteção. Outro importante objetivo é favorecer a transferência de tecnologia dos países mais avançados para os países em desenvolvimento, conforme se infere do disposto no seu art. 7.

Portanto, são objetivos do TRIPS a redução de distorções ao comércio internacional, a adoção de um patamar mínimo de proteção dos direitos de propriedade intelectual a ser observado em âmbito mundial, a redução do comércio internacional dos bens contrafeitos, a harmonia nas relações internacionais e a transferência de tecnologia.

A natureza das obrigações impostas aos países-membros da OMC se depreende do disposto no art. 1.1 do Acordo TRIPS, segundo o qual:

"Os Membros colocarão em vigor o disposto neste Acordo. Os Membros poderão, mas não estarão obrigados a prover, em sua legislação, proteção mais ampla que a exigida neste Acordo, desde que tal proteção não contrarie as disposições deste Acordo. Os Membros determinarão livremente a forma apropriada de implementar as disposições deste Acordo no âmbito de seus respectivos sistema e prática jurídicos".

A análise desta disposição permite vislumbrar três importantes aspectos: o alcance das obrigações, a incorporação dos dispositivos no direito interno e a forma de implementação.

No que tange ao alcance, o TRIPS constitui um patamar mínimo que deve ser considerado pelo legislador interno na elaboração de leis protetivas da propriedade intelectual. Assim, nenhum país pode obrigar outro Estado-membro a adotar uma legislação que preveja um maior grau de proteção aos direitos de propriedade intelectual do que aquele previsto no TRIPS. Qualquer tentativa neste sentido, inclusive mediante a adoção de represálias unilaterais, seria considerada ilegal pela Organização Mundial do Comércio.

Os dispositivos previstos no TRIPS não podem ser diretamente aplicados, devem antes ser incorporados pelo direito interno. Elas só indicam os direitos mínimos e não os conteúdos precisos destes direitos.[11] O Acordo não constitui uma lei uniforme, embora possa levar à uma aproximação dos direitos nacionais. Vários de seus dispositivos permitem aos Estados-membros da OMC a adoção de opções diversas. Como exemplo, pode ser citada a questão da proteção das novas obtenções vegetais, que pode se dar por meio do direito patentário, por um sistema *sui generis* de proteção ou, ainda, por ambos os meios, segundo a vontade do legislador nacional.

Da mesma forma, o Acordo, para ser observado, precisa ser incorporado pelo direito interno. O país-membro tem a liberdade de prever a forma pela qual o TRIPS será incorporado pelo ordenamento nacional.

Assim, as disposições do TRIPS estão dirigidas aos Estados e não se aplicam diretamente às relações jurídicas privadas. Como ensina Geller,[12] o Acordo TRIPS cria

11. Segundo C. Correa, *Acuerdo TRIPS*, ed. Ciudad Argentina, Buenos Aires, 1996, 314 pp.

12. "Intellectual property in the global marketplace. Impact of TRIPs Dispute Settlement?", *The International Lawyer*, Spring, 1995, cit. por C. Correa, ob. cit., p. 36.

um regime de "direito público internacional"; se aplica "às disputas entre entes públicos, quer dizer, membros da OMC". Aliás, a redação de vários dispositivos previstos no TRIPS deixa claro que o Acordo se dirige aos Estados, vinculando-os a uma obrigação de resultados: o estabelecimento no direito interno do patamar mínimo de proteção dos direitos de propriedade intelectual. Tal assertiva pode ser concluída pela redação do art. 8, onde se lê: "Os Membros, ao formular ou emendar suas leis e regulamentos (...)"; e também pela redação do art. 65.1: "Sem prejuízo do disposto nos parágrafos 2, 3 e 4, nenhum Membro estará obrigado a aplicar as disposições do presente Acordo antes de transcorrido um prazo geral de um ano após a data de entrada em vigor do Acordo Constitutivo da OMC".

Também a existência de normas que fixam prazos de adaptação dos direitos nacionais ao patamar mínimo de proteção, permite concluir pela natureza não auto-executória do Acordo TRIPS, no que tange às relações jurídicas privadas. Ao contrário, uma vez introduzido ao direito interno, o acordo gera efeitos imediatos para os países-membros, ainda que diversos, segundo o grau de desenvolvimento do Estado.

Porém, vários países já editaram leis visando a incorporação ou implementação do TRIPS. No âmbito do Mercosul podem ser citados o Brasil e a Argentina. Também a Austrália, o Canadá[13] e o Japão efetuaram modificações do direito interno visando a adaptação com o estatuído no TRIPS.

A sistemática adotada pelo TRIPS reflete a prática do direito internacional, que é indiferente ao método eleito pelo Estado para promover a recepção da norma convencional por seu ordenamento jurídico. Há Estados que promovem a recepção de um tratado através de sua "promulgação", por lei, decreto ou qualquer outro ato, e há outros, como o Reino Unido, em que a incorporação não exige a edição de um instrumento normativo interno. No Brasil, o TRIPS foi aprovado pelo Congresso Nacional por meio do Decreto Legislativo 30, de 15.12.1994, e promulgado pelo Decreto 1.355, de 30 de dezembro do mesmo ano.[14]

Quanto ao método de implementação das normas do acordo, os Estados-membros, como já foi visto, também estão livres para escolher a forma que lhes for mais conveniente dentro do próprio sistema e prática jurídicos. Esta liberdade se explica e se impõe pela existência de diferentes sistemas jurídicos, notadamente o da *common law* e o sistema romano-germânico, e em decorrência dos diversos níveis de desenvolvimento econômico e tecnológico dos países.

Em consonância com as novas obrigações assumidas em virtude da adesão à Organização Mundial do Comércio, foi editada a nova lei brasileira de propriedade industrial, a Lei 9.279/96, que traz importantes inovações no que concerne à matéria patenteável. Antes de examinarmos os novos dispositivos que tratam da patenteabilidade dos seres vivos, devemos ter em mente o conceito de invenção, fundamental para a identificação da atividade criadora da simples observação dos fenômenos naturais o que, no âmbito das biotecnologias, pode apresentar uma certa dificuldade.

3. O conceito de "invenção"

A matéria das biotecnologias é um domínio complexo. Um grande número de produtos e de processos biológicos ou microbiológicos podem ser encontrados no meio ambiente natural. De fato, a matéria das biotecnologias é derivada da natureza, o que poderia dar ensejo a um questionamento da "noção" de invenção neste domínio.

Atualmente, a patente é disciplinada na Lei de Propriedade Industrial (Lei 9.279/

13. Lei de Implementação do Acordo da OMC, dezembro de 1994.

14. Que promulgou a Ata Final que incorpora os Resultados da Rodada Uruguai de Negociações Comerciais Multilaterais do GATT.

96), que também estabelece a proteção de outros institutos jurídicos como o desenho industrial, a marca e o nome geográfico. A lei não define o que é invenção e se limita a regular o que não é considerado invenção para fins de aferição da patenteabilidade. No entanto, conforme ensina Paul Mathély,[15] o termo "invenção" tem uma significação conhecida e constante. Inventar é criar o que ainda não existe. Assim, invenção é uma operação do pensamento referente a qualquer coisa que aparece pela primeira vez. É uma obra do espírito que busca uma novidade.

O jurista pátrio João da Gama Cerqueira, depois de lembrar a dificuldade de se definir a invenção, face à equivocidade do termo, afirma que "a invenção, pela sua origem, caracteriza-se como uma criação intelectual, como o resultado da atividade inventiva do espírito humano; pelo modo de sua realização, classifica-se como uma criação de ordem técnica; e, pelos seus fins, constitui-se um meio de satisfazer às exigências e necessidades práticas do homem".[16]

Já a Lei sobre Patentes do Canadá (art. 2), define "invenção" de modo positivo: "Toda realização, todo processo, toda máquina, fabricação ou composição de matérias, assim como todo aperfeiçoamento de um deles, apresentando o caráter da novidade e da utilidade".

As definições supracitadas são bastante próximas e deixam claro que a invenção é uma criação da inteligência humana, que se utilizada das forças naturais para a solução efetiva de um problema novo e que visa a satisfação de necessidades práticas ou de ordem técnica da humanidade. Em síntese, a invenção é qualquer coisa de novo que, por sua vez, é o processo e o resultado de uma multiassociação com uma descoberta (o fundamento) que tem uma utilidade ou uma certa importância. A um nível industrial, a utilidade é fornecer uma solução à um problema existente.

A noção de invenção é aplicável a todos os domínios da atividade humana. Com efeito, é preciso que o espírito humano se volte sobre questões específicas para encontrar uma solução que caracterize o processo que leva à invenção. Conseqüentemente, considerando os conhecimentos, as descobertas e as soluções em biotecnologia, é evidente que existem invenções biotecnológicas. A capacidade de criar o DNA recombinante pode ser considerada uma das maiores invenções do século no domínio da biotecnologia.

3.1 Invenção de produto e invenção de processo

Conforme se conclui das definições *supra*, as invenções podem ainda ser classificadas, segundo o seu objeto, em invenção de produtos e invenção de processos ou métodos de produção.

O "produto" é um objeto material que se distingue por suas características de constituição, vale dizer, sua estrutura, sua composição ou sua forma. São produtos as substâncias ou materiais, os dispositivos mecânicos, ópticos, acústicos, elétricos ou outros, que se revistam na forma de um aparelho, de uma máquina, de um engenho etc. No âmbito da biotecnologia podíamos citar como produtos os microorganismos, os vírus, as células ou grupos de células, os animais e plantas transgênicos etc. No entanto, como será visto nos tópicos seguintes, isso não significa que tais produtos possam ser objetos de patentes, mesmo que preencham aos requisitos da novidade, atividade inventiva e aplicação industrial. Dada a natureza viva destes produtos a ensejar questões éticas e de interesse público, as soluções são divergentes nos vários sistemas legais.

Já "processo" é todo meio que, dentro de uma aplicação que lhe é dada, conduz à obtenção de um resultado ou de um produto. São processos: a maneira de operar, o

15. In *Brevet d'Inventions*, Journal des Notaires et des Avocats, s.d., Paris.
16. Ob. cit., p. 241.

emprego de instrumentos e a combinação entre a maneira de operar e o emprego de instrumentos.

No campo da biotecnologia, no entanto, os produtos e processos possuem características especialíssimas que os distinguem daqueles afetos às invenções pertencentes a outros campos de atuação humana. Diante deste motivo, dedicaremos um capítulo próprio para tratarmos dos produtos e processos saídos da biotecnologia, já que a compreensão dos conceitos relativos à matéria biotecnológica ou bio-matéria é imprescindível para a correta análise das questões referentes à patenteabilidade dos seres vivos.

Da mesma forma, para melhor compreensão do campo de aplicação da lei de patente, é precisão diferenciar a "invenção" da "descoberta" e de outras formas de "criação" do espírito humano. Apenas a invenção pode ser objeto do privilégio da patente.

3.2 A diferença entre "invenção" e os conceitos de "criação" e "descoberta"

A Lei de Propriedade Industrial, de forma expressa, preocupa-se com a delimitação de seu campo de atuação, no que se refere ao privilégio da patente, excluindo vários fatos ou eventos do conceito de invenção ou modelo de utilidade.

Com efeito, a Lei prevê que não podem ser consideradas invenção ou modelo de utilidade (art. 10):

A — A descoberta: Descoberta é a percepção de um fenômeno natural preexistente à qualquer intervenção do homem. Na descoberta, o homem apenas constata a realidade de um fato natural, não há aí qualquer atividade inventiva. A invenção, ao contrário, é fruto da intervenção do homem, é um exercício de criação intelectual. A descoberta seria, portanto, a antítese da invenção. Esta se apresenta como a solução de um problema técnico e visa a satisfação de uma necessidade humana. Aquela, ao contrário, não visa a fins práticos preestabelecidos e apenas aumenta o conhecimento do homem no que tange ao mundo físico. Na descoberta não é o espírito inventivo que atua, mas o espírito especulativo e as faculdades de observação. A constatação, por exemplo, de uma lei natural ou de um fenômeno físico constitui descoberta e não é patenteável.

B — As teorias científicas, métodos matemáticos e criações puramente abstratas: Da mesma forma que as descobertas, as teorias científicas, métodos matemáticos e criações puramente abstratas não são suscetíveis de proteção pela patente, mesmo porque dificilmente podem ser explorados de forma comercial ou industrial imediata. Com efeito, a teoria científica, o método matemático e outras criações abstratas não têm uma utilização prática imediata, embora possam, futuramente, fundamentar uma invenção. Assim, por exemplo, a formulação da teoria das ondas magnéticas por Faraday, ou sua redução à forma matemática por Clark-Maxwell, não constituíam objeto patenteável; mas a telegrafia sem fio, que utilizou como fundamento a teoria supracitada, caracteriza sem sombra de dúvida uma invenção. Embora a teoria científica represente, muitas vezes, o ponto de partida de uma invenção, o autor não pode obter privilégio para o resultado de sua investigação. Como já foi salientado, a lei só protege as invenções úteis sob o ponto de vista da imediata aplicação industrial.

C — Os esquemas, planos, princípios ou métodos comerciais, contábeis, financeiros, publicitários, de sorteio e de fiscalização: Os planos, princípios e métodos são criações intelectuais que consistem no estabelecimento de certas diretivas ou maneiras de operar. A lei cita três domínios de atividade possíveis dessas criações: as atividades intelectuais, as atividades econômicas e o jogo. Como são abstratas, não podem ser diretamente aplicadas na indústria. Assim, ainda que ausente a previsão expressa como atividades não patenteáveis, não preencheriam elas os requisitos da novidade, da atividade inventiva ou da aplicação industrial, exigidos para a concessão do privilégio estatal.

Não se confunde o método comercial, financeiro etc. (não patenteável) com o processo ou método de produção (patenteável), que é um método de organização da produção ou da distribuição, com base em certos procedimentos, tais como os processos de automação.[17]

D — As obras literárias, arquitetônicas, artísticas, científicas ou qualquer criação estética: Em geral não têm utilidade prática, mas apenas ornamental. Falta o requisito da aplicação industrial. As invenções objetivam satisfazer uma necessidade prática do homem, enquanto as criações artísticas ou estéticas visam satisfazer as necessidades de ordem espiritual ou estética. São protegidas pelo direito do autor e direitos conexos, ou pelo direito dos desenhos industriais e ainda pelo direito das marcas, conforme o caso.

E — Os programas de computador em si: Em regra geral, também não são patenteáveis os programas de computador (*software*). No entanto, o sistema operacional do computador, mesmo que comandado por um programa, é patenteável, já que indissociável do funcionamento da máquina (pode preencher os requisitos da novidade, atividade inventiva e aplicação industrial). É o que se conclui do termo "em si" aposto pelo legislador e que serve para diferenciar os programas de computador que bastam por si próprios, que têm uma função específica mas não são vitais para o funcionamento e o uso da máquina e podem ser utilizados, por exemplo, em qualquer outro computador (p. ex., um redator de texto, um programa contábil, jurídico etc.); daqueles que se destinam a dar "vida" ao computador (ex. MS-DOS, Windows etc.). Os programas de computador em si podem ser protegidos pelo direito do autor ou por um direito *sui generis* semelhante ao direito autoral, como é o caso do Brasil (Lei 9.609/98 que dispõe sobre a proteção da propriedade intelectual de programa de computador).

F — A apresentação de informações: A apresentação de informações consiste em uma obra do espírito não patenteável e que, eventualmente, pode ser protegida pelo direito do autor. Mas se der origem a um objeto, este pode ser patenteável se preencher os requisitos legais.

G — As regras de jogo: As regras de jogo também constituem concepções teóricas que não se concretizam em um resultado prático a satisfazer a condição da aplicação industrial. Resultam exclusivamente da atividade espiritual do homem, sem o uso ou aplicação de forças da natureza, tal qual como se dá com a invenção.

H — A técnica e métodos operatórios ou cirúrgicos, bem como métodos terapêuticos ou de diagnóstico, para aplicação no corpo humano e animal: São excluídos da patente porque, a princípio, não são suscetíveis de aplicação industrial. O tratamento terapêutico visa apenas o tratamento de doenças, é uma forma abstrata de operar, de combater a doença. Não visa aumentar ou aperfeiçoar a qualidade de um produto de origem animal. Este tema será retomado com mais profundidade na segunda parte deste trabalho, já que a interpretação do dispositivo legal pode dar ensejo a várias dúvidas no que tange ao seu efetivo alcance.

I — O todo ou parte de seres vivos naturais e materiais biológicos encontrados na natureza, ou ainda que dela isolados, inclusive o genoma ou germoplasma de qualquer ser vivo natural e os processos biológicos naturais: A patenteabilidade de seres vivos é um dos assuntos mais controversos no direito da propriedade industrial, por envolver questões éticas de um lado e, de outro lado, uma atividade científica e econômica extremamente importante e que tem obtido grandes progressos tecnológicos que não podem ser ignorados pelo Direito.

Obviamente, em consonância com o direito vigente na maior parte dos países, o

17. Cf. Paul Mathély, ob. cit.

ser vivo animal ou vegetal (incluindo o microorganismo) não é considerado invenção, já que ele está presente na natureza. Embora possa ser suscetível de aplicação industrial, não estaríamos diante de uma novidade e de uma atividade inventiva.

Não obstante, a lei permite a patente de microorganismos quando estiver presente uma atividade humana capaz de obter uma nova variedade não encontrada na natureza. A questão da patenteabilidade dos seres vivos será objeto de exame em apartado, dada a sua complexidade e particularidades.

No entanto, antes da análise da patenteabilidade dos seres vivos, convém verificarmos os requisitos materiais da patente, cujos conceitos serão reiteradamente citados por ocasião do estudo do tema proposto.

4. Os requisitos materiais da patente

No direito brasileiro, assim como ocorre também em outros sistemas jurídicos,[18] para que seja suscetível de proteção pela patente, a invenção deve possuir caracteres determinados. Conforme já ensinava João da Gama Cerqueira,[19] citando lição de Ribot, "a invenção não reside no resultado, mas precisamente no ato inventivo, de modo que, não sendo inerente à coisa inventada, esse requisito não pode manifestar-se objetivamente, mas só indiretamente e de modo discursivo, por meio de elementos externos que lhe revelem a existência. A existência da invenção, portanto, é uma questão de fato, que deve investigar-se em cada caso, quando não seja evidente".

Estes elementos ou requisitos são a novidade, a atividade inventiva e a aplicação industrial. É preciso ainda que estas três condições sejam distintas, cumulativas e ordenadas. Assim, uma inovação, por si só, pode não constituir uma invenção. Vejamos, um a um, os requisitos materiais da patente.

18. Como, por exemplo, o direito europeu, disciplinado pela Convenção de Munich sobre Patentes Européias.

19. Ob. cit. p. 247.

4.1 O requisito da novidade

A primeira condição da patenteabilidade é a novidade. A novidade pode ser total ou parcial. Ela pode se referir apenas a parte do objeto inventado ou cobrir toda a invenção. A novidade deve sempre ser apreciada objetivamente, pouco importando se o inventor, ao realizar sua invenção, ignorava sua existência dentro do estado da técnica. Ou seja, pouco importa se o inventor não tinha conhecimento de que o objeto de sua invenção já tinha se tornado acessível ao público. Seu pedido de patente será rejeitado por falta da novidade.

O art. 11 da Lei de Propriedade Industrial, da mesma forma que a lei francesa de 1968 (art. 8) e a Convenção de Munique sobre patentes (54, par. 1), define novidade de forma negativa. Assim, "a invenção e o modelo de utilidade são considerados novos quando não compreendidos no estado da técnica". Convém, portanto, apreciarmos o que constitui o "estado da técnica".

O estado da técnica, segundo o art. 11, par. 1, da Lei de Propriedade Industrial é constituído por tudo aquilo que foi tornado acessível ao público antes da data do depósito do pedido da patente por uma descrição escrita ou oral, por uso ou qualquer outro meio. Ou seja, é aquilo que já existia no mundo técnico, que já era conhecido do público. Tudo o que foi colocado ao acesso do público antes da data do depósito constitui o estado da técnica para o direito da patente.

Portanto, se a criação do intelecto já é conhecimento do público, isso é, já faz parte do estado da técnica, não pode ser patenteada por falta do requisito da novidade. Nesse sentido, a decisão do Tribunal de Justiça de São Paulo: "A mera inovação de caráter construtivo não é considerada invenção, pois a aplicação de um conhecimento já existente, abrangido pelo estado da técnica, não significa criação original".[20]

20. TJSP, AC 97.963-1 Diadema, de 25.2.1988, *RJTJSP* 112/250.

A redação do supracitado art. 11 da Lei de Propriedade Industrial pode trazer dúvida sobre o alcance do termo "público". O dispositivo apenas dispõe que pertence ao estado da técnica toda invenção que já era de conhecimento do público. Não estabelece parâmetros, no entanto, para a exata conceituação do termo. Assim, para os fins da norma, podemos considerar "público" uma multidão de pessoas, um pequeno grupo ou até mesmo uma só pessoa, desde que essa pessoa seja capaz de entender e comunicar o conteúdo da invenção e que não tenha recebido a comunicação como segredo. Tal interpretação da norma legal é extremamente importante, em se tratando de invenções biotecnológicas, geralmente restritas a um público mais específico e, portanto, limitado (ex. área médica, alimentar, farmacêutica, petrolífera etc.). Não são consideradas como fazendo parte do "público" para os efeitos da lei, as pessoas que recebem a comunicação de uma invenção em razão de sua função (ex. os empregados de uma empresa) ou a pessoa a quem o inventor faz uma confidência ou pede algum conselho. Todas essas pessoas têm o dever de manter o segredo.

Na linguagem técnica do direito da patente, os elementos que compõem o estado da técnica são chamados de *anterioridades*. A novidade é destruída por todo fato que tenha colocado a invenção à disposição do público, ou seja, pela anterioridade.

A "anterioridade resulta de uma publicidade da invenção antes do depósito do pedido da patente. Esta publicidade pode ter uma dupla origem: ou a invenção já estava no domínio público sem que o inventor soubesse, o que constitui a anterioridade em sentido estrito; ou então a invenção foi tornada pública pelo próprio inventor e a anterioridade aqui toma o nome de divulgação".[21]

Segundo a lei brasileira (art. 12, § 1º), que adotou o mesmo conceito de estado da técnica vigente no direito europeu (art. 54, § 2, da Convenção de Munique), a divulgação da invenção para fins de caracterização da anterioridade pode se dar por qualquer meio. Portanto, o uso e a exploração do objeto da invenção, no Brasil ou no exterior, também pode ser considerado como meio de divulgação.

Segundo se conclui da norma legal, basta que o uso seja público, não havendo necessidade de que seja notório, como o exigem outras legislações. O produto pode ser vendido ou simplesmente mostrado ao público, desde que o uso ou exposição seja capaz de revelar as características constitutivas da invenção, de torná-la compreensível, acessível ao público (simples exposição de um produto biotecnológico – trigo transgênico, p. ex. – não pode ser considerada como divulgação da idéia ao público). Pode ocorrer por outro lado que a venda de um produto seja capaz de mostrar ou esclarecer o processo da invenção que, desse modo, não poderia ser patenteado por deixar de constituir novidade.

Destarte, a anterioridade deve ser verdadeira, certa quanto à sua existência e quanto à sua data. Ela deve ser consistente quanto à matéria que ela divulga. Os documentos apresentados como anterioridade devem revelar a invenção invocada de uma forma detalhada, suficiente para que ela seja compreendida pelo público. Listas de preço, catálogos e documentos publicitários por si só, segundo a jurisprudência francesa, não elidem a novidade,[22] por não indicarem precisamente a descrição da invenção.

A prova da anterioridade deve ser apresentada por aquele que contesta a novidade da invenção. Qualquer meio de prova é admitido, em geral a prova é fornecida por patentes, pedidos de patentes, artigos publicados em periódicos etc. A anterioridade deve ser suficiente para permitir que um técnico no assunto execute a invenção. Assim, uma patente anterior nula por insu-

21. Cf. Chavanne e Burst, *Droit de la Propriété Industrielle*, 4ª ed., Précis Dalloz, Paris, 1993.

22. Trib. Grand. Inst., 5.12.1986, *Annuaire* 1987.112.

ficiência de descrição não pode ser considerada como anterioridade para uma patente posterior.[23]

No entanto, em alguns casos excepcionais, a divulgação da invenção não elimina a sua novidade. É o que prevê o art. 12 da Lei de Propriedade Industrial. A divulgação anterior não é oponível quando tenha sido feita pelo próprio inventor; pelo INPI, através de publicação oficial do pedido de patente depositado sem o consentimento do inventor, com base em sua informações; ou por terceiros que tenham recebido informações de forma direta ou indireta do inventor. No entanto, a divulgação não pode ter ocorrido há mais de doze meses da data do depósito ou da prioridade do pedido de patente.

O dispositivo é salutar, na medida que, em certos casos, a divulgação pode resultar direta ou indiretamente de um abuso evidente no que concerne ao depositante ou de seu predecessor de direito. Há abuso quando a invenção foi subtraída e divulgada contra a vontade do depositante. Também há o abuso quando há violação da condição de segredo.

Da mesma forma, a divulgação pode ser feita pelo próprio inventor, ou por terceiro por ele autorizado, em uma exposição ou seminário oficial ou oficialmente reconhecido. Respeitado o prazo legal para o depósito do pedido de patente (doze meses), a divulgação da invenção não será considerada como anterioridade. Em casos de dúvida, o INPI pode exigir do inventor declaração relativa à divulgação, acompanhada ou não de provas.

A questão da novidade em biotecnologia assume especial relevância, tendo em vista que certas matérias biotecnológicas são encontradas na natureza. Em razão desta particularidade, surgiu a "doutrina do produto da natureza", que será abordada de forma mais aprofundada a seguir.

23. Montpellier, 20.12.1966, *An*1967.7; Paris, 31.3.1973, *An*1973.81.

4.1.1 A doutrina do produto da natureza — Independentemente da matéria biotecnológica em questão, seja um vírus, uma bactéria, uma proteína ou um ser vivo superior, uma consideração particular, que não se apresenta com relação a outras matérias, parece inquestionável: geralmente a invenção possui um equivalente na natureza. Neste caso, como falar em novidade? Em todos os sistemas legais que tratam da patenteabilidade dos produtos ou processos biotecnológicos, devemos nos inclinar sobre esta questão para saber se a patente é viável ou não. No Brasil, a questão é nova, já que apenas com o advento da Lei 9.279/96 tornou-se possível a patente sobre a matéria viva.

A título de ilustração podemos citar o exemplo do DNA que é um polímero natural e a maior parte de suas seqüências são encontradas na natureza. No entanto, o homem é capaz de transformar o contexto genético encontrado na natureza para outro contexto que seja útil para resolver um determinado problema. O mesmo se aplica a todos os outros produtos biotecnológicos, que são uma versão sintética de um produto já encontrado na natureza.

A doutrina do produto da natureza se funda na distinção entre invenção e descoberta. Quando não houver mera constatação do que ocorre na natureza, mas sim uma intervenção do homem de forma a modificar ou criar propriedades características da matéria em questão, estaremos diante de uma invenção. A descoberta é apenas um primeiro passo para a invenção. Partindo da descoberta de matéria vegetal, por exemplo, e em decorrência de pesquisas aprofundadas e originais, assim como de um trabalho experimental, o homem pode dar à sua descoberta inicial uma finalidade prática e útil que ela antes não possuía, como um agente de branqueamento da farinha para produção de pão. Assim, ele obtém uma invenção, já que o produto isolado e purificado é destinado a um uso novo e inventivo.

Em suma, a descoberta de um produto que existe na natureza em outra atividade não é patenteável. Neste caso, a doutrina do produto da natureza seria aplicada e uma eventual reivindicação quanto ao produto seria rejeitada. O isolamento e a purificação do produto pode ser suficiente para que ele seja patenteável. No entanto, uma reivindicação relativa ao produto isolado e purificado sem uma utilidade, também deve ser rejeitada. É preciso que seja dado ao produto encontrável na natureza uma nova destinação e utilidade, como conseqüência da atividade humana criadora.

4.2 O requisito da atividade inventiva

Atividade inventiva é o exercício do intelecto que leva ao descobrimento de um objeto até então desconhecido, que conduz à criação de um objeto novo. Trata-se, portanto, de uma operação criativa que transcende a normalidade das atividades desenvolvidas pelos demais técnicos no assunto.

A Convenção de Munique, no art. 56, estabelece que: "uma invenção é considerada como implicando uma atividade inventiva se, para um técnico no assunto (*homme du métier*), ela não resulta de um desenvolvimento evidente do estado de técnica". De maneira quase idêntica, o legislador brasileiro esclarece que "a invenção é dotada de atividade inventiva sempre que, para um técnico no assunto, não decorra de maneira evidente ou óbvia do estado da técnica" (art. 13 da Lei de Propriedade Industrial).

Portanto, a atividade inventiva não se confunde com uma simples inovação realizada por um perito no domínio de simples operações de execução. É mais do que isso, é a introdução criativa da novidade, é a obtenção genial de uma nova solução para um determinado problema.

O caráter não evidente da invenção, que determina a atividade inventiva é necessariamente relativa. Ela é apreciada por uma pessoa do meio científico ou do domínio tecnológico em causa. Esse corpo científico é composto por vários especialistas de diferentes domínios do conhecimento. A não-evidência deve ser analisada em relação ao estado da técnica. Assim, tanto para a apreciação da novidade, como para a constatação da atividade inventiva, é preciso considerar primeiramente o estado da técnica, embora tais conceitos não se confundam.

Se o resultado obtido pelo requerente da patente não for evidente para esse perito, que deve possuir os conhecimentos normais referentes à técnica utilizada, há atividade inventiva. Ao contrário, se o técnico, através de simples operações de execução e valendo-se de seus conhecimentos normais, puder chegar à mesma solução a determinado problema, não será possível a proteção pela patente por falta de atividade inventiva.

Cumpre ressaltar que não se exige o progresso técnico para caracterizar a atividade inventiva, mas se ele estiver presente não há dúvida de que estamos diante deste requisito. Outros índices observados na jurisprudência para apreciação da atividade inventiva são o esforço intelectual e meritório, a ultrapassagem de vários obstáculos etc.

4.3 O requisito da aplicação industrial

Segundo o art. 15 da Lei de Propriedade Industrial, "a invenção e o modelo de utilidade são considerados suscetíveis de aplicação industrial quando possam ser utilizados ou produzidos em qualquer tipo de indústria".

A norma é quase idêntica à solução européia (art. 57 da Convenção de Munique), segundo a qual "uma invenção pode ser considerada como suscetível de aplicação industrial, se o seu objeto puder ser fabricado ou utilizado em todos os gêneros da indústria, aí compreendida a agricultura".

Obviamente, a locução "qualquer tipo de indústria" encontrada na lei brasileira permite concluir que também a indústria agrícola e alimentar está compreendida na proteção legal. Afinal, indústria deve ser considerada no seu sentido amplo, como sendo toda ação do homem para transformar e utilizar a natureza e a matéria. Portanto, é inegável que a invenção biotecnológica atende a este requisito, já que sua aplicação se estende aos mais variados ramos da indústria, tal como o alimentício, o farmacêutico, o agrícola etc.

II — A PATENTEABILIDADE DOS SERES VIVOS

O tema da patenteabilidade dos seres vivos é extremamente polêmico e, juntamente com a questão da patente de produtos farmacêuticos, foi objeto de ampla discussão por ocasião da Rodada Uruguai, quando das negociações do Acordo TRIPS. Como já vimos, este tratado estabelece um grau de proteção mínimo da propriedade intelectual a ser necessariamente observado em todos os países-membros da Organização Mundial do Comércio. Vale dizer, suas normas, inclusive no que tange às patentes sobre os seres vivos, têm um alcance praticamente universal.

No início da Rodada Uruguai (1986), vários países não previam proteção aos produtos farmacêuticos e biotecnológicos. A situação sofreu sensível alteração e, atualmente, diversos países já admitem a patenteabilidade desses produtos.[24]

Na maioria desses casos, esta mudança da posição se deve mais a pressão exercida por países europeus e pelos EUA, do que por motivações endógenas. O governo norte-americano, por exemplo, incorporou os temas relativos à propriedade intelectual em sua agenda internacional, nos termos da Seção 301 da Lei de Comércio e Tarifas. Vários países, entre eles o Brasil, foram objeto de "investigações" ou represálias pela não observância dos direitos de propriedade industrial e de autor.

Como resultado das discussões ocorridas na Rodada Uruguai, surgiu o art. 27 do Acordo TRIPS, cujo item 01 estabelece que qualquer invenção poderá ser patenteada, seja consubstanciada em produto ou em processo, "em todos os campos da tecnologia". O texto legal foi reforçado ainda com a adição que dispõe que "as patentes poderão ser obtidas e os direitos de patente poderão ser gozados sem discriminação por campo de tecnologia".

Esta disposição é importante e pode ser considerada como uma das principais concessões efetuadas pelos países em desenvolvimento no que tange ao tema da propriedade intelectual. Ao aceitarem o dispositivo, os países em desenvolvimento renunciaram à possibilidade de estabelecer exceções à patenteabilidade, salvo nos casos admitidos no Acordo.

As exceções que os países podem prever em suas legislações internas estão disciplinadas no art. 27.2 e no art. 27.3. O primeiro dispositivo assinala que: "Os Membros poderão excluir da patenteabilidade as invenções cuja exploração comercial em seu território deve ser necessariamente impedida para proteger a ordem pública ou a moralidade, inclusive para proteger a saúde ou a vida das pessoas e dos animais ou para preservar os vegetais, ou para evitar danos graves ao meio ambiente, sempre que essa exclusão não se faça meramente porque a exploração está proibida pela legislação nacional".

Ademais, em conformidade com o art. 27.3:

"Os Membros poderão excluir da patenteabilidade:

"a) Os métodos de diagnóstico, terapêuticos e cirúrgicos para o tratamento de pessoas ou de animais.

"b) As plantas e os animais exceto os microorganismos, e os procedimentos essencialmente biológicos para a produção de plantas ou animais, que não sejam procedimentos não biológicos nem microbiológicos. Não obstante, os Membros outorgarão proteção a todas as obtenções vegetais mediante patentes, mediante um sistema

24. Como, p. ex., a Coréia do Sul, Indonésia, Tailândia, México, Chile, Colômbia, Equador, Venezuela etc.

eficaz *sui generis* ou mediante uma combinação de ambos. Esta disposição será submetida a exame uma vez transcorridos quatro anos a partir da entrada em vigor do presente Acordo".

Assim, por força de obrigações assumidas junto à Organização Mundial do Comércio, os países-membros devem adaptar suas legislações internas quando menos para garantir a proteção mínima prevista no TRIPS. Nada impede, no entanto, que a lei nacional assegure uma proteção maior, como, por exemplo, permitindo a patente de seres vivos superiores.

A resposta brasileira à esta nova obrigação internacional foi dada com a edição da Lei 9.279/96, que contém dispositivos específicos sobre a matéria. Convém, portanto, examinarmos, de forma apartada e à luz do direito nacional e internacional, a patenteabilidade das matérias biotecnológicas, seja no que se refere ao produto, quanto no que tange ao processo. Para tanto, começaremos por definir o que se entende por "matéria biotecnológica" ou "bio-matéria", para depois verificarmos quais destas matérias podem ser objetos de patentes.

1. As matérias da biotecnologia

Para decidir se a matéria biotecnológica é patenteável, ou se ao menos pode ser objeto da proteção conferida por uma patente, é essencial compreender do que ela se compõe.

Já vimos que, em termos largos, a biotecnologia pode ser considerada como a produção de produtos úteis à partir de microorganismos vivos e de culturas celulares. Atualmente, a biotecnologia é associada aos trabalhos que visam modificar a composição genética de um organismo, o que é chamado de "engenharia genética". Graças à engenharia genética, novos e importantes medicamentos foram produzidos como a insulina humana, o interferon, as vacinas, além de tratamentos para as mais graves doenças que afligem a humanidade, tais como a anemia, a diabete, o câncer, a Aids, a hepatite etc.

Evidentemente, a biotecnologia engloba muitas coisas, mas para os fins do presente trabalho podemos classificar as matérias em:

- a bio-matéria ela mesma, que compreende os produtos saídos da biotecnologia;
- os métodos e processos de produção da bio-matéria e/ou produtos.

1.1 Os produtos saídos da biotecnologia

Os produtos ligados à biotecnologia podem ser divididos em dois grupos principais: a bio-matéria viva e a bio-matéria não viva.

1.1.1 A bio-matéria não viva — Como exemplos de matérias biotecnológicas não vivas podemos citar os aminoácidos, os peptídeos, as proteínas, os ácidos graxos e os ácidos nucléicos. Estes compostos também podem ser conhecidos pelos nomes de anticorpos, hormônios, enzimas, esteróides, colesterol, lipoproteínas de alta densidade (HDL), lipoproteínas de frágil densidade e moléculas de DNA. Na verdade, embora complexos, são, na verdade, compostos químicos.

Assim, por exemplo, os aminoácidos são compostos químicos consistente em carbono, azote, hidrogênio e oxigênio combinados de diversas formas para originar 20 aminoácidos naturais. Os aminoácidos se combinam para formar os peptídeos e as proteínas. Um peptídeo é uma curta corrente composta geralmente por menos de 10 aminoácidos. A proteína é uma corrente com mais de 10 aminoácidos. Todas as células e vírus contém proteínas e, qual que seja a definição de ser vivo, podemos afirmar que todos contém proteínas. As proteínas também são conhecidas como polipetídeos.

Os ácidos graxos são uma sub-classe do grupo dos lipídeos. Os lipídeos que são mais encontrados na natureza são os ácidos graxos presentes, por exemplo, no leite e em diversos tipos de óleo.

Os ácidos nucléicos são os elementos constitutivos do material genético. Os dois principais tipos de ácidos nucléicos são o DNA (ácido desoxiribonucléico) e o RNA (ácido ribonucléico). Ambos são constituídos por um tipo de açúcar chamado pentose, de uma molécula de ácido fosfórico e de nucleotídeos, que são compostos químicos. O pentose é oxigenado no RNA e desoxigenado no DNA. Estas duas bio-matérias podem ser ainda diferenciadas pelos nucleotídeos que compõem seus ácidos nucleicos. Existem quatro tipos diferentes de nucleotídeos que são os elementos principais do DNA: citosina, adenina, guanina e timina. No RNA são encontráveis a citosina, a adenina, a guanina, mas não a timina. Um par de bases é a combinação de quaisquer destas quatro bases características do DNA.

Os organismos são capazes de transmitir seus caracteres para as gerações futuras. A informação genética está contida nos cromossomos que se compõem, notadamente, de genes consistentes em DNA. Assim, o DNA contém as informações genéticas necessárias para precisar a estrutura de todas as proteínas do organismo e determinar a individualidade deste organismo. O conjunto de material genético que define um organismo é chamado genoma. Este material genético é encontrado, geralmente, no núcleo da célula. No entanto, nas células menos sofisticadas, como as células das bactérias, o genoma está situado geralmente no citoplasma.

As enzimas são um tipo de proteína que executa uma função especial, a saber a deslocação das proteínas ou a construção de outras proteínas e compostos químicos. Uma peptidase, por exemplo, é uma proteína que tem uma atividade enzimática sobre os peptídeos. Existem enzimas que são capazes de fragmentar as ligações entre as bases do DNA (enzimas de restrição). Estes endereços são "reconhecidos" pela enzima de restrição por causa da sua conformação química. As enzimas de restrição e as ligases (enzimas de reparação) são instrumentos muito úteis na tecnologia do DNA recombinante.[25] Este procedimento não se aplica geralmente no DNA cromossômico, mas sim nas moléculas de DNA extracromossômicas na célula, conhecidas como plasmídios, que existem em forma de laço fechado. Os plasmídios podem atuar como portadores (vetores) de vírus e DNA.

Os produtos supracitados são considerados, normalmente, como matéria não-viva e são muito utilizados na biotecnologia.

Já o vírus pode ser considerado como uma bio-matéria intermediária entre a matéria viva e a matéria não viva. De fato, o vírus é uma partícula minúscula composta por proteína e ácidos nucléicos. Ele não possui nenhuma das qualidades dos seres vivos, mas, dentro de um ser vivo, ele pode se locomover, invadir células, assumir aspectos ligados à fabricação genética de uma célula e se reproduzir. Esta sua capacidade de penetrar na célula e de dirigir a fabricação genética é uma espécie de "pedra de toque" da moderna biotecnologia.

1.1.2 A bio-matéria viva — O primeiro exemplo que podemos citar das matérias vivas com importância para a biotecnologia são as células. São elas as menores unidades viáveis de vida. Elas são igualmente as mais pequenas unidades de vida que podem ser reproduzidas e é este caráter que lhe confere um importância vital para a biotecnologia.

As células possuem formas e tamanhos diferentes, e também suas capacidades de sobrevivência de forma independente são diversas. Os micróbios, por exemplo, são microorganismos unicelulares capazes de viver no meio ambiente e podem ser mantidos isolados e puros em laboratórios. Por outro lado, as linhas celulares de seres hu-

25. A patente sobre o uso de enzimas de restrição para fazer o DNA recombinante foi obtida por Cohen e Boyer — cf. W. D. Noonan, "Patenting medical and surgical procedures", *Journal of the Patent and Trademark Office Society*, v. 77, 8, 1995, pp. 651 a 657.

manos, de vegetais ou de animais, isoladas do resto do organismo, são completamente dependentes, para a sua sobrevivência, dos meios de cultura e das condições de vida em laboratório. As células mutantes, as células biologicamente puras e as células transformadas são exemplos de classes de linhas celulares.

Já os microorganismos são um grupo vasto e diversificado de organismos constituídos por uma célula única ou por grupos de células procariotes ou eucariotes. As algas, os champignons e as leveduras são organismos eucariotes. As bactérias são organismos procariotes.

Os microorganismos unicelulares ou pluricelulares são facilmente diferenciados das células isoladas ou grupos de células de seres superiores. Os primeiros são capazes de viver sozinhos no ambiente; enquanto as células isoladas de um animal ou planta ou os grupos de células não podem existir por elas mesmas na natureza e só sobrevivem num ambiente especial criado pelo homem em laboratório, ou como parte de um organismo pluricelular tal qual uma planta ou um animal.

Portanto, o que chamamos de forma de vida superior é composta por organismos completos pluricelulares como as plantas e os animais. O ser humano, por exemplo, é um organismo multicelular complexo que contém pelo menos 10^{14} células.

Em síntese, a matéria viva é constituída pelos microorganismos e pelas formas de vida superiores. Cabe observar que tradicionalmente o termo "microorganismo" deve ser entendido no contexto em que indica todas as entidades biológicas que se auto-replicam ou podem auto-replicar-se em um organismo receptor adequado.[26]

1.2 Métodos e processos biotecnológicos

Cabe aqui tratar dos métodos de fabricação de produtos biotecnológicos, o que compreende os processos para produção de plantas e de animais que exigem importantes invenções técnicas pelo homem. Os processos biotecnológicos compreendem também os processos para criação de produtos de células, como os hormônios, as enzimas etc. Os mais conhecidos destes processos que podemos classificar como biotecnológicos são os processos de fermentação, os processos químicos e diagnósticos, assim como os métodos de tratamento dos corpos animais e humanos e os métodos de controle de insetos.

1.2.1 Métodos da biotecnologia clássica — Vários dos processos industriais pertencem ao ramo da biotecnologia clássica, como é o caso da fermentação. No procedimento típico de fermentação, se inocula o microorganismo em um meio nutriente contido em um recipiente de fermentação. O meio conterá fontes de carbono, nitrogênio e outros elementos essenciais para a manutenção e o crescimento do microorganismo. O procedimento pode ser realizado na presença de oxigênio (aeróbio) ou, menos comumente, na ausência de oxigênio (anaeróbio), a uma temperatura ótima para o organismo e durante o tempo necessário para produzir um bom rendimento do produto desejado.

Exemplos notáveis de tais procedimentos são os primeiros métodos microbiológicos para a produção dos solventes industriais e ácidos orgânicos.[27] Tais métodos possibilitaram a produção de penicilina obtida de *Penicillium chrysogenum*; da vitamina B (fermentação das cepas de *Streptomyces griseus*) essencial para o combate da anemia e de muitas e importantes enzimas industriais, aminoácidos e proteínas.

Um último exemplo de fermentação tecnológica é a produção de biomassa. Enquanto nos procedimentos mencionados anteriormente o interesse se concentra nos derivados do crescimento bacteriano que são

26. OMPI, ob. cit., p. 12.

27. Como, p. ex., a produção da mescla de acetona/butanol por fermentação anaeróbica utilizando *clostridium acetobutylicum*, durante a I Guerra.

separados e purificados, na produção de biomassa o próprio microorganismo multiplicado é o produto comercial projetado.

Além das técnicas industriais de fermentação, podem ser citados os procedimentos de biotransformação, que exploram as propriedades de certos organismos para catalisar a conversão de componentes químicos de grande valor em derivados importantes com maior eficácia e especificidade esteroquímica do que aqueles que poderiam ser obtidos por simples processos químicos. Exemplos industriais importantes desta técnica são a conversão da cortisona em hidrocortisona e também a oxidação de sorbitol em L-sorbosa pela *Acetobacter suboxyduns* na preparação da vitamina C.

Muitos outros processos microbiológicos importantes podem ser citados como o utilizado para tratamento de águas, transformação de dejetos industriais e recuperação intensificada de reservas subterrâneas de petróleo utilizando micróbios gasógenos para a recompressão da jazida petrolífera.

1.2.2 Métodos da biotecnologia moderna — Este é provavelmente o setor biotecnológico que é capaz de originar o maior número de questões e de polêmicas, já que as técnicas hoje existentes possibilitam as mais incríveis experiências e criações. Durante a primeira metade dos anos oitenta, os pesquisadores conseguiram modificar camundongos, ratos, porcos, peixes e outros seres superiores, graças às técnicas genéticas que criam os animais transgênicos. Esta técnica permite transferir informação genética de um organismo para outro, a fim de melhorar as características deste receptor de maneira que possa servir a funções particulares. A criação desta técnica possibilitou a utilização de culturas de bactérias e de leveduras como verdadeiras "fábricas" para a produção de produtos farmacêuticos de alta qualidade como a insulina humana, o interferon e os hormônios de crescimento.

A intervenção técnica ao nível das células é uma marca da moderna biotecnologia. A ciência da biologia molecular revelou a natureza do material genético e os procedimentos pelos quais as células sintetizam proteínas para suas múltiplas finalidades. Tendo em conta este conhecimento e com o desenvolvimento de técnicas bioquímicas o homem conseguiu influenciar e dirigir este procedimento com objetivos pré-determinados. Na tecnologia do DNA recombinante, o material genético se expõe e combina com o DNA de outra fonte para produzir um material recombinante para sua reinserção em uma célula receptora adequada.

Diversas técnicas podem servir para a introdução de genes de um organismo em outro, tais como a microinjeção, a fusão celular e a repetição clonal. Se conhece como repetição clonal a operação de introduzir um gene particular em um vetor que, por sua vez, é introduzido em uma célula receptora para que possa replicar-se como resultado da repetição da divisão celular. Mediante tais técnicas são clonados genes humanos em bactérias e organismos superiores, permitindo a produção de hormônios como a insulina humana e importantes proteínas sangüíneas.

1.2.3 Métodos da biotecnologia vegetal — Entre as técnicas para alterar a composição genética das plantas cabe mencionar em primeiro lugar a fusão das células vegetais. Esta técnica exige a supressão da membrana da célula vegetal mediante um tratamento mecânico ou enzimático para produzir protoplastos. Os protoplastos são estruturas intactas delimitadas pela membrana celular, através da qual pode ser introduzida uma variedade de agentes que podem induzir a fusão entre os protoplastos da mesma ou de diferentes espécies. Assim, os protoplastos proporcionam a fusão e a transformação genômica possibilitando a produção de plantas mutantes.

A manipulação genética vegetal supõe a transferência de novos genes nas plantas por métodos similares aos utilizados nos organismos inferiores. Estes métodos, que utilizam um vetor adequado, como, p. ex., o plasmídio Ti obtido a partir da *Agrobacterium tumefaciens*, possibilitam a obtenção de plantas transgênicas. Em princípio, os genes pode ser transferidos para espécies vegetais diferentes, por exemplo, para obter uma planta resistente a determinados parasitas ou agrotóxicos.

Outra técnica que pode ser citada é a da micromultiplicação, que consiste a multiplicação de plantas mediante o cultivo de partes destas, de tecidos ou de células vegetais em provetas, ou outros recipientes em que seja possível controlar o meio e a nutrição. Também os métodos fitoquímicos, métodos de cultivo celular que servem para a obtenção de substâncias químicas de grande valor, são muito utilizados.

1.2.4 Métodos de biotecnologia animal — Da mesma maneira que as plantas transgênicas, a biotecnologia permite atualmente a produção de animais transgênicos, ou seja, animais que receberam genes estranhos em seu genoma. Uma vez assegurada sua inserção no genoma, o gene estranho é replicado durante a divisão celular e, assim, será encontrado em cada célula do animal em desenvolvimento, incluídas suas células germinais. O método mais conhecido de inserção de genes nas raças animais consiste em introduzir por microinjeção um produto de aglomerado gênico no pronúcleo de um óvulo fecundado.

A inserção de genes estrangeiros nos animais possibilita a obtenção de rendimentos melhorados na produção de carne, leite e outros produtos, além da produção de proteínas importantes para o homem, como, por exemplo, o fato de coagulação do sangue utilizado no tratamento da hemofilia (Fator IX).

Interessante notar que, no que se refere ao processo de produção, a biotecnologia difere dos outros domínios da atividade humana no sentido de que grande parte do processo não é efetuado pelo homem. O "trabalho" é feito por um organismo vivo, por exemplo, uma célula ou um composto biológico, como a enzima. Na verdade, o método é como uma receita para a preparação de um determinado produto. Esta característica a aproxima do processos de fabricação de produtos químicos. O inventor identifica a combinação, a seqüência e as condições adequadas, mas são as propriedades intrínsecas da matéria que são responsáveis pelos produtos.

Como foi visto, vários são os "produtos" ou as matérias da biotecnologia, bem como inúmeras são as técnicas biotecnológicas para a obtenção de substâncias e produtos extremamente importantes para o homem. Importa agora examinar se todos estes produtos e métodos de produção são passíveis de proteção pela patente. Para tanto, vamos analisar as diferentes formas de vida e as regras a elas aplicáveis, seja no que tange às invenções consubstanciadas em produtos, seja no que se refere às invenções de processos ou métodos de produção.

2. A patente de plantas

Também no campo da agricultura, talvez mais do que em qualquer outro domínio humano, as modernas tecnologias permitem a obtenção de novos processos e produtos que se mostram essenciais para o progresso e bem-estar da humanidade. Pesados investimentos são feitos em pesquisas e é natural que os inventores, pessoas físicas ou jurídicas, almejem uma proteção jurídica que lhes garanta o retorno do montante investido e impeça a apropriação de suas idéias e tecnologia. Como novas conquistas das indústrias agrícolas podemos citar os produtos vegetais transgênicos, tais como a soja desenvolvida pela empresa americana Monsanto e o milho inventado pela Ciba, resistentes à doenças e herbicidas, mas que conservam o gosto e as propriedades dos cereais naturais. Tais produtos, inclusive, já são consumidos nos mercados europeu e americano.[28]

28. Interessante notar, no que tange ao Direito do Consumidor, que a União Européia editou diretiva que torna não-obrigatória a etiquetagem de produtos à base de soja transgênica, de forma que os fornecedores não precisem alertar os consumidores sobre a natureza do cereal.

Aliás, conforme ensina Bergman,[29] a preocupação com a criação de um sistema jurídico para a proteção dos agricultores inovadores não é um fenômeno tão recente. De fato, foi por um Edito de 3 de setembro de 1833 que o Papa Gregório XVI instaurou, pela primeira vez, um direito de propriedade exclusiva de 15 anos para novas espécies vegetais melhoradas. No entanto, a primeira lei que realmente reconheceu a originalidade das novas variedades vegetais foi editada em 17 de março de 1921, na Checoslováquia. Já em 5 de dezembro de 1922, foi estatuído na França um decreto que permitia a toda pessoa que tivesse obtido, inventado ou descoberto uma espécie ou variedade nova e determinada de planta, requerer sua inscrição no "Registro de plantas selecionadas" para a obtenção, após um exame, de um certificado que lhe daria o direito ao uso de uma marca oficial (denominação dada à nova variedade) pelo prazo de 12 anos. Nos EUA, a lei sobre patentes de plantas foi editada em 1930. Sistemas similares foram introduzidos em outros países europeus como a Alemanha e a Holanda e conheceram uma rápida evolução até o sistema atual, introduzido pela União de Proteção das Obtenções Vegetais (UPOV).

2.1 A proteção das novas obtenções vegetais

Como "nova obtenção vegetal" deve ser entendido a variedade vegetal que seja claramente distinguível de outras variedades vegetais por um conjunto mínimo de características morfológicas, fisiológicas, bioquímicas ou moleculares, herdadas geneticamente. Tais características, chamadas de descritores, devem se mostrar homogêneas e estáveis através das gerações sucessivas.

2.1.1 O direito comparado — Nos EUA, a Lei de 23 de maio de 1930 permite a proteção de algumas espécies novas de plantas pelo sistema de patente. O legislador americano considerou que a agricultura precisava ter o seu desenvolvimento estimulado e protegido tanto quanto o da indústria e, para tanto, permitiu a outorga de patente para o inventor de novas variedades de plantas. A condição para a proteção pela patente é que as variedades de plantas, além de novas, sejam aptas a serem reproduzidas de maneira assexuada, ou seja, por outro modo que não seja a reprodução por sementes, tais como a divisão etc. A lei americana não conceitua o termo "planta", mas a jurisprudência determinou que o termo é usado no seu sentido corrente e não no seu sentido científico. Também é preciso que a reprodução assexuada tenha efetivamente ocorrido e não somente concebida teoricamente, já que apenas após a multiplicação da planta original estar-se-á diante uma variedade e não mais de um exemplar único.

No Japão, apenas os processos de obtenção podem ser patenteados, presentes as condições legais. As variedades vegetais são protegidas unicamente pela lei sobre a proteção de obtenções vegetais.

Na Europa, da mesma forma, a maioria dos países não admite a patente em matéria de plantas, obedecendo ao disposto no art. 53, *b*, da Convenção sobre Patente Européia, introduzido nos direitos nacionais. Em alguns países como a França (art. 7º, *b*, da Lei de 1978), a Alemanha (art. 2.2, da Lei de 1981), a Bélgica (art. 4, § 1, da Lei de 1984) e a Espanha (art. 5, 1b, da Lei de 20.3.1986), as obtenções vegetais de um gênero ou grupo que não se beneficie do regime de proteção específica previsto na Convenção UPOV podem ser patenteadas. Aliás, o Ofício Europeu de Patentes interpreta o art. 53, *b*, da Convenção sobre Patente Européia de modo limitado. Costumam ser outorgadas patentes sobre plantas quando as mesmas não satisfazem plenamente os critérios da UPOV para as variedades vegetais. O mesmo ocorre com as células vegetais contendo DNA transforma-

29. *La Protection des Innovations Biológiques: une Étude de Droit Comparé*, Bruxelas, 1991.

do, resultante, p. ex., de fusão celular ou cultivo de tecidos. São elas objeto de patentes tanto nos países europeus quanto nos Estados Unidos da América.

Também no Canadá as variedades vegetais, incluídas as sementes, não podem ser patenteadas por não poderem ser definidas como invenção, em tanto que *manufacture* ou *composition ofmatter*, tal como requerido pelo art. 2 da lei canadense.[30] No entanto, podem ser alvo de uma proteção específica, algo semelhante à patente.

2.1.2 — O direito internacional — Esta proteção particular, admitida na maioria dos países supracitados como sucedâneo da patente, é prevista, na esfera do direito internacional, na Convenção da União para a Proteção das Obtenções Vegetais (UPOV), celebrada em Paris, no dia 2 de dezembro de 1961 e revisada em Genebra (10.11.1972 e 23.10.1978). Este tratado obriga os Estados-membros a instituir um regime de proteção particular em proveito do descobridor ou do criador de uma nova variedade vegetal. Cabe ao Estado a opção de proteger as variedades vegetais pelo sistema de patentes ou pelo sistema de certificado de obtenções vegetais.

A proteção pelo certificado pode ser conferida a toda "obtenção vegetal", o que compreende todos os gêneros e espécies botânicas (art. 4, § 1, da Convenção). Assim, tanto as plantas ornamentais como as plantas alimentícias são passíveis de proteção jurídica por este sistema *sui generis*. Ao contrário da patente, que exige os requisitos da novidade, atividade inventiva e aplicação industrial, o certificado é outorgado àquele que apresenta uma nova variedade vegetal reproduzível por via sexuada ou assexuada, pouco importando que ela tenha se originado de uma descoberta ou de uma criação. Assim, não se exige a presença de atividade inventiva e tampouco precisa o requerente observar os requisitos formais que se exige para o pedido de patente (descrição da invenção para que possa ser reproduzida por um técnico no assunto).

As únicas condições exigidas para a obtenção do certificado são a novidade, a homogeneidade e a estabilidade. Com efeito, a variedade deve ser nova, isto é, ela deve se diferenciar de variedades análogas já conhecidas por um caractere (ou caracteres) importante(s), preciso(s) e pouco flutuante(s). A planta deve ser também homogênea quanto ao conjunto de seus caracteres e estável, ou seja, deve permanecer idêntica à sua definição inicial ao fim de cada ciclo de multiplicação.

O certificado de obtenção vegetal confere a seu titular um direito exclusivo de produção, venda, oferta à venda e importação no que se refere à planta protegida. Esta proteção tem um prazo determinado (p. ex., 25 anos na França para as árvores, as videiras e outras espécies de plantas, a contar da outorga do certificado). Mas este monopólio difere daquele da patente, por não se aplicar sobre todas as partes do produto ou sobre todas as formas de sua exploração. A proteção pelo sistema de obtenção vegetal é, portanto, menos amplo do que aquela conferida pela patente.

Ainda no âmbito do direito internacional, cabe relembrar que o TRIPS, em seu art. 27.3, determina aos países-membros da OMC a adoção de uma proteção jurídica das obtenções vegetais através da patente, ou de um sistema *sui generis*, ou, ainda, pela combinação de ambos os sistemas. Vale dizer, os Membros devem prever em seus direitos internos a possibilidade de concessão de patentes para novas obtenções vegetais ou ainda estabelecer uma legislação que adote como modelo a supracitada Convenção da UPOV. Nada impede, ainda, que os Membros adotem ambos os sistemas de proteção, como ocorre com os países já citados acima.

2.1.3 O direito brasileiro — Passemos, portanto, a verificar o atual estágio do direito brasileiro no que tange à proteção jurídica das obtenções vegetais. Segundo se

30. Cf. M. E. Wheeler, "Patenting in the biotechnology field", *CalInt. Prop. Rev.* 295(1989).

conclui do art. 18, III, da Lei de Propriedade Industrial, não obstante preencha uma invenção relacionada aos seres vivos todos os requisitos legais, será ela excluída da patente, quando envolver os animais e as plantas. Com efeito, dispõe a norma:

"Art. 18. Não são patenteáveis:

"III – o todo ou parte dos seres vivos, exceto os microorganismos transgênicos que atendam aos três requisitos de patenteabilidade – novidade, atividade inventiva e aplicação industrial – previstos no art. 8º e que não sejam mera descoberta.

"Parágrafo único. Para os fins desta lei, microorganismos transgênicos são organismos, exceto o todo ou parte de plantas ou de animais, que expressem, mediante intervenção humana direta em sua composição genética, uma característica normalmente não alcançável pela espécie em condições naturais."

Assim, está claro que o legislador brasileiro – talvez por uma questão de ética, interesse público ou pela dificuldade de se indicar um meio reproduzível de obtenção do vegetal (descrição da invenção) – optou por excluir os produtos vegetais da proteção por intermédio da patente e, para tanto, se baseou no disposto no art. 53 da Convenção de Munique, de 1973 (Convenção sobre a Patente Européia) que, por sua vez, reproduz os termos propostos pela Convenção de Estrasburgo, de 1963, e segundo o qual: "les brevets européens ne sont pas délivrés pour (...) les variétés végétales (...) ainsi que les procédés essentiellement biologiques d'obtention de végétaux (...)". No entanto, observou o legislador europeu que: "cette disposition ne s'appliquant pas aux procédés microbiologiques et aux produits obtenus par ces procédés". Destarte, não podem ser protegidas pela patente, no Brasil: as variedades vegetais, qualquer que seja a sua espécie; e as partes de plantas, tais como, por exemplo, os tecidos vegetais, as sementes, flores etc. O dispositivo legal não define o que se entende por "parte de plantas", embora a exclua da conceituação de microorganismo, para os fins de patente. A interpretação da norma, portanto, pode ensejar dúvidas quanto à patenteabilidade da célula vegetal. Será esta célula uma "parte da planta" a ser excluída da patente, ou constitui ela um objeto patenteável? Interpretando-se de forma estrita o art. 18, III e seu parágrafo único, chega-se à conclusão que as células vegetais são partes do todo que é constituído pela planta e, portanto, não podem ser objeto de patente ainda que contendo DNA transformado. O legislador brasileiro, inclusive, impediu expressamente que a célula vegetal fosse classificada como "microorganismo". Dada a novidade da matéria, ainda não há uma prática administrativa e jurisprudencial sobre a questão, de forma a indicar qual a interpretação que será dada ao dispositivo.

O Brasil, portanto, conforme permite o art. 27.3 do TRIPS, preferiu proteger as obtenções vegetais através de um sistema *sui generis* baseado na Convenção da UPOV. De fato, foi recentemente editada a Lei de Proteção dos Cultivares (Lei 9.456, de 25.4.1997),[31] que supriu um grande vácuo jurídico que excluía os agricultores e as empresas agrícolas da proteção conferida pelo direito de propriedade intelectual a outros agentes econômicos. A proteção prevista nesta lei é semelhante àquela disciplinada na Convenção da UPOV, citada acima.

Com efeito, seguindo a sistemática estabelecida na Convenção da UPOV, a Lei 9.456, de 25.4.1997, dispõe sobre a proteção dos cultivares.

Tal proteção recai sobre o material de reprodução ou de multiplicação vegetativa da planta inteira. O material de reprodução ou propagativo compreende toda e qualquer parte da planta utilizada na sua reprodução, como, por exemplo, a semente. A pessoa física ou jurídica que obtiver o certificado de proteção do cultivar terá o direito exclusivo à reprodução comercial no território brasileiro.

31. A Lei 9.456/97 foi regulamentada pelo Decreto 2.366, de 5.11.1997.

Pelo prazo de 15 anos (ou de 18 anos nos casos de árvores frutíferas, ornamentais e florestais) a partir da concessão do certificado, fica vedado a terceiros a produção com fins comerciais, o oferecimento à venda ou a comercialização do material de propagação da cultivar, sem a autorização do proprietário do privilégio. Cumpre observar que a venda do produto obtido com o plantio do cultivar como alimento ou matéria-prima não é vedado, exceto, como já se viu, a venda para fins reprodutivos.

Como cultivar pode ser entendida a variedade de qualquer espécie vegetal superior que seja claramente distinguível de outras variedades vegetais por um conjunto mínimo de características morfológicas, fisiológicas, bioquímicas ou moleculares, herdadas geneticamente. Tais características, chamadas de descritores, devem se mostrar homogêneas e estáveis através das gerações sucessivas.

Além dos requisitos da homogeneidade e da estabilidade, exige-se que a espécie vegetal seja passível de uso pelo complexo agroflorestal, o que eqüivale ao requisito da atividade industrial ínsito à patente.

Em síntese, ao contrário do que ocorre nos países que reconhecem a patente sobre plantas, a proteção da propriedade intelectual pelo sistema da proteção de cultivares apenas abrange o material de reprodução ou de multiplicação vegetativa da planta inteira, ou seja, é objeto da proteção não a planta como um todo (p. ex., a soja transgênica), mas apenas a parte da planta (no exemplo, da soja transgênica) utilizada na sua reprodução e multiplicação.

Assim, o uso comercial da nova planta (cultivar) não é impedido, e sim o uso comercial do seu material de propagação. Em outras palavras, o objeto do sistema de proteção de cultivares é mais restrito do que o da patente. Uma outra observação a ser feita, é a referente à exclusão, no que tange à proteção conferida pela Lei 9.456/97, da variedade vegetal inferior. De fato, a lei define como cultivar apenas a variedade de qualquer gênero ou espécie vegetal superior (art. 3º, IV).

2.2 Os métodos de obtenção vegetal

A Lei sobre a Proteção dos Cultivares não trata dos métodos de obtenção de novas plantas e apenas assegura a proteção do material de propagação das novas variedades vegetais. No entanto, como já foi visto, a utilização industrial de métodos de obtenção de plantas melhoradas constitui importante conquista da indústria biotecnológica e as invenções a eles relacionadas não podem ficar desprotegidas, sob pena de ser inviabilizada tão relevante atividade empresarial.

Os processos de obtenção de vegetal são todos os meios que permitem a criação de vegetais que apresentem novas características hereditárias que podem levar a um melhor desenvolvimento de suas qualidades e potencialidades (por exemplo, um crescimento mais rápido, resistência maior a pragas e agrotóxicos, maior rendimento, melhor resultado estético, melhor adaptação ao ambiente etc.). São exemplos de processos clássicos a multiplicação, a reprodução. Outros processos são mais modernos e dentre eles podemos lembrar a manipulação genética e a fusão de células vegetais.

Como se observa do teor do art. 18, III, da Lei de Propriedade Industrial, acima reproduzido, o direito brasileiro não faz menção à patenteabilidade do processo microbiológico de obtenção de novas variedades de plantas, ao contrário do que ocorre na Europa, onde o art. 53, *b*, da Convenção de Patente expressamente prevê a possibilidade de patente de processos microbiológicos de produção de vegetais. Não obstante, nosso direito apenas exclui expressamente do sistema de patentes o processo essencialmente biológico para a obtenção de tais seres vivos. Assim, fácil concluir que o processo microbiológico de obtenção de uma nova variedade de planta pode ser objeto de patent e quando preencher os requisitos da novidade, atividade inventiva e aplicação industrial. Cabe aqui lembrar que o termo "indústria" compreende a agricultura ou a chamada indústria agrícola. Afinal, o que a lei não distingue, não cabe ao intérprete distinguir.

No que tange ao processo de obtenção de novas plantas, portanto, temos duas situações:

No que concerne ao processo essencialmente biológico de obtenção de novas plantas, como, por exemplo, a multiplicação e a reprodução, não é patenteável no direito brasileiro. Os processos essencialmente biológicos são excluídos da patente porque, segundo o disposto no art. 10, IX, da Lei de Propriedade Industrial, não constituem invenção e sim mera descoberta. Aliás, esta também é a solução adotada pelos países europeus. As leis americanas e japonesas, ao contrário, não contém nenhuma disposição de exclusão.

Já o processo não essencialmente biológico de obtenção de novos vegetais, ao contrário, é passível de proteção pela patente. Nossa lei veda apenas a patente do todo ou parte dos seres vivos, exceto os microorganismos transgênicos, não incluindo nesta proibição o processo de obtenção, desde que não essencialmente biológicos. Os processos biotecnológicos, por não serem naturais, não constituem mera descoberta e, a princípio, não estão excluídos do sistema de patentes, Portanto, todos os processos referentes à biotecnologia vegetal, exemplificados no tópico 1.2.3, do Capítulo 1, da Parte II, deste trabalho, podem ser objetos de patentes, pois dependem da intervenção humana (micromultiplicação, procedimentos fitoquímicos, manipulação genética e fusão celular).

Ademais, o Acordo TRIPS – que se transformou em lei interna pelo Decreto 1.355, de 30.12.1994 – em seu art. 27, 3º, *b*, exclui da não-patenteabilidade os processos não biológicos e microbiológicos, de forma que as invenções de tais processos podem ser protegidas pela patente no Brasil.

O processo não é essencialmente biológico, podendo ser patenteado, quando resulta da intervenção do homem e não seja mera decorrência das forças da natureza. A questão principal, portanto, reside em se saber se aquele determinado processo de obtenção de uma nova variedade vegetal teria ocorrido sem a intervenção do homem. Se a resposta for positiva, o processo é essencialmente biológico e, portanto, não é patenteável. Se a resposta for negativa, o processo não é essencialmente biológico e é, portanto, patenteável. Já decidiu o Tribunal Federal de patentes na Suíça, no sentido de que um simples processo de multiplicação, sem qualquer intervenção inventiva, não é patenteável, porque mesmo se as qualidades particulares de uma nova variedade de flor podem ser importantes quando de sua utilização, elas não o são por sua reprodução sexuada ou assexuada. Segundo o tribunal, "la simple multiplication de choses matérielles n'apporte rien à l'humanité, si non des objets matériels, et ne peu dès lors être brevetée aussi longtemps qu'elle ne constituit pas un enseignement nouveau et inventif en vue d'une action téchnique".[32]

Em síntese, a multiplicação ou reprodução pura e simples do vegetal não constitui uma invenção e, portanto, não pode ser patenteada, se ela corresponde a um processo natural espontâneo, como, por exemplo, o que deu origem à uva *cabernet-savignon*, usada na fabricação de vinhos.[33] Tal cruzamento, mesmo que reproduzido pelo homem, não caracteriza uma invenção. Ao contrário, se a reprodução ou multiplicação só puder ser realizada por força da intervenção humana, poderá ser concedida a patente se estiverem presentes os requisi-

32. BPatG 16.10.1973, GRUA (*Gewerblicher Rechtsschutz und Urheberrech*) 1975, p. 654.

33. Segundo a revista *Nature Genetics*, esta variedade de uva, surgida antes do século XVII, se originou de um cruzamento espontâneo entre a uva escura *cabernet* e a uva branca *sauvignon*.

tos legais. Neste caso, estaremos diante de uma invenção e não de uma mera descoberta.

Outra questão que pode ser apresentada aos tribunais, não devidamente esclarecida pela lei, é a que se refere à patenteabilidade do todo ou parte de planta obtido com a ajuda de processos não essencialmente biológicos ou microbiológicos. A resposta parece ser negativa. O princípio geral adotado pelo legislador brasileiro é a exclusão da patente de todo ser vivo do reino animal e vegetal. Desta forma, os produtos vegetais obtidos com a ajuda de processos patenteáveis, ao contrário do que ocorre nos países europeus, não são patenteáveis. Nossa Lei de Propriedade Industrial não faz nenhuma ressalva como a encontrada no art. 53 da Convenção sobre Patente Européia ou no art. 7, *c*, da Lei francesa sobre propriedade industrial, de 11.6.1970, que excluem da vedação da patente aos seres vivos, os processos microbiológicos e os produtos obtidos por estes processos.

No exemplo da célula vegetal que contém DNA transformado que resulta de uma fusão nuclear, embora o seu método de obtenção (fusão nuclear) possa ser patenteado, caso decorra exclusivamente da intervenção humana, o produto (célula vegetal modificada) não pode ser objeto da patente por constituir parte de planta. No entanto, esta célula vegetal não poderá ser utilizada comercialmente por outra pessoa além do detentor da patente do método de produção, a não ser que esta pessoa a tenha obtido por outro método e não pelo processo patenteado.

2.3 Conclusão

Portanto, no Brasil, não se admite a patente sobre uma planta ou sobre partes dela, tais como flores, sementes e mesmo as culturas de tecidos vegetais e linhas de células vegetais. Também as plantas obtidas por um processo patenteado não pode ser objeto de patente, ao contrário do que ocorre nos países europeus. As variedades vegetais, no entanto, podem ser protegidas por um Certificado de Proteção do Cultivar, ou seja, por um sistema *sui generis* de propriedade intelectual.

O objeto desta proteção, no entanto, não recai sobre toda a planta, mas apenas no que tange ao material de propagação. Quanto aos processos, apenas os processos essencialmente não biológicos de obtenção de novas plantas, tais como o biotecnológico ou microbiológico, podem ser patenteados. Os processos essencialmente biológicos não preenchem o requisito da atividade inventiva.

Assim, no Brasil, qualquer pessoa poderá explorar comercialmente um novo produto vegetal desde que não tenha sido obtido por um processo patenteado por outrem (art. 42, II, da Lei 9.279/96). Neste caso, caberá a ela o ônus da prova de que não utilizou o processo de obtenção patenteado, mas que chegou ao mesmo resultado mediante a utilização de um outro processo não patenteado. A exploração comercial do material de propagação de uma nova planta, no entanto, não poderá ser feita por outra pessoa sem a autorização do melhorista, que este tiver obtido o certificado de obtenção vegetal.

3. Patente de animais

As inovações relativas aos animais e células animais são aquelas que invocam de forma mais notável as questões da ética e da ordem pública. Com efeito, no mundo dos seres vivos, os animais são aqueles que mais se aproximam do ser humano e quase todos os Estados possuem leis protetoras destes seres que, em muitos casos, podem impedir ou dificultar sua utilização em experiências e invenções, como por exemplo é o caso da lei belga, de 14.8.1986, relativa à proteção e ao bem-estar dos animais. De fato, desde o início do século XIX, o público tolera cada vez menos os sofrimentos impostos aos animais. A engenharia genética praticada sobre os animais para fins agrícolas ou experimentais pode causar danos a estes seres de diversas formas, e alguns deles já foram documentados. Segundo os adversários da patenteabilidade dos animais, se as patentes relativas aos animais saídos da engenharia genética não existissem, seria menos provável a modificação genética destas bestas para fins comerciais. No entanto, tal argumento não é tão forte como parece. Em primeiro lugar, os sistema de patentes envolvendo os seres superiores é necessário para estimular o investimento na pesquisa e no desenvolvimento da biotecnologia, o que pode trazer respostas para os sérios problemas de alimentação e de combate à doenças. Ademais, a maior parte dos países possuem regulamentações sobre a utilização de animais em laboratórios, justamente para evitar o sofrimento desnecessário e cruel destas criaturas. No Brasil, p. ex., pode ser citada a Lei de Biossegurança.

Outra questão que toca de perto o tema da patenteabilidade dos animais é a que se refere aos perigos reais ou potenciais que uma invenção desta natureza pode causar ao meio ambiente ou à saúde pública. Neste sentido, por exemplo, o art. 32, II, da lei japonesa sobre patente prevê expressamente a não-concessão de patente para invenções suscetíveis de causar prejuízos à saúde pública. Com base neste dispositivo legal, o Escritório Japonês de Propriedade Industrial estabeleceu, em agosto de 1980, diretivas que excluem da patente as recombinações genéticas de animais superiores.[34] Também nos EUA, as inquietudes dos cidadãos concernentes às conseqüências nefastas da biotecnologia começaram com os efeitos sobre o meio ambiente causados pelos organismos geneticamente modificados (OGM). Estes organismos podem cruzar com espécies nativas, não modificadas, possibilitando uma transferência genética imprevista entre os organismos. De fato, os riscos ambientais associados à biotecnologia ainda são pouco estudados, mas tais incertezas não podem se opor ao progresso da tecnologia e não têm vínculo, ao menos imediato, com a outorga de patentes às invenções biotecnológicas.

Outro fator a dificultar a patente para as invenções relacionadas a animais, ao menos na época da edição da Convenção de Estrasburgo de 1971 (fonte inspiradora da Convenção sobre Patente Européia e também da lei brasileira, no que diz respeito à patente sobre seres vivos), era o fato de que a obtenção de novas raças animais apenas poderia se dar através de processos naturais, como o cruzamento, eventos cuja modificação era de difícil ou impossível descrição ou reprodução (requisitos formais da patente – v. item 2.2.4).

O debate sobre a questão da patente de animais modificados teve início em 12.4.1988, data na qual a patente americana 4.736.866 foi outorgado para a invenção conhecida como "rato de Harvard". A primeira das reivindicações da patente dizia respeito a:

"Um mamífero transgênico não humano no qual as células e somatócitos contêm uma seqüência recombinada de oncogenes ativados introduzidos no organismo deste animal, ou de um ancestral deste mamífero, no estado embrionário".

Este é um exemplo clássico de uma reivindicação relativa a uma forma de vida superior geneticamente modificada. A questão, no entanto, ainda suscita enorme polêmica, sobretudo diante das recentes e impressionantes conquistas da engenharia genética, como a clonagem de mamíferos realizada pelo cientista Ian Wilmut, na Escócia. Através desta experiência, que resultou na clonagem da ovelha Dolly, pela primeira vez se obteve uma descendência pela transferência nuclear a partir de cultura de células estabelecida (de embriões de ovelhas). Confirmada a possibilidade de reprodução da experiência, esta nova técnica trará enormes ganhos para a medicina e para a pecuária. Com efeito, haverá uma verdadeira revolução nos métodos atuais de trans-

34. *Japan Patents and Trademarks* 1980, 27, pp. 1 e ss., cit. por Bergman, ob. cit.

ferência de genes, com a possibilidade de introduzir mudanças genéticas nas células doadoras que estiverem em cultura. Ademais, será possível, a partir de uma população de células, produzir uma descendência com inúmeros indivíduos geneticamente idênticos. O fazendeiro poderá ter, assim, um rebanho onde os animais se tornarão adultos em velocidade similar, facilitando o manejo, e os produtos terão qualidade uniforme e selecionada. Como os animais podem ser oriundos de clones diferentes, fica reduzido o risco de ser todo o grupo suscetível a determinada infecção.

O Direito não pode permanecer indiferente à esta revolução tecnológica que traz inegáveis benefícios à Humanidade. Em vista disto, os sistemas jurídicos nacionais têm conhecido, nos últimos tempos, uma lenta mas inexorável evolução no que tange à esta polêmica matéria, como veremos a seguir.

3.1 A patente sobre novas raças animais

A situação concernente às raças animais difere daquela que se refere às variedades vegetais, já que não existe um sistema legislativo particular para a sua proteção. No caso das plantas, conforme foi visto, ainda que não seja suscetível de proteção pela patente, poderá ser protegida por um regime legal *sui generis*, como a Convenção UPOV.

A maior parte das legislações nacionais expressamente exclui da patenteabilidade as raças animais. Nos países europeus, como, por exemplo, a França e a Alemanha, o direito estabelece como princípio geral a exclusão da patenteabilidade das invenções relacionadas a animais. Este princípio tem sua origem na Convenção de Estrasburgo, como já foi salientado.

Em outros países, no entanto, são outorgadas patentes sobre animais. Nos EUA, a possibilidade de concessão de patentes para raças animais produzidos com a utilização de tecnologia de DNAr já é uma realidade desde 1987. Uma situação similar existe no Canadá. A Corte de Apelação canadense de patentes, no caso "Abitibi" considerou que as formas de vida superior poderiam ser consideradas como invenção se o inventor fosse capaz de reproduzi-las a qualquer momento e de forma constante. A Corte supôs que as formas de vida complexas têm tendência a apresentar grandes variações de um indivíduo a outro e que, conseqüentemente, tais invenções raramente preencheriam as condições para a obtenção de patentes. Não obstante, a Corte concluiu pela possibilidade de patente sobre raça animal decidindo que "(...) mais s'il devient éventuellement possible d'obtenir un pareil resultat, et que les autres conditions de la brevetabilité soient satisfaites, nous ne voyons pas pourquoi il devrait en être traité différemment".[35] Na Rússia, embora a lei não considere como invenções as raças animais, ela permite a outorga de títulos especiais de proteção para tais seres vivos.

No plano internacional, o art. 27 do TRIPS dispõe que qualquer invenção, de produto ou de processo, será patenteável, desde que seja nova, envolva um passo inventivo e seja passível de aplicação industrial. No entanto, o dispositivo permite aos Membros da OMC, nas respectivas legislações internas, considerar como não patenteáveis os animais, os processos biológicos para a produção de animais e os métodos diagnósticos, terapêuticos e cirúrgicos para o tratamento de animais.

Este dispositivo legal será revisto quatro anos após a entrada em vigor do Acordo Constitutivo da OMC e, muito provavelmente, será seguida a orientação das legislações mais avançadas, onde também os animais são considerados patenteáveis.

Da mesma forma que ocorre com relação às plantas, a princípio, também as invenções que envolvem o todo ou parte de animal não são patenteáveis no direito brasi-

35. Julgado citado por J. Strauss, "La protection par le moyen de la propriété industrielle des inventions biotechnologiques", OMPI, BIG/281, junho 1985.

leiro. É o que se infere da redação do art. 18, III, da Lei de Propriedade Industrial:

"Não são patenteáveis: (...) III – o todo ou parte dos seres vivos, exceto os microorganismos transgênicos (...) Parágrafo único. Para os fins desta Lei, microorganismos transgênicos são organismos, exceto o todo ou parte de plantas ou animais (...)."

Assim, não são patenteáveis os indivíduos pertencentes às raças animais, as células e as linhas de células animais. Esta disposição (art. 18, III) deve ser interpretada como visando não somente a exclusão da patenteabilidade de uma raça expressamente designada na reivindicação, como também todos os casos em que uma reivindicação se refira a animais. Vale dizer, tanto a reivindicação relativa a uma raça particular, mas também todas aquelas concernentes a uma raça animal deverão ser indeferidas.

Dúvida poderia surgir no que se refere ao produto (animal) diretamente obtido com a ajuda de processo patenteável. Seria ele patenteável conforme se admite em alguns países europeus (v. item sobre plantas)? A resposta parece ser negativa. Na legislação daqueles países, está expressamente prevista a patenteabilidade dos processos microbiológicos e dos produtos por eles obtidos. Tal não ocorre na lei brasileira, que se limita a considerar como não sendo uma invenção (e, portanto, não sendo patenteável), o processo biológico natural. Não se refere aos processos biológicos não-naturais e muito menos aos produtos daí obtidos. Destarte, a lei não contempla exceções ao princípio da não patenteabilidade dos animais expressamente previsto no art. 18, III e seu parágrafo único.

Não obstante, mesmo não sendo patenteável, o resultado obtido de um processo patenteado pode ser protegido nos termos do art. 42, II, da Lei 9.279/96, ou seja, não poderá ser produzido, usado, colocado à venda, vendido ou importado, a não ser que seja produzido através de um outro método, cabendo ao produtor (vendedor etc.) o ônus de provar que não foi utilizado o processo patenteado.

3.2 Patente sobre processos relativos a animais

Os processos relativos a animais podem ser classificados, quanto à finalidade, em processos de obtenção ou seleção de animais e processos de tratamento. Estes, por sua vez, podem ser diferenciados segundo o seu objetivo. Há processos de tratamento que têm por finalidade melhorar o rendimento de animais produtores de bens (carne, leite, ovos, pele etc.) e outros cuja finalidade é estritamente terapêutica. Os processos podem ser classificados, ainda, quanto aos meios utilizados, em processos essencialmente biológicos e processos essencialmente não biológicos (biotecnológicos ou microbiológicos).

3.2.1 Métodos de seleção de animais — No que concerne à proteção dos métodos de seleção de animais, cumpre recordar que os processos essencialmente biológicos para a obtenção de animais são excluídos do sistema de patente. Ademais, nossa legislação não considera como patenteável os métodos de tratamento cirúrgico ou terapêutico de animais.

Ora, os métodos modernos de seleção animal utilizam, no mais das vezes, técnicas diversas de transferência de embriões que podem ser consideradas como um tratamento cirúrgico. O Escritório de Patentes do Reino Unido, por exemplo, indeferiu uma reivindicação que continha um método de transplante de embrião de um mamífero doador para um mamífero receptor, compreendendo quatro etapas que incluía incisões na parede uterina e colocações de cânula por onde seria introduzido um transplante de embrião pelo orifício no útero. Considerou o Escritório de Patente que esta reivindicação se referia a invenção consistente em tratamento cirúrgico e, portanto, não patenteável.[36]

A mesma solução pode prevalecer no direito brasileiro, diante da identidade da regra contida no art. 10 da Lei de Proprie-

36. Strauss, ob. cit., p. 78.

dade Industrial com aquela prevista no art. 52(4) da Convenção Européia de Patente, que serve de diretriz à lei inglesa (art. 4.2).

Não obstante, se a transferência nuclear não exigir necessariamente uma intervenção cirúrgica, como ocorre com a possível introdução de mudanças genéticas nas células doadoras que estiverem em cultura, possível se torna a patente. Neste caso, estaríamos diante de um método biotecnológico aplicado às raças animais. Assim, por exemplo, se a essência da invenção consiste num processo de inserção de um oncogene em um animal por meio de microinjeção, tal invenção é patenteável. Podem ser patenteáveis, também, os métodos de biotecnologia animal para obtenção de proteínas para combate às doenças, já exemplificados acima (fato de coagulação do sangue e tecido plasminógeno para tratamento de trombose).

Assim, a situação jurídica observada no Brasil é a mesma que se verifica nos países europeus, ao menos no que se refere ao conteúdo das normas (já foi visto que a interpretação dos dispositivos legais na prática e na jurisprudência européia conhece sucessivos avanços). Também na Suíça o art. 1, "a", da lei de patente (LBI) estabelece que não será concedida patente de invenção para as raças animais e nem para os processos essencialmente biológicos de obtenção de animais. Não obstante, os processos microbiológicos e os produtos obtidos por estes processos são patenteáveis.

Traçando um quadro comparativo e esquemático entre o Brasil e os países europeus, tais como França, Alemanha e Suíça, podemos afirmar que:

• nos processos essencialmente não biológicos (p. ex., os afetos à engenharia genética) de obtenção de animais, a patente é admitida tanto pelo direito brasileiro como pelas leis européias;

• na produção de novas raças animais obtidas com a ajuda desses processos (p. ex., as células ou linhas celulares animais e ainda os animais que não são específicos de uma determinada raça), a patente é possível na Europa, mas não no Brasil, onde apenas o processo biotecnológico é patenteável, mas não o ser vivo ou parte de ser vivo dele originado.

Assim, apenas para citar um fato do mundo real, o processo de clonagem que deu origem à famosa ovelha Dolly é considerado patenteável, segundo o direito europeu e o direito brasileiro. No entanto, a ovelha em si, não pode ser objeto de patente. No caso do direito europeu porque ela não possui características que a distingam de sua raça (falta o requisito da novidade). Aliás, Dolly é idêntica à sua "mãe". No caso do direito brasileiro porque o produto consiste num ser vivo e a nossa lei não contém nenhuma exceção ao princípio da não patenteabilidade do ser vivo.

3.2.2 Processos de tratamento de animais — As técnicas e métodos operatórios ou cirúrgicos, bem como os métodos terapêuticos ou de diagnósticos, para aplicação no corpo animal não são patenteáveis, já que não são considerados invenções (art. 10, VIII, da Lei 9.279/96). De forma geral, os métodos terapêuticos, operatórios e cirúrgicos não possuem o requisito da aplicação industrial, de forma que não poderiam mesmo ser objeto de patente. Por tal razão, o Escritório Europeu de Patente considerou como não patenteável o método de tratamento de porcos contra ectoparasitas pela aplicação externa de um pesticida misturado com óleo para combate de doença. Foi rejeitada a interpretação de que se tratava de atividade industrial, sendo considerado um processo terapêutico já que era aplicado por veterinário individualmente em cada animal. A mesma solução seria possível no Brasil, dada a semelhança das normas no que tange à não patenteabilidade dos métodos terapêuticos e cirúrgicos para tratamento dos animais.

Por outro lado, pode ser objeto de patente o processo que não estiver situado no domínio terapêutico, mas tiver por objetivo o aumento do rendimento de um animal (como, por exemplo, obtenção de maior quantidade de carne, volume de leite etc.), desde que não constitua um processo essencialmente biológico e que estejam presentes os requisitos da novidade, atividade inventiva e aplicação industrial.

Assim, p. ex., poderia ser patenteável no Brasil o processo desenvolvido por pesquisadores da Universidade Johns Hopkins (EUA), que possibilitou a criação de um camundongo supermusculoso a partir de manipulação em seus genes. Os cientistas retiraram do animal um gene recém-descoberto denominado fator 8 de crescimento e diferenciação, que limita o crescimento muscular. Com tal intervenção humana (o processo não é essencialmente biológico), o camundongo passou a ter um extraordinário desenvolvimento muscular passando a ficar duas ou três vezes mais musculoso do que os animais normais. Tal método, segundo os criadores, poderia ajudar o desenvolvimento de tratamentos contra doenças musculares ou a criação de animais com mais carne, já que o mesmo gene também é encontrado em galinhas e vacas.[37] No casos destes animais estaria clara a aplicação industrial (indústria de alimentos).

3.3 Conclusão

Portanto, segundo o atual direito brasileiro, os animais e as partes de animais, como, por exemplo, as células, não podem ser objetos de patente, ainda que sejam obtidos como produtos de processos patenteáveis.

Já os processos de seleção ou de obtenção de novas espécies de animais são patenteáveis, desde que tais processos sejam microbiológicos ou não-biológicos. Como já foi visto, o processo essencialmente biológico, ou seja, aquele que normalmente é verificado na natureza, que constitui um fenômeno natural (ex. fermentação, seleção natural) não constitui invenção e sim mera descoberta. Assim, não é passível de patente um método de cruzamento seletivo de animais para a obtenção de descendente com características particulares.

Ao contrário, nos processos onde a intervenção humana é fundamental para sua ocorrência (não se verificam livremente na natureza), como as técnicas de transferência de genes e determinados processos de obtenção de embriões, é possível a concessão da patente.

Também os métodos terapêuticos ou de diagnósticos, para aplicação no corpo animal não são patenteáveis, já que não são considerados invenções. Não obstante, o processo que não pertencer a estes domínios, mas que tiver por objetivo o aumento do rendimento de um animal, pode ser patenteado quando presentes os requisitos previstos na Lei de Propriedade Industrial.

4. Patente de seres humanos

É com respeito à questão da patente sobre seres humanos que encontramos os mais fortes e variados argumentos contra a concessão do privilégio. Calorosos debates ocorreram nos EUA por ocasião dos primeiros pedidos de patentes relativos à seqüências de genes humanos.

A favor da outorga de patentes às formas de vida superiores, incluindo o genoma humano, podemos sintetizar pelo menos três tipos distintos de argumentos. No primeiro caso, a patente é apresentada como um instrumento necessário para estimular e encorajar o setor privado à satisfazer as necessidades públicas, p. ex., com a obtenção de um melhor rendimento agrícola e com a oferta de terapias e de técnicas de diagnósticos que podem salvar vidas. A segunda linha de argumentação afirma que os países que oferecem uma proteção da propriedade industrial frágil ou limitada estão arriscados a suportar perdas econômicas, porque os investidores da indústria de biotecnologia vão procurar outros lugares para seus pesados investimentos. Em um terceiro caso, os argumentos se baseiam em considerações de eqüidade: as pessoas têm

37. Estudo publicado na revista *Nature*, segundo o jornal *O Estado de S. Paulo*, de 1.5.1997.

o direito de recolher frutos de seu trabalho intelectual.

Já os adversários da patenteabilidade dos seres superiores argumentavam que o direito de propriedade sobre a vida ou os direitos de propriedade sobre partes do genoma humano são fundamentalmente inaceitáveis. Haveria, neste caso, uma usurpação da prerrogativa divina tendente a causar um prejuízo à integridade das espécies e à reduzir o valor da vida àquele que lhe confere o sistema econômico. Alegam ainda que o monopólio associado aos direitos de propriedade intelectual possibilitaria o domínio pelas grandes empresas dos diagnósticos e das terapias de importâncias vitais.

As questões de ordem ética e moral, como se verá, são de grande importância na adoção da política nacional sobre a patenteabilidade das invenções relativas aos seres humanos.

A maior parte das legislações nacionais exclui os métodos ou processos aplicáveis ao corpo humano das invenções patenteáveis. Também o Tratado sobre Aspectos dos Direitos de Propriedade Intelectual relacionados ao Comércio (TRIPS), no seu art. 27, 3, autoriza os países-membros a considerarem como não patenteáveis os métodos diagnósticos, terapêuticos e cirúrgicos para o tratamento de seres humanos. Nos EUA e no Canadá, ao contrário, não existe nenhuma interdição legal concernente à outorga de patentes relativas aos seres humanos.[38] A jurisprudência canadense, no entanto, é contrária à patente para os tratamentos terapêuticos e métodos de diagnóstico.[39]

O direito brasileiro segue a orientação européia. Como já foi visto, o art. 10, VIII, da Lei de Propriedade Industrial, integralmente em vigor desde 14.5.1997, não considera invenção as técnicas e métodos operatórios ou cirúrgicos, bem como os métodos terapêuticos ou de diagnósticos para a aplicação no corpo humano ou animal. Preocupou-se o legislador em autorizar os médicos a exercerem sua profissão sem se preocupar com eventual contratação.

O termo "método operatório" se refere, obviamente, a toda intervenção cirúrgica realizada no corpo humano. Assim, p. ex., a intervenção cirúrgica que permitiu, recentemente, o transplante de um braço não é passível de patente. Já a expressão "método terapêutico" concerne a todo processo ou operação que vise o tratamento de estados patológicos do corpo humano, seja o processo que tenha por objetivo a cura, como o método que tenha por finalidade o fortalecimento da saúde ou a prevenção de doenças. Finalmente, "método de diagnóstico" é o processo de investigação e de dedução que permite a constatação de sintomas concretos reveladores de determinada patologia.

A simples leitura do art. 10, VIII, da Lei de Propriedade Industrial pode deixar dúvidas quanto à patenteabilidade dos métodos ou processos realizados fora do corpo humano, já que a norma se refere textualmente às técnicas "para a aplicação no corpo humano". Seriam, por exemplo, os métodos de análise de genoma, uma nova conquista da engenharia genética, patenteáveis no Brasil?

Segundo interessante lição da jurisprudência suíça,[40] a noção de "método de diagnóstico" não pode ser limitada à só operação de dedução, à exclusão da fase de exame e da coleta de informações indispensáveis para tal conclusão. Assim, não são considerados patenteáveis os métodos de investigação que tenham por finalidade possibilitar um diagnóstico, mesmo que

38. V. *Les Questions Éthiques Liées à l'Octroi des Brevets Relalifs à des Formes de Vie Supérieures*, Direction de la politique de la propriété intellectuelle, www.strategis.ic.ca, 1998.

39. A jurisprudência canadense proíbe a patente sobre seres humanos. Como parte do corpo humano são considerados os genes e as células. Não obstante, quando estes elementos são isolados do corpo humano, eles são considerados patenteáveis, ainda que tenham origem humana.

40. Neste sentido, v., por ex., a jurisprudência suíça: *Allan Eli Karz c. OFPI*, Arrêt de la Ière Cour Civile I, 21.9.1982 - Jdt 1983 I 356, Pra 72, 12.

realizados fora do corpo humano, como, por exemplo, a análise de líquidos retirados do corpo humano como sangue e urina.

Ao contrário, na Alemanha já foi considerado patenteável um "método de diagnóstico de tumor maligno", aplicado fora do corpo humano após análise de amostra de sangue, porque este método apresentava características de processo de química analítica que pode ser realizado em empresas comerciais, como um laboratório de exame médico-técnico.[41]

No âmbito do direito brasileiro, no entanto, podemos considerar como aplicável a solução suíça. Na hipótese *supra* aventada, não há se falar em aplicação industrial porque, por definição legal, não estamos diante de uma invenção e sim de mera descoberta. Ademais, seria absurdo excluir da patenteabilidade o método de diagnóstico propriamente dito e permitir a patente do método de investigação a ele subordinado. Assim, a expressão "método de diagnóstico" prevista no art. 10, inc. VIII, da Lei de Propriedade Industrial, abrange não apenas o diagnóstico enquanto resultado mas, também, o método de investigação que permite chegar ao diagnóstico.

Além dos métodos de tratamento, de diagnóstico e cirúrgicos, também são excluídas do sistema de patentes a invenção relacionada ao todo ou parte do ser humano, inclusive as células humanas. Tal solução se impõe por uma questão de ética e pela necessidade de se conservar a dignidade do ser humano.

Normas semelhantes são encontradas nas legislações européias e também na Austrália (*Australian Patent Act*, 1990). O art. 18(2) da lei australiana estipula que: "os seres humanos e os processos biológicos inerentes à sua reprodução não constituem invenções patenteáveis". Na Europa, a proposição de Diretiva formulada pela Comissão da CEE – Diretiva sobre a Proteção das Invenções Biotecnológicas – também exclui da patente, no seu art. 2(3), o corpo humano ou suas partes. No Canadá, não existe nenhuma norma à respeito do tema na lei sobre patentes, mas em virtude da posição atual do Escritório Canadense de Patentes, as patentes não serão autorizadas para a matéria multicelular, o que inclui os seres humanos e as partes de seus corpos. Não obstante, é possível apresentar um pedido de patente sobre matéria humana que não seja multicelular, como as seqüências de DNA humano, as linhas celulares e os hibridomas. A mesma posição é observada nos países europeus.[42]

No Brasil, a Lei de Propriedade Industrial exclui expressamente da patente o todo ou parte dos seres vivos (art. 18, III). Ainda não há jurisprudência a respeito do tema, e pode surgir a dúvida sobre o alcance da expressão "parte dos seres vivos", que não é convenientemente definida na lei. Quer nos parecer que, embora o gene não possa ser considerado "parte de um ser humano", quando isolado do corpo humano, a outorga de patentes relativas ao genoma humano seria inconcebível no nosso sistema legal.

Com efeito, a utilização do material genético humano pode ser considerado um método de tratamento ou de diagnóstico e, portanto, não caracteriza invenção. Ainda que não constitua um método de tratamento ou de diagnóstico, a utilização de genes humanos para outras finalidades poderia ter a patente negada por ser contrária à moral ou ao interesse público.

De fato, ao contrário do direito americano e canadense, a lei brasileira prevê expressamente que não são patenteáveis o que for contrário à moral, aos bons costumes e à saúde pública (art. 18, I, da Lei 9.279/96). Ora, a idéia de que alguém pos sa ter o direito de impedir outras pessoas

41. Cf. Berkard, *PatentgesetzGebrauchsmustergesetz*, 7ª ed., 1981, cit. por E. Hausser, in "La protection des procédés et produits biotechnologiques modernes au titre de la propriété industrielle".

42. R. Mourang, *Patent of Human Genes, Cells and Parts of the Body — The Ethical Dimensions of Patent Law*, v. 25:487, 1994, p. 489.

de utilizarem uma parte do genoma humano ou mesmo que o material genético humano possa ser explorado para fins comerciais, viola a moral e a ética. O ser humano, ainda que indiretamente, não pode ser considerado um bem comercial e o respeito moral pela vida não pode ser diminuída pela norma jurídica. Ao contrário, "o homem é a medida de todas as coisas", já afirmava o sofista Protágoras, de forma que o direito e a moral devem ser avaliados em relação às suas necessidades. O direito, inclusive o direito de propriedade intelectual, deve sempre conservar a idéia do homem como sujeito, como um agente moral dotado de autonomia e de dignidade.

5. *A patente de microorganismos*

Conforme já foi visto por ocasião da introdução ao presente trabalho, a biotecnologia compreende todas as técnicas que utilizam organismos vivos, ou parte destes organismos, para fabricar ou modificar produtos destinados a determinados fins. Os organismos vivos usados nestas técnicas podem estar no estado natural (ex. microorganismos usados em processos de fermentação) ou podem ser obtidos por meios convencionais ou não convencionais. Por *microorganismo* se entende o organismo microscópico, seja ele de ocorrência natural ou obtido artificialmente. Ao tratarmos da bio-matéria, vimos que o termo se aplica não só à matéria viva, como também à matéria não viva. De fato, os microorganismos compreendem todas as entidades biológicas capazes de auto-replicação ou que podem replicar em um organismo receptor adequado.

O exato alcance do termo é extremamente importante para a verificação do alcance da norma que trata da possibilidade de patente dos microorganismos.

Os microorganismos, desta forma, podem constituir o produto final de uma invenção, ou podem ser utilizados para a produção de alimentos, remédios etc. Ou seja, as invenções relacionadas aos microorganismos podem constituir um produto ou um método de produção.

5.1 O microorganismo como produto da invenção

A quase totalidade das nações desenvolvidas admite a patenteabilidade dos microorganismos, mesmo que estes seres vivos sejam encontrados na natureza. Neste caso, exige-se que o pedido de patente seja concernente à uma forma outra do microorganismo, que não aquela observada na natureza. Assim, por exemplo, se a invenção tiver como objeto um microorganismo com tal grau de pureza ou no qual estejam ausentes os contaminantes naturais, poderá ela ser considerada nova e, por isso mesmo, passível de ser patenteada, desde que presentes também a atividade inventiva e a aplicação industrial.

5.1.1 O direito comparado — Atualmente, os microorganismos não são apenas intermediários em processos químicos, mas constituem também produtos valiosos em numerosos setores como a agricultura, a indústria alimentar e a petrolífera. Portanto, países como os Estados Unidos, o Japão e os pertencentes à Comunidade Européia protegem através da patente as invenções relacionadas aos microorganismos, seja como processo, seja como produto. Neste sentido, o art. 1, a, da lei suíça sobre as patentes de invenção, segundo o qual: "Não será concedida patente de invenção para as variedades vegetais ou as raças animais nem para os processos essencialmente biológicos de obtenção de vegetais ou de animais; no entanto os processos microbiológicos e os produtos obtidos por estes processos serão patenteáveis" (trad. do autor). O mesmo dispositivo é previsto no art. 53.b, da Convenção Européia de Patente (CBE).

Da mesma forma, ao tratar sobre a matéria patenteável, o TRIPS, em seu art. 27, 3, *b*, dispõe: "Os Membros também podem considerar como não patenteáveis: (...) b) plantas e animais, exceto microorganismos, e processos essencialmente biológicos para a produção de plantas ou animais, excetuando-se os processos não biológicos ou microbiológicos (...)".

5.1.2 O direito brasileiro — Seguindo a tendência mundial, também o direito brasileiro, ao contrário do que ocorria antes do advento da nova lei de patentes, prevê expressamente a patenteabilidade dos microorganismos. A Lei de Propriedade Industrial brasileira deixa claro que a proibição da concessão da patente não se aplica aos processos microbiológicos e aos produtos obtidos por esses processos, desde que não constituam o todo ou parte de seres vivos superiores.

Com efeito, dispõe o art. 18, III, da Lei 9.279/96:

"Art. 18. Não são patenteáveis: (...) III – o todo ou parte dos seres vivos, exceto os microorganismos transgênicos que atendam aos três requisitos da patenteabilidade – novidade, atividade inventiva e aplicação industrial – previstos no art. 8º e que não sejam mera descoberta".

Analisando tal dispositivo podemos concluir que:

• os microorganismos transgênicos são patenteáveis, desde que as invenções a eles referentes atendam aos requisitos legais já estudados;

• o microorganismo normalmente encontrado na natureza, mesmo que até então desconhecido do homem, não pode ser objeto de patente, pois neste caso não há invenção e sim mera descoberta. Mas se houver intervenção humana tendente a fornecer a este organismo uma outra forma, diversa daquela com que se apresenta no meio ambiente (ex. microorganismo no qual estejam ausentes os contaminantes naturais), estaremos diante de uma invenção passível de ser patenteada.

O conceito de *microorganismo transgênico* nos é fornecido pelo parágrafo único do supracitado art. 18: "Para fins desta Lei, microorganismos transgênicos são organismos, exceto o todo ou parte de plantas ou de animais, que expressem, mediante intervenção humana direta em sua composição genética, uma característica normalmente não alcançável pela espécie em condições naturais". Mais uma vez o legislador pátrio reforça a idéia de que apenas é patenteável o microorganismo modificado pelo homem de forma tal que não seja normalmente encontrado na natureza e nem possa ser criado pela simples composição de forças ou fenômenos naturais.

De fato, os produtos que são encontrados na natureza não podem ser patenteados. Neste caso, há descoberta e não invenção e a patente seria excluída por força do disposto no art. 18, parágrafo único e também no art. 10, I, da nova lei brasileira. Ao contrário, produtos que não se encontram espontaneamente na natureza podem ser patenteados.

Destarte, poderíamos afirmar que os microorganismos são classificações outras que as variedades vegetais ou raças animais, as partes de animais e as partes de variedades vegetais; ou então, como define a lei alemã sobre patentes (art. 2.2) "o conjunto de material vivo inferior às categorias 'planta' ou 'animal'". Assim, podemos considerar como *microorganismo* os vírus, as bactérias, os protozoários, as amebas, os plasmídios etc.

Também a bio-matéria não viva capaz de auto-replicação ou de replicar-se em um organismo receptor adequado pode ser objeto de patente. Assim, os genes podem ser classificados como microorganismos, pois não podem ser considerados células e, portanto, não são *partes de planta ou animal*, mas sim um material inferior a estas categorias. Os genes, enquanto tais, não podem ser patenteados pois já existem na natureza e, portanto, não são novos. São descobertos e não inventados. No entanto, um gene isolado de seu meio natural e modificado pelo homem pode ser objeto de patente. Em outras palavras, a seqüência de um gene constitui uma descoberta, mas pode possibilitar a produção de coisas novas que, em princípio, podem ser patenteadas. Assim, quando modificados, devem os genes ser equiparados aos *microorganismos transgênicos* para fins de proteção por intermédio da patente. Esta solução é aplicada pela jurisprudência alemã[43] e não viola a sistemática adotada pelo direito brasileiro.

Seguindo esta mesma fundamentação, podemos afirmar que toda bio-matéria não viva, que sofra influência humana de forma a diferenciá-la da matéria normalmente encontrada na natureza, pode ser objeto de patente.

5.2 Patente de processo microbiológico

A patenteabilidade dos processos microbiológicos resulta clara da leitura do art. 10, IX, do diploma legal supracitado. Segundo tal norma, apenas "os processos biológicos naturais" são considerados descoberta e, por isso mesmo, excluídos da patente. Como o dispositivo impõe exceções ao conceito geral do que se considera invenção, e por isso deve ser interpretado restritivamente, conclui-se que os processos biotecnológicos e os processos microbiológicos são considerados invenções e podem ser patenteados quando presentes os requisitos legais.

A nova regra é inspirada na disposição do art. 2.b da Convenção de Estrasburgo, de início, e na Convenção sobre Patente Européia (CBE) e confirma uma solução já consagrada na jurisprudência européia há algumas décadas. Os processos de obtenção de microorganismos podem ser classificados como convencionais ou tradicionais, tais como a seleção, o cruzamento e a mutação; e como não-convencionais, como a engenharia genética e a fusão molecular. Com efeito, foi na forma de processos de utilização de microorganismos (notadamente o processo de fermentação) que a matéria viva foi introduzida pela primeira vez no direito das patentes. O caráter vivo desse organismo foi considerado secundário com relação à sua atividade bioquímica a possibilitar sua utilização a nível industrial.

Já o método não-convencional permite, mediante a manipulação do material hereditário, a ultrapassagem das barreiras biológicas preexistentes, como, por exemplo, a incompatibilidade entre as espécies.[44] São justamente estes novos métodos de obtenção de microorganismos que possibilitaram o grande progresso na realização de novos produtos por parte das indústrias farmacêuticas, alimentares e agrícolas. A engenharia genética utiliza basicamente a técnica de separar um fragmento de DNA, inserir este fragmento em um vetor recombinante, introduzir este vetor em um microorganismo ou em uma célula anfitriã para obter uma célula recombinada, selecionar as células recombinadas e provocar sua atividade em condições favoráveis para a expressão do gene e, assim, obter o resultado desejado.[45] Já o método de fusão celular consiste na fusão de dois tipos de células e na seleção das células que têm as características dos tipos das células usadas.

Mesmo o método microbiológico convencional (ex. multiplicação ou divisão de microorganismo) pode ser patenteado, desde que não seja normalmente observado no meio ambiente, isto é, decorra necessariamente da intervenção humana a caracterizar atividade inventiva. Hoje a patenteabilidade desses procedimentos não são mais colocados em dúvida tanto nos EUA como no Japão, no Canadá, nos países da CEE[46] e, a partir da vigência da Lei 9.279/96 (em maio

43. V., neste sentido, E. Hausser, ob. cit.

44. Cf. Joseph Strauss — Instituto Max-Planck de Direito Estrangeiro e Internacional em Matéria de Patentes, Direito do Autor e Concorrência — in "Industrial Propety", Informe mensal da OMPI, julho de 1985.

45. Esta técnica, p. ex., permitiu a produção da insulina e do interferon.

46. Nos EUA, *Dick v. Lederle Antitoxin Lab.*, 43 F.2d 628; no Canadá, *Laboratoire Pentagone Ldt. v. Parke, Davis & Co.* (1968); no Japão, normas editadas pelo Escritório Nacional de Patentes aplicáveis às invenções nas indústrias utilizando microorganismos, de 1970, *Yusa and Hara Patent Nexs*, v. 2(1975), 2, p. 30.

de 1997, no que se refere à patente sobre microorganismos), também no Brasil.

Importante questão que poderá se apresentar à doutrina e jurisprudência brasileira é o que se refere à multiplicação do microorganismo, a saber sua multiplicação natural (reprodução assexuada por divisão), esta divisão pode ser objeto de patente?

A jurisprudência européia entende que, se o processo é natural, com a formação de um clone de células idênticas à célula-mãe e que pode acontecer mesmo sem a intervenção humana, não há invenção e, por isso, não é patenteável. No entanto, se há melhoramentos no processo de reprodução (maior facilidade, rapidez, produtividade etc.) acrescentados com a ajuda de meios de cultura, causando uma modificação (geralmente fenotípica) de microorganismos, pode a patente ser concedida.

Nesse sentido, a jurisprudência alemã entende que a multiplicação é patenteável se o microorganismo obtido não é inteiramente igual ao indivíduo de partida (p. ex., ele é mais rico em proteínas) ou se se trata de uma multiplicação não-habitual.[47] Nesse caso haveria, na verdade, uma *obtenção* e não propriamente uma *reprodução* de microorganismo.

As soluções jurisprudenciais estrangeiras podem ser transportadas para o universo jurídico brasileiro já que, no que se refere à patenteabilidade do microorganismo (processo ou produto), conforme já foi visto, o direito pátrio buscou como fonte inspiradora a Convenção sobre Patente Européia (CBE).

5.3 Conclusão

Conclui-se que tanto os processos quanto os produtos biotecnológicos são protegidos pela nova Lei de Propriedade Industrial, na esteira, aliás, das legislações dos países desenvolvidos. Para tanto, devem eles, em virtude de ação humana, diferir geneticamente daqueles encontrados na natureza, ou seja, devem ser novos. Da mesma forma, a atividade humana deve ser inventiva e o resultado obtido deve ter aplicação industrial. Nestes termos, admite se a patenteabilidade de um microorganismo que tenha recebido uma nova forma, qualidade, propriedade, ou combinação que não exista no estado natural. Assim, substâncias químicas naturais, mas purificadas a ponto de apresentar uma alteração substancial de suas características, funções ou atividades, são patenteáveis, mesmo se forem substâncias produzidas por microorganismos.

Os processos microbiológicos são processos físico-químicos iniciados ou favorecidos por microorganismos como, p. ex., o processo de fermentação. Esses processos conduzem à obtenção de produtos que são patenteáveis. Esses produtos podem consistir em elementos materiais como em outros microorganismos chamados de *transgênicos*. Seja qual for o produto final (substâncias materiais ou microorganismos), o processo microbiológico pode ser patenteado quando presentes os requisitos da novidade, atividade inventiva e aplicação industrial.

III — O DIREITO DE PATENTE E AS INVENÇÕES BIOTECNOLÓGICAS

As invenções biotecnológicas diferem das invenções pertencentes aos demais ramos da tecnologia por uma característica fundamental: envolvem, geralmente, organismos vivos autoreplicadores. Da mesma forma, a matéria produzida pela biotecnologia é extremamente complexa, já que trata de um organismo vivo diverso daquele comumente encontrado na natureza. O microorganismo não é *construído* pelo homem, que apenas interfere na sua constituição. Tais características obrigam a uma releitura de algumas regras do direito patentário de forma a atender a natureza diferenciada da invenção biotecnológica.

47. BGH 2.7.1985, GRUR 1985, p. 1035 — *Methylomonas.*

Importa, pois, analisar as principais instituições do direito da patente à luz das características especiais da matéria biotecnológica.

1. Os titulares da patente

Inicialmente, é importante destacar que o Direito de Propriedade Industrial estende sua proteção a qualquer pessoa física ou jurídica que tenha nacionalidade brasileira ou, sendo estrangeira, que aqui tenha seu domicílio. Ou seja, também os direitos do estrangeiro são tutelados, quando aqui tenha ele estabelecido residência com ânimo definitivo (no caso de pessoa física) ou mantenha sua diretoria ou administração (pessoa jurídica). Aliás, o princípio da igualdade é assegurado pelo art. 5º, *caput*, da Constituição da República, que garante aos brasileiros e aos estrangeiros residentes no Brasil a inviolabilidade deste direito.

O mesmo tratamento dispensado aos brasileiros ou estrangeiros que aqui fixaram residência com ânimo definitivo, no que tange ao disposto na Lei 9.279/96, é garantido aos súditos dos países que tenham proteção assegurada por tratado em vigor no Brasil. Assim, por exemplo, terá a pessoa física ou jurídica estrangeira os mesmos direitos reconhecidos aos brasileiros, mesmo que aqui não seja residente ou domiciliada, quando ela for súdita de um país-membro dos tratados ratificados pelo Brasil, como a Convenção de Paris, o TRIPS e também os acordos bilaterais ou multilaterais em que o Brasil seja parte. Da mesma forma, os estrangeiros, que não são súditos dos países-membros da União de Paris, podem obter a proteção da patente desde que haja reciprocidade de tratamento aos brasileiros no país de origem. Este mesmo dispositivo é encontrado em outros direitos, como, por exemplo, no Código de Propriedade Industrial francês (art. L-611, alínea 3 do CPI).

A propriedade do direito de patente é previsto no art. 6º da Lei de Propriedade Industrial. Ao autor de invenção ou de modelo de utilidade será assegurado o direito de obter a patente que lhe garanta a propriedade. A propriedade, nesse caso, não é sobre o objeto da invenção, mas sobre o título e o direito exclusivo de exploração da invenção que ele confere, no prazo e nas condições estabelecidas pela lei.

O titular pode usar seu direito explorando pessoalmente a invenção, como também pode permitir que outra pessoa a explore, através de um contrato de licença. Enfim, o titular da patente pode dispor de seu direito como qualquer outro proprietário e, inclusive, pode renunciar a esse seu direito, sob reserva de direitos de terceiros.

Cabe assinalar, no entanto, que o uso abusivo da patente, ou mesmo o não-uso (falta de exploração da patente e recusa em conceder licenças voluntárias), pode dar ensejo à uma intervenção do Estado que promoverá a licença obrigatória de sua patente.

A obtenção da patente, porém, não é automática. A princípio, de acordo com o art. 6º da Lei 9.279/96, cabe ao autor da invenção o direito de requerer a proteção legal, observadas as condições e formalidades previstas na lei. O autor da invenção pode ser uma pessoa física ou jurídica, nacional ou estrangeira, conforme já foi visto. A lei presume como parte legítima para requerer o direito de patente a pessoa que apresentar um pedido nesse sentido. Cabe ao eventual interessado apresentar oposição ao pedido e demonstrar que é o verdadeiro autor da invenção. Portanto, a presunção estabelecida pela lei é apenas relativa.

O direito exclusivo de exploração da criação intelectual é transmissível aos herdeiros e sucessores (art. 5º, XXVII, da Constituição), portanto, também estes têm legitimidade para requerer em nome próprio a concessão da patente. Ademais, trata-se de um direito de propriedade cujo objeto é a invenção e que pode ser transferido também por ato *inter vivos*, através de um contrato de cessão de direitos. Nesse caso, o cessionário é parte legítima para obter o título estatal.

Em se tratando de biotecnologia, sabe-se que os titulares das patentes são geralmente as grandes empresas. Pesquisas indicam que são necessários dez anos e US$ 100 milhões para comercializar um produto farmacêutico para aplicação humana. Cifras atualizadas procedentes da Universidade Tufts de Boston indicam que são necessários US$ 230 milhões, durante doze anos, para que um produto farmacêutico saia do laboratório ao mercado. Portanto, muitas vezes uma invenção biotecnológica é financiada por várias empresas ou mesmo por associação entre empresa e universidade ou organismo público.

Assim, geralmente a invenção biotecnológica é realizada em virtude de um contrato de trabalho ou de um *contrato de pesquisa*. O contrato de pesquisa é aquele no qual uma pessoa pede a outra que conceba a invenção por sua conta. Nesses casos, a titularidade do direito de patente será determinada pelas regras constantes na lei ou pelas disposições contratuais. Pode acontecer também que várias pessoas concorram para a realização da invenção. Teríamos, assim, uma co-propriedade e todos ou apenas um dos titulares do direito de propriedade, mediante a concordância dos demais, pode requerer a proteção da patente. Não há necessidade de que todos os inventores façam o requerimento, mas sim de que todos eles sejam devidamente nomeados e qualificados nessa peça. Se eventualmente um deles for omitido da demanda de patente, poderá ele reivindicar seu direito na esfera administrativa ou judicial.

1.1 As invenções realizadas em virtude de contrato

Conforme foi observado, as invenções biotecnológicas, face ao notável investimento que demandam, geralmente são concretizadas por grandes empresas ou mesmo por associações entre o setor privado e o setor público e universidades.

Tal peculiaridade nos mostra que as invenções biotecnológicas são realizadas em virtude de contratos. Duas são as hipóteses de invenções realizadas em virtude de contrato previstas pela doutrina: as "invenções sob comando" e as invenções de empregados ("invenções de missão", "invenções fora de missão" e "invenções mistas").

1.1.1 Invenção sob comando — A invenção sob comando é aquela realizada em execução a um contrato segundo o qual uma parte pede à outra que conceba determinada invenção por sua conta. Esse contrato é chamado de "contrato de pesquisa". Esses contratos podem ser classificados em várias categorias.[48] Ele pode ser submetido a regras de direito público (se uma das partes for o Estado) ou de direito privado (contrato entre particulares). A parte encarregada de realizar a invenção pode ser um profissional autônomo ou uma empresa contratada especialmente para esse fim.

Quanto ao objeto, o contrato pode visar o fornecimento, por uma das partes, de prestações de pesquisas por conta da outra. Nesse caso, a pesquisa é unilateral. Por outro lado, os contratos podem prever colaboração científica e técnica entre as partes.

A obrigação de prestar a pesquisa, que recai sobre o empreendedor, no que tange à célebre distinção de Demogue,[49] é uma obrigação de meio, na ausência de disposição contratual em contrário. O empreendedor se obriga à execução de um trabalho científico ou técnico cujo resultado é indeterminado ou determinável, mas incerto uma vez que não está compreendido no estado da técnica.

O direito de apresentar o pedido de patente deve ser previsto no contrato. Na ausência de estipulação contratual, a invenção pertencerá exclusivamente ao contratante se o contrato tiver por objeto a pesquisa ou a atividade inventiva por conta do contratado, mediante remuneração avençada. Ao contrário, se o contrato prever a

48. V. Y. Reboul, *Les Contrats de Recherche*, colóquio CEIPI, Libr. Technique, Paris, 1978.

49. R. Demogue, *Traité des Obligations*, t. V, 1.237.

comunhão de esforços intelectuais e de meios materiais (recursos, dados, instalações etc.), a propriedade da invenção ou do modelo de utilidade será em comum.

1.1.2 Invenção de empregado — Durante muito tempo, tanto no Brasil como em outros países, como a França,[50] não havia tratamento legal à essa questão, que era resolvida segundo os contratos de trabalho ou convenções coletivas.

A jurisprudência e doutrina francesas procediam à uma distinção entre a "invenção de serviço", a "invenção livre ou fora de serviço" e a "invenção mista". Esse sistema foi seguido pela lei francesa de 13 de julho de 1978 e também foi adotado pela Lei de Propriedade Industrial brasileira no seu Capítulo XIV.

a) Invenção de serviço ou de missão — Pode ocorrer que a invenção seja realizada por força de um contrato de trabalho. Neste caso, o empregado (ou servidor público) foi contratado justamente para realizar pesquisas e atividades científicas e o salário ajustado já leva em conta tal situação. A empresa, por seu lado, coloca à disposição do empregado todo o equipamento técnico necessário para a realização de sua missão.

Em tal hipótese, prevê a lei, na esteira da antiga jurisprudência e doutrina, que a invenção ou o modelo de utilidade deve pertencer exclusivamente ao empregador. Nada impede que além do salário normal, o empregador conceda ao empregado, autor do invento ou aperfeiçoamento, participação nos lucros decorrentes da exploração da invenção. Tal participação, contudo, não se vincula ao salário para fins de cálculos de verbas trabalhistas ou qualquer outro fim.

No caso específico do servidor público ou autárquico, de qualquer esfera da Administração, ele pode receber uma premiação em dinheiro, relativa às vantagens auferidas com o pedido de patente ou com a concessão do privilégio, a título de incentivo e na forma prevista no estatuto interno.

Nos termos do § 2º do art. 88, que reforça ainda mais a titularidade do empregador, presume-se desenvolvida na vigência do contrato a invenção cuja patente seja requerida pelo empregado até um ano após a extinção do vínculo empregatício.

Nesse caso, o empregador pode reivindicar a patente já que se presume que a invenção foi criada enquanto o empregado recebia o salário para esse fim e se utilizava dos recursos propiciados pela empresa. No entanto, esta presunção não é absoluta, e ao empregado cabe provar que a invenção ou modelo de utilidade não foi concebida durante a vigência do contrato de trabalho e sim após o término desta avença.

b) Invenção fora de missão — A "invenção fora de missão" ocorre quando o empregado (ou servidor público) realiza a invenção sem qualquer participação do empregador ou sem qualquer relação com a atividade que normalmente exerce na empresa. Ou seja, a invenção é totalmente desvinculada do contrato de trabalho e não decorre da utilização de recursos, meios, informações, instalações ou equipamentos do empregador.

É o caso, p. ex., de um empregado que, no período livre, em sua casa ou em outro local, se dedica à uma criação inventiva. Nesse caso, o empregado é considerado o legítimo titular da patente.

c) Invenção mista — Na invenção mista, o empregado realiza a invenção mas com o suporte técnico ou financeiro do empregador. Ou seja, ele não foi contratado para efetuar pesquisas ou atividade inventiva, mas qualquer outra função dentro da empresa como, por exemplo, uma função administrativa. No entanto, utilizando-se de dados, equipamentos, meios materiais e instalações da empresa ele realiza uma invenção ou um modelo de utilidade.

Nesse caso, o empregador e o empregado serão co-proprietários da invenção, a

50. A questão foi regulamentada apenas na Lei francesa de 13.7.1978.

não ser que o contrato de trabalho disponha expressamente de maneira diversa.

Se forem vários empregados, a parte que lhes couber (50% da propriedade) será dividida igualmente, salvo estipulação em contrário.

Embora seja uma co-propriedade, o empregador tem o direito exclusivo de licença para explorar o objeto da invenção, cabendo ao empregado ou empregados uma remuneração justa. Se um dos co-proprietários desejar ceder sua parte no direito de patente, deve ser observado o direito de preferência dos outros co-proprietários na forma e condições prevista no Código Civil.

Na falta de acordo, cabe ao empregador iniciar a exploração do objeto da patente no prazo de um ano a partir da data da concessão da patente. Se ele não iniciar a exploração nesse prazo, e não apresentar justificativa legítima, o empregado recebe a propriedade exclusiva da patente. Nesse caso, o empregado deve iniciar a exploração da patente no prazo de três anos, sob pena de a patente ser compulsoriamente licenciada.

Quanto ao campo de aplicação no espaço, a lei se aplica ao trabalhador nacional ou estrangeiro, desde que o contrato de trabalho esteja submetido à lei brasileira.

2. *Os requisitos de forma para a obtenção de patente sobre microorganismos*

Os requisitos materiais da patente já foram vistos por ocasião do exame dos conceitos gerais do direito patentário. Neste tópico, analisaremos, portanto, os requisitos formais para a concessão do privilégio.

Além das condições materiais, a concessão do privilégio da patente exige também a satisfação de determinadas condições formais. Estes requisitos estão previsto nas normas dos Capítulo III e IV da Lei de Propriedade Industrial, que prevêem as duas etapas essenciais que integram o procedimento de obtenção do direito de patente: o pedido e a concessão. Portanto, para a obtenção da patente devem estar satisfeitas as condições de fundo (novidade, atividade inventiva e aplicação industrial da invenção) e as condições de forma.

A obtenção da patente não é automática. O inventor que deseja obter a proteção da invenção deve apresentar um pedido. O pedido de patente é submetido a certas formalidades de depósito e administrativas, por parte do organismo encarregado de conceder a patente, que no Brasil é o Instituto Nacional de Propriedade Industrial (INPI).

O pedido deve conter um requerimento, um relatório descritivo, as reivindicações, desenhos se for necessário, resumo e o comprovante de pagamento da taxa devida. Estes são os elementos essenciais que devem estar contidos no pedido e cuja presença será averiguada de forma preliminar no momento de sua apresentação.

No Brasil há vários pedidos de patentes biotecnológicas em andamento. Um pedido de patente da Bayer Ag. (Alemanha), p. ex., tem como título: "Genes de sintase de pinosilvina, parte dos genes, DNA, vetores, plasmídio, microorganismos, linhagem, emprego, células vegetais, processo para sua preparação e material de publicação". O resumo informa que "a presente invenção refere-se a novos genes isolados de plantas para a sintase de pinosilvina e seu emprego para a transformação de vetores, organismos hospedeiros e plantas, bem como para a produção de plantas, as quais apresentam uma maior resistência em comparação com as pragas".[51]

O requerimento constitui um documento no qual é pedido a concessão da patente pelo Estado e deve ser assinado pelo interessado, ou seu mandatário. Deve conter obrigatoriamente a natureza do título solicitado, que pode ser a patente de invenção ou de modelo de utilidade; o objeto do pedido (designação técnica da invenção);

51. Pedido PI 9203641.

os dados do inventor (ou inventores) e a identificação do requerente (ou requerentes) e de seu mandatário. Obviamente, pode ocorrer que o inventor seja o requerente da patente.

O relatório descritivo da invenção tem um papel fundamental no sistema de patentes. Com efeito, a patente tem por objetivo conceder ao inventor ou sucessor o monopólio exclusivo da utilização da invenção por determinado prazo (no Brasil o prazo é de 20 anos para a patente de invenção e de 15 anos para os modelos de utilidade), como prêmio ou estímulo à contribuição que trouxe para o progresso técnico da sociedade. Após o decurso desse prazo, a invenção pode ser explorada livremente por qualquer pessoa, ou seja, ele "cai no domínio público". Portanto, é fundamental que ela seja descrita de forma pormenorizada a fim de permitir a sua reprodução após o término do prazo de proteção e de possibilitar que a sociedade tenha inteiro conhecimento da invenção.

A divulgação suficiente da invenção é extremamente importante para que o sistema de patente alcance um dos seus objetivo que é o de possibilitar o progresso e a difusão do conhecimento técnico. Em se tratando de invenções biotecnológicas, o inventor pode encontrar dificuldades em descrever, na forma escrita, sua experiência de forma satisfatória, notadamente quando sua invenção exige a utilização de organismos vivos até então inacessíveis. Neste caso, ele pode depositar o material em instituição autorizada pelo INPI ou indicada em Acordo Internacional. A falta do depósito do microorganismo, quando ele for necessário para a descrição da invenção, pode levar o INPI, ou mesmo o tribunal competente, a estimar que a divulgação não é suficiente.

Também as reivindicações têm um papel essencial na obtenção da proteção da invenção pela patente. Elas delimitam o monopólio de exploração do patenteado. O que é descrito, mas não é reivindicado, não pode ser objeto de proteção. Elas permitem ainda que a autoridade administrativa aprecie a unidade da invenção.

O desenho tem como função completar a descrição e deve acompanhar o pedido sempre que for necessário para apresentar a invenção de forma mais detalhada e completa. Já o resumo, deve se referir às características constitutivas da invenção. Ele permite a seleção e a classificação da patente. O resumo deve, pois, apresentar o título da invenção e conter ainda uma síntese de tudo que foi exposto no relatório descritivo, no desenho e na reivindicação. Também deve ser apresentado no ato do depósito do pedido ou, no mais tardar, em trinta dias da apresentação do requerimento.

2.1 O depósito de microorganismos

Conforme já foi visto, o depósito do material biotecnológico somente é necessário quando se mostrar essencial para que um técnico no assunto possa reproduzir a invenção sem usar de engenhosidade inventiva. Se uma descrição escrita da invenção tornar difícil esta reprodução, o depósito pode ser aceito para completar a exigência de suficiência de divulgação. Pode ser depositado o organismo inicial ou final, quando um ou outro for necessário para assegurar a reprodução da invenção. Não há necessidade de que o organismo seja depositado em cada país onde a patente é requerida. Tal exigência, malgrado o caráter nacional do direito de propriedade intelectual, seria um fardo intolerável para o inventor biotecnológico. Neste sentido, numerosos países ratificaram o Tratado de Budapeste sobre o depósito de microorganismos, que enuncia o princípio supracitado. A lei brasileira reconhece o depósito efetuado em instituição prevista neste tratado, conforme se conclui do disposto no art. 24, parágrafo único, da Lei de Propriedade Industrial. Desta forma, o depósito em uma coleção estrangeira homologada sobre o plano internacional, deve ser considerado como respondendo às exigências do direito brasileiro de patente.

Com a publicação do pedido de patente, o material biológico depositado torna-se acessível ao público. A lei brasileira não prevê por quanto tempo deve o microorganismo ficar depositado. O Tratado de Budapeste, no entanto, estipula que o depositante deve manter o depósito por um prazo de cinco anos, ao menos, a partir do pedido mais recente de patente e, em todo o caso, por um prazo de 30 anos (art. 9). Durante este período pode ocorrer que o material depositado não seja mais viável ao fim destinado (descrição da invenção a possibilitar sua reprodução). Neste caso, deve ser garantido ao depositante a possibilidade de renovar seu depósito sem que isso influa de forma desfavorável sobre o pedido de patente.

Embora a lei disponha que o material biotecnológico depositado se torna acessível ao público com a publicação do pedido de patente, ela não regula de que forma e em que condições pode se dar tal acesso. É essencial que a questão seja devidamente regulamentada, para que a pessoa que tenha acesso ao microorganismo seja devidamente responsabilizada no caso de mau uso deste direito; ou ainda quando se tratar de microorganismo potencialmente danoso à saúde pública.

3. *O alcance da proteção conferida pela patente e o problema da descendência do material biotecnológico*

A patente confere ao seu titular o monopólio de uso da invenção por um prazo de vinte anos a partir da data do depósito. O titular da patente pode, assim, impedir que terceiros explorem a invenção sem o seu consentimento. Podem constituir uma indevida exploração da patente: a produção, o uso, a exposição para venda, a venda e a importação de objetos da invenção. Esta enumeração não é limitativa, já que a lei acrescenta neste rol os atos praticados por terceiros com a finalidade de contribuir para o uso, a exposição, a venda e a importação do objeto patenteado. Qualquer pessoa que realize algum desses atos será considerada partícipe na violação do direito de propriedade industrial, podendo ser responsabilizada no âmbito civil e penal.

Já o uso não-comercial, como aquele para fins científicos, por exemplo, não configura violação aos direitos do titular da patente. Outra limitação aos direitos da patente é representada pelo princípio do esgotamento.

No entanto, no que se refere à patente sobre microorganismos, interessante questão pode surgir: a quem pertence a titularidade sobre o material biológico derivado do material original patenteado? Está ele também coberto pela patente?

Foi visto que a patente confere a seu titular um direito exclusivo de exploração da invenção ou modelo de utilidade pelos prazos previstos em lei e que seja determinada pelo teor das reivindicações. Assim, terceiros não podem utilizar, com finalidade econômica, o produto biotecnológico patenteado como fonte inicial de variação ou propagação para obter outros produtos.

Estas duas regras, previstas no art. 42 e art. 43, V (a contrário senso) da nova lei de propriedade industrial, permitem concluir que a comercialização do material biológico, mesmo obtido pela replicação, constituirá uma ato de violação dos direitos conferidos pela patente.

Justamente para evitar os intrincados problemas que podem surgir a respeito da extensão da patente ao material obtido pela replicação, o projeto da nova lei suíça sobre patentes (LBI) prevê a modificação do art. 8, alínea 3, LBI, que passará a ter o seguinte teor:

"Si l'invention se rapporte à un procédé, les effets du brevet s'étendent aux produits directs du procédé. S'il s'agit d'une matière biologiquement reproductible, ils s'étendent aussi aux produits résultants essentiellement de la multiplication de cette matière."

Esta disposição resolve a questão supracitada. O material resultante da multiplicação da matéria biológica diretamente saída do processo patenteado será igualmente protegida, ou seja, o direito exclusivo do patenteado recairá também sobre o material resultante da multiplicação; o titular da patente terá, assim, o direito exclusivo de colocar em circulação esse material.

A lei brasileira de propriedade industrial peca por não conter dispositivo idêntico e que seria de grande utilidade para a solução de prováveis problemas nessa área. No entanto, tal regra pode ser inferida do disposto no inc. V do art. 43 da Lei de Propriedade Industrial, que apenas autoriza a utilização dos derivados para fins não econômicos, como a pesquisa, por exemplo.

3.1 O princípio do esgotamento dos direitos de propriedade intelectual

Por outro lado, como o material biológico pode incorporar um produto patenteado ou um *savoir-faire* confidencial, a ele também se aplica o princípio do *esgotamento do direito da patente*.

No direito das patentes, quando um exemplar do produto coberto pela patente é alienado pelo titular ou por um terceiro com o seu consentimento, o adquirente do exemplar em questão pode livremente revendê-lo ou dele dispor de uma outra maneira. Diz-se, nesse caso, que o direito de colocar o produto em circulação do titular da patente *foi esgotado*. No entanto, esse "esgotamento" só produzirá seus efeitos no território do país dentro do qual o patenteado permitiu a sua circulação.

O mesmo se dá com relação ao material biotecnológico patenteado. O adquirente poderá dele dispor da maneira que lhe convier, ainda que somente dentro do território nacional. No entanto, o material resultante da multiplicação do material de partida não deverá ser visado pelo esgotamento do direito. Com efeito, a venda do material patenteado deve conferir ao comprador um direito implícito de utilização para os fins aos quais é destinado. No caso de um material auto-reprodutivo, é evidente que a intenção não é a de permitir ao comprador de concorrer com o vendedor na exploração comercial dos derivados da bio-matéria patenteada.

Portanto, o esgotamento dos direitos se aplica apenas ao material efetivamente vendido e comprado para o uso previsto e não aos seus derivados que representam, na verdade, um material novo que não foi objeto da compra e venda e que, portanto, não pode ser alcançado pelo princípio do esgotamento. Entendimento contrário poderia tornar as patentes para os materiais auto-replicáveis inúteis ou de pouco valor. Evidentemente, a utilização privada, como no caso dos agricultores que utilizam as sucessivas gerações da bio-matéria comprada, não configura violação ao direito do titular da patente.

Para que o adquirente tenha direito de dispor também sobre o material resultante da multiplicação do material de partida é preciso que se inclua uma cláusula contratual nesse sentido. Caso contrário, tal disposição é vedada pelo inc. VI do art. 43 da Lei de Propriedade Industrial, que impede a utilização do material patenteado para a multiplicação ou propagação comercial da matéria em causa. Daí se infere que, também no caso da licença, deve existir cláusula contratual disciplinando o direito de uso do material biológico derivado da matéria viva, objeto da licença biotecnológica, a não ser que tal uso seja indispensável para a exploração comercial do objeto da patente ou sua utilidade industrial.

Portanto, para evitar dúvidas e dissabores judiciais, é de bom alvitre que o contrato de cessão ou de licença biotecnológica, dada a natureza viva do seu objeto, contenha uma definição do que se entende por "derivados", bem como inclua cláusula expressa sobre a titularidade deste material obtido pela replicação da matéria viva original.

4. A licença biotecnológica

A patente, assim como outros bens, pode ser objeto de operações jurídicas. Essas operações podem ser voluntárias ou involuntárias.

Os atos voluntários são classificados como atos que comportam a transferência do direito de patente, como a cessão da patente e a quota em sociedade (*apport en société*) e atos que não comportam a transferência da patente (licenças voluntárias). As operações involuntárias são exemplificadas pela licença compulsória.

A cessão é o contrato pelo qual se opera a transferência do direito de propriedade da patente. Tanto pode ser transferida a patente (se esta já foi outorgada pelo Estado), como o pedido de patente. Já a licença não transfere a propriedade, mas tão-somente o uso da invenção patenteada.

No que se refere à patente de seres vivos, mais especificadamente a de microorganismos, o contrato de licença possui características próprias e especialíssimas, já que tem por objeto uma invenção consubstanciada em um produto ou processo envolvendo um ser vivo, que se reproduz e apresenta natureza diferenciada daquela própria aos objetos inanimados.

Inicialmente, deve ser salientado o importante papel da licença como instrumento propiciador de transferência de tecnologia e de desenvolvimento de indústrias de ponta. Por se tratar de um contrato, ainda que tendo por objeto um direito imaterial, o estabelecimento da licença e sua posterior execução, deve ser regido pelos princípios gerais do direito contratual.

O contrato de licença é a convenção pela qual o detentor da patente autoriza a outra parte no contrato (o licenciado) a explorar a invenção objeto da patente, nos termos e por um prazo definidos pelo contrato, geralmente mediante uma contraprestação em dinheiro.

Ao contrário da cessão, que transfere a patente ou o pedido de patente, na licença voluntária, é concedido apenas, no todo ou em parte, o gozo do direito de exploração da patente. Não é transferida a propriedade da patente, mas apenas o direito de uso.

Por tal motivo, a doutrina e a jurisprudência estrangeiras consideram que tal contrato tem a mesma natureza do contrato de locação e aplicam as regras do Código Civil a ele inerentes. No caso de contrato gratuito, tem a mesma natureza do comodato.

A licença voluntária pode ser simples ou exclusiva. É simples quando o titular da patente é livre para conceder outras licenças. É exclusiva quando ele está proibido de consentir outras licenças. A exclusividade da licença não impede o titular de explorar a patente em concorrência com o licenciado, salvo cláusula em contrário.

O licenciado, se assim for previsto no contrato, pode agir em defesa da patente, como, por exemplo, para evitar a contrafação. Ele tanto pode assistir o titular da patente numa ação judicial dessa natureza, quanto pode propor a ação no caso de inércia do titular da patente.

No que se refere ao concedente da licença, deve ser ele proprietário da patente, sob pena de nulidade do contrato de licença. Se a patente for declarada nula ou se o concedente vier a perdê-la para um terceiro em uma ação de reivindicação, o contrato de licença é considerado nulo uma vez que concluído a *non domino*.

Quanto ao objeto, o contrato de licença pode ter por objeto um simples pedido de patente ou uma patente já concedida. O que importa é a existência do objeto, a falta implica na nulidade do contrato. Salvo cláusula em contrário, a licença é considerada como concedida sobre a totalidade do território para o qual a patente foi concedida. No entanto, ela pode ser limitada à uma aplicação da invenção patenteada. Ela pode ser consentida, por exemplo, apenas para a fabricação do produto patenteado ou apenas para a venda desse produto.

Quanto à vigência, o contrato pode ser estipulado por prazo determinado ou indeterminado. Nesse último caso, para haver resolução do contrato, deve haver a notificação da parte contrária. O contrato perde o objeto quando a invenção caí sob domínio público, ou seja, após o decurso do prazo de vigência da patente de invenção ou de modelo de utilidade. Sobrevindo o termo final da licença, o licenciado não pode continuar a explorar a invenção, sob pena de ser considerado como contrafator.

No caso específico dos contratos sobre transferência de biotecnologia, devido à complexidade da técnica e à natureza do objeto (ser vivo), cláusulas especiais devem ser previstas a fim de se evitar problemas jurídicos. De fato, é de suma importância que todos os termos utilizados no contrato estejam devidamente definidos. Devem ser examinados e definidos todos os termos e fatores envolvidos na técnica descrita no pedido de patente, para que possa ser precisado seu alcance.

É também importante a existência de cláusula prevendo o alcance do campo de utilização da tecnologia licenciada. Considerando que a mesma tecnologia pode ter várias utilizações, é recomendável que as licenças concedidas a terceiros atribuam um campo de utilização particular a cada licenciado. Pode, por exemplo, um microorganismo produzir determinadas proteínas em escala industrial. Neste caso, pode ser imposta uma restrição ao campo de utilização do processo, como, por exemplo, a outorga de uma licença para a fabricação de uma proteína específica, como a insulina, e outra licença para a fabricação de uma proteína diferente, como o plasminógeno protoativador de tecidos (TPA). A definição do campo de aplicação deve ser clara e inequívoca.

Da mesma forma, deve ser convenientemente definida a questão dos "derivados" do material biológico objeto da licença. Os derivados são mutantes espontâneos de um material biológico. Estas mutações podem ser induzidas pelo homem ou espontâneas. Não se pode, contudo, confundir os derivados com o aperfeiçoamento da tecnologia objeto da licença. Embora em muitos casos possam os derivados constituir um aperfeiçoamento da patente, pode ocorrer também que sejam idênticos à matéria original.

Na ausência de cláusula específica sobre a titularidade dos derivados, a lei dispõe que não está este material submetido ao princípio do esgotamento. Assim, o licenciado não pode utilizar comercialmente o material derivado sem o consentimento do titular da patente.

Em se tratando, no entanto, de aperfeiçoamento da patente, é de bom alvitre que também os direitos dela resultantes estejam definidos no contrato de licença. A melhora pode ser realizada pelo licenciante, pelo licenciado ou por um terceiro, perante o qual o licenciante ou o licenciado obtém um direito de utilização. Se o acordo não definir os direitos das partes contratantes sobre as melhoras, uma grande confusão jurídica pode surgir. Neste caso, dispõe a lei que os direitos sobre o aperfeiçoamento pertencem a quem o produzir. Realizada a melhora pelo licenciado (p. ex., induzindo de forma inventiva a mutação e obtendo um produto novo e com aplicação industrial), poderá este patentear o novo produto ou processo e, se for o caso, pleitear uma patente de dependência (da invenção original) para a efetiva exploração de sua invenção.

Finalmente, devem ser previstas no contrato de licença as questões referentes à titularidade da tecnologia empregada e ao depósito dos microorganismos. Para que seja possível a exploração do objeto da licença, deve o licenciante, muitas vezes, transferir a tecnologia necessária. Assim, deve ficar claro no contrato a questão da propriedade da tecnologia transferida e o prazo em que pode ser utilizada.

Da mesma forma, deve ser disciplinada a questão do material biológico, também essencial para a exploração do objeto da licença. Deve ser definida a sua propriedade, se o material será devolvido ao fim da licença, a sua não distribuição a terceiros sem o consentimento do licenciante, a questão da prole etc.

Percebe-se, portanto, que a questão referente à licença biotecnológica é extremamente complexa. Vários aspectos não estão convenientemente esclarecidos na nova Lei de Propriedade Industrial, sendo imprescindível que os contratantes os antevejam nas cláusulas contratuais a fim de evitar custosos embates judiciais.

IV — A SOLUÇÃO DE CONTROVÉRSIAS EM CASO DE INFRAÇÃO DE PATENTE BIOTECNOLÓGICA

A Lei de Propriedade Industrial contém em seu bojo uma série de dispositivos que disciplinam as ações cabíveis em casos de violações aos direitos decorrentes da patente. Ao lado das ações judiciais, o instituto da arbitragem se apresenta como uma forma interessante de solução de litígios envolvendo os direitos de propriedade intelectual, face às características próprias que serão estudadas. Finalmente, cumpre tecer algumas considerações sobre o mecanismo de solução de litígios da Organização Mundial de Comércio, cujos painéis podem ser instalados quando o Estado-membro descumprir obrigações assumidas em virtude da adesão aos Acordos da OMC, tal como o TRIPS, que prevê a tutela da invenção biotecnológica.

1. Ações judiciais

As ações judiciais cabíveis no direito patentário podem ter por objeto a nulidade da patente ou a violação de um direito do titular do privilégio. Neste grupo, as ações são denominadas por A. Troller como *actions en violation*, que compreendem "todas as demandas que tenham por objeto a violação de um direito de propriedade intelectual".[52] O conceito também é válido para o direito brasileiro, razão pela qual passaremos a adotá-lo. Com efeito, impera em nosso direito o princípio segundo o qual para todo direito existe uma ação que o assegure. Da mesma forma, dispõe o art. 5º, XXXV, da CF, que a lei não excluirá da apreciação do Poder Judiciário lesão ou ameaça a direito. Inversamente considerando, toda lesão ou ameaça a direito pode ser levada ao exame dos tribunais, através da ação competente.

1.1 As ações em violação

As ações em violação têm por objetivo proteger o titular de um direito de propriedade intelectual contra toda e qualquer conduta violadora deste direito, pouco importa que tenha ocorrido um dano efetivo ou que simplesmente exista o perigo de dano.

Ocorrendo uma violação ao direito da patente várias ações podem ser utilizadas para a tutela do titular. Segundo o art. 107 da Lei de Propriedade Industrial, independentemente da ação criminal, o prejudicado poderá intentar as ações cíveis que considerar cabíveis na forma do Código de Processo Civil.

Veremos, a seguir, as principais ações possíveis, em se tratando de direito de propriedade intelectual. O rol aqui apresentado não tem nenhuma pretensão de ser exaustivo, mas meramente exemplificativo.

A — Ação em abstenção: A ação em abstenção é aquela utilizada pelo titular do direito para compelir alguém a cessar a utilização da invenção (ou outro direito de propriedade industrial). Esta ação pode ser movida quando a conduta ilícita já tenha sido iniciada ou quando há risco iminente de que venha a ocorrer. Seu objetivo principal é evitar o dano ao direito intelectual. Embora tal ação não seja expressamente citada em nosso ordenamento jurídico, seu fundamento legal pode ser encontrado, por exemplo, nas regras dos arts. 42, parágrafo único, 109 e 129 da Lei de Propriedade Industrial, que prevêem o direito de uso exclusivo da patente, do desenho industrial e da marca, respectivamente.

B — Ação para supressão do estado de fato resultante do ato ilícito: Com o uso desta ação, o titular do direito de proprie-

52. A. Troller, *Précis*, p. 192.

dade intelectual pode pedir a supressão do estado de fato resultante do ato ilícito. Assim, a fim de evitar dano de difícil reparação, o prejudicado pode pedir ao juiz que determine, liminarmente, a sustação da violação ou de ato que a enseje (art. 209, § 1º, da Lei 9.279/96). Em matéria de patente biotecnológica, por exemplo, pode ser proposta a ação para que seja determinado a busca e apreensão, o confisco, a venda ou a destruição do material biotecnológico ilicitamente explorado.

C — Ação de reparação de danos materiais: O prejudicado tem o direito de haver perdas e danos em ressarcimento de prejuízos causados por atos violadores dos direitos de propriedade intelectual. Nesta ação pode ser concedida medida liminar para a sustação dos atos violadores, com a fixação de caução a ser prestada pelo autor, se for o caso. A indenização compreende os danos emergentes e os lucros cessantes, aplicando-se as regras da responsabilidade civil. No que tange aos lucros cessantes, no entanto, prevê a Lei de Propriedade Industrial (art. 210), que eles serão determinados pelo critério mais favorável ao prejudicado, dentre os seguintes:

• os benefícios que o prejudicado teria auferido se a violação não tivesse ocorrido; ou

• os benefícios que foram auferidos pelo autor da violação do direito; ou

• a remuneração que o autor da violação teria pago ao titular do direito violado pela concessão de uma licença que lhe permitisse legalmente explorar o bem.

Somente se admite a ação de reparação de danos no caso de existência de dolo ou culpa (negligência) do réu. O autor, portanto, deve provar o comportamento ilícito, a existência do dano, o nexo causal entre a conduta e o dano e a culpa do agente. Como matéria de defesa, o requerido pode alegar a nulidade da patente do requerente, o que afasta a contrafação.

As ações concernentes às violações de direito de patente podem ser propostas por qualquer pessoa que possuir legítimo interesse. No caso de pessoas domiciliadas no estrangeiro, mas titulares de direitos brasileiros sobre patentes, a Lei de Propriedade Industrial prevê uma certa limitação à qualidade para agir. Com efeito, dispõe o art. 217 que a pessoa domiciliada no exterior deverá constituir e manter procurador devidamente qualificado e domiciliado no Brasil, com poderes para representá-la judicialmente.

1.2 Ação de nulidade da patente

As causas de nulidade estão previstas no art. 50 da Lei de Propriedade Industrial. A enumeração legal é limitativa, porque já compreende todas as condições legais para a validade da patente, seja as condições de fundo, como as condições de forma.

São de quatro espécies as causas de nulidade de patente:

a) Ausência das condições de patenteabilidade — A patente será nula quando não preencher os "requisitos legais". Assim, será nula a patente concedida para invenção que não satisfaça as condições de novidade, atividade inventiva e aplicação industrial. Da mesma forma, será nula a patente concedida para obra que não constitua "invenção", como a que eventualmente fosse concedida para um método terapêutico ou de tratamento, ou para um microorganismo no mesmo estado em que é encontrado na natureza. Finalmente, nula seria a patente concedida para invenções e modelos não patenteáveis por definição legal, como as invenções contrárias à moral ou à ordem pública, a obtenção vegetal e a obtenção de novas raças ou variantes de animais.

b) Insuficiência de descrição — Outra espécie de causas de nulidade é relacionada à falta ou insuficiência de descrição da invenção. Como já foi visto, o relatório descritivo deve descrever de forma clara e suficiente o objeto, de modo que um técnico no assunto possa reproduzir a invenção. Sem uma descrição adequada não seria possível à sociedade, oportunamente, se beneficiar da invenção. Ademais, ela serve de base para a interpretação da reivindicação. No caso de matéria biotecnológica, a falta de depósito pode dar ensejo à nulidade da patente quando a descrição escrita, por si só, não permitir a reprodução da invenção por um técnico no assunto.

Da mesma forma, a reivindicação também deve ser redigida de modo claro e preciso para que não deixe dúvida sobre o alcance da proteção conferida pela patente. A ausência de uma redação clara, precisa e suficiente do relatório e da reivindicação leva à nulidade da patente.

c) Objeto excedente do pedido — É nula a patente cujo objeto se estenda além do conteúdo do pedido originalmente depositado. Como é possível a apresentação de novas reivindicações ou a modificação do relatório descritivo até a data do requerimento do exame, pode ocorrer que uma nova reivindicação acrescentada vá além do contido na descrição da invenção. Nesse caso, a inclusão dessa reivindicação torna nula a patente concedida, ao menos parcialmente. Assim, a reivindicação de um microorganismo não descrito (a descrição só contém o processo de produção, por exemplo) pode implicar na nulidade da patente eventualmente concedida.

d) Omissão de formalidades essenciais — Como já foi visto, para a obtenção da patente devem ser atendidas não só as condições de fundo, como as condições de forma. A inobservância das formalidades essenciais também leva à nulidade da patente. Como exemplo, podemos citar a ausência da titularidade do depositante.

Ocorrendo alguma destas hipóteses legais, a nulidade da patente pode ser reconhecida *ex officio* pelo Instituto Nacional de Propriedade Industrial. Não se verificando o processo administrativo, a qualquer tempo, o interessado pode pleitear ao Poder Judiciário uma decisão sobre sua pretensão, consistente na declaração da nulidade da patente. Obviamente, o interessado pode, desde logo, ajuizar a ação de nulidade, sem a necessidade de antes esgotar a via administrativa.

Tem legitimidade ativa para propor a ação de nulidade de patente, além do INPI, a pessoa que tiver um interesse jurídico ou econômico em que determinada patente seja declarada nula, como, por exemplo, o concorrente que já explorava o produto patenteado etc. Quando o INPI não for o autor da ação, deverá necessariamente figurar como interveniente no feito, sob pena de nulidade da ação. No pólo passivo da ação deve figurar o titular da patente cuja nulidade é alegada. Todos os titulares constantes do registro devem estar presentes no pólo passivo da ação.

Podem surgir dúvidas sobre a legitimidade do Ministério Público para propor a ação de nulidade de patente. Em princípio, a resposta parece ser negativa, já que o art. 6º do Código de Processo Civil estabelece que ninguém pode propor ação em nome próprio sobre direito alheio (legitimação extraordinária), salvo quando autorizado em lei. Ora, a Lei de Propriedade Industrial nada dispõe a esse respeito.

No entanto, se o caso concreto indicar a presença de interesses meta-individuais, admite-se a legitimidade do Ministério Público para propor ação civil pública, face ao disposto na Lei 7.347/85.

A Professora Ada Pellegrini Grinover ensina que "o objeto da ação civil pública amplia-se para abranger hoje a proteção de qualquer interesse difuso ou coletivo, e não apenas aqueles interesses que antes a Lei protegia, que eram relativos ao meio ambiente em sentido amplo e ao consumidor. Hoje a Lei 7.347/85 possibilita a proteção de qualquer interesse difuso e coletivo" (in *Estudos Jurídicos* 5, p. 414).

Verificando-se, p. ex., que a patente tida como nula afeta os interesses de vários sujeitos não considerados individualmente, mas sim como membros, comunidades ou grupos, ou então os interesses difusos da sociedade, entendemos que o Ministério Público pode ajuizar ação civil pública para a nulidade da patente. Seria o caso, por exemplo, de uma hipotética patente sobre parte de um ser humano ou um método de tratamento, já que afetaria a ética e a saúde pública.

De qualquer forma, a intervenção do Ministério Público é obrigatória por força do disposto no art. 82, III, do CPC. Nas causas envolvendo a nulidade de patente, há interesse público. De fato, tal interesse está explícito no art. 2º da Lei de Propriedade Industrial, segundo o qual "a proteção dos direitos relativos à propriedade industrial, considerando o seu interesse social e o desenvolvimento tecnológico e econômico do País, efetua-se mediante (...)".

Ademais, o próprio conceito de nulidade no direito brasileiro, como ensina Caio Mário da Silva Pereira,[53] já traz ínsita a noção de respeito à ordem pública. Na lição do mestre, o nosso Código Civil, ao contrário do Código francês, "inspirou-se no princípio do respeito à ordem pública, assentando as regras definidoras da nulidade na infração de leis que têm este caráter, e, por esta mesma razão, legitimou, para argüi-la, qualquer interessado, em seu próprio nome, ou o representante do Ministério Público em nome da sociedade que *ex officio* representa".

Seria conveniente, no entanto, para evitar possíveis dúvidas que podem surgir na prática forense, que o legislador tivesse expressamente previsto a legitimidade extraordinária e a intervenção do Ministério Público na ação de nulidade de patente.

Na Itália, p. ex., a lei de propriedade industrial confere ao Ministério Público a faculdade de propor ações de nulidade de direitos relativos à propriedade industrial, Da mesma forma, a intervenção do MP é obrigatória, sob pena de nulidade, em todo processo de nulidade ou decadência de marca ou de patente, quando a ação não é iniciada por esta instituição.

53. *Instituições de Direito Civil*, v. 1, Forense, Rio de Janeiro, 1974.

2. *Arbitragem*

Segundo a definição dada por F. Knoepfler e Ph. Schweizer,[54] "a arbitragem é um modo de resolução de conflitos pela instituição de uma justiça privada graças à qual os litígios podem ser subtraídos às jurisdições de direito comum para serem resolvidos por pessoas investidas da missão de julgá-las em virtude de uma convenção".

Portanto, além de poder ser julgada pelo tribunal estatal, uma questão envolvendo a propriedade intelectual pode ser objeto de exame por um tribunal arbitral, se esta for a vontade das partes. O instituto da arbitragem, em muitos casos, se mostra vantajoso como forma de resolução de conflitos, em se tratando de direitos da patente. Com efeito, os vínculos jurídicos que nascem dos contratos concernentes aos direitos de propriedade industrial são vínculos que implicam entre os contratantes uma cooperação mais ou menos durável, como se fossem uma espécie de *affectio societatis*.

Nos contratos de licença de patente, notadamente em se tratando de biotecnologia, numerosas cláusulas organizam a contribuição de cada uma das partes, os resultados a serem obtidos, as informações que devem ser comunicadas (*v.g.*, comunicação de aperfeiçoamentos em matéria de patente ou de contrato de *know how*) etc. Ademais, o titular da patente deve, no mais das vezes, prestar ao licenciado a necessária assistência técnica a tornar possível a efetiva exploração da invenção. Em vista desta característica própria dos contratos de licença de direitos de propriedade industrial, a arbitragem se mostra favorável para a solução de eventuais litígios entre os contratantes, em virtude da maior possibilidade da conciliação e da mediação.

De fato, a arbitragem se funda sobre a boa vontade das partes que, desde logo, manifestarão tendência a seguir a decisão dos árbitros, desejosos que estarão em fa-

54. F. Knoepfler e Ph. Schweizer, *Précis*, p. 321, 753.

vorecer a discussão. Não se pode negar que existe um fator psicológico em favor da arbitragem, na medida em que os recursos à esse modo de regramento de litígios não constituem uma "declaração de guerra", como é considerada, em regra, a ação proposta perante o juiz estatal. Portanto, o risco de ocorrer uma ruptura irreparável na relação entre as partes é menos provável. Este ponto é importante em se tratando de propriedade intelectual, onde a maioria dos litígios ocorre durante as relações comerciais entre as partes (*v.g.*, um contrato de licença), e não ao seu termo, como geralmente acontece em outras matérias (por ex., responsabilidade contratual).

Outros fatores também contribuem para tornar a arbitragem um modo mais adequado para a solução dos conflitos relativos à propriedade industrial. Duas são as razões principais apontadas pela doutrina e que levam as partes à escolher a arbitragem como forma de solução de litígios: primeiro, porque podem submeter o conflito a um tribunal mais especializado que as jurisdições ordinárias. Os árbitros escolhidos, em princípio, possuem um conhecimento jurídico mais aprofundado do domínio particular que envolve a questão, já que podem ser nomeados como julgadores especialistas na área envolvida. Ademais, a arbitragem permite às partes manter o caráter sigiloso dos debates. A parte pode conservar a discrição do processo, a confidencialidade indispensável na propriedade intelectual (em particular nas questões concernentes à tecnologia e *know how*).

Convém lembrar, não obstante, que estas duas características não são exclusividades da arbitragem. Em vários países, como, por exemplo, na Alemanha, existem tribunais ou câmaras especializadas em propriedade industrial. No Brasil, a Lei 9.279, de 14.5.1996 (Lei de Propriedade Industrial), também permite, em seu art. 242, que o Judiciário crie juízos especiais para dirimir questões relativas à propriedade industrial.

Forçoso admitir, no entanto, que não podemos nos limitar à questão da especialização de jurisdições. No julgamento de questões envolvendo sofisticadas patentes em matéria de biotecnologia o juiz, necessariamente, terá que se valer do conhecimento técnico de peritos. E não é raro a existência de laudos divergentes apresentados pelo perito judicial e pelos assistentes técnicos das partes, o que poderia colocar o julgador em posição difícil no momento de optar pela melhor solução técnica. Na arbitragem, tal problema seria inexistente, já que a solução do litígio pode ser arbitrada por expertos qualificados no domínio em questão, com base na eqüidade.

Quanto ao caráter sigiloso da demanda, a Lei de Propriedade Industrial também prevê a possibilidade de o juiz determinar que o processo prossiga em segredo de justiça, quando envolver informações confidencias acerca de segredo de indústria ou de comércio.

Outras vantagens, no entanto, são exclusivas da arbitragem; como exemplo podemos citar a incrível adaptabilidade da arbitragem que é um "vestido sob medida", no dizer de B. Moreau, que as partes podem moldar em função de seus desejos e necessidades. Outros autores salientam como vantagem o fato de ser o tribunal arbitral conhecido como uma jurisdição neutra. Embora a imparcialidade seja um corolário também do tribunal estatal, nas demandas internacionais as partes podem manifestar restrições e desconfianças pelo fato de ver o litígio ser julgado por um tribunal estrangeiro. A neutralidade é fator essencial ao estabelecimento da arbitragem como meio idôneo de solução de controvérsias, tanto que a maioria dos tribunais arbitrais internacionais têm sede na Suíça, país famoso por sua condição de neutralidade. Não se tem dúvidas de que, nos contratos de transferência de tecnologia, notadamente os celebrados entre países em desenvolvimento e países desenvolvidos, a arbitragem constituirá num meio de resolução de conflitos em que prevalecerá uma atmosfera de eqüidade e de igualdade entre as partes.

Outras razões práticas reforçam a opção das partes pela arbitragem: rapidez, eficácia, procedimento menos rígido etc.

Justamente por possuir tais características é que a arbitragem vem se constituindo em um importante modo de solução de conflitos envolvendo a propriedade industrial. Segundo Y. Derains,[55] em 1977, aproximadamente 14% das diferenças submetidas à Corte Internacional de Arbitragem (CCI) eram relativas à esta matéria. Em 1992, esta porcentagem se elevou para 22% dos casos examinados por este tribunal arbitral.[56] Constata-se, portanto, um incremento de quase 10% no número de casos submetidos à CCI num prazo de 15 anos. Este aumento decorre do fato de ser a instituição de arbitragem, atualmente, mais conhecida e divulgada no meio empresarial.

2.1 A arbitrabilidade das questões relativas à patente

Não obstante, conforme lembra Bruno Oppetit,[57] a possibilidade de submeter à arbitragem os litígios surgidos no domínio da propriedade industrial ainda é objeto de muitas dúvidas e divergências.

Para que a arbitragem seja aplicada, é necessário que as partes tenham celebrado uma convenção. Esta convenção deve atender a exigência formal, formulada no art. 4º, § 1º, da Lei 9.307/96 (que prescreve a forma escrita para a cláusula compromissória). Quanto à validade material, a convenção deve responder às condições colocadas pelo direito escolhido pelas partes (no direito brasileiro, a arbitragem é válida para dirimir litígios relativos a direitos patrimoniais disponíveis – art. 1º da Lei 9.307/96).

Assim, apenas a causa de natureza patrimonial pode ser objeto de uma arbitragem. São patrimoniais todas as pretensões que tenham um valor pecuniário para as partes.

É preciso ainda verificar se algum interesse público se opõe à admissibilidade de uma convenção de arbitragem. Este interesse poderia existir quando o litígio não é referente a um interesse privado, como, por exemplo, no caso da outorga de uma licença de patente fundada no interesse público ou na expropriação de uma patente. Mas, em princípio, mesmo neste caso, o litígio pode ser submetido à arbitragem.[58] O só fato de estarmos na presença de causas dessa natureza, como veremos, não é suficiente para descartar a arbitrabilidade.

A doutrina define propriedade industrial como sendo o domínio absoluto e ilimitado sobre uma coisa imaterial. Com efeito, como em matéria de direitos de propriedade sobre bens corpóreos, também em tema de propriedade intelectual são os direitos oponíveis *erga omnes*. O direito exclusivo de utilizar e explorar o bem imaterial tem, de acordo com as legislações nacionais, um caráter monopolístico.

No que se refere ao ramo do direito no qual está inserida a propriedade intelectual, as duas posições podem ser encontradas. Durante muito tempo, o direito de propriedade intelectual foi considerado como pertencendo ao direito público. Os defensores de tal opinião a fundamentavam afirmando que os direitos imateriais são conferidos pelo Estado, em razão da necessidade de registro, e que o sistema de proprie-

55. Y. Derains, "L'expérience de la Cour d'Arbitrage de la Chambre de Commerce Internationale en matière de propriété industrielle", in *Rev. Arb.* 1977/1978, p. 40.

56. *Boletim CEDIDAC* 21 (fev. 1994), Université de Lausanne. Os principais domínios visados são os da patente, *know-how*, assistência técnica e de transferência de informações.

57. "L'Arbitrage en matière de brevets d'invention aprés la loi du 13 juillet 1978", *Revue d'Arbitrage*, 1979, pp. 83-94.

58. Esta é a opinião de Perret, *Arbitrabilité*, p. 77: "bien que la question n'ait jamais été jugée, il faut admettre que sont également arbitrables les questions touchant à l'expropriation d'un brevet et plus précisement à l'indemnité due à l'exproprié selon l'art. 32 LBI. En effet, la cause présente ici un intérêt patrimonial même si l'on peut parler d'indisponibilité du droit, en raison de l'intérêt public justifiant la mesure d'expropriation".

dade intelectual contém normas de direito penal.

Não obstante, a opinião atual, que deve prevalecer, é no sentido de que na ordem jurídica, a propriedade intelectual é inserida no sistema de direito privado. Afinal, ela regula, de uma parte, as relações entre um indivíduo com um bem imaterial e, de outra parte, as relações entre este indivíduo e as demais pessoas concernentes ao bem imaterial. Neste sentido, a lição de K. Troller: "O conjunto do direito de propriedade intelectual pertence de forma preponderante ao direito privado. Ele regulamenta os poderes dos particulares sobre os bens imateriais que eles criaram ou adquiriram. O Estado aí não participa".[59] As disposições penais e as relativas ao registro, além de outras, não retiram o caráter de direito privado da propriedade intelectual, assim como o direito de família, o direito real e o direito empresarial também pertencem a esse mesmo ramo da ordem jurídica, não obstante possuam regras relativas ao estado civil, ao registro imobiliário ou aos requisitos formais.

Ademais, se considerássemos a propriedade industrial como pertencente ao direito público, não poderíamos aceitar o reconhecimento dos direitos imateriais dos estrangeiros, o que é previsto na Lei 9.279/96.

Assim, por se tratar de matéria pertencente ao ramo do direito privado, envolvendo, na grande maioria das relações jurídicas, questões patrimoniais entre particulares, a arbitragem é, a princípio, aplicável nos litígios oriundos do Direito de Propriedade Industrial.

Não se pode ignorar, no entanto, que a Lei 9.279/96 contém, em vários dispositivos, matéria de ordem extra-patrimonial e concernentes às coletividades públicas. Vale dizer, matérias que interessam à ordem pública. Segundo a definição ainda atual de Clóvis Bevilacqua, que cita lição de Laurent e Fedozzi,[60] "leis de ordem pública são aquelas que, em um Estado, estabelecem os princípios, cuja manutenção se considera indispensável à organização da vida social, segundo os preceitos do direito". Em outras palavras, a ordem pública é representada pelas normas que concernem, diretamente, à proteção da organização política, econômica ou moral do Estado. Assim, a ordem pública deve ser considerada como uma exceção à regra de conflito, que pode se manifestar pela evicção da decisão arbitral e sua substituição pela norma diretamente ligada à proteção estatal.

O conceito de ordem pública, segundo a melhor doutrina, não obstante tenha por função a defesa dos interesse legítimos do Estado, não pode ser considerado de forma absoluta, a ponto de emperrar e impossibilitar as atividades privadas, o que poderia comprometer gravemente a segurança jurídica. No direito internacional privado, por exemplo, prevalece o princípio da relatividade da ordem pública. Segundo este princípio, o juiz deve, antes de pronunciar a ineficácia da lei estrangeira designada pela regra de conflito em nome da ordem pública, levar em consideração as circunstâncias do caso concreto. Atenta para esta doutrina, a jurisprudência francesa considera que a nulidade da convenção de arbitragem não decorre do fato do litígio tratar de questões de ordem pública, mas unicamente do fato que a ordem pública foi violada.[61] Em outras palavras, nada impede a arbitragem de litígios referentes à matéria de ordem pública, mas que não interessam à ordem pública, na medida em que foi pedido ao árbitro apenas a aplicação de dispositivos legais imperativos.

O mesmo raciocínio pode ser aplicado no direito interno em face do disposto no art. 2º, § 1º, da Lei de Arbitragem, *in verbis*: "Poderão as partes escolher, livre-

59. *Manuel du Droit Suisse des Biens Immatériels*, t. 1, Bâle e Francfort-sur-le-Main, 1992.

60. *Princípios Elementares de Direito Internacional Privado*, p. 105.

61. Paris, 15.6.1956, JCP 1956.II.9419, cit. por Bruno Oppetit, ob. cit.

mente, as regras de direito que serão aplicadas na arbitragem, desde que não haja violação aos bons costumes e à ordem pública". Segundo este dispositivo, o árbitro pode aplicar regra de direito imperativa, se esta for escolhida pelas partes; desde que, assim procedendo, não viole a ordem pública. O só fato de estarmos na presença de questões de ordem pública não descarta, por si só, a arbitrabilidade. O Judiciário somente pode considerar as exigências da ordem pública quando a decisão do árbitro violar ou deixar de observar preceito imprescindível para a proteção da organização do Estado.

Desta forma, o direito brasileiro somente impediria o recurso à arbitragem nos casos onde a regra da ordem pública suprimisse a própria disponibilidade do direito contratual. Assim, não poderia, por exemplo, o tribunal arbitral determinar em favor de uma das partes a exploração de uma patente de interesse de defesa nacional, já que tal autorização depende de prévia anuência do órgão público competente, conforme o disposto no art. 75, § 3º, da Lei de Propriedade Industrial. Decisão do árbitro neste sentido seria nula por não observância de norma que disciplina interesse político e econômico do Estado.

No entanto, vale repetir, nada impede que o tribunal arbitral, ao solucionar determinado caso concreto que lhe foi submetido, aplique norma imperativa de forma a respeitar a ordem pública. A título de exemplo, podemos afirmar que o árbitro pode, ao dirimir determinado litígio, reconhecer em sede de questão prejudicial, a nulidade de uma patente. O que não pode fazer é determinar ao INPI a anotação da nulidade para ciência de terceiros. Tal decisão não seria reconhecida e aplicada. Portanto, a pronúncia pelo árbitro da nulidade de uma patente, desenho industrial ou marca, somente teria validade entre as partes e não produziria nenhuma conseqüência prática perante terceiros.

Daí decorre que a ação de nulidade de direito de propriedade industrial, por sua própria natureza, não pode ser objeto de compromisso arbitral. Esta solução se explica pela estreita relação entre estas ações e o registro do direito. Se um árbitro (ou mesmo um juiz estrangeiro) se pronunciasse pela nulidade de um direito imaterial brasileiro, isso não teria em princípio nenhum efeito prático. O direito em questão, estando inscrito num registro público (INPI), implica na necessidade de uma correção ou retificação nesse registro para que a decisão seja executável, o que não se insere no âmbito da competência do tribunal arbitral. Ademais, existe com relação à ação de nulidade de patente, desenho industrial ou marca, uma atribuição imperativa de competência.[62] Com efeito, tal ação deve ser proposta perante a Justiça Federal, e nela intervirá obrigatoriamente o INPI, quando este instituto não figurar no pólo ativo da ação (art. 57 da Lei 9.279/96). Finalmente, não poderia um juiz privado proferir uma decisão (nulidade de patente, marca ou desenho industrial), suscetível de causar prejuízos a terceiros.

Isso não quer dizer, repita-se, que o árbitro não pode se pronunciar sobre a validade de um direito de propriedade industrial. Com efeito, no curso de um processo sobre violação de patente, pode ocorrer de o demandado opor uma exceção de nulidade. Nesse caso, o árbitro será competente, no âmbito desse processo, para examinar a existência do direito contestado. O mesmo ocorre para as questões prejudiciais.

Assim, as decisões do árbitro concernentes à validade de direitos de propriedade industrial nacionais ou estrangeiros não têm

62. A doutrina se divide quanto à questão da exclusão da arbitragem quando a lei prevê uma atribuição imperativa de competência. Savatier (cit. por Chavanne, "Arbitrage et transfert de brevet", *Revue d'Arbitrage* 1977) observa que o caráter exclusivo dado pela lei à uma competência, exprime somente a vontade do legislador de impedir que o litígio seja submetido a outros magistrados. Mas os árbitros estão à margem da organização judiciária. As questões de competência lhe são estrangeiras porque o seu direito de julgar é a conseqüência de uma convenção e não da organização judiciária.

conseqüências concretas sobre os registros públicos e produzem efeitos apenas entre as partes. Elas influenciarão o resultado da ação de violação onde foi oposta a exceção de nulidade ou a questão prejudicial.

Ao examinarmos a arbitrabilidade dos direitos de propriedade industrial não podemos nos esquecer, ainda, que a exclusão da arbitragem conserva o caráter de uma exceção ao princípio da liberdade das convenções, adotado por nosso sistema jurídico. Destarte, qualquer restrição ao uso de tal forma de solução de conflitos deve sempre ser interpretada de maneira estrita.

Assim embora algumas matérias relativas ao direito da patente estejam excluídas da arbitragem, por envolverem questões de ordem pública como a decretação da nulidade da patente, a licença compulsória, a patente sobre seres superiores etc., a maior parte dos litígios pode ser submetida à arbitragem. É o caso, p. ex., dos conflitos decorrentes de um contrato de licença biotecnológica. Em geral, os litígios relativos à patente como instituição não são passíveis de arbitragem (*v.g.*, licença compulsória, nulidade de patente, patente de interesse de defesa nacional etc.), ao contrário do que ocorre quando a patente é considerada como direito de propriedade (cessão, licença voluntária, indenizações etc.). No entanto, como observa Chavanne,[63] a separação dessas matérias é difícil e só pode ser feita no exame de cada caso concreto.

2.2 Arbitragem internacional

Como já foi visto acima, em um contrato internacional pode ser interessante para as partes a escolha da arbitragem como método de solução de possíveis conflitos. Além das características compensadoras deste modo alternativo de solução de controvérsias, evita-se a desconfiança na imparcialidade do Judiciário nacional. Ademais, a cláusula compromissória estipulada em um contrato internacional tem mais autonomia em relação às regras de direito interno e as restrições supracitadas não se verificam no direito internacional. A cláusula compromissória inserida em um contrato internacional tem uma validade autônoma e deve ser aplicada mesmo se ela é proibida pela legislação das partes.[64]

Para a caracterização de um contrato como internacional, a doutrina e a jurisprudência utilizam dois critérios: um de ordem jurídica e outro de ordem econômica. O critério de ordem jurídica leva em consideração os elementos do contrato, tais como a nacionalidade das partes, domicílio, lugar de celebração ou execução etc. Já o critério econômico preocupa-se com os interesses do comércio internacional.

No caso de um contrato internacional, é o sistema legal escolhido pelas partes que vai definir sobre a possibilidade ou não da arbitragem. Parte da doutrina considera que "a ordem pública interna não coloca obstáculos ao recurso ao compromisso quando o contrato é revestido de um caráter internacional".[65] Para outros, no entanto, a arbitrabilidade deve ser considerada, mesmo nos contratos internacionais, não somente sob o ângulo da autonomia, mas também sob o ângulo da possibilidade da execução da sentença, que depende exclusivamente da ordem pública interna. Em outras palavras, mesmo se a lei escolhida pelas partes admita a arbitragem, esta pode ter sua eficácia negada pelo juiz do local da execução, com fundamento na defesa da ordem pública interna (Convenção de Nova York, art. V, § 2).

Esta última posição é reiterada pelas Convenções internacionais sobre arbitragem. A Convenção para a execução de sen-

63. A. Chavanne, "Arbitrage et transfert de brevet", *Revue d'Arbitrage* 1977:5.

64. Ligneau, *Revue Critique de Droit International Privé*, 1967:553; Francescakis, "Le principe jurisprudential de l'autonomie de l'accord compromissoire", *Revue d'Arbitrage* 1974:67.

65. Ementa da *Cour de Paris*, de 20.6.1969, cit. por Mezger, *Revue Critique de Droit International Privé* 1969:738.

tenças arbitrais estrangeiras, Genebra, 26.9. 1927, só admite a execução de sentenças arbitrais quando, à luz do direito do país onde ela é invocada, o objeto da sentença seja suscetível de ser regulado por via de arbitragem. A Convenção de Nova York, de 10.6.1958, coloca o mesmo princípio. Já a Convenção Européia sobre arbitragem comercial internacional, Genebra, de 21.4. 1961, prevê que o juiz competente poderá não reconhecer a convenção de arbitragem se, segundo a lei do foro, o litígio não for suscetível de arbitragem.

Cumpre observar, no entanto, que o juiz do foro "pode" e não "deve" reconhecer a ineficácia da convenção arbitral. Trata-se de uma possibilidade e não de uma obrigação. Se o litígio, por exemplo, envolver uma patente ou uma marca estrangeira, eventual execução da sentença pelo Judiciário brasileiro não importa, necessariamente, em violação da ordem pública interna.

3. *Mecanismo de solução de litígios da OMC*

A novidade mais significativa do Acordo TRIPS, essencial para a efetivação dos direitos nele previstos, é a instituição de um mecanismo de resolução de diferenças que permitirá o controle, por cada Estado, das obrigações previstas neste instrumento internacional.

Esta característica difere o Acordo TRIPS de todos os outros tratados relativos à proteção internacional dos direitos de propriedade intelectual, já que a OMPI não possui força coercitiva para fazer cumprir as convenções sob sua administração. Tampouco se tem notícia de qualquer causa proposta perante a Corte Internacional de Justiça por violação das Convenções de Paris ou de Berna. Sem dúvida, em uma fase posterior de negociação, o sistema de solução de conflito da OMC foi um motivo sólido que levou os países desenvolvidos a insistirem no regramento dos direitos de propriedade intelectual no âmbito desta nova organização internacional.

O novo mecanismo de solução de diferenças possui inúmeras vantagens em relação ao similar previsto no GATT, em particular por sua natureza "jurisdicionalizada", caracterizada pela existência de um órgão permanente de apelação que poderá conduzir à elaboração de concepções uniformes sobre o tema da propriedade intelectual. Uma nova fonte de direito internacional pode estar, assim, em formação.

Fator importante para a efetiva observância do TRIPS é a possibilidade de imposição, aos Estados-membros recalcitrantes, de sanções econômicas em áreas diversas da relativa à propriedade intelectual. Assim, p. ex., um membro que não preveja em sua legislação interna, ou cujos tribunais não garantam a proteção da invenção que tenha por objeto o microorganismo, poderá receber sanções de natureza econômica.

V — CONCLUSÃO

De todo o exposto conclui-se que o princípio vigente no Direito das Patentes é de que toda invenção é patenteável (quando presentes a novidade, a aplicação industrial e a atividade inventiva), salvo se for expressamente excluída. Este novo direito, na esteira das legislações mais avançadas, e seguindo o estatuído em Convenções internacionais como o TRIPS (Acordo sobre alguns Aspectos de Direitos de Propriedade Intelectual relacionados ao Comércio, da OMC), permite expressamente a concessão de patentes para as invenções que têm como objetos os microorganismos.

Da mesma forma, embora excluídas da patenteabilidade as invenções relacionadas à obtenção de novos vegetais (protegidos por um sistema próprio) ou raças animais, podem ser objeto de patente os processos não-biológicos que conduzam a tais obtenções, satisfeitos os requisitos da novidade, atividade inventiva e aplicação industrial. Não obstante, se observa um vácuo jurídico no que se refere à proteção dos direitos intelectuais relativos a novos vegetais inferiores. A Lei de Proteção dos Cultivares só se aplica ao material de propagação das variedades vegetais superiores e a Lei de Propriedade Industrial exclui da patente o todo ou a parte de qualquer vegetal.

Conclui-se, portanto, que a nova Lei de Propriedade Industrial adota um sistema de patentes adaptado aos novos desenvolvimentos tecnológicos e harmônico com o direito internacional de patentes e apresenta respostas para as intrincadas questões que podem surgir de uma patente biotecnológica. Obviamente, será necessário o desenvolvimento de uma prática administrativa e de uma jurisprudência que apontarão a interpretação e o alcance das normas que regem a patenteabilidade dos seres vivos, tal qual como já se observa nos países europeus, onde a direito de patentes é semelhante ao brasileiro.

Considerando que, no domínio da engenharia genética, as pesquisas exigem uma soma considerável de investimentos e um alto risco, esta proteção jurídica mais adequada possibilitará, sem dúvida, o desenvolvimento científico e tecnológico, resultante de uma maior colaboração internacional no domínio da biotecnologia, seja através de investimentos, seja através da transferência de tecnologia. Espera-se, agora, que a prática administrativa e a jurisprudência concretizem a proteção à estas invenções, não somente como forma de recompensar o inventor com a outorga de um direito exclusivo de uso, como também para encorajar a atividade inventiva em benefício de toda a população.

Não obstante, algumas questões cruciais não foram devidamente tratadas na nova Lei de Propriedade Industrial no que se refere à patenteabilidade da matéria viva, o que deve causar problemas ao magistrado na hora em que tiver de aplicar a lei aos complexos casos concretos que podem vir a surgir.

A primeira questão que pode surgir para os tribunais é a que diz respeito ao alcance da expressão *microorganismos*. Afinal, quais são os organismos, exceto o todo ou parte dos seres vegetais e animais? Podem ser enquadrados nesta definição elementos chaves da biotecnologia como os vírus, os genes e os vetores tais como os plasmídios e as enzimas, já que se trata de elementos capazes de auto-replicação em hóspedes apropriados? A posição que consideramos correta, à luz da doutrina e da jurisprudência estrangeira que podem ser transportadas para o nosso direito, é no sentido de que a bio-matéria não viva (DNA, gene, enzima proteína etc.) pode ser caracterizada como microorganismo, embora a patente possa, em determinados casos concretos, ser negada com base no princípio da ordem pública (ex., genoma humano etc.)

Outro problema já antevisto diz respeito ao depósito do microorganismo, essencial à realização prática do objeto do pedido, e que não pode ser suficientemente descrito através de mero relatório. A Lei de Propriedade Industrial apenas estabelece que o microorganismo poderá ser depositado em instituição autorizada pelo INPI ou indicada em acordo internacional (art. 24, parágrafo único). No entanto, nada dispõe sobre o acesso ao microorganismo depositado por parte de terceiros, o depósito de microorganismos potencialmente perigosos à saúde pública etc. Tais questões, sem dúvida, deverão ser regulamentadas pelo INPI.

Ademais, o Brasil não é parte no "Tratado de Budapeste de 1977 sobre o Reconhecimento Internacional do Depósito de Microorganismo para os fins de Processo em Matéria de Patente", de forma que não tem acesso às trinta autoridades de depósito previstas neste acordo internacional.[66] Em suma, não existe atualmente instituição apropriada disponível para os fins estipulados no art. 24 da Lei de Propriedade Industrial, exceto talvez uma ou duas instituições, como, por exemplo, a Fiocruz, sen-

66. Até 2.5.1997 o Tratado de Budapeste de 1977, modificado em 1988, havia sido ratificado por 39 países.

do de todo indispensável que o nosso país venha a ratificar a supracitada Convenção.

Finalmente, outro ponto importante a considerar é o que concerne ao futuro do direito da patente. Nos países desenvolvidos, estimulados pela jurisprudência, os legisladores começam a perceber a necessidade de mudanças no conceito da patenteabilidade das variedades vegetais e animais. Considera-se que, diante dos rápidos progressos da biotecnologia, deverá ser aberta a possibilidade de proteção pela patente dos animais e plantas produzidos por processos biotecnológicos. De fato, apenas o conceito geral e abstrato de ética não pode impedir o inventor de obter a devida proteção de seu invento, notadamente se considerarmos que as pesquisas em biotecnologia envolvem um alto custo financeiro. A ausência de proteção legal implicará no desestímulo à pesquisa com claro prejuízo para o bem-estar da sociedade.

Por outro lado, se determinada invenção for concretamente contrária à ética ou à ordem pública, poderá ser a patente negada com base no disposto no art. 18, 1º, da Lei de Proteção de Propriedade Industrial, não havendo necessidade de se adotar como princípio a exclusão da patenteabilidade do ser vivo. Ademais, em caso de já ter sido concedida a patente, poderá sempre ser utilizado o recurso extremo da licença compulsória por considerações de interesse geral.

Cumpre ressaltar ainda que qualquer experimento (nacional) antiético poderia ser bloqueado por força do disposto na Lei de Biossegurança, que regulamenta experimentos com organismos geneticamente modificados. Segundo esta lei, todas as instituições de pesquisa deverão ter um Comitê de Ética para regulamentar pesquisas em humanos e um Comitê de Biossegurança para experimentos com organismos geneticamente modificados, o que dificulta a realização de invenções contrárias à ética e ao interesse público, como, por exemplo, as relacionadas com a manipulação de células germinativas e com a modificação de embriões e fetos humanos (proibidas expressamente pela lei de biossegurança).

Justamente por estas razões, não obstante o reconhecimento de que se trata de um assunto polêmico, é que o TRIPS previu a possibilidade de rever o princípio da não-patenteabilidade das plantas e animais no prazo de quatro anos a contar da entrada em vigor do Acordo Constitutivo da OMC.

Eventual modificação no art. 27 do TRIPS trará imediatos reflexos internos, seja pela primazia dos tratados diante da lei interna (teoria monista), seja pela regra *lex posterior derogat priori*, seja pelo ângulo da responsabilidade do Estado na ordem internacional.

De qualquer forma, a patenteabilidade dos seres vivos constitui matéria extremamente relevante, atual e ainda em desenvolvimento. Não deve o Brasil ficar a contemplar essas mudanças sem avaliá-las e sem preparar-se para essa nova realidade. Por outro lado, as profundas mudanças na orientação até então vigente (exclusão da patenteabilidade de todo e qualquer ser vivo) representadas pelas novas regras, sugerem a necessidade de uma reflexão sobre o tema.

Bibliografia

BERGMAN, B. *La Protection des Innovations Biologiques: une Étude de Droit Comparé*. Bruxelles: 1991.

BEVILACQUA, Clóvis. *Princípios Elementares de Direito Internacional Privado*. Rio de Janeiro: Freitas Bastos, 1934.

BIK, Christian (coord.). "L'animal et le droit des brevets — Eléments de droit comparé relatifs à la brevetabilité de l'animal". Suisse: Ministère de la Justice, Direction des Affaires Civiles et du Sceau, 1990.

BIZZINI, B. "La brevetabilité des procédés microbiologiques", in *La Protection des Résultats de la Recherche face à l'Évolution des Sciences et des Techniques* (colóquio CEIPI, Strasbourg, 1967): Paris, 1969.

CHAMBRE DE COMMERCE INTERNATIONALE. "Declaration relative à la protection juridique des inventions biotechnologiques". Doc. 450/680, Rev. 1, CCI.

CHAVANNE, Albert. "Arbitrage et transfert des brevets, savoir-faire, marques de fabrique et de commerce et autre droits de nature a promouvoir la cooperation internationale". *Revue d'Arbitrage*, 1977, pp. 5-19.

————. e BURST, Jean Jacques. *Droit de la Propriété Industrielle*. 4ª ed. Paris: Précis Dalloz, 1993.

CHERPILLOD, Ivan e DESSEMONTET, F. *Brevet d'Invention — Quarante Ans de Jurisprudence Fédérale*. Lausanne: CEDIDAC, 1996.

DERAINS, Y. "L'expérience de la Cour d'Arbitrage de Commerce Internationale en matière de propriété industriel". *Revue d'Arbitrage*, 1977/78, p. 40.

DESSEMONTET, F. (coord.). *Le Génie Génétique*. Lausanne: CEDIDAC, 1996.

FOYER, S. e VIVANT, M. *Le Droit des Brevets*. Paris: PUF, 1991.

GAMA CERQUEIRA, João. *Tratado da Propriedade Industrial*. Rio de Janeiro: Revista Forense, 1946.

GUERRICO, Martin. "Patenteabilidad de los inventos biotecnológicos". *Derechos Intelectuales* 4, pp. 199 e ss. Buenos Aires: Astrea, 1989.

GUTMANN, Ernest. "Les modalités de la protection des inovations dans le domaine de la creation vegetale. Le systeme de brevet et ses limites". *Le Droit du Genie Genetique Vegetal*. Paris: Librairies Techniques, 1987.

HAUSSER, E. "La protection des procédés et produits biotechnologiques modernes au titre de la propriété industrielle". *La Propriété Industrielle*: abril de 1989.

KNOEPFLER, F. e SCHWIZER, Ph. *Précis de Droit de Propriété Industriel*. Lausanne: Payot, 1996.

MATHÉLY, P. *Le Droit Européen des Brevets d'Invention*. Paris: Librairie du Journal des Notaires et des Avocats, 1978.

————. *Brevet d'Invention*. Paris: Librairie du Journal des Notaires et des Avocats.

NOONAN, W. D. "Patenting Medical and Cirurgical Procedures". *Journal of the Patent and Trademark Office Society* 77, 1995.

ORGANISATION MONDIALE DE LA PROPRIÉTÉ INTELLECTUELLE. "La protection par le moyen de la propriété industrielle des inventions biotechnologiques — Analyse de certains questions fondamentales". Doc. BIG/281. Genève, 1985.

OLD, R. W. e PRIMROSE, J. B. *Principles of Gene Manipulation: an Introduction to Genetic Engineering*. 5ª ed., Oxford: Blackwell Scientific Publications, 1994.

OPPETIT, Bruno. "L'arbitrage en matière de brevets d'invention après la Loi du 13 juillet 1978". *Revue d'Arbitrage*, 1979, pp. 83-94.

ROBERT, Jean. "Les raisons de recourir à l'arbitrage dans le contrats de transfert de techniques". *Revue d'Arbitrage*, 1979, pp. 7-11.

ROUBIER, Paul. "La notion juridique du droit moral de l'auteur". *RTD. Civ.*, 1993.

RUDOLPH, John R. "Étude des questions relatives à la brevetabilité de la matière des biotechnologies": Direction des politiques de la propriété intellectuelle, Industry Canada, 1996.

————. *Regulations of the Products of Biotechnology under the Canadian Environmental Protection Act: Any Impetus for Innovation?*: CJPR, 1993.

SILVEIRA, N. *A Propriedade Intelectual e a Nova Lei de Propriedade Industrial*. São Paulo: Saraiva, 1996.

STRAUS, J. "La protection par le moyen de la propriété industrielle des inventions biotechnologiques". OMPI. Doc. BIG/281. Genève, 1985.

STRENGER, Irineu. *Comentários à Lei Brasileira de Arbitragem*. São Paulo: LTr, 1998.

THORNE, H. C. "Relations of patent's law to natural products". *Journal of the Patent Office Society*.

TROLLER, K. *Manuel du Droit Suisse des Biens Immatériels*. Bâle e Francfort-sur-le-Main: 1992.

WHEELER, M. E. "Patenting in the bio-technology field". *Canadian Intellectual Property Review* 295, 1989.

ALGUNAS CUESTIONES SOBRE LA LIBRE PRESTACIÓN DE SERVICIOS EN EL MERCADO ÚNICO EUROPEO

ALFONSO-LUIS CALVO CARAVACA
y
JAVIER CARRASCOSA GONZÁLEZ

I — LIBERTADES COMUNITARIAS Y LIBRE PRESTACIÓN DE SERVICIOS: 1. Aspectos generales; 2 La regulación de la libre prestación de servicios. II — LIBRE ACCESO AL EJERCICIO DE LA ACTIVIDAD ECONÓMICA EN RÉGIMEN DE LIBRE PRESTACIÓN DE SERVICIOS: 1. Introducción; 2. El principio de no discriminación: A) Prohibición de discriminaciones por razón de la nacionalidad o de la residencia; B) Prohibición de las medidas "indistintamente aplicables" pero restrictivas de la libre prestación de servicios. III — "EL INTERÉS GENERAL" COMO LÍMITE A LA LIBRE PRESTACIÓN DE SERVICIOS: 1. Condiciones para apreciar un interés general en la normativa restrictiva de la libre prestación de servicios; 2. Causas concretas que constituyen "razones imperativas de interés general".

I — Libertades comunitarias y libre prestación de servicios

1. En el corazón de un economía libre de mercado de alcance supranacional se halla la noción de *libre circulación de factores productivos* (K. Mortelmans, G. Stefani). Desde sus orígenes, la Comunidad Europea ha confiado la consecución de esta *libre circulación de factores productivos* a unos peculiares instrumentos: las llamadas *libertades comunitarias*, que son la libre circulación de mercancías, la libertad de establecimiento de personas físicas y jurídicas, la libre prestación de servicios, la libre circulación de capitales y la libre circulación de trabajadores. Estas libertades forman el armazón constitucional del Derecho comunitario de los negocios (D. J. Gerber). Los caracteres de las normas que regulan las libertades comunitarias pueden ser acotados en los siguientes (N. Bernard, A. Comba):

1º) Los diferentes Estados miembros cuentan, en su legislación, con preceptos y prácticas que suponen obstáculos a un comercio libre entre los Estados miembros. Pues bien: las disposiciones del TCE que regulan las libertades comunitarias se dirigen a eliminar dichos *obstáculos nacionales* al comercio intracomunitario.

2º) Todas las libertades comunitarias cubren supuestos de *contenido económico*, pues la noción de *mercado interior* presenta una dimensión fuertemente económica.

3º) Las libertades comunitarias no tienen *alcance ilimitado*: en ocasiones, el Derecho Comunitario permite excepciones a las mismas justificadas en razones solventes de carácter *nacional* — protección del patrimonio artístico de un país, defensa de la salud de la población de un país, protección del medio ambiente, orden público, seguridad nacional, etc.

4º) Estas libertades no se instauraron de modo inmediato, sino mediante la superación de diversas fases (*principio de progresividad*). Tras el 1 enero 1993, se considera alcanzado el mercado interior, de modo que tales libertades son *plenas*, sin perjuicio de ciertas disposiciones de Derecho transitorio consecuencia de la adhesión de nuevos Estados a la Comunidad Europea.

5º) La competencia para regular la actividad económica en los distintos Estados miembros es una "competencia compartida". Son aplicables, en primer término, las normas de Derecho Comunitario originario y derivado que existan en el sector. A falta de éstas, cada Estado regula el ejercicio de actividad económica en su mercado nacional (*principio de regulación nacional del mercado nacional*). No obstante, aun cuando resulta de aplicación la normativa nacional, ésta se encuentra *limitada* por las normas del TCE que establecen las libertades comunitarias, que exigen que el Derecho de cada Estado se someta a dos principios: a) Principio de *no discriminación* por *razón de la nacionalidad* (art. 12 TCE): no debe tratarse al de otro Estado miembro, a la mercancía de otro Estado miembro, al capital que procede de otro Estado miembro, peor que al propio sujeto nacional, que a las mercancías nacionales o que al capital nacional. La prohibición de discriminación cubre las situaciones que afectan al "mercado comunitario"; se prohiben las discriminaciones, ya sean *directas o indirectas* (STJCE 12 febrero 1974, Sotgiu). Ello implica que los Estados no deben introducir nuevas restricciones (cláusula *standstill*) y que deben eliminarse las discriminaciones ya existentes. La jurisprudencia del TJCE es la principal encargada de "destruir" este *trato jurídico desigual* que aun sobrevive en las legislaciones de los distintos Estados miembros; b) No aplicación de toda normativa que suponga un *obstáculo no justificado* a la libre circulación de factores productivos.

6º) Como se ha dicho, salvo regulación comunitaria *ad hoc*, cada Estado regula el ejercicio de las actividades económicas en su territorio. Sin embargo, este principio no sintoniza bien con el *mercado único*: exige a las empresas y a los particulares, una adaptación a las "condiciones de cada mercado nacional". Supone un coste económico muy elevado, por lo que, al final, perjudica la "libre circulación de factores productivos". En efecto, no compensa adaptarse a cada mercado nacional, de forma que no se produce la *inserción económica* en los distintos Estados: los mercados siguen estando en manos de operadores económicos nacionales, y las libertades comunitarias se ven perjudicadas.

Para evitar este efecto, la Comunidad Europea procura una "aproximación de legislaciones" en este particular, de modo que exista un *mismo standard de acceso* a cada mercado nacional. De esta forma, las condiciones para el acceso al mercado serán *equivalentes* — no necesariamente iguales —, en todos los Estados miembros. Así aumenta la *seguridad jurídica* y disminuyen *costes de transacción.* Este objetivo de acercamiento de legislaciones no ha sido alcanzado totalmente. Aun perviven muchos sectores en los que los mercados se hallan "fraccionados", regulados por normas nacionales no armonizadas. Sólo en ciertos ámbitos económicos la libertad de circulación se basa sobre un *standard único* de acceso al mercado comunitario.

7º) Las normas jurídicas, tanto comunitarias como nacionales, que regulan estas libertades de circulación son normas de *Derecho Público de la Economía.* Regulan al marco básico en el que los particulares pueden desplegar su actividad económica supranacional. No disciplinan las "relaciones económico jurídicas entre particulares" — contratos, responsabilidad civil, capacidad de las partes, etc. —, sino *relaciones jurídicas verticales* entre el Estado y los operadores económicos. Se ocupan, así, de establecer quiénes pueden acceder a ciertas actividades económicas, de qué modo, qué mercancías pueden importarse o exportarse, qué capitales pueden desplazarse de un país a otro, qué requisitos se exigen para que una mercancía pueda ser pusta a la venta en un país, etc. Sin embargo, esta normativa de Derecho Público de la Economía puede, en ocasiones, afectar también a *relaciones jurídicas entre particulares.* En efecto, la prohibición de celebrar ciertos contratos, de utilizar ciertas técnicas de comercialización de productos, etc., puede implicar la nulidad de determinados contratos, responsabilidad civil no contractual y otros efectos propios del Derecho privado (G. Broggini).

2. El acceso de la empresa y del particular profesional a un mercado de otro país comunitario está sujeto a las reglas fijadas por dicho país, salvo que exista regulación comunitaria específica. Son reglas de *Derecho Público de la Economía* que establecen las condiciones en que los particulares y las empresas pueden acceder y operar en el mercado.

El TCE ofrece a las empresas y a los particulares profesionales residentes en un país comunitario, la posibilidad de acceder al *mercado de otro país comunitario extranjero* de dos modos diferentes (C. Gavalda/G. Parleani): 1º) Mediante la libertad de establecimiento (arts. 43-48 TCE). Consiste en el acceso a una actividad económica independiente — no asalariada — mediante la fijación de una instalación o *sede física-económica* en otro Estado miembro. Abarca la posibilidad de fijar un establecimiento principal y/o un establecimiento secundario — filial o sucursal; 2º) Mediante la libre prestacíon de servicios (arts. 49-55 TCE). Consiste, igualmente, en el acceso y ejercicio a una actividad económica independiente — no asalariada —, pero sin la fijación de una instalación o *sede física-económica* en otro Estado miembro. El establecimiento del prestador del servicio se halla, pues, en otro Estado miembro, desde donde se presta el servicio con destino a un Estado miembro diferente.

3. El profesional o la empresa tienen a su disposición la *opción económica* de ejercitar su actividad bien en régimen de libertad de establecimiento, o bien en régimen de libre prestación de servicios.

Si opta por la libre prestación de servicios, el operador económico tendrá la ventaja de un *ahorro de costes* — no precisa instalar otro establecimiento en el país de acogida —, y mantendrá su *régimen fiscal y social.* También puede interesar la opción por la libre prestación de servicios desde el prisma de la Ley que regula los contratos. Dicha Ley será, normalmente — y falta de elección de outra Ley por las partes —, la Ley del país donde el prestador de servicios tiene su sede social (art. 4.2 Convenio de Roma de 19 junio 1980).

Por ello, la exigencia de un fijar un establecimiento o residencia para ejercer la actividad económica en el *Estado receptor*, es contraria a la *esencia* de la libre prestación de servicios: STJCE 10 febrero 1982, *Transporoute*; STJCE 3 diciembre 1974, *Van Bisbergen*; STJCE 26 noviembre 1975, *Coenen*; STJCE 26 febrero 1991, *Comisión vs. Grecia*; STJCE 26 febrero 1991, *Comisión Italia*; STJCE 4 diciembre 1986, *Comisión vs. Alemania*; STJCE 5 octubre 1988, *Steymann*; STJCE 8 julio 1999, *Comisión vs. Bélgica.* El art. 49.1 TCE trata de evitar, precisamente, que se obligue al operador económico a "establecerse" en el país donde presta sus servicios, de modo que pueda siempre optar por *establecerse* en dicho país o bien por *prestar servicios* sin fijar un establecimiento en el Estado de acogida.

Las nociones de "libertad de establecimiento" y "libre prestación de servicios" resultan de extrema importancia desde el prisma económico: a) La primera permite una distribución óptima de los centros de producción y toma de decisiones, una racionalización de la distribución en los grandes grupos internacionales; b) La libre prestación de servicios resulta extraordinariamente útil para las empresas que operan a escala internacional a la hora de realizar contratos públicos, operar en el mercado de las telecomunicaciones, realización de obras concretas, etc. (G. Le Tallec/J. B. Blaise/L. Idot).

4. La libre prestación de servicios se presenta jurídicamente como un *complemento* de la libertad de establecimiento: cubre los casos en que el acceso a la "actividad económica independiente" se realiza *sin instalación fija* en otros Estados comunitarios.

Así se configura un "estatuto jurídico" de la libre prestación de *actividades económicas independientes* en la Comunidad Europea. Entre la libertad de establecimiento y la libre prestación de servicios quedan cubiertas todas las *actividades no asalariadas o independientes* de naturaleza *económica* que presentan carácter *internacional.*

Aunque hasta ahora la libertad de establecimiento ha ostentado un claro protagonismo y la libre prestación de servicios ha sido *hermana podre* de la libertad de establecimiento, este planteamiento está en proceso de cambio. En efecto, la libre prestación de servicios es una libertad comunitaria que mira al futuro: con el progreso de los medios de comunicación a larga distancia, en la actualidad es posible prestar servicios de gran calidad en un Estado pero desde otro Estado miembro, sin necesidad de instalarse fisicamente en el Estado receptor del servicio: banca telefónica y por *Internet*, seguros, asistencia letrada, servicios turísticos, servicios de información, etc. Como afirma C. Hatzopoulos, la libre prestación de servicios ya no es cosa de pequeños aventureros, sino de grandes multinacionales; reviste una importancia capital para la economía nacional y para la sociedad en general. En efecto, la impulsión de la libre prestación de servicios en Derecho Comunitario reviste hoy día una particular importancia por varios motivos: 1º) El crecimiento de estas actividades puede paliar el desempleo en Europa; 2º) Se amplían las opciones de los consumidores de servicios, que pueden acceder libremente a servicios no existentes en su país; 3º) El criterio del *país de origen* — básico en la estructura jurídica de la libre prestación de servicios —, hace innecesaria una legislación comunitaria enciclopédica, conecta correctamente con el *principio de subsidiariedad* y encaja con el respeto a las legislaciones nacionales.

Las dos libertades operan en el *mercado interior general*, no en los especiales — CECA, EURATOM, mercado común agrícola, transportes (art. 51.1 TCE), sujetos a reglas específicas. Ambas libertades cubren toda actividad económica (*principio de universalidad del TCE*) que se trate de un servicio independiente y remunerado.

5. La libre prestación de servicios es una libertad comunitaria *en expansión*. Por ello, presenta problemas jurídicos de muy distinta índole, cuya exposición completa sería imposible en esta sede. Por ello, este trabajo abordará, exclusivamente, dos de las cuestiones problemáticas más candentes de esta libertad comunitaria: a) el libre acceso al ejercicio de la actividad económica en régimen de libre prestación de servicios, y b) el "interés general" como límite a dicha libertad. Tampoco se examina la libre prestación de servicios en relación con profesiones concretas: abogados, médicos, banca, seguros, etc. sino que se adopta un enfoque general.

2. *La regulación de la libre prestación de servicios*

6. La regulación de la libre prestación de servicios en Derecho comunitario se ha hecho a partir de la persona del "prestador de servicios", regulando el estatuto jurídico de abogados, peluqueros, médicos, arquitectos, etc. (P. Annabolis).

Este enfoque presenta dos ventajas: a) *Claridad legal* para el prestador de servicios; b) Posibilidad de fijar el *mismo régimen jurídico* de una actividad profesional, con independencia de que se ejerza en régimen de libre prestación de servicios o de libertad de establecimiento. Pero presenta un inconveniente (A. Carnelutti): normalmente, dichas actividades se sujetan al Derecho del país donde el servicio se presta (*Estado de destino del servicio*), pues ése es el criterio que regía en materia de libertad de establecimiento, sin dejar de aplicarse las Leyes del país donde el prestador internacional de servicios está establecido. Y dicho enfoque es negativo para el prestador de servicios, que queda sujeto a una pluralidad de Leyes.

7. Sin embargo, progresivamente, este enfoque está cambiando, con el objetivo de potenciar la libre prestación de servicios, y lo ha hecho en tres planos (P. Annabolis): 1º) Se tiende a proporcionar un *estatuto jurídico propio* a la libre prestación de servicios, basado en el *principio de origen* (H. Calvet/P. Dintilhac), mediante el principio del mutuo reconocimiento de las reglamentaciones nacionales de los servicios — *ad ex*. el abogado que lo es en Alemania, debe ser considerado como tal en España; para ofrecer un servicio financiero en otro país, el prestador puede sujetarse a las reglas del Estado donde se halla establecido —, de modo similar a como ocurre en el ámbito de la libre circulación de mercancías (C. Hatzopoulos); 2º) Interpretación amplia del concepto de obstáculo a la libre prestación de servicios, que va más allá de la mera *discriminación*, y aharca también obstáculos *independientemente aplicables* a todos los prestadores de servicios en el Estado de destino del mismo (G. Marenco); 3º) Proyección del *principio de proporcionalidad* para fijar los límites del principio de la aplicación de la Ley del país de origen del servicio (A. Mattera Ricigliano).

II — Libre acceso al ajercicio de la actividad económica en régimen de libre prestación de servicios

1. Introducción

8. El contenido de la libre prestación de servicios se concreta en el "ejercicio de actividades económicas independientes en el mercado comunitario". Para que tal ejercicio sea real y efectivo, la libre prestación de servicios cubre dos derechos básicos (J. E. Couzinet, Ch. Gavalda/G. Parléani): 1º) Derecho de *desplazamiento, estancia y establecimiento* en los Estados comunitarios. 2º) Derecho de *libre acceso al ejercicio de la actividad económica independiente*, sin restricciones o discriminaciones por razón de nacionalidad o residencia. Resulta interesante detenerse sobre este último aspecto.

9. Cada Estado fija las condiciones de acceso a actividades económicas independientes en su territorio del modo que tiene por conveniente. Así, cada Estado regula, con arreglo a sus propios criterios, cuestiones tales como la compra de terrenos, alquiler de locales, solicitud de ayudas estatales, afiliación a colegios profesionales, exigencias de titulación, períodos de prácticas, permisos para iniciar la actividad, etc. Es el principio de la *regulación nacional del mercado nacional.*

Existen, pues, *divergencias de acceso* a las actividades económicas independientes entre los países comunitarios. Cada país dispone de sus propias reglas. Ello repercute *negativamente* en el funcionamiento de un mercado único. En efecto: la empresa o el prestador de servicios debe "adaptarse" a cada mercado nacional en el que pretende operar, lo que le genera un fuerte coste económico. El Derecho comunitario trata de combatir esta situación a través de diferentes instrumentos.

10. 1º) *Previsiones* del *TCE*. El TCE diseño un régimen para una *ejecución progresiva y flexible* de la libertad de establecimiento y la libre prestación de servicios. De ese modo, los operadores económicos disponían de un tiempo razoable para adaptarse a la ampliación del mercado. De todos modos, algunos elementos se trazaron de modo firme y resuelto: el objetivo a alcanzar — supresión de las restricciones a la libertad de establecimiento y libre prestación de servicios —, el plazo en el que debía alcanzarse.

11. 2º) *Programa general de 1961*. El Consejo elaboró un *programa general* para la supresión de las restricciones a la libertad de establecimiento y a la libre prestación de servicios, de fecha 18 diciembre 1961 (*JOCE* 15 enero 1962). Pero dicho programa se halla desprovisto de contenido normativo directo: son meras "indicaciones útiles con miras a la realización de las disposiciones correspondientes del Tratado", como precisa la STJCE 28 abril 1977, *Jean Thieffry vs. Conseil de l'ordre des avocats á la Cour de Paris*.

12. 3º) *Directivas*. Se adoptaron distintas directivas por parte del Consejo, con dos objetivos fundamentales (V. Tedeschi): a) La supresión de las restricciones a la libertad de establecimiento y libre prestación de servicios que consistían en discriminación de los extranjeros de otros países comunitarios; b) La supresión de las restricciones a la libertad de establecimiento y libre prestación de servicios que no implican un trato discriminatorio a los extranjeros, pero que obstaculizan la libre circulación de los operadores económicos independientes. Es el caso, por ejemplo, de las normas que regulan la necesidad de obtención de diplomas, certificados y otros títulos para ejercer una actividad económica independiente.

13. Pero acabado el período transitorio previsto en el TCE para la adopción de Directivas que eliminasen las restricciones por razón de la nacionalidad en relación con la libertad de establecimiento y la libre prestación de servicios, se observó que dicho objetivo no había alcanzado. El TJCE, entonces, dictó dos importantes sentencias: a) STJCE 21 junio 1974, *Reyners*. Era un caso que afectaba a la libertad de establecimiento, y en el que se había negado a un holandés, Reyners, doctor en Derecho por una Universidad belga, la inscripción como abogado en Bélgica por carecer de la nacionalidad belga, condición exigida en Bélgica al efecto. b) STJCE 3 diciembre 1974, *Van Binsbergen vs. Bestuur van de Bedrijfsvereinigring voor de Metaalnijverheid*. Se trataba de un abogado que, instalado en Bélgica, asesoraba a clientes a los que representaba en dicho país, en contra del Derecho holandés, que exigía al abogado que fijase su despacho en Holanda.

De ambas sentencias se extranjeron dos importantes consecuencias: a) La aplicabilidad directa de los arts. 43 y 49 TCE — sin necesidad de Directivas al afecto —, que quedó reiterada en sucesivos pronunciamientos: STJCE 4 diciembre 1974, *Yvonne Van Duyn vs. Home Office*, STJCE 14 julio 1976, *Gaetano Dona vs. Mario Mantero*, STJCE 28 junio 1977, *Richard Hugh Patrick vs. Ministre des Affaires Culturelles*; STJCE 12 diciembre 1974, *B. N. O. Walrave et L. J. N. Koch vs. Association Union Cycliste Internationale, Koninklijke Nederlandsche Wieiren Unie et Federación Española de Ciclismo*; STJCE 18 enero 1979, *Van Wessemael*; STJCE 17 diciembre 1981, *Webb*, etc.; b) La automática eliminación de toda discriminación por razón de la nacionalidad que afectase a la libertad de establecimiento y libre prestación de servicios. Ello hizo que la Comisión retirase algunas de las Directivas que estaba elaborando con esta intención, pues eran ya supérfluas.

2. *El principio de no discriminación*

14. El principio de no discriminación por razón de la nacionalidad significa que el beneficiario de la libre prestación de servicios debe ejercer su actividad económica en "igualdad de condiciones" que los nacionales del Estado receptor, que normalmente están establecidos en dicho Estado.

Pero, lógicamente, para que exista "igualdad de condiciones", no se puede tratar, con las *mismas reglas*, supuestos que son objetivamente diferentes. En efecto, ello comportaría una clara discriminación: STJCE 17 julio 1963, *Italia vs. Comisión* (L. Goffin, C. M. Radtke). Así es, porque mientras que el prestador de servicios nacional está establecido en su Estado, el prestador de servicios extranjero — procedente de otro país comunitario —, está establecido en *otro Estado — Estado de origen* —, y presta sus servicios en el Estado de acogida.

El principio de no discriminación en materia de libre prestación de servicios comporta dos consecuencias: a) Prohibición de discriminaciones por razón de la nacionalidad o de la residencia; b) Prohibición de las medidas indistintamente aplicables pero que producen *restricciones* a la libre prestación de servicios.

A) Prohibición de discriminaciones por razón de la nacionalidad o de la residencia

15. Las discriminaciones por nacionalidad están prohibidas por el mismo TCE; las que tiene su origen en la residencia son consideradas prohibidas por el TJCE, porque en la mayoría de las ocasiones, la residencia en un país comunitario extranjero va unida a la nacionalidad de ese país.

Las discriminaciones por razón de la nacionalidad o residencia pueden ser de varios tipos: 1º) Restricciones *normativas*, que son discriminaciones legales; 2º) Restricciones *fácticas* — como las prácticas administrativas discriminatorias; 3º) Restricciones impuestas por *asociaciones privadas* — *ad ex.* asociaciones deportivas.

La mayor parte de estas restricciones se concretan en alguna de estas medidas: 1º) *Prohibición* a los extranjeros de acceso a una determinada profesión; 2º) Necesidad de que los extranjeros comunitarios obtengan una *autorización*, no exigida a los nacionales, para realizar su actividad económica independiente; 3º) Exigencia, a los extranjeros comunitarios, de *cauciones o fianzas* para poder desarrollar una actividad económica independiente; 4º) Exigencia — no general —, sino limitada a los extranjeros comunitarios, de adquirir una *residencia o domicilio* en el Estado receptor para poder desarrollar una actividad económica independiente.

Es una medida *discriminatoria* toda medida que, de modo *directo o indirecto*, establezca una discriminación por razón de la nacionalidad o residencia, que pueda afectar o libre ejercicio de una actividad económica independiente. Se incluyen las medidas que, de forma disimulada — pues tienen una *aparencia neutra* —, conducen a una discriminación por nacionalidad o residencia, como son las normas que reservan a los nacionales el acceso a la vivienda protegida o las que les otorgan beneficios fiscales, o acceso a créditos con bajo interés, o las que otorgan ventajas procesales a los nacionales: STJCE 14 enero 1988, *Comisión vs. Italia*; STJCE 3 febrero 1982, *Seco*; STJCE 18 marzo 1980, *Debauve*; STJCE 3 junio 1992, *Comisión vs. Italia*; STJCE 28 octubre 1999, *Skatteministeriet vs. Bent Vestergaard*; STJCE 26 octubre 1999, *Eurowings Luftverkehrs AG vs Finanzamt Dortmund-Unna*.

16. En la actualidad, es el TJCE el que defiende el *principio de no discriminación* en la libre prestación de servicios. El TJCE ha precisado las exigencias legales estatales que son "restricciones" injustificadas — por ser *discriminatorias* —, a la libertad de establecimiento y libre prestación de servicios en el sentido del TCE. En efecto: se pueden invocar ante los jueces nacionales las disposiciones del correspondientes del TCE, y ello tendrá el efecto de impedir la aplicación de las disposiciones nacionales que establecen discriminaciones del prestador de servicios extranjero por su nacionalidad o su residencia. Abundante jurisprudencia del TJCE lucha contra estas *discriminaciones*: STJCE 22 marzo 1994, *Comisión vs. España*: STJCE 29 octubre 1998, *Comisión vs. España*; STJCE 1 julio 1993, *Anthony Hubbard*, STJCE 26 septiembre 1996, *Data Delecta Aktiebolag y Ronny Forsberg vs. MSL Dynamic Ltd*; STJCE 20 marzo 1997, *D. Ch.Hayes y J. K. Hayes vs. K. GmbH*; STJCE 4 mayo 1993, *Fed. de*

Distribuciones Cinematográficos; STJCE 28 marzo 1996, *M. Guiot y Climatec SA*; STJCE 28 abril 1998, *Jessica Safir*, STJCE 1 diciembre 1998, *André Ambry*.

Particular relieve revisten las *medidas fiscales* basadas en la "residencia" como criterio de aplicación. Tales medidas resultan ser "obstáculos a la libre prestación de servicios". Los no residentes deben ser tratados del mismo modo que los residentes en el país de destino del servicio (STJCE 28 enero 1992, *Comisión vs. Bélgica*; STJCE 28 enero 1992, *Bachmann*; STJCE 13 diciembre 1989, *Corsica Ferries France*; STJCE 5 octubre 1994, *Comisión vs. Francia*). Si para gozar del mismo tratamiento fiscal, el prestador de servicios extranjero debe establecerse en el país de destino del servicio, la libre prestación de servicios, simplesmente, no existiría.

Una vez acreditado que la medida nacional es *discriminatoria*, no debe examinarse, en ningún caso, si es o no es *proporcional* (H. Huglo): por el simple hecho de ser *discriminatoria*, está prohibida por el Derecho comunitario.

17. No basta con la alegación directa de las normas del TCE que permite ejecer la libre prestación de servicios: los Estados miembros deben *derogar* las restricciones discriminatorias contra nacionales de otros Estados: STJCE 15 octubre 1986, *Comisión vs. Italia*.

18. Algunos casos relativos a la eliminación, por parte del TJCE, de *discriminaciones* establecidas en las legislaciones nacionales pueden recordarse, entre los muchos existentes: a) En la STJCE 22 marzo 1994, *Comisión vs. España*, se condenó a España porque la legislación española reservaba a los *nacionales españoles* la posibilidad de ejercer como guías turísticos. Era una discriminación *legal*, rechazada por el Derecho comunitario; b) En la STJCE 29 octubre 1998, *Comisión vs. España*, el TJCE declaró que la Ley de Seguridad Privada española, de fecha 30 julio 1992, era contraria al art. 49 TCE, por el hecho de que exigía que las empresas y particulares que realizasen actividades de seguridad privada en España fueran españolas y tuvieran su sede o residencia en España. Otra discriminación *legal* española condenada por el TJCE; c) Numerosas legislaciones procesales europeas — y entre ellas la española: art 534 LEC de 1881, la alemana o austríaca —, exigen que el extranjero que quiera litigar en España debe prestar una fianza o caución denominada *cautio judicatum solvi* — algo que no se exige a los españoles. Tal disposición es contraria al TCE, pues se trata discriminatoriamente al litigante extranjero sólo porque es extranjero. Ello comporta al prestador de servicios, nacional de otro país comunitario, mayores costes que los que debe desembolsar el prestador de servicios nacional. Varios fallos del TJCE han reafirmado la ilegitimidad comunitaria de la *cautio judicatum solvi*: STJCE 1 julio 1993, *Anthony Hubbard*; STJCE 26 septiembre 1996, *Data Delecta Aktiebolag y Ronny Forsberg vs. MSL Dynamic Ltd*; STJCE 20 marzo 1997, *D. Ch. Hayes y J. K. Hayes vs. K. GmbH*; STJCE 2 octubre 1997, *Stephen Austin Saldanha y MTS Securities Corporation vs. Hiross Holding AG*. La LEC española 1/2000, de 7 enero, elimina esta caución de "arraigo en juicio"; d) En la STJCE 4 mayo 1993, *Fed. de Distribuciones Cinematográficos*, el TJCE estimó que la normativa nacional española que reservaba la concesión de licencias de doblaje de films procedentes de terceros países a aquellos distribuidores que se comprometisesn a adquirir *películas nacionales*, era discriminatoria. En efecto: privilegia las películas *españolas* sólo por ser tales, con independencia total de su contenido más o menos cultural o protegible; e) En la STJCE 28 abril 1998, *Jessica Safir*, el TJCE estimó que el régimen fiscal aplicable a los aseguradores no establecidos en Suecia era más gravoso que el previsto para los sí establecidos, y declaró que era contrario al art. 49 TCE; f) El TJCE declaró que el art. 49 TCE se opone a una normativa nacional que exigía a los organizadores de viajes que fuesen nacionales de otros Estados comunitarios, que constituyeran "garantías financieras suplementarias" con bancos del Estado miembro de acogida: STJCE 1 diciembre 1998, *André Ambry*; g) En ciertos Estados existen determinados monopolios en favor de empresas u organismos del Estado para desarrollar ciertas actividades, como la televisión. El TJCE afirmó que la existencia de un monopolio de televisión en Irlanda — que impedía la recepción por satélite de emisiones procedentes de otros Estados —, es contraria a la libre prestación de servicios, pues entraña efectos discriminatorios para emisiones procedentes de otros Estados miembros, algo vetado por el art. 49 TCE: STJCE 25 julio 1991, *Comisión vs. Países Bajos*; STJCE 18 junio 1991, *RTE*; h) En la STJCE 13 febrero 1985, *Françoise Gravier vs. Ville de Liége*, el TJCE admitó que es discriminatorio exigir a una estudiante francesa de Bellas Artes en Lieja, que desea especializarse en dibujo de cómics, que pague una tarifa especial (*minerval*), que no se impone a los estudiantes belgas; i) Como se aprecia en la STJCE 12 junio 1997, *Comisión vs. Irlanda*, en Irlanda se exigía para matricular buques distintos de los buques de pesca en el registro nacional irlandés que perteneciesen al Gobierno, a un Ministro de Estado, a un ciudadano irlandés o a una persona jurídica irlandesa. Se trata de una regulación discriminatoria contraria a los arts. 43 y 49 TCE. Un caso similar se observa en la STJCE 27 noviembre 1997, *Comisión vs. República Helénica:* las Leyes griegas reservaban el derecho de la matriculación en los registros griegos únicamente a los buques que pertenezcan en un porcentaje superior al 50% a nacionales griegos o a personas jurídicas de esta misma nacionalidad cuyo capital social pertenezca a nacionales griegos en esta misma proporción. Es una discriminación por nacionalidad contraria al TCE; j) En el supuesto de la STJCE 28 abril 1998, *Raymond Kohll vs. Union des caisses de maladie*, un nacional luxemburgués solicitó que su hija siguiese un tratamiento aplicado por un ortodoncista establecido en Alemania. La normativa de Luxemburgo no impedía acudir a médicos extranjeros, pero supeditaba a una "autorización previa" el reembolso de los gastos cuando la prestación médica se efectúa fuera de Luxemburgo. Ello disuade a los beneficiarios de la Seguridad Social de dirigirse a los prestatarios de servicios de ortodoncia establecidos en otro Estado miembro: es un obstáculo *discriminatorio* a la libre prestación de servicios (art. 49 TCE). Por ello, dicha normativa es contraria a los arts. 49-50 TCE; k) Se seguían en Bolzano (Italia) procesos penales contra un nacional austríaco, camionero de profesión, detenido por conducir en estado de embriaguez, y contra un nacional alemán, que fue detenido por portar un cuchillo de tipo prohibido. El proceso se siguió en lengua italiana, pero ambos acusados solicitaron que se siguiese en alemán, pues existen en Italia normas que así permiten y cuyo objetivo es proteger a los habitantes de Bolzano que pertenecen a la comunidad germanófona. Efectivamente se produjo *discriminación*, pues los habitantes de una región de un Estado miembro disponían de un trato más favorable que los ciudadanos de otros Estados. Ello fue declarado contrario al art. 12 TCE por la STJCE 24 noviembre 1998, *Procesos penales contra Horst Otto Bickel y Ulrich Franz*; l) Un sujeto arrendó, en Austria, unos puestos de atraque a propietarios de embarcaciones residentes en el extranjero — Liechtenstein y Alemania —, pues la ley austríaca fija un máximo de puestos reservados a residentes en el extranjero que ya había sido rebasado. Por ello, fue multado. Es un caso de "libre prestación de servicios pasiva". Aunque la restricción se basaba en la *residencia*, ello supone una auténtica restricción que perjudica claramente a los nacionales de otros Estados miembros, que sueden ser "no residentes". Por ello, tal normativa constituía una restricción no admitida a la libre prestación de servicios (art. 49 TCE): STJCE 29 abril 1999, *Erich Ciola vs. Land Vorarlberg*; m) En la STJCE 28 octubre

1999, *Skatteministeriet vs. Bent Vestergaard*, se estudia el caso de una normativa danesa que no permitía, a efectos de determinar la base imponible del impuesto sobre la renta, deducir fiscalmente gastos derivados de cursos de formación profesional celebrados en lugares que costituyan destinos turísticos habituales situados en otros Estados miembros, por su finalidad turística. Por el contrario, sí permitia esa deducción cuando se trataba de custos de formación profesional desarrollados en destinos turísticos habituales situados en el territorio en el danés. El TJCE declaró que tal normativa comportaba una discriminación y estaba por el art. 49 TCE; n) En la STJCE 26 octubre 1999, *Eurowings Luftverkehrs AG vs. Finanzant Dortmund-Unna*, se examina el caso de la normativa fiscal alemana, que impedía que las empresas alemanas que alquilan bienes de arrendadores establecidos en los demás Estados miembros, procedieran a realizar distintas deduciones fiscales por pago de otro impuesto. Era, pues, un régimen fiscal *menos favorable* que puede disuadirlas de contratar con dichos arrendadores, viéndose favorecidas las empresas que contratan con destinatarios establecidos en Alemania. Dicha normativa provoca una diferencia de trato por razón del lugar de establecimiento del prestador de los servicios, y está prohibida por el art. 49 TCE; ñ) En el supuesto de la STJCE 28 enero 1992, *Comisión vs. Bélgica (Bachmann)*, la legislación belga concedía ciertas ventajas fiscales a los clientes de ciertas compañías de seguros establecidas en Bélgica. Ello comportaba un obstáculo a la libre prestación de servicios para las aseguradoras de otros países comunitarios, que no podían competir en igualdad de condiciones con sus rivales establecidas en Bélgica.

B) Prohibición de las medidas "indistintamente aplicables" pero restrictivas de la libre prestación de servicios

19. Aun cuando queden eliminadas las discriminaciones por razón de la nacionalidad y residencia, la situación no favorece al mercado interior comunitario. Ello es así porque cada Estado tiene competencia para regular el acceso y ejercicio de la actividad económica independiente en su territorio. En particular, por lo que se refiere a las "profesiones reglamentadas", cada Estado exige una determinada *titulación académica* para poder desarrollar en el mismo, una actividad económica independiente — abogado, arquitecto, médico, peluquero, etc. Por otro lado un heterogéneo conjunto de medidas puede obstaculizar la libre prestación de servicios: autorizaciones, permisos, reglas fiscales, etc. Se produce, así, una *fragmentación de las condiciones de acceso* al mercado único, Estado por Estado, que perjudica la libre prestación de servicios y que es reflejo de un neo-proteccionismo estatal que encaja mal con los objetivos de la Comunidad Europea (A. C. Evans).

20. El TJCE ha declarado que estas medidas, indistintamente aplicables a todos los sujetos, ya estén establecidos o no en el país de acogida, y que restringen injustificadamente la libre prestación de servicios, están vetadas por el Derecho comunitario (C. Hatzopoulos, A. Mattera Ricigliano): STJCE 25 julio 1991, *Säger*. Es decir, suficiente con tales medidas restrinjan, aunque sea mínimamente, la libre prestación de servicios, para sean comunitariamente ilegítimas (P. Oliver). Es decir, al configurarse la libre prestación de servicios como una *libertad comunitaria fundamental*, no debe permitirse ninguna excepción: la regla de *minimis* no juega en este sector (STJCE 13 diciembre 1989, *Corsica Ferries France*), al contrario que sucede en el sector de la "libre competencia". Se permiten, exclusivamente, en el caso de que vengan amparadas por un "interés general", como se verá *infra*.

En concreto, el TJCE ha determinado que la exigencia de un fijar un establecimiento o residencia para ejercer la actividad económica en el *Estado de acogida*, es contraria a la esencia de la libre prestación de servicios y es también contraria al principio de no discriminación, aunque sea indistintamente aplicable a todo sujeto: STJCE 10 febrero 1982, *Transporoute*; STJCE 3 diciembre 1974, *Van Binsbergen*; STJCE 26 noviembre 1975, *Coenen*; STJCE 26 febrero 1991, *Comisión vs. Grecia*; STJCE 26 febrero 1991, *Comisión vs. Italia*; STJCE 4 diciembre 1986, *Comisión vs. Alemania*; STJCE 5 octubre 1988, *Steymann*; STJCE 25 julio 1991, *Stichting Collectieve Antenevoorzening Gouda.*

21. Algunos ejemplos ilustran el proceder del TJCE contra estas *medidas indistintamente aplicables*, pero restrictivas de la libre prestación de servicios: a) En el supuesto de la STJCE 8 julio 1999, *Comisión vs. Bélgica*, quedó claro que las Leyes belgas exigían a los sujetos de otros países comunitarios la residencia o el establecimiento durante un año en Bélgica para poder matricular las aeronaves en Bélgica. El TJCE estimó que dicha previsión era contraria a la libertad de establecimiento; b) La regulación francesa que establecía distinto tratamiento fiscal para servicios de transporte marítimo nacional y para servicios de transporte marítimo internacional, comporta un obstáculo a la libre prestación de servicios: STJCE 13 diciembre 1989, *Corsica Ferries France*; STJCE 5 octubre 1994, *Comisión vs. Francia.* En efecto, dicha regulación potencia el mercado interior francés y a los transportistas que operan en dicho espacio — normalmente, transportistas franceses —, sobre los que intervienen a escala internacional — normalmente transportistas de otros países comunitarios; c) Numerosa jurisprudencia del TJCE ha establecido que la exigencia de *residencia*, autorización de establecimiento o efectivo establecimiento del prestador del servicio en el Estado receptor, para desarrollar una actividad económica independiente — *ad ex.* abogacía, corredor de valores mobiliarios —, es contraria al TCE: STJCE 3 diciembre 1974, *Binsbergen*; STJCE 10 febreo 1982, *Transporoute*; STJCE 6 junio 1996, *Comisión vs. Italia.*

22. Como se ha dicho, a falta de armonización comunitaria, cada país regula el acceso a las actividades económicas independientes en su territorio. En la mayor parte de los casos, los Estados exigen que el sujeto que pretende acceder a tal actividad esté en posesión de un título o diploma oficial expedido por autoridades del Estado receptor. Esta *diversidad legislativa* relativa a la exigencias de títulos y diplomas, necesarios para el acceso a las actividades económicas independientes, obstaculiza el ejercicio de la libre prestación de servicios y libertad de establecimiento. Para amotiguar dicho impacto negativo, la Comunidad Europea ha empleado diversos cauces para unificar o armonizar los requisitos de formación necesarios para la expedición de los títulos académicos o para establecer, directamente, una equivalencia, más o menos perfecta de los títulos obtenidos en los Estados miembros, a fin de que éstos puedan ser reconocidos con facilidad en el espacio comunitario. El estudio de esta labor excede de los límites de esta exposición.

III — "El interés general" como límite a la libre prestación de servicios

1. Condiciones para apreciar un interés general en la normativa restrictiva de la libre prestación de servicios

23. Al igual que sucede en la libre circulación de mercancías, existe una limitación a la libertad de establecimiento y libre prestación de servicios por *razones de interés general.* Esta *limitación* — que constituye una especie de cláusula de protección (*Schutzklaussel*) —, ha sido construída por el TJCE. En verdad, no se trata de un *límite* a la libertad de establecimiento y libre prestación de servicios. Se trata, más bien, de concretar el auténtico *ámbito de aplicación* del art. 49 TCE. Al respecto, interesan dos datos:

a) El art. 49 TCE impone la supresión de toda medida nacional que suponga una *discriminación* por razón de la nacionalidad o de la residencia, y que afecte a sujetos nacionales de otros Estados comunitarios. Las medidas nacionales discriminatorias sólo son admisibles si están expresamente previstas por el mismo Derecho Comunitario, como sucede, *ad ex.* con las actividades que participan del poder público (art. 45 TCE), y con las limitaciones a la libertad de establecimiento y libre prestación de servicios por razón de orden público, sanidad pública o seguridad pública (art. 46 TCE).

b) En ausencia de un régimen comunitario armonizado o declarado equivalente, en lo relativo a las condiciones de acceso y ejercicio de la actividad económica independiente, debe aplicarse el Derecho del país donde se presta dicha actividad económica (*Estado de acogida*). Dicha normativa es *indistintamente aplicable* a todos los prestadores de servicios, nacionales del país en cuestión o de otros países comunitarios, que desarrollan su actividad en el Estado comunitario de acogida. Pero también esta reglamentación impone *obstáculos* al libre ejercicio de la actividad económica independiente: permisos, autorizaciones, exigencias, monopolios, etc. Estos obstáculos son contrarios al art. 49 TCE cuando no respondan a razones imperativas de *interés general*, o cuando las exigencias que defienden estas restricciones estén ya satisfechas por las reglas impuestas por el Estado de origen del prestador de servicios. En el fondo, la remoción de estos obstáculos no justificados trata de evitar la aplicación de la Ley del *Estado de acogida* para provocar la aplicación de la Ley del *país de origen* del prestador de servicios. Se recurre, como ha destacado la doctrina internacional privatista (E. Brödermann/H. Iversen, A. L. Diamond, U. Drobnig, M. Fallon, L. Radicati di Brozolo, O. Sandrock, A. V. M. Struycken, D. Vignes, P. Von Wilmowsky, etc.), pues, a una técnica característica de Derecho internacional privado. Es una técnica tan antigua, al menos, como los escritos de Accursio, que datan del siglo XXIII, pero sumamente eficaz para sociedades que atraviesan períodos de expansión económica internacional.

24. Así pues, en ocasiones, la legislación del país donde se prestan los servicios impone restricciones, comunitariamente legítimas, a la libertad de establecimiento y libre prestación de servicios. Dichas restricciones impieden o dificultan, al extranjero comunitario, el acceso a la actividad económica independiente en el Estado receptor. Se trata de requisitos lingüísticos, exigencias de honorabilidad y deontología, condiciones de la prestación, permisos, autorizaciones para el ejercicio de la actividad, etc. Para que dichas restricciones resulten admisibles por el Derecho Comunitario es preciso que se verifiquen cuatro condiciones:

1º) Debe tratarse de exigencias que afectan, exclusivamente, al libre acceso al *ejercicio* de la actividad económica. No pueden afectar desplazamiento o estancia del nacional de un país comunitario en el Estado receptor.

2º) No debe existir *armonización legal* por normas comunitarias que regulen el acceso a una determinada profesión. En dicho caso, la normativa nacional armonizada o la normativa comunitaria es directamente aplicable. Por tanto, la normativa nacional propia de cada Estado no puede perjudicar la aplicación de la normativa comunitaria.

3º) Las restricciones impuestas por el Estado de acogida no deben comportar *discriminación*. La medida ha de aplicarse, *indistintamente*, a todo operador que ejerza la actividad en el territorio del Estado, y no sólo a los sujetos extranjeros o residentes en otros Estados: STJCE 25 julio 1991, *Comisión vs. Países Bajos*; STJCE 4 diciembre 1986, *Comisión vs. RFA*; STJCE 26 febrero 1991, *Comisión vs. Italia*; STJCE 20 mayo 1992, *Claus Ramrath*; STJCE 18 marzo 1980, *Debauve*; STJCE 12 junio 1997, *Comisión vs. Irlanda*; STJCE 1 febrero 1996, *Proceso penal contra G. Perfili*; STJCE 23 noviembre 1999 *Arblade & Leloup*. Si la medida es *discriminatoria*, será contraria al TCE por presentar dicho, y estaría, de por sí, prohibida por el Derecho Comunitario.

4º) La restricción debe ser una *medida objetivamente necesaria.* Deben existir, en el ámbito de la actividad considerada, "razones imperiosas ligadas al interés general" que justifican estas medidas restrictivas: STJCE 3 diciembre 1974, *Binsbergen*; STJCE 29 mayo 1992, *Claus Ramrath.* La medida ha de ser *objetivamente necesaria* para garantizar el respeto a esos "intereses generales". STJCE 4 diciembre 1986, *Comisión vs. RFA*; STJCE 26 febrero 1991, *Comisión vs. Grecia*; STJCE 20 mayo 1992, *Claus Ramrath.* Para apreciar la concurrencia de una *necesidad objetiva* de la medida restrictiva, han de tenerse en cuente tres datos:

a) El *interés general* no debe hallarse ya protegido ya por las reglas aplicadas al prestador en el Estado de origen (STJCE 2 junio 1996, *Comisión vs. Italia*, STJCE 23 noviembre 1999, *Arblade & Leloup*). Si la previa aplicación de una normativa por parte del Estado de origen garantiza ya la salvaguardia del *interés general*, no cabe imponer ulteriores restricciones por parte del Estado receptor. Por ejemplo: si se exige una determinada titulación para el acceso a una profesión en el país de acogida, y el sujeto dispone de una titulación expedida en su país de origen, y que garantiza una formación similar a la exigida en el país de acogida, el Estado está obligado a "tener en cuenta la equivalencia de los diplomas y a proceder a un examen comparativo" de la formación exigida por ambos Estados (STJCE 30 noviembre 1995, *R. Gebhard vs. Consiglio dell'Ordine degli avvocati e procuratori di Milano*; STJCE 23 noviembre 1999, *Arblade & Leloup*). Se exige, pues, tal y como ocurre en la libre circulación de mercancías, una cierta "equivalencia" — o "mismo nivel de protección" —, entre la Ley del Estado de origen y la Ley del Estado receptor.

b) La medida nacional restrictiva debe ser *necesaria.* En otras palavras: el objetivo que persigue no debe poder alcanzarse a través de reglas *menos restrictivas*: la reglamentación nacional debe ser, pues, *necesaria y apropiada* al objetivo que se persigue (STJCE 23 noviembre 1999, *Arblade & Leloup*; STJCE 6 junio 1996, *Comisión vs. Italia*; STJCE 15 mayo 1997, *Futura Participations SA y otros vs. Administration des contributions.*

c) La restricción impuesta por la medida nacional medida del Estado debe ser *proporcional* al objetivo a defender (STJCE 25 julio 1991, *Säger vs. Dennemayer*, STJCE 25 julio 1991, *Comisión vs. Países Bajos*; STJCE 12 diciembre 1996, *Reisebüro Broede vs. Gerd Sandker*). Esta exigencia es propia de toda construcción jurisprudencial o pretoriana (v. Hatzopoulos). Pero ¿cómo se mide la *proporcionalidad?* El TJCE emplea tres parámetros para decidir que la medida no es proporcional: (a) *Natureza del servicio:* si el servicio ofrecido por el prestador comunitario es un servicio *general* y no *específico*, el beneficiario del servicio no puede esperar *prestaciones específicas* — que le podrían ser proporcionadas por los prestadores del Estado de acogida —, sino *prestaciones generales*, por lo que no existe "proporcionalidad"; (b) *Consecuencias* que se derivan del *servicio general* ofrecido por el prestador comunitario: si la falta de prestaciones específicas por parte del prestador comunitario no perjudica el objetivo a defender — la exigencia imperativa —, entonces la medida no es proporcional; (c) *Existencia de recursos.* Si la medida nacional restrictiva no es suscetible de recurso — normalmente jurisdiccional —, de modo que los interesados — prestadores comunitarios de servicios —, pueden recurrir contra las medidas presumiblemente restrictivas, entonces no es proporcional. De acuerdo con estos criterios, por ejemplo, una medida es *proporcional* cuando no impide totalmente la realización de una actividad en el Estado receptor, sino que la "canaliza" a través de ciertas exigencias *justificadas*: STJCE 21 octubre 1999, *Questore di Verona vs. Diego Zenatti*; STJCE 12 diciembre 1996, *Reisebüro Broede vs. Gerd Sandker.*

25. Pueden recordarse algunos casos que muestran el funcionamiento de la cláusula del *interés general* en relación con la libre prestación de servicios: a) En el caso objeto de la STJCE 12 julio 1997, *Comisión vs. Irlanda*, el TJCE declaró que la Ley de Irlanda, que obligaba, para matricular buques, a que propietario fuese irlandés, comportaba una *discriminación*, y por tanto no era una exigencia amparada por el "interés general", como pretendía Irlanda. Tales exigencias, para ser admitidas por el Derecho Comunitario, no deben ser discriminatorias; b) En la STJCE 12 diciembre 1996, *Reisebüro Broede vs. Gerd Sandker*, el TJCE declaró que el art. 49 TCE no impide que un país como Alemania prohiba a una empresa establecida en otro Estado miembro — Francia —, el cobro, por vía judicial, de créditos a terceros, puesto que dicha actividad, ejercida con carácter profesional, está reservada en Alemania, exclusivamente, a la profesión de abogado. Era una medida restrictiva de la libre prestación de servicios, ciertamente, pero según el TJCE, respondía a un *interés general*, no era discriminatoria — se aplicaba a todo sujeto prestador de servicios —, y era *proporcionada* a su objetivo; c) En el caso de la STJCE 1 febrero 1996, *Proceso penal contra G. Perfili*, el TJCE estimó que la legislación italiana obligada a una sociedad inglesa, la *Lloyd's*, a diponer de un representante específico si tenía intención de litigar como parte civil en un proceso seguido en Italia, era comunitariamente ajustada. En efecto, la Ley procesal italiana exigía, para constituirse en parte civil en un procedimiento en Italia, el otorgamiento de un mandado especial de representación a un representante, cuando en otros países basta con un mandato general al representante de una persona jurídica. Pero esta exigencia se requería a todo sujeto, nacional o no del Estado de acogida, como garantía del buen funcionamiento procesal. No era discriminatoria y estaba justificada por razones proporcionales y objetivamente necesarias; d) En los casos objeto de la STJCE 26 febrero 1991, *Comisión vs. Grecia*, STJCE 26 febrero 1991, *Comisión vs. Italia* y STJCE 26 febrero 1991, *Comisión vs. Francia*, se juzbaba la proporcionalidad de las medidas nacionales de estos países en materia de ejercicio de la profesión de guías turísticos, que exigían dominio de la lengua nacional del país de acogida, formación específica en la cultura de dicho país, etc. Pues bien, dos datos son importantes: (a) Los guías turísticos de otros países comunitarios, aun carentes de la *funciones específicas*, cumplen una *función general*, acompañar y guiar al turista, no una *función específica* — mostrar los monumentos importantes del país de acogida; (b) La información general — aunque no *específica* —, que los guías comunitarios pueden dar sobre el país de acogida, no perjudica el objetivo a proteger: "difusión de los conocimientos sobre la cultura y el patrimonio del país de acogida". Por ambos motivos, la normativa restrictiva de Francia, Italia y Grecia en la materia se juzgó "no proporcional" al objetivo a defender, y contraria al Derecho Comunitario; e) En el caso objeto de la STJCE 10 mayo 1995, *Alpine Investiments BV*, la medida restrictiva del país de acogida — en Holanda se prohibía ofrecer productos financieros por *cold calling* —, es estimó *proporcional*: (a) Los servicios ofrecidos por los prestadores comunitarios eran *específicos* y no *generales*, por lo que el consumidor "espera" obtener unas ciertas prestaciones específicas; (b) La inobservancia de la medida restrictiva habría comportado un perjuicio grave para el objetivo a proteger, la defensa de la *reputación de un mercado financiero nacional* y la protección del *principio de confianza financiera*; f) En la STJCE 23 noviembre 1999, *Arblade & Leloup* se trata el caso de dos sociedades francesas (Arblade y Leloup), que construyeron en Bélgica silos para almacenamiento de azúcar, todo ello antes de la entrada en escena de la Directiva 96/71/CE del Parlamento Europeo y del Consejo sobre el desplazamiento de trabajadores efectuado en el marco de una prestación de servicios (*DOCE* L 18/1 de 21 enero 1997). Para ello, las sociedades francesas desplazaron a dicha obra, durante breves períodos de tiempo, a un total de 26 trabajadores. Las autoridades belgas exigieron a la sociedad francesa diversos documentos requeridos por la legislación social belga y que el salario mínimo se sujetase a la Ley belga. Las sociedades francesas adujeron que se habían atenido a la legislación francesa y que la reglamentación belga contraria al TCE, al suponer una restricción a la libre prestación de servicios. El TJCE ofrece una solución de compromiso: (a) En cuanto al salario mínimo, se trata de una exigencia imperativa necesaria y proporcional: es legítima su regulación por el Derecho belga (país de acogida); (b) En cuanto pagos de cotizaciones patronales según el Derecho del Estado de acogida, es una exigencia no necesaria: tales cotizaciones ya se pagan en Francia, Estado de origen, con lo que la protección social está ya cubierta; (c) No es exigible a la empresa comunitaria la elaboración de documentos como el reglamento interno de trabajo, libro de matrícula especial del personal y, para cada trabajador desplazado, una cuenta individual, según lo exigido en la Ley belga, porque la empresa ya dispone de documentos que cumplen la misma función y elaborados con arreglo a la ley del país de origen. La exigencia protege un *interés general* "ya protegido"; (d) Sí está justificado exigir la tenencia de ciertos documentos a pie de obra: ello permite controlar la protección dada a los trabajadores, y es necesario — no hay medio menos restrictivo que permita controlar el ajuste al Derecho del trabajo del Estado de acogida —, y proporcional — con ello se consigue defender el interés general; (e) Sin embargo, la exigencia de conservar los documentos relativos al trabajo realizado durante cinco años y en un domicilio del Estado de acogida es una exigencia *no necesaria*: existen medios menos restrictivos de la libre prestación de servicios que pueden arbitrarse al efecto. Debe señalarse que los hechos juzgados son anteriores a la entrada en vigor a la Directiva 96/71 de 16 diciembre 1996, que aborda la cuestión de los desplazamientos internacionales de trabajadores en el marco de prestaciones de servicios, resolviendo la cuestión; g) En la STJCE 15 mayo 1997, *Futura Participations SA y otros vs. Administration des contributions*, el TJCE indicó que la exigencia de que los prestadores de servicios de otros países comunitarios tuvieran que llevar y conservar en el Estado receptor una contabilidad era una exigencia no apropiada, porque había mecanismos menos restrictivos para asegurar el respeto a las normas fiscales.

2. *Causas concretas que constituyen "razones imperativas de interés general"*

26. La cláusula del "interés general" ha dado lugar a una "jurisprudencia casuística", que siguiendo un modelo *anglosajón*, sin reglas generales, decide, caso por caso, de modo pretoriano, si la legislación restrictiva del Estado de acogida es admisible o no lo es virtud de la defensa de este "interés general". La lista de razones de interés general está siempre abierta. Varios ejemplos de razones imperativas que se estiman como *interés general*, pueden citarse:

1º) Protección de los *destinatarios del servicio y los consumidores* a través de normas profesionales (STJCE 18 enero 1979, *Van Wessemael*; STJCE 25 julio 1991, *Manfred Säger vs. Dennemayer*; STJCE 4 diciembre 1986, *Comisión vs. RFA*; STJCE 4 diciembre 1986, *Comisión vs. Dinamarca*; STJCE 4 diciembre 1986, *Comisión vs. Irlanda*; STJCE 4 diciembre 1986, *Comisión vs. Francia*; STJCE 24 marzo 1994, *Her Majesty's Customs and Excise*; STJCE 21 septiembre 1999, *Markku Juhani Läärä, Cotswold Microsystems Ltd, Oy Transatlantic Sofware Ltd vs. Finlandia*; STJCE 21 octubre 1999, *Questore di Verona vs. Diego Zenatti.*

2º) Protección de la *propiedad intelectual* (STJCE 18 marzo 1980, *Coditel*; STJCE 5 octubre 1982, *Coditel II*).

3º) Protección de los *trabajadores* (STJCE 17 marzo 1981, *Webb*; STJCE 3 febrero 1982, *Seco*; STJCE 27 marzo 1990, *Ruth Portuguesa*; STJCE 23 noviembre 1999, *Arblade & Leloup*), protección del *orden social*, de una *política social legítima y lucha contra el fraude* (STJCE 24 marzo 1994, *Schindler*).

4º) Conservación del *patrimonio histórico artístico* nacional, y mejor difusión de los conocimientos relativos a dicho patrimonio, así como defensa de la *política cultural* (STJCE 26 febrero 1991, *Comisión vs. Grecia*; STJCE 26 febrero 1991, *Comisión vs. Italia*; STJCE 25 julio 1991, *Comisión vs. Países Bajos*).

5º) Protección de las reglas sobre *cualificación y deontología* profesional (STJCE 3 diciembre 1974, *Van Binsbergen*, STJCE 20 mayo 1992, *Claus Ramrath*, STJCE 10 julio 1991, *Comisión vs. Francia*).

6º) Coherencia del *sistema fiscal* del Estado donde de presta el servicio (STJCE 28 enero 1992, *Comisión vs. Bélgica*; STJCE 28 enero 1992, *Bachmann*). *Coherencia fiscal* se produce, por ejemplo, al asimilar el tratamiento tributario de residentes y no residentes, y no en caso contrario: STJCE 14 febrero 1994, *Schumaker*; STJCE 11 agosto 1995, *Wielocks* (V. Hatzopoulos). Sin embargo, la jurisprudencia sobre obstáculos fiscales basados en exigencias imperativas no es clara. Otros pronunciamientos siguen criterios distintos, llegando a justificar discriminaciones fiscales, lo que ha sido muy criticado por la doctrina mayoritaria.

7º) Protección del *principio de confianza* y defensa de la *reputación del mercado nacional* (STJCE 10 mayo 1995, *Alpine Investments BV*).

8º) *Defensa del medio ambiente* (STJCE 14 julio 1994, *Matteo Peralta*).

9º) *Defensa de una lengua o cultura* (STJCE 28 noviembre 1989, *Groener*; STJCE 4 mayo 1993, *Federación de Distribuidores Cinematográficos*; STJCE 2 julio 1996, *Comisión vs. Luxemburgo*).

10º) *Seguridad en las carreteras* (STJCE 5 octubre 1994, *Van Schaik*).

11º) Mantenimiento de un *equilibrio financiero y deportivo* entre los clubs deportivos (STJCE 15 diciembre 1995, *Bosmann*).

27. Valorar cuándo la justificación de una normativa restrictiva de la libre prestación de servicios se basa en "razones imperativas de interés general" es complejo. La práctica del TJCE ofrece buenos ejemplos de esta dificultad: a) En la STJCE 5 junio 1997, *Syndesmos*, el TJCE constató que la ley griega obligaba a que los guías turísticos trabajasen, exclusivamente, bajo la forma de "contrato de trabajo". Observó también que ello impedía que las agencias de viajens y turismo extranjeras llevasen guías turísticos a Grecia personas que trabajan en régimen de "prestación de servicios". Ello no está justificado por el "interés general", en pro del mantenimiento de la paz laboral. Esta normativa priva al guía turístico procedente de otro Estado miembro de la facultad de ejercer su actividad de forma independiente en el primer Estado miembro. No siempre la actitud del TJCE es plenamente compatible. En este caso, el TJCE rechazó que la normativa salarial protectora de los trabajadores en Grecia estuviese amparada por razones de "interés general", privando a los prestadores de servicios comunitarios de la protección propia del Derecho del Trabajo. Sin embargo, en otros casos, el TJCE ha considerado como *razones de interés general* otras más discutibles: "respetabilidad del sistema financiero", "controles fiscales", etc.; b) En la STJCE 21 septiembre 1999, *Markku Juhani Läärä, Cotswold Microsystems Ltd, Oy Transatlantic Software Ltd vs. Finlandia*, se consideró la legislación finlandesa, que reservaba a un organismo público el derecho de explotar máquinas tragaperras en el territorio de Finlandia. Ello suponía una restricción no discriminatoria a la libre prestación de servicios. Pero el TJCE consideró que estaba amparada por la protección de los destinatarios del servicio, de los consumidores, del orden social. Responde, pues, a un *interés general*. Es proporcional, pues no prohibe la utilización de las máquinas tragaperras, sino que reserva su explotación a un organismo público autorizado; c) En la STJCE 10 mayo 1995, *Alpine Investments BV vs. Minister van Financiën*, se examinó el caso de la normativa holandesa, que prohibía la publicidad de productos financieros a través de llamadas directas de teléfono al potencial consumidor (*cold calling*). Las frecuentes crisis que atraviesan los mercados de futuros aconsejaron al Gobierno holandés a prohibir la prática *cold calling*, protegiendo así el mercado holandés y a los consumidores holandeses. *Alpine Investments* era una sociedad holandesa, con sede en dicho país, que ofrecía futuros sobre mercancías por teléfono a clientes residentes no sólo en Holanda, sino en Bélgica, Francia y Reino Unido. Las autoridades holandesas denegaron a *Alpine Investments* la posibilidad de operar mediante *cold calling*, a pesar de que en ciertos países, como el Reino Unido, esta práctica era admitida. El TJCE estimó que dicha normativa no era discriminatoria — se aplicaba a todo operador económico que operase en Holanda —, y era necesaria, apropiada y proporcional para defender un interés general: la protección del *principio de confianza financiera* y la defensa de la *reputación del mercado nacional*. La normativa holandesa se consideró comunitariamente ajustada, aunque ello supone una restricción para los prestadores de servicios radicados en Holanda, que no podían realizar ofertas en régimen de *cold calling* en países que admiten dicha práctica; d) En el supuesto de la ya citada STJCE 28 abril 1998, *Raymond Kohll vs. Union des caisses de maladie*, un nacional luxemburgués solicitó que su hija siguiese un tratamiento aplicado por un ortodoncista establecido en Alemania. La normativa de Luxemburgo no impedía acudir a médicos extranjeros, pero supeditaba a una "autorización previa" el reembolso de los gastos cuando la prestación médica se efectúa fuera de Luxemburgo. Ello disuade a los beneficiarios de la Seguridad Social de dirigirse a los prestatarios de servicios de ortodoncia establecidos en otro Estado miembro: es un obstáculo a la libre prestación de servicios (art. 49 TCE). Aunque las autoridades de Luxemburgo adujeron que ello podría estar amparado por un riesgo de atentado grave al régimen financiero de la Seguridad Social, el TJCE entendió que tal riesgo no existía. Además, la normativa discutida era discriminatoria por razón de la residencia, lo que hacía imposible invocar un "interés general"; e) El Sr. Zenatti operaba como intermediario en Italia de una sociedad establecida en el Reino Unido, especializada en la recogida de apuestas sobre acontecimientos deportivos celebrados fuera de Italia, y operaba en Italia por fax y por *Internet*. En Italia, la organización y la recogida de las apuestas deportivas son actividades que sólo pueden ejercitarse por entidades a las que les haya sido concedido, mediante licitación y a cambio del pago de ciertos cánones, siempre que ofrezcan las garantías necesarias. La organización y recogida de apuestas sin autorización constituye un delito penado en el Código Penal italiano. Por tanto, existía una restricción a la libre prestación de servicios. ¿Estaba justificada dicha *restricción?* El TJCE examinó la legislación italiana y la consideró amparada por "razones imperiosas de interés general", ya que estos juegos generan sumas muy elevadas y ello puede entrañar riesgos de delito y de fraude y puede tener consecuencias individuales y sociales perjudiciales. Consideró también que la legislación imperativa italiana era proporcional, pues no prohibía *totalmente* estas actividades, sino que las canaliza a través de un procedimiento concreto. Por último, comprobó que dicha legislación era aplicable a todo operador económico, italiano o no, residente o no en Italia, luego no era discriminatoria. Es el caso de la STJCE 21 octubre 1999, *Questore di Verona vs. Diego Zenatti*.

Bibliografía

1. **Mercado interior y Libertades comunitarias:** V. Abellan Honrubia/B. Vilá Costa, *Lecciones de Derecho Comunitario Europeo*, Ed. Ariel, Barcelona, 1994, pp. 173-259; C. Bellamy/ G. Child, *Derecho de la Competencia en El Mercado Común*, Ed. Civitas, Madrid, 1992; N. Bernard, "La libre circulation des marchandises, des personnes et des services dans le Traité CE suos l'angle de la cométence", *ChDE*, 1998, pp. 47-78; G. Broggini, "Conflictto di leggi, armonizzazione e unificazione nel diritto europeo delle obbligazioni e delle imprese", *RDIPP*, 1995, pp. 241-264; A. Comba, "La disciplina della normativa tecnica in un sistema di libero scambio regolato", *Mercato Comune e Neoprotezionismo*, Cedam, Padua, 1987; Id., "Il neo-liberismo internazionale: strutture giuridiche a dimensione mondiale". Giuffre, Milan, 1987; Comisión Comunidades Europeas, "Rapport sur le cout de la non-Europe" (Dir. P. Cecchini, Prólogo, J. Delors), Alianza Editorial, Madrid, 1988; A. C. Evans, "The revival of protecionism and ist consequences for Europe", *ICLQ*, 1983, pp. 577 ss.; L. Fernández de La Gándara/A. L. Calvo Caravaca, *Derecho Mercantil Internacional*, 2ª ed., Tecnos, Madrid, 1995, pp. 109-517; J. C. Fernandez Rozas (ed.)/S. Sanchez Lorenzo (coord.), *Derecho del Comercio Internacional*, Eurolex, Madrid, pp. 79-110; C. Gavalda/G. Parleani, *Traité de Droit Communautaire des Affaires*, Ed. Litec, Paris, 1988; D. J. Gerber, "Constitutionalizing the Economy: German Neoliberalism, competition and the 'New' Europe", *AJCL*, 1994, pp. 25-42; A. Mattera Ricigliano, *Le Marché Unique Européen; ses Régles, son Fonctionnement*, Ed. Jupiter, Paris, 1990 (trad. española por Civitas, Madrid, 1991); Id., "Les barrieres frontalieres a l'intérierur de la CEE et l'action menée par la Commission pour leur demantelement", *RMC*, mayo-junio 1987, pp. 264-276; Id., "Les nouvelles formes du protectionnisme économique", *RMC*, 1983, pp. 252-268; P. Mengozzi, *Il Diritto della Comunità Europea*, Cedam, Padova, 1992; J. Molinier, *Droit du Marché Interieur Européen*, LGDJ, coll. Systèmes; Parlamento Europeo, "Informe *Catherwood* sobre las consecuencias institucionales de los costes de la no-Europa", de 7.4.1988; G. Porro, "Gli ostacoli al libero scambio e gli accordi CEE Paesi dell'EFTA", *Mercato Comune e Neoprotezionismo*, Cedam, Padua, 1987; K. Mortelmans, "The Common Market, the Internal Market and the sigle Market, what's in a market?", *CMLR*, 1998, pp. 101-136; P. Rodriguez Mateos, *Sistema de Mercado y Tráfico Internacional de Mercancías*, La Ley, Madrid 1992; G. Stefani (dir.), *Mercato Comune e Neoprotezionismo*, Cedam, Padova, 1987.

2. **Recurso del Derecho comunitario a técnicas de Derecho internacional privado**. AA. VV., *Droit International et Droit Communautaire (Actes du Colloque, Paris, 5-6 abril 1990)*, París, 1991; G. Badiali, "Le droit international privé des européennes", *RCADI*, 1985, v. 191, pp. 9-182; E. Brödermann/H. Iversen, *Europäisches Gemeinschaftsrecht und Internationales Privatrecht*, Tübingen, 1994; A. L. Diamond, "Conflict of laws in the EEC", *Current Legal Problems*, 1979, pp. 155-177; U. Drobnig, "Conflict of laws and the European Economic Community", *AJCL*, 1966-67, v. 15, pp. 204-229; Id., "L'apport du droit communitaire au droit international privé", *ChDE*, 1970, pp. 526-543; M. Fallon, "Variations sur le principe d'origene, entre droit communautaire et droit international privé", *Nouveaux Itinéraires en Droit (Hommage à F. Rigaux)*, Bruselas, 1993, pp. 187-221; Id., "Les conflits de lois et de jurisdictions dans un espace économique integré. L'experience de la Communauté européenne", *RCADI*, v. 235, 1995, pp. 9-282; J. C. Fernández Rozas, "Derecho internacional privado y Derecho comunitario", *RIE*, 1990, v. 17, pp. 785-826; K. Kreuzer, "Lex communis europea de collisione legum: Utopie uo nécessite?", *España y la Codificación Internacional del DIPr.* (Terceras Jornadas de Derecho Internacional Privado, San Lorenzo de El Escorial Madrid, 13-14 diciembre 1991), 1993, pp. 225-246; L. Radicati di Brozolo, "L'influence sur les conflits de lois des principes de droit communautaire en matière de libre circulation", *RCDIP*, 1993, pp. 401-424; O. Sandrock, "Die Europäischen Gemeinschaften und die Privatreche ihrer Mitgliedstaaten, Einheit oder Vielfalt?", *Europäishces Wirtschats- & Steuerecht*, n. 5, 1994, pp. 1-8; E. Steindorff, "Europäisches Gemeinschaftsrecht und deutches internationalen Privatrecht", *Europarecht*, 1981, pp. 426-441; A. V. M. Struycken, "Les conséquences de l'intégration européenne sur le développement de droit international privé", *RCADI*, 1992, v. 232, pp. 257-383; D. Vignes, "Remarques sur la double nature de la reconnaissance mutuelle", *Hacia un Nuevo Orden Internacional y Europeo (Homenaje a M. Díez de Velasco)*, Ed. Tecnos, 1993, pp. 1.293-1.296; P. Von Wilmowski, "EG-Freiheiten und Vertragsrecht", *Ju-*

ristenzeitung, 1996, pp. 590-596; B. A. Wortley, "Harmonisation of law in the European Economic Community", *Mélanges R. D. Kollewijn — J. Offerhaus*, Leiden, Sijthoff, 1992, pp. 529-536.

3. **Libre prestación de servicios en general.** P. Annabolis, "La libre circulation des services dans l'Union européenne: évolution et perspectivas", *RMUE*, 1994, pp. 173-181; V. Abellan Honrubia, "La libre circulación de las profesiones liberales en la CEE", *GJ CEE*, Madrid, 1988, n. 52, p. 189; Id., *Normas Comunitarias Europeas y Legislación Española sobre Establecimiento de Personas Físicas y Sociedaes*, Instituto de Estudios Administrativos, Madrid, 1974; Id., "La libertad establecimiento y la libre prestación de servicios en la CEE", *Revista Jurídica de Catalunya*, 1985, n. 2, pp. 293 ss.; n. 5, pp. 619 ss.; Id., "La contribución de la jurisprudencia del TJCE a la realización de la libertad de establecimiento y la libre prestación de servicios", en AA. VV. (dirs. G. C. Rodriguez Iglesias y D. J. Liñan Nogueras), *El Derecho Comunitario Europeo y su Aplicación Judicial*, Ed. Civitas, Madrid, 1993, pp. 771-295; Id., "Libertad de establecimiento y servicios", *Enciclopedia Jurídica Básica*, 1995, pp. 4.042-4.048; J. Bontemps, *Liberté d'Établissement et Libre Prestation de Services dans le Marché Commun*, Bruylant, Bruselas, 1968; I. Borrajo Iniesta, "Las libertades de establecimiento y de servicios en el Tratado de Roma, en E. García de Enterría y otros, *Tratado de Derecho Comunitario Europeo*, v. II, Madrid, 1986, pp. 149-260; L. Cartou, "La jurisprudence récente de la CJCE sur la liberté d'établissement et de prestation de services des societés", *Petites Affiches*, 22 févr. 1989, n. 23, p. 4; E. Cerexhe, *Le Droit Européen. La Libre Circulation des Personnes et des Enterprises*, Ed. Nauwelaerts, Bruselas, 1982; H. Chavrier/E. Honorat/G. de Bergues, "Actualité de droit communautaire", *ADJA*, 20 avr. 1996, pp. 282-284; J.-E. Couzinet, "Le libre accés des ressortissants communautaires à l'exercice des professions indépendantes", *Petites Affiches*, 12 avr. 1989, n. 44, p. 55; F. Durán López, *Libertad de Circulación y Establecimiento en la Jurisprudencia del TJCE*, Madrid, 1986; J.-R. Farthouart/E. Puel, "L'arrêt Gebhard: la clarification de la distinction entre établissement et prestation de services", *Gaz. Pal.*, 5-6 janv. 1996, p. 12; L. Fernández de La Gándara/A. L. Calvo Caravaca, *Derecho Mercantil Internacional*, 2ª ed., Madrid, 1995, pp. 109-148; G. Flécheux, "Une nouvelle forme de la liberté d'etablissement le bureau secondaire", *JCP*, Éd. G, 1990, I, 3.446; Ch. Gavalda et G. Parléani, *Droit Communautaire des Affaires*, Paris, Litec, 1998; L. Goffin, "Liberté d'etablissement et égalité de traitement ou un Droit d'établissement et libre prestation de services avocat peut-il *s'établir* sans être inscrit à l'ordre professionnel? (A propos de l'arrét *Gebhard*)", *ChDE*, n. 5-6, 1996, p. 723; B. Du Granrut, "L'Europe des professions", *Gaz. Pal.*, 1989, n. 257, p. 2; C. Hatzopoulos, "Fiscalité directe des États membres et libertés personnelles reconnues par le Traité CE", *RMUE*, n. 4, 1995, p. 121; J.-M. Hocquard, "Circulation et droit d'établissement, contradiction et doutes", *Gaz. Pal.*, 23-24 juill. 1997, p. 2; J.-G. Huglo, "Liberté d'établissement et libre prestation des services (1 julio 1995-1 julio 1996)", *RTDE*, n. 4, 1996, p. 741; Id., "Libre prestation des services et liberté d'établissement", *RTDE*, 1997, p. 449; J.-G. Huglo, "La libre prestation de services et la liberté d'établissement", *RDTE*, 1994, pp. 465-472; Id., "Droit d'établissement et libre prestation de services", *RTDE*, 1993, pp. 655-557; J. Megret/I. V. Louis/D. Vignes, *Le Droit de la Communauté Economique Européen*, v. III: *Libre Circulation des Travailleurs Etablissement et Services. Capitaux. Transports*, Ed. Université de Bruxelles, Bruselas, 1971; A. Olesti Rayo, *La Libre Circulación de las Profesiones Liberales en la CEE*, PPU, Barcelona, 1992; C. M. Radtke, "Marché unique: libre circulation des services", *Petites Affiches*, 12 avr. 1989, n. 44, p. 47; A. Sainz de Vicuña y Barroso/A. Sánchez-Bella Carswell, "Las adaptaciones del Derecho español exigidas por la aplicación del Derecho comunitario en materia de establecimiento y de prestación de servicios", *Documentación Administrativa*, 1984, pp. 9-46; S. Sánchez Lorenzo, "Libre prestación de servicios", en *Derecho del Comercio Inernacional*, Eurolex, Madrid, 1996 (Dir. J. C. Fernández Rozas), pp. 91-98; J. Schapira/G. Le Tallec/J.-B. Blaise/L. Idot, *Droit Européen des Affaires*, Paris, PUF, 1998; J. A. Subirón Morenilla, *La Configuración Jurídica de las Profesiones Tituladas en España y en la CEE*, Secretaría General del Consejo de Universidades, Madrid, 1988; N. Vara de Paz, "La libertad de establecimiento y la libre prestación de servicios", *RDM*, 1981, pp. 457-521; Id., "La libertad de establecimiento y la libre prestación de servicios", *RDM*, 1984, pp. 275-285; U. Zuschke, *Das Niederlassungsrecht im Inneren der EG und in deren Verhältnis zu Drittstaaten*, Köln, 1989.

Atualidades

NÓTULAS SOBRE O NOVO ESTATUTO DA MICROEMPRESA

Rachel Sztajn

A Lei 9.841, de 5.10.1999, visando estimular a criação de empregos, que se faz mais facilmente, segundo os espertos, por intermédio das microempresas e empresas de pequeno porte, traz novas regras que explicitam o tratamento jurídico, diferenciado, simplificado e favorecido previsto nos arts. 170 e 179 da Constituição Federal.

A diferença de tratamento se manifesta nos planos jurídico diferenciado e simplificado nos campos administrativo, tributário, previdenciário, trabalhista, creditício e de desenvolvimento empresarial, voltado para facilitar a constituição e o funcionamento da microempresa e da empresa de pequeno porte e assegurar o fortalecimento de sua participação no processo de desenvolvimento econômico e social.

Para os efeitos da Lei são consideradas microempresas as organizações cuja renda bruta anual seja, no máximo, igual a R$ 244.000,00 (duzentos e quarenta e quatro mil reais), o que equivale a cerca de R$ 20.000,00 como média mensal; empresa de pequeno porte será aquela cuja renda anual supere o montante acima e não ultrapasse R$ 1.200.000,00 (um milhão e duzentos mil reais).

Dos parâmetros mencionados é clara a diferença de porte entre a microempresa e a de pequeno porte, tomados os limites extremos em cada caso. Uma fatura cerca de R$ 20.000,00 por mês, a outra R$ 1.000.000,00, ou seja, 50 vezes mais!

Mantém-se veto constante da legislação anterior no que concerne à participação de residentes no exterior, de pessoas jurídicas, ou ainda de pessoas naturais que participem de outra sociedade, medida de cautela para evitar que se utilize os benefícios legais de forma abusiva. Ressalva o texto, porém, a possibilidade de participação das empresas beneficiadas pelo tratamento favorecido em centrais de compras, bolsas de subcontratação, consórcios de exportação e outras formas de associação assemelhadas, como cooperativas, seja de consumo seja de vendas.

O legislador tratou de dispor sobre o enquadramento e desenquadramento das empresas de modo a excluir as que deixem de preencher os requisitos legais e a reenquadrá-las se e quando voltarem a atender ao disposto na Lei.

Adiante o legislador se ocupou do apoio creditício para o que se previu que as instituições financeiras oficiais (leia-se bancos públicos) mantenham linhas de crédito especiais, e cujos limites e formas de acesso serão amplamente divulgados. Igualmente se previu que as instituições financeiras e entidades de apoio e representação das empresas consideradas ofereçam treinamento gerencial e instrumentos para a capacitação tecnológica visando a otimizar a utilização dos recursos, aí incluído o estímulo à exportação.

Adiante a lei se volta para o desenvolvimento empresarial, para o que serão criados incentivos fiscais (renúncia fiscal) que levarão em conta geração e manutenção de empregos, competitividade e capacitação tecnológica.

Após detalhamento programático dos incentivos o legislador tratou da criação do que denominou Sociedade de Garantia Solidária.

Mecanismo para conceder garantia aos sócios, é ideada uma sociedade anônima, com duas classes de sócios: os participantes e os investidores. Os primeiros são as empresas a serem beneficiadas, e que podem ter participação individual máxima de 10% do capital social, e cujo número não ultrapassará 10. Sócios investidores serão pessoas naturais ou jurídicas que efetuarão aportes de capital com objetivo único de "auferir rendimentos, não podendo sua participação, em conjunto, exceder a quarenta e nove por cento do capital social".

Tem-se aqui uma anônima cujo objeto social é a prestação de garantia a acionistas, e que operará na forma de uma cooperativa de crédito, porém ao invés de concedê-lo, será garante solidária em benefício de terceiros. Essa garantia, que se assemelha a uma fiança bancária há de ter preço, até porque se for graciosa, como é que os sócios investidores receberão rendimentos?

Primeira questão: na sociedade anônima, segundo previsão legal, todos os sócios têm direito de participar dos resultados — lucros distribuídos sob a forma de dividendos — na proporção de suas respectivas participações no capital social. Como é que será feita a distribuição de resultados nessa sociedade de propósito especial? Terão os acionistas investidores ações privilegiadas de sorte a fazerem jus a distribuição desproporcional dos resultados? Curiosamente quanto aos participantes constata-se que farão jus à parcelas do lucro obtido com o pagamento de taxas, juros e outras despesas decorrentes da garantia que lhes for extendida. Quer dizer, a participação no resultado decorre de custos por ele anteriormente incorridos, custos que não podem ser considerados investimento.

Segunda questão: se o objeto da sociedade é a prestação de garantia solidária aos sócios participantes, que critérios serão utilizados para: *a*) análise de riscos de inadimplência do garantido; *b*) condições de mercado para a fixação da remuneração, já que não deveria haver contratação favorecida entre sociedade e acionistas, o que representaria forma de alocar diferentemente os benefícios, criando externalidades. A taxa de remuneração pela garantia prestada, seria, então, igual às taxas de mercado? Se for assim, quais as vantagens que essa sociedade oferecerá aos sócios?

O art. 26 da Lei trata dos critérios para admissão de novos sócios participantes, sua retirada e exclusão, que devem ser fixados no Estatuto Social, levando a crer, salvo hipótese de cessão das ações, total ou parcial, se trate de sociedade de capital autorizado. Como será determinado o montante do capital integralizado e o limite de aumentos?

Terceira questão: a retirada compulsória (exclusão) de sócio participante que deixe de preencher os requisitos para ser qualificado como microempresa ou empresa de pequeno porte deverá fazer-se mediante a restituição de sua participação percentual no capital social sobre a base do patrimônio líquido, aí incluída a reserva legal e quaisquer outras reservas, reduzindo o montante da garantia geral da sociedade. Seria uma forma de resgate ou reembolso das ações. Reflexos dessa redução sobre o montante de garantias já outorgadas devem ser considerados como risco de crédito extraordinário? Se algum beneficiário, como resultado de tal redução do patrimônio líquido, ultrapassar o limite de 10% fixado no art. 27, inciso I, o que deve ser feito? Dada a tutela do crédito, poderá haver redução do montante garantido? Não parece possível, pois os limites legais são estabelecidos de modo indicativo segundo regra prudencial, mas ficam sujeitos aos azares próprios das atividades mercantis.

Quarta questão: ligada a essa surge o problema da inadimplência do garantido em face de seus credores. Dada a solidariedade, imagina-se, sem benefício de ordem, a companhia será compelida a adimplir. Imagine-se que o inadimplemento do sócio garantido possa ter duas razões básicas: *a*) iliquidez momentânea, o que equivaleria, *mutatis mutandis*, à situação de concordata. Solucionado o problema os recursos são entregues à companhia, acrescidos, ou não, de taxas de juros, mais correção monetária, se houver, recompondo-se o patrimônio ativo; *b*) o inadimplemento é fruto de desequilíbrio patrimonial adverso, equivalente à falência.

A lei dispõe que as ações pertencentes ao sócio beneficiário são objeto de privilégio na hipótese de exclusão por inadimplência. Combinada essa regra com as do Decreto n. 7.661/45, a ordem de preferência creditória faz indagar como tal privilégio será classificado. Não se sabe se é privilégio geral ou especial ou se na verdade a palavra é empregada de forma genérica — contrariando todas as regras de hermenêutica jurídica — para indicar penhor ou caução. Se se tratar da última forma, na ordem de preferência creditória, essa garantia segue os créditos trabalhistas, acidentários, fiscais e parafiscais. Se se tratar de privilégio, há de ser o geral, à falta de melhor explicitação do texto legal, pelo que a ordem de preferência creditória cria duas posições.

A constituição de direito real de garantia, se disso se tratar, deve obedecer aos requisitos do art. 39 da Lei n. 6.404/76; se alienação fiduciária em garantia, aos do art. 40 da mesma Lei. O voto das ações objeto de qualquer dessas garantias deve atender às disposições do art. 113 e seu parágrafo único.

Admitindo-se qualquer das hipóteses e mais, que a sociedade venha a executar a garantia (faça valer o privilégio) o resultado será a praça das ações. A disputa por esse ativo só poderá ter como interessadas microempresas e/ou empresas de pequeno porte. Prefiro não cogitar do que possa ocorrer num tal leilão no que se refere à recomposição patrimonial da companhia.

Exigir contragarantia para a assunção da obrigação pode minorar o problema, pois aqui será factível impor-se ao sócio outorga de garantias ou mais líquidas ou de mais fácil execução e que não estejam presas nem à sorte da empresa beneficiária nem à da garantidora. Mas nesse caso, que benefício tem o empresário?

Quinta questão: o denominado "lastro para garantia" (art. 29 da Lei) representa riscos cuja avaliação é do sócio participante, inicialmente. Portanto deve haver avaliação subseqüente da companhia que os utilizará para pôr no mercado valores mobiliários de sua emissão. Responsável pelo pagamento do mútuo, "lastreado", ou não, é a companhia. O risco assumido nesse sistema é duplo. Um, de inadimplência do garantido, que leva ao pagamento da obrigação por força da solidariedade. Outro, os eventuais inadimplementos dos créditos que servem de "lastro", pelo que o mútuo fica sob responsabilidade do tomador, a Companhia de Garantia Solidária. A pá de cal para o futuro dessa alternativa é a previsão do parágrafo único do artigo que limita o direito de regresso contra as empresas titulares dos valores objeto da securitização, o que em tradução livre equivale a garantia nenhuma.

Sexta questão: o exercício do voto nas assembléias gerais fica subordinado às regras do art. 115 da Lei do anonimato. Assim, o acionista deve votar tendo presente o interesse social e não o seu particular, nada obstante o objeto social seja a prestação de garantias, e, portanto, a assunção do risco de crédito, é indubitável que o acionista participante, que saiba (ou deva saber) que a operação visada é arriscada para a companhia, deveria abster-se de solicitar o benefício, o que me parece pouco provável. O conflito de interesses é tão evidente a ponto de se estranhar não tivesse sido percebido pelos projetistas.

Sétima questão: supondo, para concluir, que 10 participantes se reúnam para organizar uma tal sociedade e cada um participe com 10% do capital social, como é que se encontra espaço, no modelo societário escolhido, para os investidores?

Melhor teria sido propor a criação de cooperativa de garantia, cujo patrimônio seria aportado pelos interessados que, dessa forma, zelariam melhor por riscos, em regime prudencial. Ou sociedades de propósito especial em que investidores, dispostos a assumir riscos, prestassem as garantias necessárias. Em qualquer das duas hipóteses a tendência a minimizar condutas irresponsáveis seria otimizada. O fundo de risco a ser constituído com 50% da parte correspondente aos sócios participantes, e para o qual deverão concorrer também os sócios investidores, sem adequada gestão dos riscos tomados, será arrimado de ativo para que a garantia outorgada tenha expressão efetiva nos mercados. O fundo deveria ser um patrimônio autônomo, administrado em benefício dos eventuais credores da companhia, de acordo com o regime das caixas de liquidação típicas do mercado de valores mobiliários.

Atualidades

A LEI-MODELO SOBRE ARBITRAGEM COMERCIAL INTERNACIONAL DA UNCITRAL EM FACE DA LEI BRASILEIRA DE ARBITRAGEM*

EDUARDO GREBLER

Aspectos gerais da Lei-Modelo sobre Arbitragem Comercial Internacional. A solução da nova lei brasileira de arbitragem. Paralelo entre os principais dispositivos da LMACI e da LA: Convocação do requerido; Intervenção do Poder Judiciário na arbitragem; Cláusula compromissória e compromisso arbitral; Convenção de arbitragem por escrito; Medidas conservatórias; Composição do tribunal arbitral; Impugnação de árbitros; Determinação da competência do tribunal arbitral; Liberdade das partes para estabelecer o procedimento arbitral; Lei de fundo aplicável à solução da controvérsia; Processo de decisão do tribunal arbitral; Acordo no curso da arbitragem; Requisitos formais da sentença arbitral; Encerramento da arbitragem; Correção de erros e omissões; Recurso judicial contra a sentença arbitral; Reconhecimento e execução da sentença arbitral. Conclusão.

As leis-modelo têm sido utilizadas com freqüência, para uniformizar normas jurídicas de diferentes países sobre relações internacionais. Geralmente, fruto do trabalho conjunto de juristas de várias nacionalidades, detentores de reconhecido saber na matéria, as leis-modelo têm como principal virtude permitir que a conformação definitiva da norma jurídica se faça pelo processo legislativo nacional, o que nos Estados democráticos se faz mediante debate com os setores interessados da sociedade.

A análise de uma lei-modelo concebida no âmbito da Comissão das Nações Unidas para o Direito do Comércio Internacional ("Uncitral") deve ser feita em confronto com as normas disponíveis na ordem interna, para verificar se o objeto de tal lei-modelo se encontra, ou não, satisfatoriamente regulado pelo Direito existente. É o que faremos a seguir.

Aspectos gerais da Lei-Modelo sobre Arbitragem Comercial Internacional

A Lei-Modelo sobre Arbitragem Comercial Internacional[1] ("LMACI"), adotada pela Uncitral em 21.6.1985, teve por finalidade oferecer um padrão mínimo normativo com relação à arbitragem comercial envolvendo "casos internacionais", a ser adotado pelos diferentes Estados. Concebida numa fase de grande expansão do comércio internacional, a LMACI pretendeu estimular os Estados a modernizar suas legislações sobre arbitragem, visando alcançar efetividade na solução extrajudicial de controvérsias decorrentes do comércio internacional.

Seu escopo foi, como diz o próprio título, regular a arbitragem sobre *matéria comercial*, envolvendo *relação jurídica inter-*

* Palestra Proferida no Seminário "Dimensões Legais e Normativas do Comércio Eletrônico e Arbitragem Comercial Internacional", promovido pelo Departamento de Cooperação Científica, Técnica e Tecnológica do Ministério das Relações Exteriores do Brasil, em Brasília, em 2.7.1999.

1. Documento das Nações Unidas A/40/17.

nacional. A interpretação do vocábulo *comercial* nela adotada é, contudo, a mais ampla, não se restringindo a questões contratuais, e inclui consultoria, engenharia, licenciamento e transporte de passageiros, entre outros.[2] Por outro lado, para os fins da LMACI o caráter internacional da relação jurídica se verifica não somente quando as partes tenham seus respectivos locais de negócios situados em Estados diferentes que é o critério mais comum, mas também quando o local da arbitragem designado na convenção arbitral, ou o local de cumprimento de parte substancial das obrigações, ou ainda o local que tenha a conexão mais próxima com o objeto da controvérsia, esteja fora do Estado onde as partes tenham seu local de negócios, e, finalmente, quando as partes tenham expressamente concordado que o objeto da convenção arbitral se relaciona com mais de um Estado.[3]

Fica patente nestes traços que a finalidade precípua da LMACI não foi a uniformização das normas legais sobre arbitragem em geral, mas sobre a arbitragem internacional tão-somente. Assim, os países que a adotaram passaram a ter dois estatutos distintos sobre arbitragem: um, voltado para a solução extrajudicial de controvérsias domésticas, outro, destinado exclusivamente às de cunho internacional. Além disto, a LMACI não pretende afetar outras leis nacionais que excluem ou condicionam a aplicação da arbitragem a certos litígios.

A solução da nova lei brasileira de arbitragem

Não foi esta a solução adotada na nova Lei de Arbitragem brasileira ("LA").[4] Aqui, o legislador preferiu abarcar a disciplina de toda e qualquer arbitragem realizada no território nacional, independentemente de ter ela, ou não, características de internacionalidade. Ao fazê-lo, entretanto, incorporou ao Direito brasileiro da arbitragem soluções que em muito se assemelham àquelas preconizadas pela LMACI.

Anteriormente à edição da LA poder-se-ia dizer, com inteira razão, que a lei brasileira encontrava-se em descompasso com as de quase todos os demais países do mundo. Estávamos, ainda, na tradição do século passado, aprisionados pelo sacralismo das fórmulas judiciárias, imbuídos da ultrapassada noção de que o Estado seria a única fonte de justiça. Por isto, a arbitragem contemplada em nossos Códigos Civil e Processual Civil, conquanto aparentemente viável, na realidade, era pouco mais do que letra morta, pois de nada valia sem a intervenção homologatória do Poder Judiciário.[5] Pior ainda, a desobediência à cláusula arbitral porventura existente em contrato não era sanável mediante execução específica,[6] tornando extremamente duvidosa a eficácia deste dispositivo. Naquele tempo, seria totalmente incerta a adoção de regras arbitrais institucionais que não se ajustassem aos rigores do Código de Processo Civil, e inteiramente impossível a eleição, pelas partes, da lei de fundo a ser aplicada na solução do litígio, eis que a autonomia da vontade neste particular se considerava inadmissível.[7]

Felizmente, os tempos são outros. A LA, cujo projeto foi elaborado com olhos sobre as legislações mais atuais sobre arbitragem e sobre as convenções internacionais sobre arbitragem que se têm mostrado bem sucedidas entre elas, a Convenção de Nova York, de 1958, sobre o Reconhecimento e Execução de Laudos Arbitrais Estrangeiros[8] e, até mesmo, sobre a própria LMACI, introduziu um regramento inteiramente novo, buscando superar as deficiências que anteriormente se apresentavam.

2. LMACI, Artigo 1(1), incluindo a respectiva nota de rodapé.

3. LMACI, Artigo 1(3).

4. Lei 9.307, de 23.9.1996, *DOU* 14.9.1996.

5. Art. 1.097 do Código de Processo Civil, *revogado* pela LA.

6. Cf. Ac. STF, RE 58.696-SP, rel. Min. Luiz Gallotti, j. 2.6.1967, *DJ* 30.8.1967, *RTJ* 42/01, p. 212.

7. Lei de Introdução ao Código Civil, art. 9º, § 2º.

8. 330 U.N.T.S. 38.

Paralelo entre os principais dispositivos da LMACI e da LA

Convocação do requerido

Dispõe a LMACI que, quando o destinatário de alguma comunicação não for encontrado pessoalmente, em seu local de negócios, residência ou endereço postal, a comunicação é considerada recebida desde que seja encaminhada ao último endereço conhecido, por carta registrada ou qualquer outro meio que permita obter um registro da tentativa de entrega, sendo a comunicação considerada recebida no dia em que foi entregue.[9] O que de semelhante se encontra na LA, redigido com maior singeleza, é que a manifestação da intenção de dar início à arbitragem, por uma parte à outra, se fará por via postal ou por outro meio qualquer de comunicação, mediante comprovação de recebimento.[10]

Intervenção do Poder Judiciário na arbitragem

Dispõe categoricamente a LMACI que, em assuntos por ela regidos, não haverá intervenção judicial, salvo quando nela própria prevista.[11] Nada semelhante se encontra na LA e nem se poderia, sob pena de confrontação com o dispositivo constitucional brasileiro que estabelece que "a lei não excluirá da apreciação do Poder Judiciário lesão ou ameaça a direito".[12] Isto, contudo, não quer dizer que o Poder Judiciário possa intervir no procedimento arbitral propriamente dito salvo por iniciativa do próprio tribunal arbitral, como se verá a seguir, pois a existência de convenção arbitral implica a extinção, sem julgamento do mérito, do processo judicial porventura iniciado por uma parte, quando for assim requerido pela outra parte.[13] Vale notar que a LA exclui, expressamente, a sentença arbitral de sujeição a recurso ou homologação pelo Poder Judiciário,[14] conferindo-lhe, ainda, eficácia de sentença judicial.[15]

Por outro lado, a assistência por parte da autoridade judiciária prevista na LMACI[16] está também contemplada na LA, mas de modo específico. Nesta, há menção expressa à possibilidade de se recorrer à autoridade judiciária no caso de resistência da outra parte em firmar o compromisso arbitral,[17] para a fixação de honorários dos árbitros em caso de ausência dessa estipulação no compromisso arbitral,[18] para a nomeação do terceiro árbitro em caso de desacordo entre os dois árbitros nomeados pelas partes,[19] bem como para a prática de certos atos procedimentais, como a condução de testemunha renitente,[20] e para as medidas coercitivas ou cautelares.[21] Certas situações em que a LMACI prevê a possibilidade de recorrer-se à autoridade judiciária durante a arbitragem suspeição de árbitro,[22] remoção de árbitro[23] e ausência de jurisdição do tribunal arbitral[24] não são contempladas expressamente na LA. Contudo, o sistema geral do processo civil brasileiro não exclui tais atos da apreciação judicial, pelo que podem ser a ela submetidos, seja na ação de nulidade da sentença arbitral,[25] seja em embargos à execução,[26] seja mesmo durante o procedimento arbitral, diante de condições que a justifiquem.

Cláusula compromissória e compromisso arbitral

Sob o nome de "acordo de arbitragem", a LMACI contemplou tanto a cláu-

9. LMACI, Artigo 3.
10. LA, art. 6º.
11. LMACI, Artigo 5.
12. CF, art. 5º, XXXV.
13. Código de Processo Civil, art. 267, VII.

14. LA, art. 18.
15. LA, art. 31.
16. LMACI, Artigos 6, 11(3), 11(4), 13(3), 14, 16(3) e 34(2).
17. LA, art. 7º.
18. LA, art. 11, parágrafo único.
19. LA, art. 13, § 2º.
20. LA, art. 22, § 2º.
21. LA, art. 22, § 3º.
22. LMACI, Artigo 13(3).
23. LMACI, Artigo 14.
24. LMACI, Artigo 16.
25. LA, art. 33, § 1º.
26. LA, art. 33, § 3º.

sula arbitral inserida em contrato como o compromisso arbitral.[27] Na tradição jurídica de inúmeros países, entre os quais o Brasil, costuma-se diferenciar a cláusula compromissória do compromisso arbitral, a primeira destinada a produzir efeito em eventual controvérsia futura,[28] o segundo destinando-se a regular a solução de uma controvérsia atual e conhecida pelas partes.[29] Contudo, embora reconhecendo a existência desta distinção, a LMACI buscou resolver o principal problema que geralmente decorre dela, ao determinar que, diante de um acordo de arbitragem (i.e., tanto uma cláusula compromissória quanto um compromisso arbitral), a autoridade judiciária deve remeter as partes à arbitragem, desde que seja assim requerido por qualquer delas, em sua primeira manifestação sobre o mérito do litígio salvo se a autoridade judiciária considerar que a convenção é nula, inoperante ou incapaz de ser cumprida.[30] Efeito semelhante foi obtido na LA, ao dispor que tanto a cláusula compromissória como o compromisso arbitral integram a "convenção de arbitragem"[31] e que, invocada esta pelo réu em sua contestação, extingue-se o processo sem julgamento de mérito.[32]

Convenção de arbitragem por escrito

Ambos os textos legislativos dispõem que a arbitragem deve ser estipulada por escrito.[33] É mais liberal a LMACI quanto ao que se deva entender por "escrito", pois admite como tal o intercâmbio de declarações na postulação inicial e na defesa, em que uma das partes alegue a existência da convenção arbitral e a outra não a negue.[34]

Medidas conservatórias

No que concerne às medidas conservatórias, distinguem-se a LMACI e a LA quanto ao poder de iniciativa; conforme a primeira, não há incompatibilidade entre o andamento do procedimento arbitral e o requerimento judicial de medida cautelar, feito por uma das partes, nem com a concessão dessa medida pelo tribunal judicial,[35] ao passo que, consoante a LA, cabe aos árbitros a iniciativa de requerê-las à autoridade judiciária que seria, originariamente, competente para julgar a causa.[36] Por outro lado, admite a LMACI que o tribunal arbitral ordene medida provisória conservatória, incluindo a prestação de caução,[37] enquanto no sistema da LA, somente à autoridade judiciária cabe tal poder.[38]

Composição do tribunal arbitral

Na LMACI, o número de árbitros que comporão o tribunal arbitral é deixado à livre escolha das partes, mas na falta de estipulação, o tribunal será de três árbitros.[39] Já na LA, os árbitros serão sempre em número ímpar, e quando forem nomeados em número par, presumem-se os próprios árbitros autorizados a nomear mais um.[40] Ambos os textos prevêem que, no caso de omissão de uma das partes em nomear seu árbitro, ou se os dois árbitros nomeados não conseguirem se acordar quanto ao terceiro, a respectiva indicação será feita pela autoridade judiciária.[41]

Impugnação de árbitros

A norma da LMACI que obriga a pessoa indicada para funcionar como árbitro a

27. LMACI, Artigo 7(1).
28. LA, art. 4º.
29. LA, art. 9º.
30. LMACI, Artigo 8(1).
31. LA, art. 3º.
32. CPC, art. 267, VII, com a redação dada pela LA.
33. LMACI, Artigo 7(2); LA, art. 4º, § 1º e §§ 1º e 2º.
34. LMACI, Artigo 7(2).
35. LMACI, Artigo 9.
36. LA, art. 22, § 4º.
37. LMACI, Artigo 17.
38. LA, art. 22, § 4º.
39. LMACI, Artigo 10.
40. LA, art. 13, §§ 1º e 2º.
41. LMACI, Artigo 11(3); LA, arts. 7º e 13, § 2º.

revelar qualquer circunstância capaz de ocasionar dúvida justificável sobre sua imparcialidade e independência,[42] encontra símile quase literal na LA.[43] Também quanto ao procedimento para a impugnação do árbitro nota-se grande semelhança entre os dispositivos dos dois textos legais.[44]

Determinação da competência do tribunal arbitral

A questão da competência do tribunal arbitral é enfrentada na LMACI de forma explícita, atribuindo-se ao próprio tribunal arbitral a *kompetenz-kompetenz*, i.e., a competência para decidir sobre sua própria competência.[45] Na LA, esta competência também foi atribuída ao tribunal arbitral, ao determinar que caberá ao árbitro decidir as questões acerca da existência, validade e eficácia da convenção de arbitragem.[46] Tanto a LMACI quanto a LA reconhecem a autonomia da cláusula arbitral em relação ao contrato em que estiver contida, declarando que a eventual nulidade deste não importa na invalidade daquela.[47]

Liberdade das partes para estabelecer o procedimento arbitral

A isonomia entre as partes é princípio presente tanto na LMACI[48] quanto na LA.[49] Da mesma forma quanto à liberdade das partes para estabelecer o procedimento a ser seguido pelo tribunal arbitral na condução do caso, prevista tanto na LMACI[50] quanto na LA,[51] e em ambas se prevê que, à falta de acordo entre as partes, o tribunal poderá conduzir a arbitragem do modo que achar conveniente.

Na LMACI, as partes têm liberdade de escolher o local da arbitragem, mas à falta de acordo o tribunal arbitral pode determiná-lo, podendo também reunir-se onde achar apropriado para consultar seus membros, ouvir testemunhas, peritos ou partes, ou para inspeção de bens, propriedades e documentos.[52] Já na LA, prevê-se a possibilidade de as partes acordarem, no compromisso arbitral, sobre o lugar onde será proferida a sentença arbitral, assim como o local onde se desenvolverá a arbitragem.[53] Ao contrário da LMACI, que dá às partes liberdade para escolher livremente o idioma ou idiomas a serem usados na arbitragem,[54] nada dispõe a LA sobre o idioma a ser utilizado, mas tampouco existe nela qualquer proibição ao uso de idioma estrangeiro.

Não obstante a regra de que o procedimento arbitral será determinado pelas partes, a LMACI contém alguns dispositivos descritivos das etapas do referido procedimento. Assim, refere-se ao modo como deve o requerente expor seu pleito e como deve o requerido contrariá-lo, atribuindo ao tribunal arbitral, também, o poder de decidir se haverá audiência para apresentação de provas ou de alegações orais, ou se a arbitragem será realizada com base apenas em documentos e outros elementos.[55] Diz, ainda, que toda manifestação, documento ou outra informação entregue ao tribunal arbitral por uma das partes, será comunicada à outra parte, e que qualquer laudo pericial ou documento no qual o tribunal arbitral se baseie para tomar sua decisão deverá ser comunicado às partes.[56] Dispõe que o tribunal arbitral pode indicar um ou mais peritos para assessorá-lo em questões específicas, pode determinar a qualquer das partes que forneça ao perito qualquer informação relevante ou que produza, ou dê acesso, a qualquer documento, bens ou outra propriedade para

42. LMACI, Artigo 12(1).
43. LA, art. 14, § 1º.
44. LMACI, Artigo 13; LA, arts. 15, 16 e 20.
45. LMACI, Artigo 16(1).
46. LA, art. 8º, parágrafo único.
47. LMACI, Artigo 16(1); LA, art. 8º.
48. LMACI, Artigo 18.
49. LA, art. 21, § 2º.
50. LMACI, Artigo 19(1) e (2).
51. LA, art. 21 e § 1º.
52. LMACI, Artigo 20.
53. LA, arts. 10, IV, e 11, I.
54. LMACI, Artigo 22.
55. LMACI, Artigos 23 e 24.
56. LMACI, Artigo 24(2).

seu exame, e que o perito deverá comparecer a audiência, a requerimento de qualquer das partes ou por determinação do tribunal arbitral, após entregar seu laudo, podendo as partes formular questões e apresentar testemunhas especializadas para depor sobre os pontos em questão.[57] Nada do gênero se encontra na LA, devendo entender-se, contudo, que idêntico proceder possa ser adotado pelo tribunal arbitral, no uso de seu poder regulamentar do procedimento, ou, no caso de arbitragens administradas, segundo as regras contidas no regulamento da instituição escolhida.

Lei de fundo aplicável à solução da controvérsia

A questão da escolha da lei de fundo aplicável à solução do conflito, uma das mais relevantes no caso das arbitragens internacionais, mereceu disciplina específica na LMACI, no sentido de que o tribunal arbitral decidirá o litígio segundo a lei escolhida pelas partes como aplicável ao mérito do litígio, esclarecendo, ainda, que a menção à lei ou sistema legal de um determinado Estado será entendida como referindo-se ao direito substantivo daquele Estado, e não às normas de direito internacional privado do mesmo.[58] Na LA, o legislador também enfrentou esta tormentosa questão do Direito Internacional Privado brasileiro, rompendo com a tradição conservadora, até então prevalente no Supremo Tribunal Federal brasileiro, que negava às partes o direito de escolher diretamente a lei aplicável para reger suas obrigações. Em face da LA, as partes podem agora escolher, livremente, as regras de direito que serão aplicadas na arbitragem, desde que não haja violação aos bons costumes e à ordem pública.[59]

Questão interessante se apresenta em caso de falta de designação da lei aplicável pelas partes. Estabelece a LMACI que, nesta hipótese, sua determinação será feita pelo tribunal arbitral, mas não por escolha direta como seria na aplicação estrita da *proper law of contract*, mas sim por escolha indireta, que resultar do Direito Internacional Privado que o tribunal considerar aplicável.[60] Esta mesma liberdade não foi outorgada aos árbitros pela LA, motivo pelo qual estes estarão cingidos, em idênticas circunstâncias, às regras do Direito Internacional Privado brasileiro, segundo as quais deverão aplicar o direito substantivo do país onde a obrigação houver sido contraída.[61]

A arbitragem de eqüidade está admitida tanto na LMACI[62] como na LA,[63] desde que as partes a tenham expressamente autorizado. Também em ambas encontra-se a previsão de utilização dos usos e costumes, sendo que na LA este conceito vem acompanhado, talvez desnecessariamente, de autorização para emprego dos princípios gerais de direito e das regras internacionais de comércio.[64]

Processo de decisão do tribunal arbitral

Na LMACI, as decisões do tribunal arbitral, quando for composto por mais de um árbitro, serão tomadas por maioria de todos os membros, salvo nas questões de procedimento, que poderão ser resolvidas pelo árbitro presidente, se autorizado pelas partes ou por todos os integrantes do tribunal arbitral.[65] Assim também na LA, onde se prevê a decisão por maioria, mas se não houver acordo majoritário, prevalecerá o voto do presidente do tribunal arbitral.[66]

Acordo no curso da arbitragem

Eventual acordo a que chegarem as partes no curso da arbitragem resultará no

57. LMACI, Artigo 26.
58. LMACI, Artigo 28(1).
59. LA, art. 2º, § 1º.
60. LMACI, Artigo 28(2).
61. Lei de Introdução ao Código Civil brasileiro, art. 9º.
62. LMACI, Artigo 28(3).
63. LA, arts. 2º, e 11, II.
64. LMACI, Artigo 28(4); LA, art. 2º, § 2º.
65. LMACI, Artigo 29.
66. LA, art. 24, § 1º.

encerramento do procedimento e, a requerimento das partes, o tribunal arbitral poderá homologar o acordo na forma de uma sentença arbitral, nos termos acordados, que terá os mesmos efeitos de uma sentença de mérito do caso. Esta solução é adotada tanto pela LMACI[67] como pela LA.[68]

Requisitos formais da sentença arbitral

Os requisitos de forma da sentença arbitral são, também, equivalentes nos dois textos. Segundo a LMACI, a sentença arbitral será escrita, assinada pelo árbitro ou árbitros. Em arbitragens com mais de um árbitro, bastará a assinatura da maioria deles, desde que se mencione a razão pela qual ocorreu a omissão da assinatura. A sentença mencionará as razões de decidir, salvo se as partes determinarem que não serão mencionadas, ou se se tratar de sentença homologatória de acordo realizado pelas partes. A sentença mencionará a data e o lugar em que foi proferida, e uma cópia assinada pelos árbitros será entregue a cada uma das partes. Na LA, os requisitos da sentença arbitral, naquilo que é essencial, não diferem substancialmente destes.[69]

Encerramento da arbitragem

As hipóteses de encerramento da arbitragem foram expressamente contempladas na LMACI, verificando-se tanto pela sentença arbitral como por determinação do tribunal arbitral nos casos de retirada do pleito pelo requerente, por acordo entre as partes em encerrar o procedimento ou, ainda, quando o tribunal arbitral considerar que a continuação da arbitragem tornou-se desnecessária ou impossível.[70] Bem mais singela é a norma da LA, que apenas prevê o fim da arbitragem quando proferida a sentença arbitral;[71] contudo, é evidente que também sob a LA, esta se encerrará nas demais situações explicitamente previstas na LMACI, porquanto decorrentes dos princípios gerais do Direito Processual brasileiro.

Correção de erros e omissões

Sob ambas as legislações, qualquer das partes poderá requerer ao tribunal arbitral que corrija erros de cálculo, tipográficos ou de natureza semelhante, ou que dê interpretação a um ponto específico da sentença ou, ainda, que profira sentença adicional em relação a algum pleito apresentado e omitido na sentença. Diferem, contudo, os prazos, que na LMACI é mais elástico (30 dias para o requerimento e 30 dias para o pronunciamento do tribunal arbitral),[72] enquanto na LA é mais exíguo (5 dias para o requerimento e 10 dias para o pronunciamento do tribunal arbitral).[73]

Recurso judicial contra a sentença arbitral

Equivalem-se as soluções da LMACI e da LA quanto ao manejo de recurso judicial contra a sentença arbitral. Em ambas se admite o requerimento de anulação, o qual, contudo, tem limites um tanto distintos em cada uma delas. Na LMACI, a anulação somente poderá ser deferida em caso de prova inconteste de (*a*) incapacidade da parte na convenção de arbitragem, ou de que a convenção de arbitragem não tenha sido válida segundo a lei a ela aplicável por escolha das partes ou, à falta disto, segundo a lei do país, ou (*b*) que a parte que requerer a anulação não tenha sido corretamente comunicada da nomeação de árbitro ou do procedimento arbitral, ou tenha estado por outra forma impossibilitada de apresentar suas alegações, ou (*c*) que a sentença refira-se a um litígio não contemplado ou não contido nos termos do acordo de

67. LMACI, Artigo 30.
68. LA, arts. 28 e 29.
69. LA, art. 26 e seu parágrafo único.
70. LMACI, Artigo 32.
71. LA, art. 29.
72. LMACI, Artigo 33.
73. LA, art. 30 e seu parágrafo único.

arbitragem, ou contenha decisões sobre matérias que ultrapassem os limites do acordo de arbitragem, ou (*d*) que a composição do tribunal arbitral ou o procedimento arbitral não tenha estado conforme ao acordado entre as partes; ou quando a autoridade judicial concluir que (*a*) o objeto do litígio não era passível de solução arbitral, conforme a lei deste país, ou (*b*) a sentença contraria a ordem pública do país.[74]

Já na LA, as hipóteses de anulação estão referidas como sendo aquelas previstas no próprio texto da LA, quais sejam (*a*) se nulo for o compromisso, (*b*) se a sentença emanou de quem não podia ser árbitro, (*c*) se a sentença não contiver os requisitos obrigatórios, (*d*) se foi proferida fora dos limites da convenção de arbitragem, (*e*) se não decidir todo o litígio, (*f*) se foi proferida por prevaricação, concussão ou corrupção passiva, (*g*) se foi proferida fora do prazo, ou se foram desrespeitados os princípios do contraditório, da igualdade das partes, da imparcialidade do árbitro ou de seu livre convencimento.[75]

Da comparação do tratamento dado às hipóteses de anulação nos dois textos legislativos, constata-se que o legislador brasileiro quis ser específico, detalhando pormenorizadamente situações ensejadoras da nulidade, adotando o critério de *numerus clausus*. Todavia, o elenco de situações ali previstas, é perfeitamente razoável, pois embora autorize a anulação diante de anomalias graves do procedimento arbitral, ao mesmo tempo assegura a preservação deste contra ataques desmotivados da parte eventualmente vencida, que apenas visem a desconstituir a conclusão que lhe foi adversa.

Na LMACI, o requerimento de anulação da sentença arbitral não poderá ser feito após o decurso de três meses, contados da data em que a parte que o requerer tiver recebido a sentença ou tiver recebido a resposta do tribunal arbitral ao pedido de correção, interpretação ou emenda,[76] prazo igual ao previsto na LA.[77] Mas nesta não se encontra o dispositivo incluído na LMACI, que permite à autoridade judicial a quem for requerida a anulação da sentença arbitral suspender o procedimento de anulação por certo prazo, de modo a que o tribunal arbitral elimine o motivo da anulação postulada.[78]

Reconhecimento e execução da sentença arbitral

Nos termos da LMACI, a sentença arbitral, independentemente do país em que for proferida, será reconhecida como obrigatória e será executada mediante requerimento por escrito à autoridade judicial competente.[79] Esta regra coincide, em grande parte, com aquela prevista na LA, segundo a qual a sentença arbitral produz, entre as partes e seus sucessores, os mesmos efeitos da sentença proferida pelos órgãos do Poder Judiciário e, sendo condenatória, constitui título executivo.[80] Há notável diferença, entretanto, quando a sentença arbitral for proveniente de país estrangeiro, pois, no sistema ainda vigente, a sentença arbitral não será de imediato executável no Brasil, carecendo ser antes homologada pelo Supremo Tribunal Federal,[81] observadas regras procedimentais previstas na própria LA, no CPC e no Regimento Interno do STF.[82]

Vale notar que o sistema vigente está em vias de sofrer significativa alteração, pois se encontram em curso providências no sentido da adesão, pelo Brasil, à Convenção de Nova York sobre o Reconhecimento e Execução de Laudos Arbitrais Estrangeiros.[83] Efetivando-se tal adesão, dei-

74. LMACI, Artigo 34(1) e (2).
75. LA, art. 32.
76. LMACI, Artigo 34(3).
77. LA, art. 33, § 1º.
78. LMACI, Artigo 34(4).
79. LMACI, Artigo 35(1).
80. LA, art. 31.
81. LA, arts. 34 e 35.
82. LA, arts. 36 e 37; CPC, arts. 282, 483 e 484; RISTF, arts. 215 e ss.
83. 330 U.N.T.S. 38.

xará de ser aplicável a norma da LA que requer a prévia homologação da sentença arbitral estrangeira, a qual passará, então, a ser diretamente executável no território nacional. Enquanto tal não ocorre, contudo, o procedimento homologatório é indispensável, e para regular a possibilidade de recusa da homologação, a LA referiu, em critério de *numerus clausus*, às hipóteses em que tal poderá dar-se,[84] reproduzindo literalmente as situações previstas na LMACI como ensejadoras da recusa ao reconhecimento e execução da sentença arbitral estrangeira:[85] (*a*) o réu demonstrar (i) incapacidade das partes na convenção de arbitragem, (ii) que a convenção de arbitragem não tenha sido válida segundo a lei a ela aplicável por escolha das partes ou, à falta disto, segundo a lei do país onde foi proferida a sentença, (iii) que a parte contra quem a execução foi requerida não foi notificada da nomeação de árbitro ou do procedimento arbitral, ou tenha sido impossibilitada a ampla defesa, (iv) a sentença proferida estava fora dos limites da convenção de arbitragem, sendo impossível separar a parte excedentem, (v) a composição do tribunal arbitral ou o procedimento arbitral não tenha estado conforme ao acordado entre as partes ou, à falta deste acordo, se em conflito com a lei do país onde a arbitragem teve lugar, ou (vi) a sentença ainda não se tenha tornado obrigatória para as partes, ou tenha sido anulada ou suspensa pela autoridade judiciária do país no qual, ou sob cuja lei, foi proferida; ou (*b*) se a autoridade judiciária concluir que (i) o objeto do litígio não era passível de solução arbitral, conforme a lei brasileira, ou que (ii) a sentença contraria a ordem pública deste país. Para evitar a reedição de velha polêmica instaurada no âmbito do STF, a própria LA declara que não se considerará violação da ordem pública a citação da parte residente ou domiciliada no Brasil segundo a convenção de arbitragem ou o Direito Processual estrangeiro, desde que assegurado à parte brasileira prazo para o exercício do direito de defesa,[86] eliminando, por conseguinte, a necessidade de citação por via de carta rogatória, até então exigida como indeclinável pela jurisprudência do STF.

Conclusão

A análise comparativa dos principais dispositivos da LMACI e da LA demonstra, a nosso ver, que esta última oferece um quadro normativo plenamente satisfatório, tanto para a arbitragem interna como para aquela que envolve elementos de conexão internacional. Certas peculiaridades da LA, que ainda não refletem as soluções mais avançadas sobre o direito da arbitragem, deveram-se predominantemente a entraves constitucionais, impossíveis de superar por ocasião da edição da nova lei, mas que não chegaram a comprometer os resultados por ela alcançados.

Por outro lado, determinadas situações, reguladas com grande minúcia no âmbito da LMACI, reveladoras da preocupação de seus autores diante das soluções possivelmente insatisfatórias adotadas em distintos países do mundo, não se revelaram necessárias no contexto brasileiro.

Em face disto, parece-nos que a contribuição da LMACI para o processo de modernização da legislação brasileira sobre arbitragem já produziu os seus efeitos, passando o Brasil, desde então, a estar ao lado dos países que prestigiam a arbitragem como forma válida de solução alternativa de controvérsias, tanto de natureza internacional como doméstica.

84. LA, arts. 38 e 39.
85. LMACI, Artigo 36.
86. LA, art. 39, parágrafo único.

Atualidades

PRESSUPOSTOS DA QUEBRA

JORGE LOBO

1. Estado de falência ou quebra. 2. Pressuposto subjetivo da falência. 3. Pressuposto objetivo da falência. 4. Pressuposto formal.

1. Estado de falência[1] ou quebra[2]

Para que se caracterize o estado de falência ou quebra, é indispensável a coexistência de três pressupostos:[3] (1º) o pressuposto subjetivo, (2º) o pressuposto objetivo[4] e (3º) o pressuposto formal.

1. A falência, a concordata preventiva e a concordata suspensiva são disciplinadas pelo Decreto-lei n. 7.661, de 21.6.1945, vulgarmente conhecido por Lei de Falências.

2. Falência ou quebra são expressões sinônimas. A nossa Lei de Falências vale-se, entretanto, exclusivamente, do vocábulo falência, a exemplo do que ocorre na Itália, onde a matéria é regulada pelo Código da Falência. Na Argentina, a preferência é pela palavra quebra, conforme se verifica da epígrafe da Lei n. 24.522, sancionada em 20.7.1995. Na França, a Lei n. 85-98, de 25.1.1985, não usa nem o termo falência, nem quebra, mas liquidação, conforme expusemos, longamente, em nosso livro *Da Recuperação da Empresa do Direito Comparado*, Ed. Lumen Juris. Por fim, anote-se que, outrora, bancarrota era a falência ou quebra criminosa.

3. Entende-se por pressuposto, segundo o *Novo Dicionário Aurélio*, "a circunstância ou o fato considerado antecedente necessário de outro"; consoante o *Vocabulário Jurídico*, de De Plácido e Silva, Forense, 15ª ed., p. 636, pressuposto é "o que deve vir antes"; para o *Dicionário de Filosofia Oxford*, Jorge Zahar editor, 1994, p. 311, é uma "afirmação cuja verdade é necessária para a verdade ou falsidade de outra afirmação".

4. Os pressupostos subjetivo e objetivo são denominados por De Martini "elementos constitutivos substanciais para a sentença declaratória da quebra", in "Gli elementi costitutivi de estintivi della stato d'insolvenza", *Dir. Fall.*, 1943, I, p. 39.

2. Pressuposto subjetivo da falência

São sujeitos passivos da falência:

2.1 Ex vi do art. 1º da Lei de Falências:

a) o comerciante individual,[5] conforme definido no arts.1º e 4º do Código Comercial,[6] nacional ou estrangeiro,[7] inscrito ou não no Registro Público de Empresas Mercantis;[8]

b) as sociedades comerciais de que tratam (1º) os arts. 311 (sociedade em coman-

5. A Lei n. 8.934, de 18.11.1994, que criou o Registro Público de Empresas Mercantis e Atividades Afins, ao invés de "comerciante individual", emprega a expressão "firma mercantil individual" (art. 2º, *caput*).

6. De acordo com o art. 4º do Código Comercial, é comerciante quem faz da mercancia profissão habitual, discriminando o art. 19 do Regulamento n. 737, de 25.11.1850, os atos de mercancia. À sua vez, o art. 1º do Código Comercial estabelece que podem comerciar no Brasil: 1º) todas as pessoas que se acharem na livre administração de suas pessoas e bens e não forem expressamente proibidas por lei; 2º) os menores legitimamente emancipados; 3º) os menores, que tiverem mais de dezoito anos de idade, com autorização dos pais, provada por escritura pública. Sobre o tema, é importante atentar ainda para o item 2.2, letras *b* e *c*, *infra*, e respectivas notas.

7. Sobre os documentos que o comerciante estrangeiro deve apresentar ao Registro Público de Empresas Mercantis veja-se o DL n. 341, de 17.3.1938, art. 2º, parágrafo único, alínea *b*.

8. Os atos das firmas mercantis individuais devem ser arquivados no Registro Público de Empresas Mercantis, cfr. art. 2º da Lei n. 8.934, de 1994.

dita simples),[9] 315 (sociedade em nome coletivo ou com firma)[10] e 317 (sociedade de capital e indústria)[11] do Código Comercial, (2º) o Decreto n. 3.708, de 10.1.1919 (sociedade por quotas de responsabilidades limitada),[12] e (3º) a Lei n. 6.404, de 15.12.1976 (sociedade anônima ou companhia e a sociedade em comandita por ações);[13] e,

c) as filiais, agências, sucursais e estabelecimentos de sociedades comerciais autorizadas a funcionar no país.[14]

2.2 Ex vi do art. 3º da Lei de Falências:

a) o espólio do devedor comerciante;[15]

b) o menor, com mais de 18 (dezoito) anos, que mantém estabelecimento comercial com economia própria;[16]

c) a mulher casada que exerce o comércio;[17] e,

d) os que, embora expressamente proibidos, exercem o comércio.[18]

2.3 Ex vi do art. 4º da Lei de Falências:

a) o ex-comerciante[19] e

b) a sociedade anônima dissolvida.[20]

2.4 Ex vi dos arts. 325 c/c 328 do Código Comercial, o sócio ostensivo da sociedade em conta de participação.

2.5 Ex vi de leis especiais:

a) as empresas incorporadoras ou construtoras de imóveis;[21]

b) as empresas de construção;[22]

c) as empresas de trabalho temporário;[23]

d) as instituições financeiras;[24]

e) as companhias de seguro;[25] e

9. "Art. 311. Quando duas ou mais pessoas, sendo aos menos uma comerciante, se associam para fim comercial, obrigando-se uns como sócios solidariamente responsáveis, e sendo outros simples prestadores de capitais, com a condição de não serem obrigados além dos fundos que forem declarados no contrato, esta associação tem a natureza de sociedade em comandita."

10. "Art. 315. Existe sociedade em nome coletivo ou com firma, quando duas ou mais pessoas, ainda que algumas não sejam comerciantes, se unem para comerciar em comum, debaixo de uma firma social."

11. "Art. 317. Diz-se sociedade de capital e indústria aquela que se contrai entre pessoas, que entram por uma parte com os fundos necessários para uma negociação comercial em geral, ou para alguma operação mercantil em particular, e por outra parte com a sua indústria somente."

12. Dispõe sobre a sociedade por quotas, de responsabilidade limitada, cumprindo notar, entretanto, que a sociedade por quotas, de responsabilidade limitada, só será considerada comercial se o seu objeto social for a prática de atos mercantis.

13. Dispõe sobre as sociedades por ações, regulando os arts. 1º a 279 as sociedades anônimas ou companhias e os arts. 280 a 284 as sociedades em comandita por ações.

14. Cf. Lei n. 8.934, de 18.11.1994, arts. 1º, II, e 4º, X, regulamentada pelo Dec. n. 1.800, de 30.1.1996, art. 2º, parágrafo único, alínea *b*, e pela Instrução Normativa n. 59, de 13.6.1996, do DNRC. Veja-se, também, a parte final do art. 7º da Lei de Falências.

15. A falência do espólio não será declarada após um ano da morte do devedor, cfr. art. 4º, § 2º, da Lei de Falências.

16. O art. 9º, § 1º, V, do Código Civil prevê que cessa, para os menores, a incapacidade pelo estabelecimento civil ou comercial, com economia própria.

17. A exigência de autorização marital para o exercício do comércio pela mulher casada (art. 3º, III, da Lei de Falências) foi suprimida pela Lei n. 4.121, de 27.8.1962.

18. São proibidos de exercer o comércio, conforme dispõe o art. 2º do Código Comercial: "(a) os presidentes e os comandantes de arma das províncias, os magistrados vitalícios, os juízes municipais e os órfãos, e oficiais de fazenda, dentro dos distritos em que exercerem as suas funções; (b) os oficiais militares de 1ª linha de mar e terra, salvo se forem reformados, e os dos corpos policiais; (c) as corporações de mão-morta, os clérigos e os regulares; (d) os falidos, enquanto não forem legalmente reabilitados".

19. O ex-comerciante fica sujeito à falência durante o período de dois anos da cessação de sua atividade, provada pelo registro público das empresas mercantis, *ex vi* do art. 4º, VII, da Lei de Falências.

20. Poderá ser declarada a falência da sociedade anônima dissolvida até no máximo dois anos da cessação de suas atividades (art. 4º, VII, da Lei de Falências) ou até a liquidação e partilha do seu ativo (art. 4º, § 2º, da Lei de Falências), o que ocorrer primeiro.

21. Art. 43 da Lei n. 4.591, de 16.12.1964.

22. Art. 1º da Lei n. 4.068, de 9.6.1962.

23. Art. 16 da Lei n. 6.019, de 3.1.1974.

24. Art. 12, alínea *d*, da Lei 6.024, de 3.3.1974.

25. Art. 26 do DL n. 73, de 1996, alterado pelas MPs ns.1.719-2, de 13.10.1998, publicadas no *DOU*-I dos dias 14.10.1998 e 11.12.1998, respectivamente,

f) as usinas de açúcar.[26]

2.6 Por força de construção doutrinária e jurisprudencial, embora nem todas exerçam propriamente atividade mercantil:

a) as sociedades de fato ou irregulares;[27] *b*) as sociedades em liquidação;[28] *c*) as empresas teatrais; *d*) as empresas de publicidade; *e*) as indústrias de minérios e demais riquezas do subsolo; *f*) a indústria de caça e pesca; *g*) o sapateiro; *h*) o alfaiate, quando não se limita à confecção; *i*) o barbeiro, se intermedeia a venda de artigos de perfumaria; *j*) o corretor oficial e de fundos públicos; *k*) as empresas editoras; *l*) as empresas cinematográficas.

2.7 Extensão da falência

De acordo com Trajano de Miranda Valverde[29] e Rubens Requião,[30] o art. 5º da Lei de falências[31] distingue, para todos os efeitos de direito, a pessoa jurídica da sociedade da pessoa física dos sócios solidários, não admitindo, em conseqüência, a extensão da falência da sociedade aos sócios solidária e ilimitadamente responsáveis pelas obrigações sociais.

Contudo, como doutrina Waldemar Ferreira,[32] embora o sócio solidário não seja declarado falido, fica sujeito aos dispositivos falimentares, como se o fosse, no que é seguido por Sampaio Lacerda.[33]

São sócios solidária e ilimitadamente responsáveis pelas obrigações sociais aqueles que integram (*a*) as sociedades em comandita simples, chamados de sócios comanditados (art. 313 do CCom.), (*b*) as sociedades em nome coletivo, (*c*) as sociedades de capital e indústria, denominados de sócios capitalistas (art. 320 do CCom.), e (*d*) as sociedades em comandita por ações. Também são solidária e ilimitadamente responsáveis pelas obrigações sociais das sociedades falidas: (*a*) os sócios fundadores das sociedades anônimas em formação, consoante dispõe o parágrafo único do art. 92 da Lei de S/A, (*b*) o sócio único da sociedade anônima por obrigações e dívidas surgidas enquanto o número mínimo de dois não for reconstituído, na forma da alínea *d*, do inciso I, do art. 206, da Lei de S/A, (*c*) os sócios ocultos,[34] (*d*) os sócios aparen-

que deixa evidenciado que, decretada a liquidação extrajudicial da seguradora, se o ativo não for suficiente para o pagamento de pelo menos a metade dos credores quirografários, ou quando houver a ocorrência de crime falimentar, será decretada a falência da seguradora.

26. Art. 28 do DL n. 3.855, de 21.11.1941 (Estatuto da Lavoura Canavieira).

27. O art. 305 do Código Comercial estabelece: "Presume-se que existe ou existiu sociedade, sempre que alguém exercita atos próprios de sociedade, e que regularmente se não costumam praticar sem a qualidade social. Desta natureza são especialmente: 1º) negociação promíscua e comum; 2º) aquisição, alheação, permutação, ou pagamento comum; 3º) se um dos associados se confessa sócio, e os outros o não contradizem por uma forma pública; 4º) se duas ou mais pessoas propõem um administrador ou gerente comum; 5º) a dissolução da associação como sociedade; 6º) o emprego do pronome *nós* ou *nosso* nas cartas de correspondência, livros, faturas, contas e mais papéis comerciais; 7º) o fato de receber ou responder cartas endereçadas ao nome ou firma social; 8º) o uso de marca comum nas fazendas ou volumes; 9º) o uso de nome com a adição — *e companhia*". Anote-se, por oportuno, que a falência da sociedade irregular ou de fato s e deduz do art. 8º, inciso III, da Lei de Falências, que exige a juntada do contrato social na confissão de quebra, cfr. observa Rubens Requião, ob. e v. cits., p. 52, n. 35.

28. Vide arts. 335 e 355 e ss. do Código Comercial e 206 e 208 e ss. da Lei n. 6.404/76.

29. *Comentários à Lei de Falências*, Forense, 1948, v. I, p. 66, n. 43.

30. *Curso de Direito Falimentar*, Saraiva, 1975, v. I, p. 47.

31. "Art. 5º. Os sócios solidária e ilimitadamente responsáveis pelas obrigações sociais não são atingidos pela falência da sociedade, mas ficam sujeitos aos demais efeitos jurídicos que a sentença declaratória produza em relação à sociedade falida. Aos mesmos sócios, na falta de disposição especial desta lei, são extensivos todos os direitos e, sob as mesmas penas, todas as obrigações que cabem ao devedor ou falido."

32. *Instituições de Direito Comercial*, Freitas Bastos, 3ª ed., v. IV, p. 368, n. 1.401.

33. *Manual de Direito Falimentar*, Freitas Bastos, 11ª ed., p. 39.

34. O saudoso Prof. Requião, in *Curso*, cit., p. 51, n. 33, declara que "o art. 6º sujeita à falência o sócio oculto", com o que, *d.v.*, não concordamos, pois a parte inicial do art. 6º deixa evidenciado que o sócio oculto será responsável solidário na falência da sociedade da qual faça parte, apurando-se a

tes, (*e*) os sócios de sociedades nulas, com objeto ilícito, com atividade ilícita e com objeto proibido, (*f*) os sócios de sociedades em que, por sentença transitada em julgado, for desconsiderada a personalidade jurídica, sobretudo quando há confusão patrimonial e unidade de direção, e (*g*) os sócios de sociedades por quotas, de responsabilidade limitada, quando, no exercício da gerência, adquirirem ações ou quotas de coligadas ou controladas que resulte em participação recíproca, conforme determina o § 6º do art. 244 da Lei de S/A, aplicado subsidiariamente por força do art. 18 da Lei de Limitadas.

3. Pressuposto objetivo da falência

3.1 Os diversos critérios legais e doutrinários

Segundo Bento de Faria,[35] o estudo do Direito Comparado demonstra que, no Direito antigo, o estado de falência decorria do desequilíbrio do patrimônio do devedor, quando o ativo se mostrava inferior ao passivo, denunciando a impossibilidade de o devedor pagar a dívida exigível.[36] "Esse (antigo) critério", observa, ainda, Bento de Faria, "foi substituído pelo da cessação de pagamentos — ou seja, a insolvabilidade —, expressiva da impossibilidade de pagar débitos vencidos e exigíveis, por falta de meios",[37] e, posteriormente, no país, o da cessação de pagamentos pelo da impontualidade e dos atos de bancarrota, como elucida Paulo de Lacerda,[38] que vige até hoje.[39]

Embora variem os critérios, a doutrina tem ensinado, em sua maioria, que "o pressuposto essencial, fundamental da falência, é a insolvência".[40]

Rubens Requião, debruçando-se sobre o tema e batendo na mesma tecla, sustenta que "a insolvência é um fato, que geralmente se infere da insuficiência do patrimônio do devedor para o pagamento de suas dívidas. Solvente é quem usou do crédito e está em condições de solver as obrigações contraídas", acrescentando que o estado de insolvência "pode ser confessado ou presumido por atos que exteriorizem a ruína da empresa".[41]

Sampaio de Lacerda, a seu turno, explica que, embora não haja "na lei brasileira qualquer passagem que autorize verificar que essa foi a intenção do legislador", é o que se infere, segundo o renomado Autor, do art. 1º, quando faz defluir da impontualidade a insolvência,[42] aduzindo que, mais importante do que "a impontualidade, é a situação do patrimônio do devedor. É o estado do patrimônio de alguém pelo qual se revela incapaz de fazer frente aos débitos que o oneram.

Tudo quanto a lei faz para caracterizar o estado de falência baseia-se na insolvência".[43]

sua responsabilidade mediante processo ordinário, no juízo da falência, aplicando-se ao caso o disposto no art. 50, § 1º, cf. determina a parte final do art. 6º.

35. *Direito Comercial, Falência e Concordata*, ed. A. Coelho Branco Fo., 1947, 1ª parte, p. 76.

36. Atente-se, contudo, a bem da verdade, e atualmente é pacífico, que o devedor pode ser solvente, por possuir um ativo superior ao seu passivo, e encontrar-se impossibilitado de adimplir, nos respectivos vencimentos, a obrigações pecuniárias por absoluta falta de recursos financeiros disponíveis, quando, em alguns sistemas jurídicos, como o nosso, se encontrará, então, em estado de falência.

37. Ob. e loc. cits.

38. *Da Falência no Direito Brasileiro*, Cia. Editora Nacional, 1931, p. 131.

39. Com efeito, o Código Comercial brasileiro, no art. 797, dispunha que "todo o comerciante que cessa seus pagamentos entende-se quebrado ou falido", passando o Decreto n. 917, de 1980, art. 1º e seu § 2º e o art. 2º, ao sistema da "impontualidade no pagamento de obrigação líquida e certa e a ocorrência de circunstâncias denunciadoras da insolvência taxativamente enumeradas em lei", critério mantido pela Lei n. 859, de 1902, art. 1º e § 1º, pela Lei n. 2.024, de 1908, art. 1º e seu parágrafo único, pela Lei n. 5.746, de 1929, art. 1º e seu parágrafo único, e, finalmente, pelo Decreto-lei n. 7.661, de 1945, arts. 1º e 2º.

40. Sampaio de Lacerda, *Manual de Direito Falimentar*, Ed. Freitas Bastos, 11ª ed., p. 39.

41. *Curso de Direito Falimentar*, Saraiva, 1975, 1º v., p. 55.

42. Ob. cit., pp. 39-40.

43. Idem, p. 39.

Logo após, reafirmando seu ponto de vista, Sampaio de Lacerda esclarece que "essencial é o estado do patrimônio", embora obtempere, a seguir, que "o não-pagamento é apenas uma presunção de insolvência, que pode de fato não existir, caso o ativo seja superior ao passivo, embora tenha ocorrido o inadimplemento da obrigação líquida e certa no vencimento", para, afinal, concluir: "o essencial, portanto, não é a insolvência, mas a insolvência presumida e não propriamente a insolvência", e, ademais, com arrimo em Bolaffio: "não raro a falência ocorre sem insolvência, porque o comerciante não sabe combinar, com precisão, as entradas e saídas de dinheiro", e, em Provincialli: "a insolvência se caracteriza pela impossibilidade patrimonial do devedor em satisfazer regularmente a própria obrigação".[44]

3.2 A precariedade do critério da insolvência

Como se vê, a doutrina pátria não tem sido feliz no desenvolvimento do tema (aliás, a alienígena também não se tem havido melhor), o que nos leva a propor, com os olhos voltados para o sistema adotado pelo DL n. 7.661, de 1945, um caminho diferente, partindo de noções econômicas básicas, sem, entretanto, descurar dos seus reflexos no campo jurídico.

Em condições normais, o empresário, sensato e de boa-fé, leva em consideração, quando contrai uma dívida, três elementos distintos: o seu ativo, que é o complexo de bens e direitos de que é titular; o seu passivo, que é o conjunto de obrigações contraídas com terceiros; e a liquidez do seu ativo, que consiste na possibilidade de transformar os bens e direitos que possui em moeda corrente para atender às suas obrigações.

Quando ocorre um desequilíbrio entre o ativo e o passivo do devedor, ou, para ser mais explícito, quando, no vencimento, o devedor não dispõe de meios financeiros para pagar uma dívida líquida e certa, em geral diz-se, impropriamente, que ele está insolvente ou, como, acertadamente, doutrina Alfredo Rocco, que ocorreu "um fato patológico no desenvolvimento da economia creditícia".

Contudo, se atentarmos bem para o fenômeno econômico do descumprimento de uma obrigação líquida e certa no vencimento, vamos verificar que o inadimplemento pode ser provisório ou definitivo.

O inadimplemento é provisório quando o devedor não dispõe de meios financeiros para liquidar as dívidas vencidas, embora possua suficientes bens e direitos em seu ativo para cumprir todas as suas obrigações vencidas e vincendas, cuja realização, no todo ou em parte, poderá ser obtida em tempo útil.

O inadimplemento é definitivo quando o devedor não possui um ativo superior ao seu passivo, nem logra obter, em tempo hábil, os meios financeiros necessários à liquidação de suas obrigações vencidas, seja através de recursos dos próprios sócios ou de terceiros, sob a forma de subscrição de ações decorrentes de aumento de capital social, seja através de empréstimos e financiamento de curto, médio ou longo prazos, seja através de lançamento de debêntures etc.

Do exposto, fácil é concluir que o inadimplemento provisório não passa de uma situação de liquidez, enquanto o definitivo, de uma situação de *déficit* patrimonial, sendo certo que somente este deveria poder autorizar a decretação da falência e aquele legitimar exclusivamente a execução da dívida vencida com fundamento no Código de Processo Civil.

Com efeito, se o devedor está apenas numa situação de iliquidez, o credor só deveria ser legitimado a propor a ação própria para o reconhecimento judicial do seu direito e a execução de seu crédito e não a recorrer ao instituto da falência, que pressupõe a existência de uma pluralidade de credores insatisfeitos, porque deficitário o

44. Ibidem, pp. 40 e 41.

patrimônio do devedor, que contraiu mais obrigações e dívidas do que podia atender a tempo, a hora e nas condições pactuadas.

Como é curial, embora a impontualidade, o inadimplemento de obrigação líquida e certa no vencimento seja, em geral, uma manifestação exterior do estado de falência, ou, como enfatiza J. X. Carvalho de Mendonça, "a manifestação típica, direta, o sinal ostensivo qualificado da impossibilidade de pagar e conseqüentemente do estado de falência",[45] muitas vezes ela apenas expressa a disposição do devedor de discutir a dívida, por entender que não deve pagá-la na forma e nas condições exigidas pelo credor; outras, por negligência ou deficiente controle do devedor das "contas a pagar"; algumas, por fatos imprevistos, tais como a falência ou a concordata de um devedor do devedor, ou a retratação do crédito bancário, ou encurtamento dos prazos de pagamentos aos fornecedores etc.

Destarte, se não há *déficit* patrimonial, se a situação é apenas de iliquidez, se a impontualidade do devedor é passageira, transitória, provisória, pois o seu ativo supera, muitas vezes em larga margem, o seu passivo, a lei não deveria permitir o desvirtuamento do instituto da falência, nem a sua transformação em ação de cobrança.

A propósito, o eminente Professor Nelson Abrão doutrinou: "o sistema legal brasileiro é bastante rigoroso ao autorizar o requerimento da falência com base na falta de um só pagamento no vencimento, uma vez que é decisiva a orientação das legislações no sentido de determinarem a abertura da falência à ocorrência da insolvência, ou seja, incapacidade definitiva de pagar, o que é referendado pela doutrina. Afigura-se-nos inconsistente o preceito que autoriza o ajuizamento do pedido de falência à ocorrência de uma simples impontualidade. A cessação de pagamentos é simplesmente o indício que a revela, mas não é senão um indício, e o juiz não se atém a ele para abrir os procedimentos coletivos quando a dívida não é paga. A cessação de pagamentos é o sinal de alarme que atrai a atenção do juiz e o conduz a pesquisar por que o devedor pára de pagar. Se o magistrado encontra outros indícios (protestos, hipotecas, salários não pagos, demandas fiscais, efeitos de comércio avalizados, existência de títulos de favor) ele inferirá um clima geral de insolvência... etc. Acreditamos que a próxima lei de falências que vier, consentânea com a realidade sócio-econômica, possibilitará a abertura do procedimento concursal, só em caso de insolvência, devendo a impontualidade, que é sinal exterior desta, ser corroborada por outros sintomas".[46]

A crítica do saudoso Prof. Nelson Abrão é, sem dúvida, procedente, pois o instituto da falência, desde priscas eras, tem por objetivo pôr a salvo a *pars conditio creditorum*, a fim de que o credor mais bem orientado, mais bem informado, mais esperto, mais atirado, não desfalque o patrimônio do devedor comum em detrimento da universalidade de credores, não sendo aconselhável que apenas um único título líquido e certo, vencido e não pago, qualquer que seja o seu valor, seja fundamento suficiente para a decretação da quebra de uma empresa solvente, embora ilíquida, momentaneamente.

Mas, se a constatação do estado de *déficit* patrimonial demanda a verificação da situação do ativo e do passivo do devedor, o que, por certo, exige tempo e até mesmo, por vezes, a realização de perícia contábil; se a idéia da impontualidade é rigorosa e drástica, qual deve ser o pressuposto objetivo da quebra, sabido que o sistema anglo-americano acaba de abandonar os atos de bancarrota?

A orientação mais consentânea com a realidade atual parece ser a do anteprojeto de Lei Concursal espanhol, que elegeu como pressuposto objetivo da falência o

45. *Das Falências e dos Meios Preventivos de sua Declaração*, Tipografia Brasil, 1899, v. I, p. 84.

46. *Curso de Direito Falimentar*, Ed. RT, 3ª ed., pp. 53-55.

"estado de crise econômica da empresa",[47] dispondo o seu art. 9º:

"Art. 9º. A efectos de la solicitud de concurso instada por um acreedor, se considerarán reveladores de una situación de crisis económica del deudor aquellos hechos que por su naturaleza manifiesten la existencia de un estado patrimonial que lesione o amenace gravemente el interés de los acreedores a la satisfacción normal y ordenada de sus créditos y en particular los siguientes:

"1º. El sobreseimiento en los pagos que, aun no siendo definitivo ni completo, afecte al conjunto de las obligaciones del deudor o de una manera general a algunos de los siguintes supuestos:

"a) Obligaciones tributarias correspondientes a la última anualidad vencida.

"b) Cuotas de la Seguridad Social, por el mismo período.

"c) Rentas del local de negocio en donde se realice la actividad principal del deudor, por el mismo período.

"d) Sallarios y demás retribuciones derivadas de relaciones de trabajo correspondientes a las dos últimas mensalidades vencidas.

"e) Intereses, amortizaciones, reembolsos u outras prestaciones establecidas en la emisión de obligaciones o cualesquiera otros valores, cuando haya transcurrido más de un mes desde el respectivo vencimento.

"f) Prestaciones de servicio de caja específicas de las entidades de crédito.

"g) Indemnizaciones debidas por las entidades aseguradoras a asegurados o beneficiarios.

"2º. La existencia de embargos por ejecuciones pendientes que afecten de una manera general al patrimonio del deudor.

"3º. El cierre del último balance con activo realizable inferior al pasivo exigible, cuando el deudor esté obligado a llevar contabilidad.

"4º. La desaparición injustificada del deudor del lugar de su domicilio o residencia, o, en el caso de personas jurídicas, el abandono de sus funciones por parte de los administradores, sin que en uno u otro caso se haja dejado representante com facultades generales.

"5º. El abandono, el alzamiento o la liquidación apresurada o ruinosa de sus bienes por el deudor."

3.3 A impontualidade: critério do art. 1º da Lei de Falências

Segundo o art. 1º da Lei de Falências, que adotou a teoria da impontualidade, é mister que, sem relevante razão de direito, o devedor não pague, no vencimento, obrigação líquida,[48] constante de título que legitime a ação executiva.[49]

47. *Anteproyecto de Ley Concursal*, Ministerio de Justicia, Secretaria General Tecnica, Madrid, 1983, art. 9º.

48. A definição de obrigação líquida é ministrada pelo art. 1.533 do Código Civil, *verbis*: "Considera-se líquida a obrigação certa, quanto à sua existência, e determinada quanto ao seu objeto".

O art. 1º, § 1º da Lei de Falências dispõe sobre a liquidez da obrigação provada por conta extraída dos livros comerciais e verificada judicialmente nas condições de seus incisos I a V, e, ainda, o § 3º do mesmo artigo dispõe sobre a liquidez das duplicatas não aceitas.

49. Legitimam a ação executiva: (*a*) os títulos executivos judiciais: I — a sentença condenatória proferida no processo civil; II — a sentença penal condenatória transitada em julgado; III — a sentença homologatória de laudo arbitral, de conciliação ou de transação, ainda que esta não verse questão posta em juízo; IV — a sentença estrangeira, homologada pelo Supremo Tribunal Federal; V — o formal e a certidão de partilha (previstos no art. 584, I a V, do CPC); (*b*) os títulos executivos extrajudiciais: I — a letra de câmbio, a nota promissória, a duplicata, a debênture e o cheque; II — a escritura pública ou outro documento público assinado pelo devedor, o documento particular assinado pelo devedor e por duas testemunhas, o instrumento de transação referendado pelo Ministério Público, pela Defensoria Pública ou pelos advogados dos transatores; III — os contratos de hipoteca, de penhor, de anticrese e de caução, bem como de seguro de vida e de acidentes pessoais de que resulte morte ou incapacidade; IV — o crédito decorrente de foro, laudêmio, aluguel ou renda de imóvel, bem como encargo de condomínio desde que comprovado por contrato escri-

3.4 Os atos de falência ou quebra: critério do art. 2º da Lei de Falências

Consoante o art. 2º da Lei de falências, que adotou a teoria dos atos de falência ou quebra, caracteriza-se, também, a falência se o comerciante: "I — executado, não paga, não deposita a importância, ou não nomeia bens a penhora, dentro do prazo legal; II — procede a liquidação precipitada, ou lança mão de meios ruinosos ou fraudulentos para realizar pagamentos; III — convoca credores e lhes propõe dilação, remissão de créditos ou cessão de bens; IV — realiza ou, por atos inequívocos, tenta realizar, com o fito de retardar pagamentos ou fraudar credores, negócio simulado, ou alienação de parte ou da totalidade do seu ativo a terceiro, credor ou não; V — transfere a terceiro o seu estabelecimento sem o consentimento de todos os credores, salvo se ficar com bens suficientes para solver o seu passivo; VI — dá garantia real a algum credor sem ficar com bens livres e desembaraçados equivalentes às suas dívidas, ou tenta essa prática, revelada a intenção por atos inequívocos; VII — ausenta-se sem deixar representante para administrar o negócio, habilitado com recursos suficientes para pagar os credores; abandona o estabelecimento; oculta-se ou tenta ocultar-se, deixando furtivamente o seu domicílio" (conforme incisos I a VII do art. 2º da Lei de Falências).

4. Pressuposto formal

A falência ou quebra tem, basicamente, três significados.

O *primeiro*, *econômico*, que consiste na situação anormal do patrimônio do devedor comerciante.

O *segundo*, um significado *jurídico*, quando o estado econômico da falência se transforma em estado jurídico especial, por força de uma sentença declaratória proferida por juiz competente.

O *terceiro*, *processual*, pois a falência é, sem dúvida, uma série de atos processuais, com finalidades específicas, que, resumidamente, são: (*a*) buscar a satisfação de todos os credores (princípio da generalidade ou da universalidade subjetiva); (*b*) assegurar tratamento igualitário a todos os credores (princípio da igualdade ou da *pars conditio creditorum*); (*c*) garantir que todos os bens se destinarão à liquidação de todas as dívidas (princípio da unidade patrimonial ou da universalidade objetiva); e, finalmente, (*d*) defesa da economia coletiva (princípio publicístico da falência).

Para que se caracterize a quebra, é mister que o fato econômico da falência se transforme em estado jurídico da falência, o que se dá com a sentença declaratória da falência, que é o seu pressuposto formal.

to; V — o crédito de serventuário de justiça, de perito, de intérprete, ou de tradutor, quando as custas, emolumentos ou honorários forem aprovados por decisão judicial; VI — a certidão de dívida ativa da Fazenda Pública da União, Estado, Distrito Federal, Território e Município, correspondente aos créditos inscritos na forma da lei; VII — todos os demais títulos, a que por disposição expressa, a lei atribuir força executiva (previstos no art. 585, I a VII, do CPC).

Atualidades

OS CAMINHOS DA ÉTICA NO "FRANCHISING"
A importância de um Código de Ética

LUIZ FELIZARDO BARROSO

Prefácio. A livre concorrência. A auto-regulamentação. A importância da ética. A ética. A ética nos negócios. A ética na magistratura. A ética em serviços profissionais. A ética em finanças. A ética no turismo. A ética no "marketing" de rede. A ética na atividade publicitária. O Código de Auto-Regulamentação da Associação Brasileira de "Franchising"— ABF. Código de deontologia da Federação Francesa de Franquia. Código Belga de Franquia Empresarial. Código de deontologia européia da franquia.

Prefácio

Os recentes acontecimentos envolvendo a CPI dos Bancos trazem à tona uma reflexão muito importante, qual seja, a natureza e a eficácia dos mecanismos de regulação e controle no âmbito das atividades negociais, com reflexos inclusive no universo das franquias empresariais.

Ao contrário do que muitos possam imaginar, o panorama jurídico vigente em *franchising* é rico em diplomas legais a regulá-lo, direta e indiretamente.

Temos, hoje, no Brasil, a reger o *franchising*, uma legislação específica, a Lei n. 8.955/94, que trata mais do oferecimento da franquia aos possíveis candidatos do franqueador, do que do relacionamento franqueador/franqueado.

Seja como for, a regular legalmente a convivência entre os parceiros de qualquer relação, inclusive os de franquia, temos o Código Civil, no Capítulo Das Obrigações (arts. 863/1.078); Dos Contratos (arts. 1.079/1.093); A Reparação do Dano por Atos Ilícitos (art. 159) e a caracterização da Responsabilidade Civil (arts. 1.518 a 1.532 e 1.537 a 1.553). E, é obvio, como a franquia de que estamos falando é a mercantil, ou, melhor dizendo, a empresarial, temos o Código Comercial, sobretudo no que tange aos contratos e obrigações mercantis (arts. 121/286).

Outros diplomas legais também são aplicáveis ao *franchising*, ainda que indiretamente, como:

• Lei n. 6.729, de 28.11.1979 (Lei da concessão comercial de veículos automotores);

• Lei (antitruste) n. 8.158/91, contra a formação de cartéis; dispondo, no que mais nos interessa de perto, acerca do cerceamento à entrada no mercado de concorrentes; o controle regionalizado do mercado etc.;

• Lei n. 8.131, de 27.12.1990, versando sobre os crimes contra a ordem tributária, econômica e as relações de consumo, no que tange ao abuso do poder econômico para dominar o mercado, eliminando total ou parcialmente a concorrência; e, em detrimento desta, formar acordo, convênio, ajuste ou aliança, entre ofertantes, visando ao controle de rede de distribuição ou de fornecedores;

• Código de Proteção e Defesa do Consumidor (Lei n. 8.078, de 11.9.1990, dispondo, entre outros, sobre os contratos de adesão, divulgação adequada de produtos ou serviços, publicidade enganosa; revisão de cláusulas contratuais etc.;

• Código de Propriedade Industrial (Lei n. 9.279, de 14.5.1996) que, em seu art. 211, determina ao INPI o registro dos contratos que impliquem transferência de tecnologia, contratos de franquia e similares, para produzirem efeitos em relação a terceiros.

Como, entretanto, nenhum destes diplomas legais regula especificamente a convivência e, portanto, o relacionamento diuturno franqueador/franqueado,[1] cresceu em importância a necessidade de se aparelhar melhor o mercado, em uma instância que precede à das autoridades fiscalizadoras, vindo mesmo antes e estando, portanto, acima dos diplomas legais citados.

É a instância da ética, no dia-a-dia de um mercado cada vez mais concorrido, cujas dificuldades, não resolvidas a tempo e satisfatoriamente, potencializam crises e prejuízos, às vezes irreparáveis.

Não foi sem razão que a Associação Brasileira de *Franchising* criou o seu Código de Auto-regulamentação em *Franchising* ou Código de Ética da Franquia Empresarial, mas que só obrigaria os sócios da associação que o instituiu.

"Isto porque os códigos de deontologia só vinculam os membros do agrupamento profissional a que se dirigirem e não têm sequer o valor de regras costumeiras ou de usos transnacionais (*lex mercatoria*). O seu valor de uso só foi reconhecido pelos tribunais na medida em que os contratos se lhe referiam."[2-3]

A livre concorrência

O mercado é uma instituição fundamental para os regimes democráticos e as economias não centralizadas. Todavia, a capacidade de atender, satisfatoriamente, ao consumidor e elevar o nível da concorrência nem sempre partem das empresas, espontaneamente. Pelo contrário, as razões de conveniência, próprias da livre iniciativa, podem até ser predatórias, prejudicando sensivelmente o consumidor, destinatário final dos bens e serviços oferecidos no mercado.

É inconteste que, à medida que a concorrência aumenta, aumentam, também, as práticas não éticas. Por outro lado, não é menos verdade que a total ausência de competição é nociva à boa ética, pois, quando mais não fosse, não lhe proporcionaria a oportunidade de revelar-se.

Todavia, a mão invisível da concorrência não basta. Não pode, ela, por si só, obter resultados éticos desejáveis. Mas, nem por isso vamos abolir de vez a concorrência (como o fazem os países de regime político totalitário, onde predomina, pelo menos teoricamente, a ausência da concorrência), só para termos, como resultado, menos práticas antiéticas.

Pelo contrário, preservemos nosso regime democrático, pois algumas práticas não éticas, neste nosso regime, só provam a confiança que a democracia deposita em seus líderes empresariais.

Todavia, em um mercado cada vez mais globalizado no qual as estratégias

1. O Fórum da Franquia Empresarial, reunido por diversas vezes, em Brasília, no âmbito do Ministério do Desenvolvimento, Indústria e Comércio, para propor modificações à atual lei de *Franchising*, houve por bem deixar o relacionamento franqueador/ franqueado para ser regulado pelo contrato de franquia, como, aliás, é o que ocorre desde a entrada em vigor da Lei n. 8.955/94.

2. Esta assertiva nos leva à conclusão inarredável de que deveremos fazer constar de todos os nossos contratos a existência de um Código de Ética da Franquia Empresarial, a partir do momento em que o mesmo venha a ser implantado, depois de aprovado pelo Conselho de Franqueados.

3. Ana Paula Ribeiro — *O contrato de franquia ("franchising") no Direito Interno e Internacional*. Tempus Editores, Lisboa, 1996. p. 82.

estabelecidas nas transações comerciais — grandemente estimuladas pela formação de blocos de nações — ultrapassam fronteiras, a competição nem sempre é feita dentro das regras que preservem o crescimento da economia nacional de um confronto devastador, com importantes reflexos, inclusive, no mercado de franquias.

Nessa esfera, a experiência internacional demonstra que o controle mais eficaz tem sido mesmo aquele exarado pelas próprias entidades privadas do setor, sem quaisquer interferências governamentais.

A auto-regulamentação

No mercado de franquias — que nos interessa analisar de perto — a auto-regulamentação a nível internacional, tem sido capaz de garantir uma padronização, não apenas de conduta mas, também, de conceitos; cristalizados, todos, através de um código de ética, ou de auto-regulamentação (em constante aperfeiçoamento), ao qual os associados da respectiva agremiação aderem automaticamente, e que se destina tanto a resolver conflitos quanto a punir desvios do que tiver ficado estabelecido como sendo um padrão ético de conduta para o setor; decisões aquelas que garantem até a existência de uma certa "jurisprudência", na interpretação do código.

É bem verdade que para se ser franqueador ou franqueado não se precisa ser sócio de nenhuma associação. Nada impede, porém, que para integrar certa associação, em determinada categoria, a empresa tenha que preencher o pré-requisito de ser membro da associação inerente à classificação a que pertença.[4]

Todavia, como vimos acima, é um sonho pensar em querer-se obrigar a seguir seus preceitos éticos quem esteja fora de determinada atividade. Não é sem razão que surgem diplomas legais contemplando Códigos de Ética, cujo desconhecimento não se pode sequer alegar para justificar o seu não cumprimento, pois tratar-se-ia, agora, de infração a uma lei.

Esta circunstância vem em favor do argumento de se adotar um Código de Ética para cada comunidade em ação, como uma necessidade imperiosa, em não havendo uma legislação específica a respeito.

"Dentro desse enfoque, recomendável seria que cada categoria profissional pudesse instituir, como norma de procedimento salutar dos seus associados, o seu próprio *Código de Ética*, contendo um repositório de preceitos e regras de conduta dos seus membros, a fim de conscientizá-lo dos direitos e obrigações, visando ao engrandecimento da profissão e de sua missão social e humana."[5]

A importância da ética

Seja como for, a ética tem muita força, porque quando, em nossas ações, fugimos dela, passamos a sofrer a censura de nossos pares e o alijamento de sua convivência que, em última análise, pode ser até mais cruel do que a própria sanção legal, com o cumprimento de uma pena preestabelecida em norma jurídica.

"O ético não demanda a vigilância de qualquer instância de poder exterior ao agente. Mas, que máximas morais pode a consciência impor a si mesma por seu valor ético imanente? Alguns atos são certos ou errados em si mesmo. Quebrar uma promessa, por exemplo, seria errado independentemente das conseqüências."[6]

As normas deontológicas devem, pois, ser seguidas, não por serem úteis ou vanta-

4. A Associação Nacional das Lojas de Conveniência — ANLOC, por exemplo, só aceita que ingresse em seus quadros associativos, na categoria de franqueador, quem seja sócio da Associação Brasileira de *Franchising* — ABF nesta classificação.

5. Álvaro Leite Gumarães. "A ética nas profissões", *Bol. Sem. Rotary Club*. Ano LXX — 18ª Semana, 28.10.1992.

6. Dr. Alberto Oliva. "O lugar da ética num mundo de fatos e de leis", *Revista Thintank*, set. 1998.

josas para quem age, ou até para a humanidade em geral, e sim porque todo o indivíduo se impõe soberanamente o dever de adotá-las, de modo absoluto e necessário, ao ter consciência de que é um ente moral.

"Todavia, quando submetidas à competição, nossas ações mostram não só o que o ser humano pode fazer de melhor, como, também, o que pode tentar fazer de ilícito para se impor aos seus concorrentes",[7] sobrelevando-se a necessidade de um Código (ao qual aderimos espontânea e soberanamente) e que passará a batizar nossas ações quando nos faltem, até mesmo, condições e coragem para refletir sobre se seria ético, ou não, determinado modo de procedermos.

A ética

Mas, afinal, o que é Ética?

"Ética vem a ser um estudo dos juízos de apreciação que se referem à conduta humana suscetível de qualificação do ponto de vista do bem e do mal, seja relativamente à determinada sociedade, seja de modo absoluto."[8]

"Mas, valerá a pena ser ético em um mundo infestado de leis e regulamentos, como se o desrespeito freqüente às normas fundamentais e ao bom convívio pudesse ser compensado com a profusão de leis existente?"[9]

"Temos, hoje, uma corrida ética em sentido inverso"[10] e só por ingenuidade se acreditará que à mão pesada do Estado deve caber a missão de pôr fim aos atos eticamente condenáveis.

"Como tão bem assinalou Kant, não é tarefa do Estado, ou até de outros indivíduos, tornar alguém *moral*. Só o próprio indivíduo pode infundir moralidade em seu agir. Ser moral é fazer-se moral. Se assim não fosse, o ser humano não seria um ente autônomo. Só quem é senhor de si pode-se tornar um agente moral. Por essa razão, a luta pela liberdade acaba sendo, em última análise, uma luta ética. O que faz o homem sujeitar-se à lei moral é o fato de o fazer voluntariamente, como se estivesse legislando para si mesmo. Isso significa que cada indivíduo não é apenas sujeito de direitos e deveres. É também legislador para si mesmo ao estabelecer e ao se impor as normas gerais de justa conduta com base nas quais age. Fica claro que sem liberdade não teria o homem como desfrutar de autonomia moral."[11]

Isto nos leva à seguinte indagação: qual a distinção entre moral e ética?

Quem nos responde é o Prof. Ruy de Azevedo Sodré, o papa da ética profissional no Brasil.

"Moral e ética têm a mesma raiz etimológica: — costume (ciência de costumes) mas não termos diferentes. Moral é a ciência do bem. A sua infração resulta numa sanção, na maioria dos casos imposta pela nossa própria consciência, que se traduz no remorso. Em outros, a sanção decorre de uma repulsa social. Ética vem do grego *etos*, que significa costume e tem uma etimologia significativa idêntica ao radical latino *mos* donde se origina a expressão moral. Ambas significam "costume ou hábito". A ética se divide em *Deontologia* — ciência dos deveres, e *Diceologia* — ciência dos direitos."

Lúcida, também, é a distinção produzida por Ruy Rodrigo Brasileiro de Azambuja, quando ele afirma:

"Em se falando em moral, propriamente dita, se cuida da moral teórica, ao passo que ética é a moral prática. A ética trata, pois, da moralidade dos atos humanos.

7. Idem.

8. Aurélio Buarque de Holanda Ferreira. *Novo dicionário da língua portuguesa*. Nova Fronteira.

9. Alberto Oliva, ob. cit.

10. Dr. Eduardo Portela, Presidente da Fundação Biblioteca Nacional, em conferência intitulada *Uma proposta de educação para o próximo milênio*, proferida em 30.4.1999 no Seminário Educação no Próximo Milênio e as Novas Tecnologias no Ensino à Distância. FGV/EBAP.

11. Dr. Alberto Oliva. "O lugar da ética num mundo de fatos e de leis", *Revista Thintank*, set. 1998(5):19.

"Ética é aquele máximo de honestidade que podemos colocar no mínimo que se exijam de nossa atuação em família, em sociedade, em negócios ou profissão. Ética é a parte da filosofia que estuda os deveres do homem para com Deus e a sociedade; deontologia; ciência da moral."[12]

A ética guarda uma relação muito estreita com o tempo e o espaço social e cultural em cujo contexto é analisada. Quem nos chama a atenção para este fato é a psicanalista Helena Besserman Vianna. Na entrevista ao *O Globo*, intitulada "Brasileiros valorizam a família na formação ética",[13] ela assim se manifestou: "O que é moral e ético em uma cultura pode não ser em outra".

Para exemplificar, ela apresenta o que ocorre em certos países árabes, nos quais a poligamia é aceita e faz parte das leis. Ainda que a definição do que é ético seja variável, a psicanalista acredita que os valores morais transmitidos pela família são importantes na formação da personalidade.

Já o psicanalista Wilson Chebabi acredita que a ética é a base fundamental de todo saber respeitável, e não a eficácia:[14]

"Há uma tendência a privilegiar a eficácia em prejuízo do bem. O descaso com a ética é um fator ponderável em casos como o de adolescentes que queimam um índio indefeso — lamenta.

"É urgente o resgate da ética. O fascínio pelas proezas da técnica precisa dar lugar ao respeito pela reflexão filosófica."

A ética nos negócios

Com o passar do tempo, porém, fatores éticos têm-se revelado de crucial importância para o funcionamento do sistema produtivo. Isto significando que regras éticas passaram também a ser vistas como podendo contribuir diretamente para o progresso social. É compensador, pois, e mesmo lucrativo, ser ético.

E não se trata, apenas, de cumprirmos fielmente o que foi por nós pactuado, trata-se do estabelecimento de regras do jogo estáveis, pois constantes alterações, após haver começado a competição, sempre geram instabilidade, diminuindo a coesão social e a própria prosperidade econômica.

Na época em que vivemos, quando tantos valores são esquecidos ou postergados, a ética há de ser estudada e instada.

Não é sem razão que, por volta de 1985, a ética nos negócios tornou-se um campo acadêmico, debatido por teólogos, filósofos e presidentes de grandes corporações. Nos anos 80, cerca de 75% das 1.200 maiores empresas americanas definiram seus Códigos de Ética e os melhores de seus funcionários foram treinados na ética dos negócios.

"Os homens de negócios que depuseram na pesquisa elaborada anteriormente aos estudos para a elaboração da obra *Ética em negócios*,[15] embora confessassem a sua desconfiança nos concorrentes e na existência de práticas aceitas na indústria, mas que não são éticas, também manifestaram o desejo de alterar essas práticas e de estabelecer uma confiança mútua."

No Brasil, em 1981, ao tempo em que vigorava a distinção constitucional entre empresas nacionais e estrangeiras, tramitou na Câmara dos Deputados um projeto de Lei de n. 2.248-0/76, encerrando um código de ética para multinacionais, que definia o comportamento exigível das empresas que operassem no território nacional, sob o controle de capital estrangeiro, impondo-lhes padrões éticos de comportamento.

Em 1987, a Associação dos Dirigentes Cristãos de Empresas do Brasil, reunida através de suas delegações regionais, houve por bem, durante o seu IX Congresso

12. Jayme Rocha Pardini. "Ética em serviços profissionais", *Revista Brasil Rotário*. Maio de 1984.
13. *O Globo*, 24.5.1998.
14. Idem, ibidem.

15. Raymond Baumhart SJ. *A ética em negócios*. Expressão & Cultura, 1997.

Nacional, emitir a Carta de Salvador, contendo diversos pontos oferecidos à reflexão, constituindo a sua ética nos negócios.

A ética na magistratura

Mas não só a lisura nas atividades negociais está na berlinda nos dias que correm. O próprio exercício ilibado da profissão — quase sacrossanta — da magistratura está em jogo. A outra CPI, a do Poder Judiciário, está nos mostrando, com os desmandos praticados por uma das autoridades judiciárias — à frente dos negócios na Justiça do Trabalho em São Paulo (TRT) — o quão importante seria termos uma regulação externa da magistratura, a qual muitos temem aceitar. A verdade é que os acontecimentos vindos à tona com a CPI do Poder Judiciário estão a preocupar toda a sociedade, pois "(...) cabe ao Poder Judiciário (...) impor-se pela serenidade, pela dignidade e, antes de tudo, pela ética. Em verdade, nenhuma instituição ou profissão, por mais respeitável e poderosa que seja, pode sobreviver sem um mínimo de credibilidade".[16]

Não é sem razão que o Desembargador J. Benício de Paiva, de Minas Gerais, há muito, ofereceu um decálogo de sugestões para um Código de Ética da Magistratura, redigindo preceitos e normas, decorrentes da dignidade inerente ao cargo de juiz.

Paralelamente, ao tema controverso de controle externo do Judiciário, há um movimento para a reforma do Poder Judiciário, encabeçado pela Associação dos Magistrados Brasileiros que tem à sua frente o desembargador Luiz Fernando Ribeiro de Carvalho, advogando a criação de um Sistema de Planejamento e administração do Poder Judiciário, composto pelo Conselho Nacional de Justiça e pelos Conselhos Regionais e Estaduais de Justiça; são suas estas palavras: "A preocupação ética, que nunca esteve afastada do universo jurídico, ressurge com fortalecida entonação, dirigindo-se a todo o campo social de atuação do Direito e passando a ocupar papel central na formação de seus profissionais, especialmente do Juiz".[17]

A ética em serviços profissionais

Não só nos negócios manifestaram-se espontaneamente os empresários no sentido da formulação de princípios éticos ligados à sua atividade.

Também prestadores de serviços profissionais e profissionais liberais (estes últimos muitas vezes agrupados em sociedades profissionais, verdadeiras empresas prestadoras de serviços), formularam seus Códigos de Ética.

A começar pelos Clubes de Serviços, como o *Lions* e o *Rotary Club*, tendo este último lançado, recentemente, campanha no sentido de promover uma volta a princípios éticos, sob o lema: "*Ética é um princípio que não pode ter fim*". A propósito é mundialmente conhecida sua famosa prova quádrupla.

1. É verdade?
2. É justo para todos os interessados?
3. Promoverá a boa vontade e melhores amizades?
4. Será benefício para todos os interessados?

Em seu manual de procedimentos iremos encontrar:

"Promover e apoiar: o reconhecimento do mérito de toda ocupação útil e a difusão das Normas de Ética Profissional; por outras palavras, em Serviços Profissionais visa-se promover o ideal de servir pelo mundo dos negócios e profissional.

16. Ney Magno Valadares in *A Ética do Magistrado*, palestra proferida na Justiça Federal de 1ª Instância, Seção Judiciária do Estado do Rio de Janeiro, em 8.4.1994, *apud* R. Reis Friede, Juiz Federal — "Preceito ético da magistratura", *Jornal do Commercio*, 19.8.1994, p. 28. Direito & Justiça.

17. "Intervenção social e desafio ético: um novo tempo na justiça", *Revista AMB*, maio 1998, p. 50.

"Isso redunda na aplicação de elevados padrões de Ética pelo rotariano em todas as suas relações de negócios ou profissionais — com empregados, concorrentes, fregueses e aqueles de quem se compra; e na difusão de tais padrões por todos os rotarianos entre os demais integrantes de seu grupo."

Mas, o que vem a ser a ética profissional? *Ética profissional são os princípios que regem a conduta de determinados profissionais, de certa classe.*

A ética dos advogados, p. ex., deveria ser estudada, no currículo das faculdades de direito, sob o título *Ética* ou *Deontologia Jurídica*, como disciplina obrigatória, tal o rigor do Código de Ética e Disciplina que é imposto à carreira do profissional do direito, pelo diploma legal que lhe corresponde (Lei n. 8.906, de 4.7.1994, arts. 31 a 33), e tal é o peso de sua responsabilidade social na construção da justiça.

Referido Código de Ética e Disciplina regula os deveres do advogado para com a comunidade, o cliente, o outro profissional e, ainda, a publicidade, a recusa do patrocínio, o dever de urbanidade e os respectivos procedimentos disciplinares.

No I Encontro dos Tribunais de Ética da Ordem dos Advogados do Brasil, realizado nos dias 7 e 8 de novembro de 1999, em Brasília, no qual ficou resolvido encetarem, os advogados, uma campanha intitulada *Ética na Advocacia* e a elaboração de um *Manual de Ética* da sua profissão, destacamos as seguintes assertivas:

"A advocacia não pode ter tratamento semelhante à atividade comercial", disse o jurista Paulo Gouveia Medina. Essa afirmação foi feita a partir do papel estabelecido em lei para o advogado como peça fundamental do funcionamento da Justiça e a quem cabe a defesa da ordem jurídica.

"Numa época marcada por mudanças profundas, resultantes da globalização, o interesse cada vez maior pelos lucros estaria entrando em conflito com os princípios que orientam a profissão.

"A sociedade, de maneira geral, pensa em termos monetários. A advocacia, contudo, tem outros valores mais importantes e históricos, como a liberdade, a legalidade e a defesa da Constituição."[18]

A ética em finanças

Compreendendo a importância de possuir um Código de Ética, e ciente de "que o profissional da área deve orientar-se por princípios éticos compatíveis ao elevado grau de responsabilidade e probidade exigíveis para o exercício de suas atividades profissionais"[19] o Instituto Brasileiro dos Executivos em Finanças — IBEF houve por bem instituir seu Código de Ética e Normas de Conduta Profissional, conforme os termos de um articulado contendo trinta itens, a serem seguidos zelosamente por todos os afiliados do IBEF, que validarão a proficiência e confiabilidade do executivo de finanças junto a instituições e à sociedade em geral.

Foi criada, também, pelo referido Instituto uma Comissão Permanente de Ética (CPE) com o objetivo de apurar os fatos e recomendar ao Conselho Diretor Seccional as medidas cabíveis, nos termos do art. 2º do seu Estatuto Social, em caso de quebra do decoro profissional por parte do executivo de finanças afiliado ao IBEF.

Referido Código de Ética foi instituído não sem antes haver a entidade consultado a opinião de seus afiliados, a eles tendo oferecido um elenco das qualidades positivas para que os mesmos as valorassem, em ordem decrescente segundo seu maior grau subjetivo de importância.

A propósito da instituição do referido Código, assim se manifestou o Coordenador da Comissão de Ética (que finalizou o Código) e Diretor do IBEF, Dr. Luiz Affonso Romano.[20]

18. Dr. Reginaldo de Castro, em entrevista ao *Jornal da OAB*, dezembro 1998, p. 10.

19. Resolução 01/98 da Assembléia Nacional do IBEF.

20. Dr. Luiz Affonso Romano. *Informe-IBEF* 10(91), novembro 1998.

"Mas certos princípios éticos devem ser preservados e a conduta moral deve ser claramente delineada para que os perenes ideais de proficiência, justiça e dignidade profissional sejam mantidos. Não apenas como referência, mas intrinsecamente inseridos no momento e no processo histórico que estamos vivenciando; ou corremos o risco de perdermos as nossas referências, enquanto sociedade.

"E, ao nos pautarmos neste Código de ética, estaremos, com certeza, contribuindo não apenas para o aumento do nível de respeitabilidade de nossa atividade mas, sobretudo, contribuindo para o aumento da qualidade de vida de nossa sociedade.

"O Código de Ética dos ibefianos pretende ser o paradigma da nossa prática profissional e a inspiração maior ao nosso consciente exercício da cidadania."

A ética no turismo

Recente matéria, intitulada "Turismo com Ética", publicada há menos de um ano,[21] nos dá conta de que a Organização Mundial do Turismo elabora um código para disciplinar o setor; que, bem a propósito, duplicará seu faturamento até 2020.

"O Brasil integra o comitê encarregado de elaborar um documento inédito na história, o Código de Ética do Turismo, um conjunto de normas capaz de proteger os interesses e definir as responsabilidades de quem viaja, de quem trabalha no setor e de quem mora nos lugares visitados pelos turistas no mundo inteiro. A elaboração do código tem apoio da ONU e é uma proposta da Organização Mundial do Turismo (OMT), entidade intergovernamental que trabalha para disciplinar e organizar o turismo mundial. A utilidade do código parece emergente. Basta lembrar o desconforto de milhares de brasileiros durante a copa da França. Pagaram por pacotes e ingressos para os jogos e tiveram que ver o Brasil jogar em telões armados nas ruas de Paris.

"Além disso, o código torna-se uma necessidade diante dos números previstos para o setor nas próximas décadas.

"Segundo previsões da OMT, a indústria do turismo deverá triplicar até 2020, disputando espaço na economia mundial com os setores de telecomunicações e tecnologia da informação, os de crescimento mais veloz, atualmente."

O Código de Ética do Turismo abordará, dentre outros assuntos, a exploração do turismo para fins libidinosos, coibindo-a; procurando, com isto, harmonizar os interesses de quem viaja com os de quem mora nos lugares visitados, de modo a evitar a interferência deletéria dos visitantes na vida de comunidades, que vivem em destinos turísticos, pois isto é algo que ainda não está sendo devidamente considerado pelo setor, na avaliação dos estudiosos. E, prossegue a matéria:

"A exploração sexual, o uso de mão-de-obra infantil, o desrespeito aos direitos humanos, as questões ambientais, o cumprimento dos itens da Declaração Universal dos Direitos do Homem; tudo isso deverá fazer parte do código."

A ética no "marketing" de rede

Também as entidades ligadas ao *Marketing* de rede, ou *Marketing* Multinível, possuem seu Código de Ética.

A MLMIA — Multi-Level Marketing International Association alardeia a existência de altos *standards* de comportamento ético na indústria do Marketing de rede, para si própria e para os seus membros.

Para serem observados por todos os seus associados, a entidade estabeleceu um decálogo de preceitos dos quais destaca, como Regra de Ouro, apregoada pela Associação, o seguinte axioma: "enquanto você estiver construindo seu negócio, em proveito próprio, falo-á de modo a que os que estiverem em seu entorno possam,

21. Revista *Checkin*, em agosto de 1998, às pp. 16 e 17.

igualmente, construir o seu, sem percalços e admoestações".

A Sociedade Internacional de Marketing Multinível, com sede no Brasil, também se apresenta aos seus associados com um Código de Conduta e Ética de Distribuidores.

A ética na atividade publicitária

A atividade publicitária, no Brasil, há muito que se auto-regula, com absoluto sucesso. A atividade saneadora de seu Conselho de Auto-Regulamentação (CONAR) — aplicando, inclusive, duras penas aos recalcitrantes — tem sido bastante útil e elogiada na normatização da atividade em prol do bem comum.

Seu Código de Auto-Regulamentação espontânea já previa, por exemplo, em 1978, restrição de horário para as peças publicitárias relativas a bebidas e cigarros na televisão; o que só mais tarde veio a ser regulamentado por lei.

São inúmeras, pois, as entidades — fora do sistema de franquia empresarial — que resolveram difundir e instar seus princípios éticos aos seus afiliados mediante um Código de Ética ou de Auto-Regulamentação.

Analisemos, agora, os exemplos de Códigos de Ética no âmbito do *Franchising* no Brasil e no mundo.

O Código de Auto-Regulamentação da Associação Brasileira de "Franchising" — ABF

Em julho de 1987, foi constituída na cidade de São Paulo a Associação Brasileira de *Franchising*, sem fins lucrativos, congregando franqueadores, franqueados, consultores e, de um modo geral, os provedores de bens e serviços ao sistema respectivo, com o objetivo de desenvovê-lo e divulgá-lo, assim como seus benefícios para o nosso país, promovendo sua defesa junto às autoridades constituídas, entidades de classe, formadores de opinião; aprimorando técnicas de atuação de seus associados, através do intercâmbio de informações, dados, idéias, cursos, seminários, palestras e eventos.

Ao tempo da criação da ABF já existia no Brasil a Associação dos Franqueadores Brasileiros — AFRAB, com sede no Rio de Janeiro. Como ambas as Associações tinham os mesmos objetivos, quais sejam os de lutar pela higidez do Sistema de *Franchising* no Brasil, que acabara de nascer, promovendo a disseminação do verdadeiro conceito de *franchising*, a fim de protegê-lo, ambas entidades se fundiram passando a ABF, criada em São Paulo, a ser a ABF-Nacional e a AFRAB, a Sucursal do Rio de Janeiro da ABF-Nacional.

A ABF-Nacional decidiu, então, em atendimento aos seus objetivos, constituir uma subcomissão da Comissão de Ética, encarregada de elaborar um Código de Auto-Regulamentação do *Franchising*, estabelecendo princípios, regras e condições básicas de atuação a serem observadas, no dia-a-dia, estipulando normas e práticas adequadas, principalmente no que tange ao relacionamento franqueador/franqueado.

Referido código foi elaborado de forma a se constituir em um código de boa conduta; baseado em princípios legais de Direito Brasileiro, na prática do sistema do mercado interno e no Código de Ética da Associação Internacional de *Franchising* (IFA).

Ao divulgar seu código, em um opúsculo, a ABF oferece, também, uma cópia do Regulamento da Comissão da Comunidade Européia, sobre *franchising*, que dá ao Sistema de Franquia Empresarial um outro enfoque, sob o prisma das vantagens e dos ganhos auferidos pelo consumidor, com a sua aplicação.

Em suas disposições gerais, o Código de Auto-Regulamentação da Associação Brasileira de *Franchising* define o que seja o Sistema de *Franchising*, bem como *know-how*, para, ao depois, sob o título Princípios Orientadores, definir, singelamente, o que seja franqueador; os requisitos para ser franqueador, bem como para ser franqueado.

Em seguida discorre o Código sobre a publicidade e divulgação da franquia, no processo de recrutamento, que não deverá conter ambigüidades nem, muito menos, ser enganosa.

Quanto à seleção de franqueados, o Código recomenda que os mesmos só sejam aceitos após processo criterioso que envolva formação, qualidades pessoais e recursos financeiros para a exploração da franquia.

Sobre o *Contrato de Franquia*, o Código recomenda que o mesmo seja escrito (o que no Brasil, aliás, hoje é uma obrigação legal), devendo ser respeitado, na sua elaboração, o Código de Auto-Regulamentação e o Direito Brasileiro, bem como refletir o documento elaborado os interesses dos membros da rede, como um todo, protegendo sua identidade e reputação; os direitos de propriedade industrial ou intelectual dos franqueados; deferindo, por último, os direitos e as respectivas obrigações e responsabilidades das partes.

Referido Código vai mais adiante, elencando os pontos essenciais de um contrato de franquia, passando pelas cláusulas de não concorrência, confidencialidade, sigilo e rescisão do contrato.

No que concerne à Master Franquia, o Código afirma que o mesmo não se lhe aplica, regendo, contudo, as relações entre Master Franqueados e seus subfranqueados.

Prossegue o Código, discorrendo sobre os direitos e obrigações do franqueador e do franqueado, para finalizar com infrações e penalidades.

Código de Deontologia da Federação Francesa de Franquia

O Código de Deontologia da Federação Francesa de Franquia foi estabelecido com a criação da própria Federação, por volta do segundo semestre de 1971, por franqueadores, professores de direito e juristas de escol, idealistas; todos interessados em uma autodisciplina, sempre preferível a uma legislação imposta. Seu objetivo foi, pois, o de dotar uma profissão nascente de regras livremente aceitas pelas partes.

Com regras flexíveis — sem jamais criar constrangimentos — o Código da FFF é construído sobre os princípios fundamentais da parceria empresarial, da colaboração recíproca e do equilíbrio de direitos e de obrigações.

Ele, de fato, não obriga senão os aderentes à Federação, a não ser que nos contratos de franquia respectivos se faça uma referência específica à existência do referido Código, anexando-se uma cópia do mesmo ao pactuado.

Este Código, em sua nova versão, serviu à consolidação do Sistema de Franquia na França, pois impregnou a atuação de todos os partícipes deste sistema, naquele país, constituindo a base para a elaboração do novo Código Europeu da Franquia, entrado em vigor em 1º de janeiro de 1992.

Código Belga de Franquia Empresarial

Conhecido, também, como Código de Práticas Leais em Matéria de *Franchising*, este Código estabelecido pela Associação Belga de *Franchising*, apresenta-se mais detalhado do que o Código da FFF.

Todavia, seus autores — a princípio um tanto tímidos — parece não terem querido da força obrigatória a todo o Código, pois utilizam-se de expressões como, *em princípio*: "o franqueador tem, *em princípio*, o direito de escolher de seus equipamentos e materiais (...)".

De resto, nada obstante, emprega outras expressões como, p. ex.: *é necessário ... é devido* ... fazendo com que, afinal, o Código se imponha ao franqueador aderente à Associação.

Código de Deontologia Européia da Franquia

Reproduz, quase integralmente, o Código Belga, possuindo o grande mérito de ter feito uma síntese entre os Códigos de

Deontologia da FFF e o belga, sem haver aportado, contudo, algo da Deontologia alemã, ou anglo-saxônica, como seria de se esperar, sendo ele um Código Europeu.

O Código em questão, porém, é parcial, pois, simplesmente ignora as obrigações do franqueado para com o franqueador.

Seu mérito é, no entanto, o de simplesmente existir, o que, por si só, já é algo de positivo. Espera-se que, um dia, ele possa ser reformulado, dentro de um espírito mais consentâneo com a ética no *franchising*, contemplando as obrigações do franqueado.

Rio de Janeiro, julho 1999

Atualidades

A CÉDULA DE CRÉDITO BANCÁRIO (Medida Provisória 1.925, de 14.10.1999)

HAROLDO MALHEIROS DUCLERC VERÇOSA

1. Os favorecidos da Cédula de Crédito Bancário — CCB (art. 1º). 2. A natureza jurídica da CCB (art. 1º, "caput" e art. 3º). 3. A extensão monetária das obrigações do devedor (art. 3º, § 1º). 4. Os requisitos da CCB (art. 4º). 5. A circulação da CCB (art. 5º, IV e § 1º). 6. As garantias da CCB (arts. 2º e 5º a 15). 7. Do protesto da CCB (art. 17). 8. Dos Certificados de Cédulas de Crédito Bancário (art. 19). 9. Conclusões.

Recente estudo feito pelo Banco Central do Brasil procurou avaliar a razão do grande *spread* que se verifica entre as taxas de captação e as de aplicação das instituições financeiras. Os resultados, divulgados ao público, demonstraram que, além da *cunha fiscal* e de outras causas diversas, uma grande parte do aludido *spread* é originado do risco de inadimplência dos tomadores de empréstimos daquelas empresas. Entre diversas medidas que foram propostas pelo BACEN ao Governo, e que estão sendo progressivamente adotadas por meio de normas jurídicas legais e regulamentares diversas, está o novo título de crédito criado por meio da Medida Provisória 1.925, de 14.10.1999 (*DOU* 15.10.1999).

Esse novo papel objetiva dar às instituições financeiras mecanismos mais aptos a garantir seus interesses na concessão de crédito, eliminando antigos entraves na constituição do crédito sob a forma de um título representativo de dívida líquida e certa e lhes dando um amplo e enorme poder para sua cobrança. Nesse sentido, pode-se comparar a Cédula de Crédito Bancário com o mais poderoso míssil nuclear dotado de múltiplas e mortais ogivas. É o que se poderá verificar a partir do breve estudo que em seguida se faz.

1. Os favorecidos da Cédula de Crédito Bancário — CCB (art. 1º)

O foco na CCB não está voltado para o emitente (qualquer pessoa física ou jurídica), mas, isto sim, para as pessoas de seus favorecidos, na condição exclusiva de instituições financeiras e a entidades a estas equiparadas.

O conceito de instituição financeira é dado, como se sabe, pelo art. 17 da Lei 4.595/64, ou seja, "as pessoas jurídicas públicas ou privadas que tenham como atividade principal ou acessória a coleta, intermediação ou aplicação de recursos financeiros próprios ou de terceiros, em moeda nacional ou estrangeira, e a custódia de valor de propriedade de terceiros".

As instituições financeiras dependem de autorização do BACEN para funcionar (Lei 4.595/64, art. 18) e, de maneira geral, correspondem aos diversos tipos de bancos, de sociedades de crédito, financiamento e investimentos e de caixas econômicas.

A elas são equiparadas, para os fins da legislação bancária, as empresas de *leasing*.

O novo título de crédito será utilizado, portanto, para favorecer a cobrança de operações de crédito concedidas por instituições financeiras ou entidades a elas equiparadas, integrantes do Sistema Financeiro Nacional, cuja composição é dada pelo art. 1º da Lei 4.595/64, do qual fazem parte o próprio BACEN, o Banco do Brasil S/A e o Banco Nacional do Desenvolvimento Econômico e Social, que, evidentemente, poderão valer-se da CCB em suas próprias operações de crédito.

Desde que a obrigação representada pela CCB esteja exclusivamente sujeita à lei e ao foro brasileiros, o título poderá ser emitido em favor de instituição financeira domiciliada no exterior. Neste caso, o valor poderá ser expresso em moeda estrangeira.

2. *A natureza jurídica da CCB (art. 1º, "caput" e art. 3º)*

A CCB assume a forma de uma promessa de pagamento, emparelhada, portanto, à Nota Promissória, mas que passa a apresentar contornos nitidamente diferenciados, previstos no texto legal que a criou.

Do ponto de vista processual, trata-se de um título executivo extrajudicial, representando dívida em dinheiro certa, líquida e exigível. O seu valor corresponderá à importância nela expressamente indicada ou, se for o caso, pelo saldo devedor demonstrado em planilha de cálculo, ou nos extratos de conta corrente, emitidos pelo credor.

Com essa solução, o legislador *ad hoc* procurou afastar as exceções que os devedores pudessem fazer quanto à certeza, liquidez e exigência da dívida, na forma de defesa prévia. Os lançamentos feitos pelo credor contra o devedor gozarão de fé pública, e formarão com o principal da CCB ou por si próprios, o montante da obrigação cartular, uma vez que integram o valor do título.

Caberá ao devedor o ônus de provar que os cálculos efetuados pelo credor destoaram das avenças entre eles celebradas e, assim, procurar elidir eventuais excessos praticados por este último.

Pode-se, dessa forma, classificar a CCB como um título de crédito estrito senso, dotado de cartularidade, literalidade, autonomia, causalidade e dependência. Causalidade porque necessariamente originada de uma determinada operação de crédito. Dependência porque está vinculada ao fato de que elementos externos à cártula a integrarão nos direitos e obrigações nela mencionados.

3. *A extensão monetária das obrigações do devedor (art. 3º, § 1º)*

Considerando que, atualmente, em face da falta de regulamentação do art. 192 da Constituição Federal, as instituições financeiras não estão sujeitas a qualquer limitação na fixação dos encargos fixados para seus devedores, a expressão desses fica na exclusiva dependência do credor que pode livremente estabelecê-los.

Dessa forma, somando-se ao valor do principal da operação de crédito concedida, na CCB poderão ser pactuados:

• os juros da dívida, ***capitalizados ou não***, os critérios de sua incidência, a periodicidade da capitalização (se for o caso), bem como as despesas e os demais encargos decorrentes da obrigação;

• os critérios de correção monetária ou de atualização cambial da dívida, na forma da lei;

• os casos de mora, de multas e penalidades contratadas e as hipóteses de vencimento antecipado da dívida; e

• o valor do ressarcimento à instituição financeira concedente do crédito, pelo próprio emitente ou por terceiro garantidor, das despesas de cobrança da dívida e dos honorários advocatícios extrajudiciais, que não poderá ultrapassar o limite de 10% do valor total devido.

Portanto, estamos diante de mais um caso legal de capitalização de juros, à semelhança do que ocorre com as cédulas de crédito rural, comercial e industrial, admitidos pelo STJ na Súmula 93.

O ressarcimento das despesas de cobrança da dívida e dos honorários advocatícios extrajudiciais levará o credor, quando efetivado, ao lado das outras verbas componentes do total da dívida, à situação de perda nula diante do inadimplemento do devedor, uma vez que a instituição credora tenha se cercado das devidas garantias na concessão do crédito. Nesse sentido, o instrumento ora criado é de insuperável utilidade para as instituições financeiras.

Para chegar ao montante da obrigação, representada pela CCB, bastará à instituição financeira credora elaborar planilha de cálculo ou apresentar os extratos de conta corrente do cliente, ou ambos os documentos, que farão parte da cartularidade daquele título. As exigências formais correspondem à clareza, precisão e facilidade de entendimento e compreensão por parte do devedor quanto ao valor total da dívida, seus encargos e despesas contratuais, a parcela de juros e os critérios de sua incidência, a parcela de correção monetária ou cambial e as correspondentes a multas e demais penalidades contratuais, as despesas de cobrança e os honorários advocatícios.

Quando se tratar de operação de ***contrato de abertura de crédito bancário em conta corrente***, a CCB será emitida pelo valor total do crédito posto à disposição do emitente. Neste caso, compete ao credor discriminar nos extratos de conta corrente ou nas planilhas de cálculo (a serem anexadas à CCB), as parcelas que foram efetivamente utilizadas, os aumentos eventuais do limite inicialmente concedido, as eventuais amortizações da dívida e a incidência dos encargos nos vários períodos de utilização.

O exame das exigências formais estabelecidas pelo legislador leva à conclusão no sentido de que a dívida do emitente da CCB estará perfeitamente constituída em todo o montante contratado, desde que a instituição credora tenha sido transparente em sua configuração, ou seja, haja efetuado o devido *disclousure* perante o devedor. Isto porque, com a nova legislação, inexistem quaisquer limites aos termos materiais da operação de crédito: as taxas, os encargos e as demais obrigações serão aquelas *de mercado*.

4. Os requisitos da CCB (art. 4º)

Os requisitos formais da CCB estão previstos expressamente no art. 4º da MP 1.925/1999. Como em todos os títulos de crédito, a ausência de um ou alguns deles leva à descaracterização do documento como tal, notando-se não haver a previsão do seu suprimento, como ocorre com a letra de câmbio e a nota promissória na lei própria. Nesse caso, a pretensão do credor em receber o valor devido poderá ser efetuada tão-somente pela utilização dos institutos do direito comum e não do direito cambiário, isto é, nesta hipótese, o credor somente poderá se valer da ação de cobrança pelo procedimento ordinário e não mais pelo procedimento executivo ou falencial. A CCB incompleta constituirá um princípio de prova.

Os elementos essenciais são:

I — a denominação "Cédula de Crédito Bancário", fator que corresponde à *cláusula cambiária* específica;

II — a promessa do emitente de pagar a dívida em dinheiro, certa, líquida e exigível no seu vencimento, ou no caso de dívida oriunda de contrato de abertura de crédito bancário, a promessa do emitente de pagar a dívida em dinheiro, certa, líquida e exigível correspondente ao crédito utilizado;

III — a data e o lugar do pagamento da dívida e, no caso de pagamento parcelado, as datas e os valores de cada prestação ou os critérios para essa determinação;

IV — o nome da instituição credora, podendo conter a cláusula à ordem;

V — a data e o lugar de sua emissão; e

VI — a assinatura do emitente e, se for o caso, do terceiro garantidor da obrigação, ou de seus respectivos mandatários.

O art. 4º, § 2º da MP 1.925/1999 determina que a CCB será obrigatoriamente emitida por escrito, ***em tantas vias quantas forem as partes nela intervenientes***, assinadas pelo credor, pelo emitente e pelo terceiro garantidor, se houver, ou por seus respectivos mandatários, a cada um deles cabendo uma via. Somente a via do credor será negociável, devendo constar nas demais a expressão *não negociável.*

Não foi objeto de tratamento específico a questão da perda, destruição ou extravio da via original. Nestes casos, considerando que as outras vias não podem ser negociadas, deverá ser aplicado o art. 36 do Decreto 2.044, de 1908, promovendo-se a anulação do título, prestando-se a sentença de anulação a substituí-lo para todos os efeitos legais.

De acordo com o § 4º do art. 4º da MP 1.925/1999, a CCB poderá ser aditada, retificada e ratificada ***mediante documento escrito***, datado, passando esse documento a integrar a Cédula para todos os fins.

Como se verifica, não recorreu o legislador, no caso da CCB, ao instituto cambial do ***alongamento ou anexo***, que se presta especialmente, nos títulos de crédito, a receber endossos que não caibam no seu espaço original (Decreto 57.663, de 24.1.1966, art. 13). O objetivo do alongamento está na proteção dos princípios da cartularidade, literalidade e autonomia, impedindo-se que direitos cambiários encontrem-se dispostos fora do título, para o fim de serem impedidos problemas relativos ao seu conteúdo e alcance, especialmente em favor de terceiros de boa-fé.

Assim sendo, a solução adotada para a CCB não é a ideal, podendo ser entrevistos grandes problemas jurídicos nas áreas acima citadas, como já tem ocorrido com relação ao recibo das duplicatas, feito em outro documento que não a própria cártula.

5. A circulação da CCB (art. 5º, IV e § 1º)

Diz o § 1º do art. 5º da MP 1.925/1999 que a CCB ***poderá ser objeto de cessão de acordo com as disposições do direito comum***, caso em que o cessionário, mesmo não sendo instituição financeira ou entidade a ela equiparada, ficará sub-rogado em todos os direitos do cedente, podendo, inclusive, cobrar os juros e demais encargos na forma pactuada na Cédula.

A questão dos juros na circulação da CCB em favor de cessionário que não seja instituição financeira será, certamente, um foco de problemas pois, como se sabe, a liberdade de pactuação de juros somente se dá para aquelas. As pessoas *comuns*, digamos assim, físicas e jurídicas, continuam submetidas às disposições da Lei da Usura e da MP 1.820, de 5.4.1999 (com as conseqüentes edições posteriores e sucessivas), caso em que o limite de juros convencionais é de 12% ao ano. Ora, se os juros na CCB forem livre e expressamente pactuados em favor do credor instituição financeira em termos de *taxas de mercado*, esse elemento poderá constar diretamente da literalidade do documento. Quando este circular diante de favorecido que não seja instituição financeira, poderá ser discutida a pretensão de cobrança junto ao devedor daquilo que venha a exceder os juros legais. E, evidentemente, a CCB poderia ser utilizada, justamente, como instrumento de fraude à lei, de forma a permitir credor que não seja instituição financeira a conseguir juros mais elevados do que aqueles aos quais teria direito diretamente.

Em primeiro lugar, é altamente estranhável essa orientação adotada pelo legislador, uma vez que todos os títulos de crédito anteriores, sem exceção, podem circular cambialmente, ou seja, por meio de endosso. Além dos títulos de crédito mais tradicionais, como as letras de câmbio e as notas promissórias, as cédulas de crédito industrial, comercial e rural também assim o fazem, taxativamente.

A adoção da cessão pelas regras do direito comum traz todos os conhecidos problemas de circulação do crédito com os vícios eventuais do negócio subjacente, os quais contaminam a transmissão do crédito, na falta da autonomia cambial. Esse fator acarretará, certamente, insegurança e incerteza na aquisição de crédito constituído pela CCB, justamente o que o legislador parecia desejar superar.

Não leva essa opção do legislador ao ponto de proibir a circulação do crédito representado pela CCB, pois a cessão pelos recursos do direito comum a tal efeito não chega. Se tal fosse a intenção do legislador, ela teria proibido a cessão civil e incluiria expressamente a cláusula *não à ordem*.

Aliás, para demonstrar a aparente incongruência do legislador, um dos elementos do título corresponde, justamente, à cláusula à ordem, conforme visto acima. E, como se sabe, tal cláusula proporciona a circulação de um título de crédito pela via cambiária, ou seja, por meio de endosso.

A solução do problema é dada pelo disposto no § 5º do art. 19 da MP 1.925/1999, ou seja:

1. a CCB ***pode conter a cláusula à ordem***. Neste caso, ela circulará por endosso tal como qualquer título de crédito; ou

2. a CCB ***pode não conter a cláusula à ordem***. Sua circulação dar-se-á, então, por meio de cessão civil de crédito.

Por conseguinte, notam-se, de um lado, a adoção de uma forma de circulação problemática e, de outro, evidente ausência de boa técnica legislativa.

A propósito, não seria necessário ao legislador autorizar a cessão do crédito representado pela CCB, uma vez que é regra geral de direito que os bens podem ser livremente cedidos pelos seus titulares, fora as exceções e restrições legais taxativas.

6. As garantias da CCB (arts. 2º e 5º a 15)

A CCB poderá ser emitida sem ou com garantia. Neste último caso, a garantia pode tomar as formas real ou fidejussória, cedularmente constituídas. Essa expressão significa que a garantia faz parte integrante do próprio título, abrangida, portanto, pelos conceitos de *cartularidade*, *literalidade* e *autonomia* dos títulos de crédito. Dessa forma, a garantia regularmente constituída terá existência cambiária: valerá pela expressão de sua literalidade, circulará com a circulação do título e não ficará sujeita a questões relacionadas com o negócio jurídico subjacente.

Tais características de garantia procuram dar o máximo de certeza da sua existência, extensão e segurança quanto à sua execução, se necessária.

A garantia da CCB pode ser constituída por qualquer tipo de bem, no sentido jurídico do termo. O art. 6º, *caput*, da MP 1.925/1999 refere-se tautologicamente a *bem patrimonial de qualquer espécie*, disponível e alienável, móvel ou imóvel, material ou imaterial, presente ou futuro, fungível ou infungível, consumível ou não, cuja titularidade pertença, evidentemente, ao próprio emitente ou a terceiro que venha a ser garantidor da obrigação principal. Portanto, não há restrições aos tipos de bens que podem formar a garantia da CCB.

Cuidando-se de *penhor de direitos*, este constituir-se-á pela mera notificação ao devedor do direito apenhado. Para efeito de prova, a referida notificação deverá ser feita, evidentemente, por escrito, não sendo o caso de exigir-se, sequer, que seja efetuada por Cartório de Títulos e Documentos. O recibo em documento particular, dado pelo devedor, preencherá o requisito legal ora referido.

A questão da cartularidade da garantia é resolvida de duas formas: sua constituição pode dar-se na própria CCB (o que eliminará alguns problemas possíveis quanto à prova em causa); ou é possível fazê-lo em documento separado, devendo existir, neste caso, referência expressa no próprio título.

É necessário fazer-se a devida descrição e individualização do bem, de maneira a facilitar-se a sua identificação. Este é um aspecto essencial da CCB, pois, entre outros aspectos, a garantia em causa pode ser constituída, como visto acima, por bens fungíveis e consumíveis, os quais, uma vez destruídos do ponto de vista econômico, deverão ser repostos para o efeito de garantia na mesma qualidade e quantidade. A descrição e a individualização do bem poderão ser substituídas pela remissão a documento ou certidão expedida por autoridade competente, a qual integrará a CCB para todos os fins.

A garantia prevista para a CCB é a mais ampla possível, abrangendo o principal da obrigação garantida, todos os seus acessórios, benfeitorias de quaisquer espécies, valorizações a qualquer título, frutos e qualquer bem vinculado ao bem principal por acessão física, intelectual, industrial ou natural. A fim de torná-la ainda mais eficaz, deu-se ao credor o direito de averbar, no órgão competente para o registro do bem constitutivo da garantia, a existência de qualquer outro bem por ela alcançado.

Até a efetiva liquidação da obrigação garantida, os bens por ela abrangidos não poderão, sem prévia autorização escrita do credor, ser alterados, retirados, deslocados ou destruídos, nem poderão ter sua destinação modificada, exceto quando a garantia for constituída por semoventes ou por veículos, automotores ou não, e a remoção ou o deslocamento desses bens for inerente à atividade do emitente da CCB, ou do terceiro prestador da garantia.

Sabendo-se que pode ser constituída a garantia com bens consumíveis ou fungíveis, verifica-se, portanto, que o seu consumo e substituição deverão ser prévia e expressamente autorizados pelo credor.

É também prerrogativa do credor, quanto aos bens constitutivos de garantia pignoratícia ou objeto de alienação fiduciária, permitir que permaneçam sob a posse direta do emitente ou do terceiro prestador da garantia, nos termos da cláusula de constituto possessório. Neste caso, as partes deverão especificar o local em que o bem será guardado e conservado até a efetiva liquidação da obrigação garantida.

É estabelecida responsabilidade pela guarda e conservação do bem constitutivo da garantia na pessoa do emitente e solidariamente com o terceiro prestador, se for o caso. Para esse efeito, se a garantia for prestada por pessoa jurídica, esta indicará representantes.

A eficácia da garantia pignoratícia ou da alienação fiduciária diante de terceiros depende tão-somente, no caso de veículos automotores, da averbação do ônus no respectivo órgão de trânsito, no qual deve ser feito o registro para a aquisição ou transferência de direitos.

A perenidade da garantia pode ser alcançada mediante exigência deferida ao credor da realização de seguro do bem, até a efetiva liquidação da obrigação garantida, vindo o credor a ser indicado como exclusivo beneficiário da apólice e estando autorizada a receber a indenização para liquidar ou amortizar a obrigação garantida.

Na hipótese acima poderá ocorrer seguro e indenização correspondente por valor superior ao da obrigação garantida. Neste caso, mesmo não estando previsto na lei, ocorrendo o sinistro e paga a obrigação pelo banco, este deverá devolver ao devedor a diferença correspondente.

Ocorrendo desapropriação do bem, dano ou perecimento por fato imputável a terceiro, o credor sub-rogar-se-á no direito à indenização devida pelo expropriante ou pelo terceiro causador do dano, até o montante necessário para liquidar ou amortizar a obrigação garantida.

É facultado ao credor exigir a substituição da garantia ou o seu reforço, nas hipóteses de sinistro, desapropriação, dano, perecimento, perda, deterioração ou perecimento do bem, renunciando ao direito à indenização correspondente, conforme o caso.

A eficácia da CCB, em si mesma, não depende de qualquer registro, mas as garantias reais, por ela constituídas, ficam sujeitas aos registros ou averbações legais, para o fim de valerem contra terceiros.

7. Do protesto da CCB (art. 17)

Os protestos para aquisição de direito regressivo e requerimento de falência, quando correspondentes a créditos representados por CCBs, poderão ser encaminhados por cópia, desde que a instituição credora declare estar de posse da sua única via negociável, e indique o valor pelo qual será protestada, inclusive no caso de protesto parcial.

8. Dos Certificados de Cédulas de Crédito Bancário (art. 19)

Com a finalidade de proporcionar às instituições financeiras credoras de CCB um mecanismo de alavancagem dos valores por ela representados, tanto no mercado nacional como internacional, foi prevista a criação do Certificado de Cédulas de Crédito Bancário. Este título deve ter lastro efetivo em CCBs, as quais deverão ser mantidas em custódia em instituição financeira. A negociação desses Certificados poderá, por sua vez, ser feita com pessoas integrantes ou não do Sistema Financeiro Nacional.

Os Certificados poderão ser desdobrados ou reagrupados segundo a conveniência do emitente ou do seu adquirente.

Em se tratando de operação no mercado internacional, os recursos correspondentes deverão ser registrados como capital estrangeiro no Banco Central do Brasil.

Tais Certificados poderão ser emitidos sob a forma física ou escritural e registrados em arquivos magnéticos organizados pelo emitente. Seus requisitos são:

a) o local e a data de emissão;

b) o nome do depositante das CCBs;

c) o nome da instituição financeira emitente;

d) a denominação "Certificado de Cédula de Crédito Bancário";

e) a expressa indicação da respectiva cédula ou cédulas que originaram a sua emissão, o valor do principal, os encargos convencionados, a época de amortização, total ou parcial e o vencimento final;

f) o nome dos emitentes devedores das CCBs; e

g) o lugar e as datas de pagamento do resgate do principal e dos encargos das CCBs.

9. Conclusões

Como se verifica, as instituições financeiras foram agraciadas com um título de crédito que lhes dá uma enorme força econômica contra os devedores, tendo sido superados alguns obstáculos de direito material e processual que prejudicavam os seus interesses.

Se é verdade que as garantias que cercam tal instituto em muito virão a diminuir os riscos bancários, espera-se que seja produzido o efeito da redução dos juros nas operações com elas realizados.

Aos emitentes de tais títulos resta a certeza de que devem o valor correspondente e, diante da sua cobrança pelo credor, usando conhecida expressão do ex-professor de Direito Comercial da Faculdade de Direito da USP, Philomeno Joaquim da Costa, *paguem e não bufem!*

São Paulo, outubro de 1999

CONSELHO MONETÁRIO NACIONAL, BANCO CENTRAL DO BRASIL E COMISSÃO DE VALORES MOBILIÁRIOS

Considerações acerca de sua natureza jurídica, em face das chamadas "Agências Administrativas"

EGON BOCKMANN MOREIRA

I — Premissas hermenêuticas. II — As Agências Administrativas e o Direito brasileiro. III — Conselho Monetário Nacional, Banco Central do Brasil e Comissão de Valores Mobiliários — Natureza jurídica. IV — Função regulamentar. V — Função regulamentar de CMN, BACEN e CVM, em face das Agências. VI — Conclusão.

O Sistema Financeiro Nacional é integrado pelo Conselho Monetário Nacional e Banco Central do Brasil, ambos criados pela Lei 4.595, de 31.12.1964 (e alterações), e cujas competências relativas ao mercado de capitais estão previstas na Lei 4.728, de 14.7.1965. A Comissão de Valores Mobiliários foi criada pela Lei 6.385, de 7.12.1976.

Tendo em vista as recentes modificações experimentadas no Direito Administrativo pátrio, é de se cogitar se tais entidades podem ser classificadas como "agências independentes", bem como sua eventual diversidade em face das recém-criadas "agências executivas" e "agências reguladoras". Ademais, cabe investigar seu "poder normativo" e os limites derivados dos estândares estabelecidos pela legislação que criou tais organizações. Ao final, analisaremos se o art. 192 da Constituição Federal de 1988 estabeleceu alguma reserva de lei que não esteja atendida nos diplomas supracitados.

I — Premissas hermenêuticas

1. A análise das questões acima arroladas pressupõe a fixação de premissas de interpretação claras e, mais do que isso, exige que seja fixado um conceito básico para a realidade normativa "agências", bem como sua razão, conteúdo e limites.

2. Partimos de três regras de hermenêutica jurídica.

Primeira, a de que a interpretação não pode abstrair das finalidades normativas visadas, justamente em face da situação concreta. A lei não pode ser interpretada puramente em abstrato, tal como não possuísse vínculos e desdobramentos na vida real ou não se dirigisse a determinado objetivo. A relação entre *ratio legis* e situação de fato é essencial às conclusões hermenêuticas. Ainda mais quando estão em análise normas de ordem pública, as quais, no Brasil, devem reger um Estado Democrático de Direito.

Segunda, a interpretação jurídica há de ser sistemática, não analisando somente aqueles preceitos específicos colocados à disposição do intérprete, como se pudessem existir normas avulsas, mas a unidade do sistema. "Em outras palavras, uma consciente interpretação do Direito Administrativo jamais poderá ser isolada ou destituída da necessária conexão com a inteireza do sistema, na sua vocação teleológica para a abertura e para a unidade. Com efeito, toda interpretação juspublicista, mesmo diante das questões mais singelas, há de ser sistemática, principiológica e hierarquizadora (...)".[1]

A terceira regra é a de que a interpretação jurídica não pode orientar-se por aquilo que Luís Roberto Barroso denominou de "uma das patologias crônicas da hermenêutica constitucional brasileira, que é a interpretação retrospectiva, pela qual se procura interpretar o texto novo de maneira a que ele não inove nada, mas, ao revés, fique tão parecido quanto possível com o antigo". Ao definir a "hermenêutica retrospectiva", o autor reporta-se à lição de Barbosa Moreira: "Põe-se ênfase das semelhanças, corre-se um véu sobre as diferenças e conclui-se que, à luz daquelas, e a despeito destas, a disciplina da matéria, afinal de contas, mudou pouco, se é que na verdade mudou".[2]

Estas são, basicamente, as premissas de hermenêutica que orientarão o presente texto.

II — As Agências Administrativas e o Direito brasileiro

3. O direito positivo brasileiro, especialmente o constitucional e administrativo, vem passando por radical série de mudanças.[3] O legislador visou a instalar uma Administração Pública qualificada de flexível e ágil, destinada a corresponder às necessidades pelas quais passa um mundo pós-globalização. Dentre tais alterações, está a instalação das chamadas "Agências Administrativas".

3.1 Como é notório, as Agências Administrativas têm origem no direito estadunidense, cujo Direito Administrativo se estruturou em torno de tais entidades.[4-5] Note-se que a primeira agência foi criada ainda no século XIX (*Interstate Commerce Commission*, de 1887).

Naquele país, existe lei própria, definidora da estrutura normativa das agências (*Federal Administrative Procedure Act*, de 1946), bem como de seus genéricos poderes e deveres. Trata-se de lei geral, que fundamenta a criação de agências específicas, no âmbito federal.

Há duas espécies de agências, as "reguladoras" e as "executivas". Estas vinculam-se à pura execução de serviços de ordem social (pensões, previdência social, seguros etc.), enquanto que aquelas atuam disciplinando determinada área de atuação estatal (incluindo-se aí direitos e deveres dos particulares).

Tais Agências Administrativas reguladoras caracterizam-se por ter independência em face do Poder Executivo e não estar submetidas a controle hierárquico. De forma autônoma, emanam normas que regulamentam a matéria de sua competência e decidem litígios, exercitando os denominados poderes *quasi-judicial* e *quasi-legislative*. Na ampla maioria delas, seus dirigentes possuem mandato fixo, há supervisão das comissões do Congresso, possibi-

1. Juarez Freitas, *A Interpretação Sistemática do Direito*, p. 151.

2. L. R. Barroso, "Dez Anos da Constituição de 1988 (foi bom para você também?)", *RTDP* 20/39.

3. Mudanças que tiveram início com a EC 5/95 e que, no que diz respeito à Administração Pública, pretenderam adotar a concepção de "Administração Gerencial". Nesse sentido, Luiz Carlos Bresser Pereira, *Reforma do Estado para a Cidadania*.

4. Na definição de Bernard Schwartz, "administrative law deals with the delegation of power to administrative agencies; the manner in wich administrative powers must be exercised (emphasizing primarily the procedural requirements imposed by the law); and judicial review of administrative action" (*Administrative Law*, p. 3). Henry Campbell Black é ainda mais incisivo, ao definir *administrative law* como "body of law created by administrative agencies in the form of rules, regulations, orders and decisions to carry out regulatory powers and duties of such agencies" (*Black's Law Dictionary*, p. 46).

5. Não discorreremos a respeito das flagrantes diferenças entre os sistemas normativos brasileiro e norte-americano, vez que não é da essência do presente trabalho. A respeito de tal diversidade e por todos, veja-se René David, *Os Grandes Sistemas do Direito Contemporâneo*.

lidade de controle judicial e "relações políticas" com o Poder Executivo.

3.2 No Brasil, inexiste qualquer lei semelhante à norte-americana. Não há nenhuma disposição normativa que defina as condições genéricas de existência de uma agência administrativa — seja ela "reguladora", seja "executiva". Mais do que isso, não há qualquer preceito legal que diga o que é uma "agência". Ao contrário, reina a confusão.

De há muito, o direito positivo brasileiro utiliza-se à larga do termo, ora em sentido vulgar (agência telegráfica, agência do correio, agências das capitanias dos portos),[6] ora em sentido específico (Agência Nacional de Telecomunicações — ANATEL, Agência Nacional de Energia Elétrica — ANEEL, Agência Nacional do Petróleo — ANP e Agência Nacional de Vigilância Sanitária — ANVS),[7] ora em sentido técnico indefinido (Agência Espacial Brasileira e Agências de Água).[8-9]

O texto constitucional contém apenas a expressão "agências financeiras oficiais de fomento" (art. 165, § 2º) e o inc. I do art. 52 do ADCT refere-se a "agências de instituições financeiras". Mesmo depois das Emendas 8/95[10] e 9/95,[11] a Constituição Federal contempla a locução "órgão regulador", não "agência administrativa".

Já a Lei 9.649/98, que "dispõe sobre a organização da Presidência da República e dos Ministérios", adota o termo "órgão regulador", para ANP e ANEEL,[12] e cria o qualificativo "agência executiva",[13] a ser outorgado a autarquias ou fundações que tenham cumprido determinados requisitos (plano estratégico e contrato de gestão).

Por fim, os Decretos 2.487/98 e 2.488/98 estabelecem a qualificação das "agências executivas", não declinando o que vêm a ser tais entidades, mas meramente dispondo sobre o procedimento e requisitos necessários a tal atributo — o que levou Cel-

6. *V.g.*, Lei 3.739/60 ("agência telegráfica"), Leis 2.821/56 e 2.205/54 ("agência do correio"), Decreto 97.536/89 (extinguiu "agências de capitanias dos portos").

7. Lei 9.427, de 26.12.1996 (ANEEL: "autarquia sob regime especial, vinculada ao Ministério de Minas e Energia", art. 1º); Lei 9.472, de 16.6.97 (ANATEL: "entidade integrante da Administração Pública Federal indireta, submetida a regime autárquico especial e vinculada ao Ministério das Comunicações, com a função de órgão regulador das telecomunicações", art. 8º, sendo que "a natureza de autarquia especial conferida à Agência é caracterizada por independência administrativa, ausência de subordinação hierárquica, mandato fixo e estabilidade de seus dirigentes e autonomia financeira", art. 8º, § 2º); Lei 9.478, de 6.8.1997 (ANP: "entidade integrante da Administração Federal indireta, submetida ao regime autárquico especial, como órgão regulador da indústria do petróleo, vinculado ao Ministério de Minas e Energia", art. 7º) e Lei 9.782, de 26.1.1999 (ANVS: "autarquia sob regime especial, vinculada ao Ministério da Saúde", art. 3º, sendo que "a natureza de autarquia especial conferida à Agência é caracterizada pela independência administrativa, estabilidade de seus dirigentes e autonomia financeira", parágrafo único).

8. Lei 8.854, de 10.2.1994 (Agência Espacial Brasileira: "autarquia federal vinculada à Presidência da República, com a finalidade de promover o desenvolvimento das atividades espaciais de interesse nacional") e Lei 9.433, de 8.1.1997 (Agências de Água: "exercerão função de secretaria executiva do respectivo ou respectivos Comitês de Bacia Hidrográfica").

9. Isso sem mencionar a tão divulgada Agência Brasileira de Inteligência — ABIN, cujo projeto de lei foi encaminhado ao Congresso Nacional em 19.9.1997, definindo-a como "órgão de assessoramento direto ao Presidente da República, que, na posição de órgão central do Sistema Brasileiro de Inteligência, terá a seu cargo planejar, executar, coordenar, supervisionar e controlar as atividades de inteligência do País, obedecidas a política e as diretrizes superiormente traçadas nos termos desta Lei" (art. 3º). Até a presente data, a ABIN não existe de direito, apesar de possuir até seu *site* na Internet (http://www.abin.gov.br).

10. Modificou o art. 21, inc. XI: "Art. 21. Compete à União: (...) XI — explorar (...) os serviços de telecomunicações, nos termos da lei, que disporá sobre a organização dos serviços, a criação de um *órgão regulador* e outros aspectos institucionais" (grifo nosso).

11. Alterou o art. 177, § 2º, inc. III: "§ 2º. A lei a que se refere o § 1º disporá sobre: (...) III — a estrutura e atribuições do *órgão regulador* do monopólio da União" (grifo nosso). O art. 177 dispõe basicamente sobre petróleo e gás natural.

12. Capítulo IV, arts. 35 e 36.

13. Arts. 51 e 52.

so Antônio Bandeira de Mello à percuciente conclusão de que "o decreto, curiosamente, não indica quaisquer conseqüências extraíveis do qualificativo 'agência executiva', de sorte que ele apresenta o sabor de uma 'comenda'".[14]

3.3 Além de não haver previsões gerais definidoras do que efetivamente vem a ser uma "agência" no direito brasileiro, os textos legais em vigor produzem séria confusão dos conceitos. Não há qualquer coerência semântica, que, de imediato, autorize e (ou) facilite a uniformidade na interpretação de tais normas.

Há leis que estabelecem o que vem a ser o "regime especial" ao qual estão submetidas as "Agências Administrativas", nunca de forma igual às demais, e outras que somente lançam tal locução quando "qualificam" a agência, tal como se houvesse incontrovérsia quanto ao uso do termo e de sua "especialidade". A definição mais precisa está na legislação da ANATEL, que confere exaustiva precisão à palavra utilizada. Resta saber qual o impacto que tal incerteza pode gerar para eventual fixação do verdadeiro sentido do termo "agência", para o direito brasileiro (se é que isso é possível).

4. Destaque-se que, neste momento histórico, a definição de um ente público como "agência" não envolve pura questão de nomenclatura, mas definição do tipo jurídico e (ou) título competencial detido pelo órgão administrativo. Não se trata de dúvida limitada ao *nomen juris* da entidade, mas à possibilidade da qualificação de sua ação, limites e conteúdo.[15]

Ou seja, o problema enfrentado abrange o verso e o reverso da questão. Não apenas é significativa a especificação normativa do entes (são ou não são agências), mas também o prévio conteúdo da qualificação atribuída a tais entes (o que é – ou pode ser – uma agência, no direito brasileiro). Tal como leciona Daniele Coutinho Talamini, "Poder-se-ia pensar, desde logo, que a questão reduz-se à mera terminologia. Todavia, como já advertiu André Gonçalves Pereira, um problema terminológico não é *somente* um problema terminológico. A terminologia desempenha uma função, que é a de designar coisas idênticas com o mesmo nome e coisas diferentes com nomes diferentes. E para a Ciência do Direito, cada termo utilizado deve designar um conceito, o qual, por sua vez, é obtido através da análise jurídica feita a partir da observação do ordenamento jurídico".[16]

5. É certo que a mutação imposta ao regime de Direito Administrativo brasileiro, especialmente no que tange às agências, tem lastro histórico na experiência norte-americana e européia (esta mais imediata ao direito positivo pátrio).[17] Pretende-se criar novas figuras de direito público, que transbordem os marcos das tradicionais autarquias e, quando menos, adquiram plena autonomia e independência, especialmente em relação ao Poder Executivo. Há essencialmente uma "mutação" do regime jurídico de "pessoas de direito público" para "figuras de direito público *e* de direito privado".[18] Busca-se atribuir maior rapidez na execução das propostas administrativas e, caso necessário, em sua modificação e atualização.

14. *Curso de Direito Administrativo*, p. 160.

15. Mesmo porque a atribuição deste ou daquele "nome de batismo" não é definidora da natureza jurídica.

16. "Regulamento e ato administrativo", *RTDP* 21/66.

17. Porém, países como França e Espanha enfrentaram (e enfrentam) problemas semelhantes ao brasileiro, consistentes na modificação/adaptação do sistema jurídico "tradicional" ou "continental" e adaptação à nova sistemática imposta pelas *autorités administratives indépendantes* e *administraciones independientes* — que, ao seu tempo, também têm origem estadunidense. A esse respeito, consulte-se as obras de Eloísa Carbonell Porras e José Luis Muga Muñoz, *Agencias y Procedimiento Administrativo en Estados Unidos de América*, e Andrés Betancor Rodríguez, *Las Administraciones Independientes*.

18. Ao nosso ver, talvez seja esse o nó górdio da figura jurídica das Agências Administrativas frente ao Direito Administrativo brasileiro. A pretensão à transformação/transposição do regime jurídico de direito público a um regime jurídico *misto*, que não distingue figuras de direito público e privado.

Desde já descartamos análise aprofundada das "agências executivas" emanadas dos Decretos 2.487/98 e 2.488/98. Acreditamos que não se trata de verdadeira inovação, pois tais agências correspondem a autarquias e fundações com a mesma natureza jurídica pretérita, porém "qualificadas". Pouca ou nenhuma importância e (ou) evolução representa esse título administrativamente outorgado a autarquias e fundações.[19]

Assim, ao se pretender qualificar uma pessoa administrativa de "agência reguladora", estar-se-á defendendo a mutação de sua natureza jurídica, mediante ampliação de seu título competencial. Quando menos, com as seguintes conseqüências: *a*) ausência de vínculo hierárquico formal com a pessoa administrativa central (compreendendo aí mandato fixo e impossibilidade de exoneração *ad nutum*); *b*) conjunto de normas que lhe atribuam independência, entendida como poderes e deveres próprios e típicos (indelegáveis, intransponíveis e inderrogáveis), excluindo o chamado "controle tutelar"; *c*) possibilidade de emanar normas regulamentares exclusivas, e *d*) possibilidade de decidir as questões controversas postas à sua apreciação (*ex officio* ou mediante provocação da parte interessada ou terceiro).

Caso contrário, não será uma "agência administrativa reguladora", mas um ente híbrido — com determinado nome de batismo e configuração jurídica diversa daquela caracterizada por tal denominação. Porém, daí até concluir-se que toda e qualquer entidade que detenha o nome "agência" seja uma "agência administrativa" *stricto sensu* existe uma longa — e impossível de ser transposta — distância.

Mais ainda e o que é mais sério, é inadmissível a conclusão de que pessoa administrativa criada e disciplinada sob regime jurídico anterior às atuais mutações normativas seja automaticamente "adaptada" às conseqüências jurídicas previstas para as "agências reguladoras". Isso porque reputamos imperiosa previsão normativa integral, límpida e expressa, para que o ente público seja uma agência reguladora típica, com os atributos acima expostos. Afinal, essas são as qualidades detidas pelas agências reguladoras em sentido estrito — que *jamais* existiram na legislação brasileira pretérita.[20]

Por outro lado, não se trata de mera aplicação das teses e normas estrangeiras ao direito brasileiro. É inegável a influência da experiência lá havida, mas é impossível a pura transposição acrítica. Assim como a doutrina científica do Direito Administrativo moderno teve origem em França e Itália, gerando nítida influência sobre o direito brasileiro, as variações contemporâneas em nosso ordenamento podem obter subsídios do direito estrangeiro — porém, sempre com as imperiosas ponderações.

Em suma, o que nos cabe investigar no presente trabalho é o feixe normativo que define as entidades investigadas frente ao direito positivo pátrio, para concluir se encaixam-se ou não no conceito de "agência administrativa reguladora", tal como definido pelas legislações que as instalaram no direito brasileiro.

III — Conselho Monetário Nacional, Banco Central do Brasil e Comissão de Valores Mobiliários — Natureza jurídica

6. O Conselho Monetário Nacional (CMN) e o Banco Central do Brasil (BA-

19. Por essa razão, o texto a seguir tratará unicamente das "agências reguladoras". A expressão "agência executiva" representa uma categoria aqui não enfrentada. Razão pela qual, frise-se, no presente trabalho o termo "agência" não se reporta às "agências" mencionadas nos arts. 51 e 52 da Lei 9.649/98 e Decretos 2.487/98 e 2.488/98.

20. Nem tampouco houve pessoa administrativa indireta que acumulasse, simultaneamente, *todas* estas características. Se ocorreram de fato, trata-se de outra investigação. Não será seqüência de atos administrativos independentes e autônomos (regulamentares ou não), eventualmente irregulares, mas não-impugnados, que caracterizará a natureza jurídica da entidade. Inexiste possibilidade de definição da natureza jurídica de uma "agência reguladora" através do conteúdo dos atos por si praticados. Há impossibilidade lógico-jurídica de os provimentos definirem a natureza jurídica das entidades que os emanaram.

CEN) foram criados pela Lei 4.595, de 31.12.1964. São algumas das entidades que, na letra da lei, constituem o Sistema Financeiro Nacional.

6.1 O CMN é "órgão específico" do Ministério da Fazenda, que integra sua "estrutura básica" (Lei 9.649/98, Seção IV, art. 16, inc. VII). A Lei 4.595/64 disciplina os objetivos de sua "política" (art. 3º) e os limites de sua competência, exercida "segundo diretrizes estabelecidas pelo Presidente da República" (art. 4º).

Alguns dos atos do CMN dependem de "autorização" ou "homologação" pelo Poder Legislativo, sempre "mediante mensagem do Presidente da República" (art. 4º, I). É presidido pelo Ministro da Fazenda (disposição atualmente prevista no art. 8º da Lei 9.069/95, que alterou a composição do Conselho).

Também a Lei 6.385/76 outorga ao CMN competência para definir políticas de organização e funcionamento do mercado de valores mobiliários e regular a utilização de crédito nesse mercado (art. 3º, I e II).

6.2 O BACEN é autarquia federal (art. 8º), com competência definida em lei e "normas expedidas pelo Conselho Monetário Nacional" (arts. 9º e 10).

Nos termos do diploma ora em análise, a diretoria do BACEN será escolhida pelo CMN, que designará seu diretor (art. 14, *caput* e § 1º). Nos termos do Decreto 91.961, de 19.12.1985, todos os membros da diretoria serão "nomeados pelo Presidente da República, (...) sendo demissíveis *ad nutum*" (art. 1º).

7. A Comissão de Valores Mobiliários (CVM) foi instituída pela Lei 6.385, de 7.12.1976 e se destina a disciplinar e fiscalizar atividades relativas ao chamado mercado de capitais (valores mobiliários e bolsas de valores), segundo política e regulação definidas pelo CMN, muitas delas em coordenação com o BACEN (arts. 1º e 3º).

A CVM é autarquia vinculada ao Ministério da Fazenda, cuja diretoria e presidente são nomeados pelo Presidente da República, podendo ser demissíveis *ad nutum* (arts. 5º e 6º, § 1º).

8. Depois dessa brevíssima exposição a respeito dos aspectos legais que mais interessam ao presente trabalho, poderíamos tentar agrupar algumas das características comuns, detidas pelas três entidades.

Em primeiro lugar, são subordinadas à hierarquia (CMN) ou controle (BACEN e CVM) do Poder Executivo central (Presidência da República e Ministérios). Cumprem as determinações da Administração direta — seja de forma imediata (obedecem às diretrizes da Presidência), seja mediatamente (a CMN define política e regula atividades do BACEN e CVM).

Em segundo lugar, os mandatos de seus dirigentes são detidos pela Presidência da República.

Em terceiro lugar, detêm competência para regulamentar, guardando limite decrescente (CMN, BACEN e CVM), os denominados sistema financeiro nacional e mercado mobiliário. Fixam diretrizes, estatuem e baixam normas, disciplinam e coordenam, regulam etc. Variam os verbos, mas a *mens legis* é a mesma: atividade de prescrição de normas regulamentares, por parte das três entidades. As únicas variantes são o grau competencial e o conteúdo de tais outorgas.

Em quarto lugar, controlam e fiscalizam as áreas de sua atribuição, podendo apurar irregularidades e impor sanções. Os recursos contra suas decisões poderão atingir o Conselho de Recursos do Sistema Financeiro Nacional.[21]

9. Tendo em vista estas rápidas observações, parece-nos inviável atribuir a tais pessoas administrativas o título de "agências reguladoras independentes", pois o vínculo funcional e gerencial com a Administração direta impossibilita tal classificação. Em verdade, nem sequer são "Agências Administrativas", mas órgãos que se submetem aos tradicionais conceitos de "des-

21. Órgão do Ministério da Fazenda, criado pelo Decreto 91.152/85.

concentração" (CMN) e "descentralização" (BACEN e CVM).

As leis que criaram tais entidades visaram a operacionalizar as diretrizes do Governo federal e conferir agilidade à sua atuação, no que diz respeito à matéria específica a elas outorgada. Porém, não buscaram o verdadeiro conceito contemporâneo de "agências reguladoras" — que, certamente, vai muito além da desconcentração e descentralização. Os limites dos atributos legalmente conferidos a CMN, BACEN e CVM não possibilitam que sejam qualificados de "Agências Administrativas reguladoras". Caso contrário, o resultado seria duplamente ruinoso: por um lado, a necessidade do conceito de "agência reguladora" cairia por terra, pois não seria em nada inovador e especial. O esforço legislativo desenvolvido nos últimos anos, as definições novidadeiras previstas em lei, a amplitude dos conceitos e competências etc. — tudo isso seria trabalho desnecessário e em vão, pois bastaria eventual nome de batismo e (ou) exercício de fato de determinada atividade administrativa (ainda que num *minus* em relação à atualmente pretendida), durante certo lapso temporal. Por outro lado, também a razão da lei que definiu CMN, BACEN e CVM seria impertinente e estaria "vencida", pelo mero passar do tempo.

9.1 Não se diga que seriam "agências reguladoras" devido à chamada "revogação tácita", nem por derivação de eventual "costume *contra legem*". Este é extremamente complexo e controverso, excepcional em absoluto, além de ser inviável no direito público; aquela exige que a lei nova trate de forma exaustiva a matéria tratada pela anterior.[22]

9.2 Tampouco seria o caso de interpretação analógica ou extensiva. Nenhuma das duas técnicas hermenêuticas presta-se a transformar realidades jurídicas postas, mas a colmatar pseudo-lacunas normativas e a descobrir o real alcance normativo, em razão da própria lei.

Para sua aplicação, a analogia requer verdadeiro vácuo normativo, pois "não é uma técnica interpretativa nem tampouco uma fonte do direito, mas um procedimento que serve para integrar normas, partindo de um exame comparativo entre duas situações jurídicas, aplicando *à não legislada* a solução dada para a que tem característica essencial à semelhante".[23]

Já a interpretação extensiva "desenvolve-se em torno de uma norma, para nela compreender casos que não estão expressos em sua letra, mas que nela se encontram, virtualmente, incluídos, atribuindo assim à lei o mais amplo raio de ação possível, todavia sempre dentro de seu sentido literal. Conclui apenas que o alcance da lei é mais amplo do que indicam seus termos".[24] A interpretação extensiva clarifica o sentido da lei, de molde a abranger toda a intenção normativa, pois é "meio de reintegração do pensamento contido na lei, estabelecendo, tão-somente, as legítimas fronteiras da norma, que é distendida apenas para compreender a complexidade da matéria que lhe cabe regulamentar. Não há falta de conteúdo na lei, mas de concordância entre o sentido e a palavra".[25]

9.3 Ora, não serão tais técnicas hermenêuticas meios de atribuir ao CMN, BACEN e CVM qualidades especiais, que a lei de origem nem sequer cogitou. É impossível que, no direito público positivo, a evolução dos fatos venha a criar radical derrogação ou lacuna normativa, a ser preenchida por legislação posterior, nitidamente excepcional. Também não se poderia cogitar de interpretação extensiva, que estendesse tais atributos, originais e excêntricos, a entidades anteriores, construídas com limites e fins diversos dos ora existentes.

10. Não parece haver dúvidas de que CMN é órgão do Poder Executivo central, enquanto que BACEN e CVM são autarquias "ortodoxas".

22. Veja-se Maria Helena Diniz, *Compêndio de Introdução à Ciência do Direito*, pp. 280-282 e 353.

23. M. H. Diniz, *As Lacunas no Direito*, p. 153 (grifo nosso).

24. Idem, p. 181.

25. Idem, ibidem.

Resta investigar os limites da competência regulamentar detida por essas entidades.

IV — Função regulamentar

11. Tal como descrito acima, as três entidades em exame possuem função regulamentar (dentre outros atributos). Antes de interpretarmos a possível qualificação de tal prerrogativa, é imperioso enfrentar a noção de atividade regulamentar (e seus limites), no Direito Administrativo brasileiro.

12. Num primeiro momento, deixe-se claro que o exercício dessa atividade não é exclusivo do Presidente da República e Ministros de Estado, como poderia resultar de interpretação dos arts. 84, IV, e 87, II, da Constituição Federal. De há muito, San Tiago Dantas afirmou:

"O poder de baixar regulamentos, isto é, de estatuir normas jurídicas hierarquicamente inferiores e subordinadas à lei, mas que nem por isso deixam de reger coercitivamente as relações sociais, é uma atribuição constitucional do Presidente da República, mas a própria lei pode conferi-la, em assuntos determinados, a um órgão da Administração pública ou a uma dessas entidades autônomas que são as autarquias. Não só a elaboração de regulamentos, mas a própria atividade legislativa, não se acha hoje enclausurada na competência de um só órgão do governo, mas se desloca, por força da delegação de poderes, para outros órgãos eventualmente mais aptos por se acharem em contacto imediato com a matéria regulada, ou disporem de maior rapidez de decisão".[26]

13. O Presidente da República e os Ministros de Estado são titulares de competência constitucional para expedir decretos, regulamentos e instruções para a fiel execução das leis, mas tal previsão não é exaustiva e supressora de outros títulos competenciais, detidos pelas demais entidades da Administração Pública. Cada qual detém, dentro de seu âmbito de atuação e na medida da competência a si conferida, possibilidade de emanar regulamentos.

A discussão maior reside justamente nos limites do conteúdo da competência regulamentar.

14. Ampla maioria dos doutrinadores pátrios defende a qualificação do poder regulamentar como competência específica e limitada, destinada a criar normas gerais e abstratas, desde que não introduzam novidades no ordenamento jurídico, mas, ao contrário, dêem pura execução às normas previamente existentes.[27] Ou seja, a impossibilidade absoluta de inovações normativas por parte dos regulamentos.

Na lição de Celso Antônio Bandeira de Mello, o regulamento é ato administrativo geral que só pode ter por objeto a "estrita finalidade de produzir as disposições operacionais uniformizadoras necessárias *à execução de lei* cuja aplicação demande atuação da Administração Pública".[28]

15. Ocorre que tal doutrina vem sofrendo oposições, especialmente no ramo jurídico ora examinado.[29-30] Sérgio Ferraz

26. "Poder regulamentar das autarquias", in *Problemas de Direito Positivo*, pp. 203-204.

27. Esposam desse entendimento Geraldo Ataliba ("Poder regulamentar do Executivo", *RDP* 57-58/184-208); Víctor Nunes Leal ("Lei e regulamento", in *Problemas de Direito Público*, pp. 57-91); Clèmerson Merlin Clève (*Atividade Legislativa do Poder Executivo no Estado Contemporâneo e na Constituição de 1988*, pp. 215-256); Maria Sylvia Zanella Di Pietro (*Direito Administrativo*, Atlas, pp. 74-77); Roque A. Carrazza (*O Regulamento no Direito Tributário Brasileiro*); Daniele C. Talamini ("Regulamento...", cit.) e Luciano Ferreira Leite (*O Regulamento no Direito Brasileiro*).

28. *Curso...*, cit., p. 240.

29. Além dos mestres a seguir mencionados, tais exceções podem ser atribuídas a Tércio Sampaio Ferraz Júnior (*Introdução ao Estudo do Direito*, p. 212) e Hely Lopes Meirelles (*Direito Administrativo Brasileiro*, pp. 111-112). Já Diógenes Gasparini alterou seu entendimento (v. *Poder Regulamentar* — pró regulamento autônomo — e *Direito Administrativo*, pp. 105-108 — contra).

30. Também a jurisprudência não é absolutamente uniforme nessa matéria. P. ex., confira-se decisões do E. STJ, a favor (ROMS 6.234-DF, Min.

e Eros Roberto Grau realizaram síntese perfeita a esse respeito, razão pela qual analisaremos com mais detença seu pensamento.[31]

15.1 O estudo de Sérgio Ferraz enfrenta com maestria o problema do regulamento, em todos os seus ângulos. A definição proposta logo à primeira linha demonstra seu entendimento a respeito da natureza e limites do regulamento: "O regulamento é um ato administrativo, de *caráter normativo*, com a finalidade de *especificar* os mandamentos da lei ou de *prover situações ainda por ela não disciplinadas*, emitido por órgão ou agente no exercício de função não-legislativa".[32]

Para o autor, o regulamento é inerente à atividade administrativa estatal, inserido no conjunto de deveres atribuídos à Administração. Faz parte da dinâmica do aparelho administrativo e seu exercício é essencial ao atingimento dos objetivos do ordenamento. Reputa ser ampla a faculdade regulamentar e que a "velha afirmação da integral submissão do regulamento à lei deve ser encarada com reservas".[33]

O autor destaca que "dúvida não resta quanto à maior significação, em nossos dias, do chamado regulamento autônomo ou independente, em face da tremenda complexidade, e a aceleração dinâmica dos fenômenos político-sociais de nossos dias".[34] Tal modalidade de faculdade regulamentar decorre "do dever que tem a Administração de organizar e tornar plausivelmente efetiváveis as atribuições que lhe são próprias".[35]

O regulamento autônomo desenvolve-se em dois ambientes normativos: na "área não expressamente reservada à lei" ou na "chamada 'reserva da Administração', isto é, aquela em que, por disposição de lei maior, é livre, discricionário e exclusivo o desenrolar da ação administrativa. No primeiro caso a superveniência de lei revogará a norma regulamentar. No segundo, a iniciativa legislativa padecerá de insanável ilegitimidade".[36]

Assim, podem os regulamentos autônomos ser classificados em "regrados e discricionários" ou "discricionários e de organização administrativa".[37]

15.2 A doutrina de Eros Roberto Grau poderia ser qualificada de mais abrangente, vez que não se restringe ao "regulamento", mas, depois de discorrer sobre os limites das teorias de Montesquieu e Locke, e com lastro no juspublicista italiano Renato Alessi, defende a distinção entre função *normativa* e função *legislativa*: esta vincula-se a "uma perspectiva *subjetiva*, decorrente da adoção do sistema de divisão dos poderes (...) confiada a determinados órgãos a tanto predispostos para a tarefa suprema de constituir (integrar) o ordenamento jurídico"; enquanto aquela abstrai o vínculo subjetivo e emana puras "*estatuições primárias* — seja em decorrência do exercício de *poder originário* para tanto, seja em decorrência de *poder derivado* — contendo *preceitos abstratos e genéricos*".[38]

Apesar de o Poder Legislativo deter competência exclusiva para emanar *leis*, não a detém, com essa qualidade, para editar *normas*.[39] O autor alerta para que se entenda como "*função normativa a de emanar estatuições primárias, seja em decor-*

José Delgado, *DJ* 6.4.1998, p. 21) e, contra, os regulamentos autônomos (REsp 156.858-PR, Min. Adhemar Maciel, *DJ* 19.4.1999, p. 110).

31. Por ordem cronológica: Sérgio Ferraz, "Regulamento", in *3 Estudos de Direito*, e Eros Roberto Grau, "Crítica da *separação dos poderes*: as funções estatais, os regulamentos e a legalidade no Direito brasileiro, as *Leis-Medida*", in *O Direito Posto e o Direito Pressuposto*.

32. Ob. cit., p. 105 (grifo nosso).

33. Ob. cit., p. 111.

34. Ob. cit., p. 119.

35. Ob. e loc. cits.

36. Idem.

37. Ob. cit., pp. 119-120.

38. *Crítica*..., cit., pp. 178-179.

39. Não se olvide que o direito pátrio atribui à Presidência da República o dever-poder de editar Medidas Provisórias, "com força de lei" (CF, art. 62). Por óbvio, não com a desmesurada e absurda intensidade com que tais medidas excepcionais vêm sendo inconstitucionalmente adotadas.

rência do exercício do poder ***originário*** *para tanto, seja em decorrência de poder* ***derivado****, contendo preceitos abstratos e genéricos*".[40] Frisa que o poder regulamentar tem fundamento na atribuição de poder normativo, não em suposta delegação de função legislativa ou poder discricionário,[41] bem como não encontra óbices no princípio da legalidade, pois a Administração pode emanar "atos normativos de caráter não legislativo (...) no desenvolvimento de *função normativa*", não legislativa.[42]

Daí porque sustenta serem válidos, no Brasil, os regulamentos autônomos ou independentes, "emanados a partir de atribuição implícita do exercício de função normativa ao Executivo, definida no texto constitucional ou decorrente de sua estrutura. A sua emanação é *indispensável à efetiva atuação do Executivo em relação a determinadas matérias, definidas de sua competência*".[43]

Essa conclusão tem relevantes desdobramentos em face das questões ora analisadas, especialmente porque E. R. Grau defende aquilo que denomina de "capacidade normativa de conjuntura" da Administração, vinculada à "compreensão de que o processo de desenvolvimento implica uma dinâmica mobilidade social correspondente a adoção de uma nova visão da realidade", pois o direito "necessita, como todo organismo vivo, estar em constante mutação, impondo-se a superação do descompasso existente entre o ritmo de evolução das realidades sociais e a velocidade de transformação da ordem jurídica".[44]

"Aí, precisamente, o emergir da *capacidade normativa de conjuntura*, via da qual se pretende conferir resposta à exigência de produção imediata de textos normativos, que as flutuações da conjuntura econômica estão, a todo tempo, a impor."[45]

40. Ob. cit., p. 180.
41. Ob. cit., p. 181.
42. Ob. cit., p. 185.
43. Ob. cit., p. 188.
44. Ob. cit., p. 172.
45. Ob. e loc. cits.

Ou seja, a evolução do fenômeno político-econômico mundial, unida à constante instabilidade dos mercados, impõe que o Estado-Administração disponha de meios jurídicos que o tornem apto a regular imediatamente a conjuntura econômica.

16. Aliás, a teoria dos regulamentos autônomos em face da matéria ora enfrentada foi especificamente adotada por Caio Tácito[46] e Fernando A. Albino de Oliveira.[47] Porém e mesmo nesta seara, não há dúvidas de que se trata de questão controversa, expressamente refutada por parcela significativa da doutrina — conforme se infere dos trabalhos de Geraldo Ataliba,[48] Marçal Justen Filho[49] e Arnoldo Wald.[50]

17. Ocorre que, com o avanço da mutação e configuração das instituições públicas derivado da "Reforma Administrativa", o poder regulamentar encontra-se em ponto de novíssima e radical definição. As alterações normativas, que dizem respeito à instalação, *ratio legis* e natureza jurídica das "Agências Administrativas reguladoras", tornam possível interpretação ampliativa da titularidade competencial de tais pessoas autárquicas, transbordando os limites controversos.

A inserção de tais "órgãos reguladores" no ordenamento legal brasileiro autoriza (senão determina) igual inovação hermenêutica, de acordo com a evolução histórica do objetivo visado pela lei.[51] Se antes

46. "Comissão de Valores Mobiliários. Poder regulamentar", in *Temas de Direito Público*, pp. 1.075-1.093.

47. "CVM — Comissão de Valores Mobiliários e Mercado de Capitais", *RDP* 89/256-262, que utiliza a expressão "poder normativo de conjuntura".

48. "Delegação normativa (limites às competências do CMN e BACEN)", *RDP* 98/50-69.

49. "Competência normativa do Conselho Monetário Nacional", in *Condições Gerais dos Contratos Bancários e a Ordem Econômica*.

50. "Dos princípios constitucionais e da limitação do poder regulamentar na área bancária", *RDM* 88/5-9.

51. Dúvidas não há quanto à configuração ideológica de tal assertiva. Porém, mesmo a tradicional dogmática do Direito Administrativo deve experimentar variações, pena de o estudo pagar o "pre-

a legislação buscava descentralizar a Administração Pública e, muitas vezes, manter concentrada a integralidade do título competencial para o exercício da função administrativa, atualmente isso não ocorre. Ao mesmo tempo em que se modificou o perfil do Estado brasileiro, alterou-se a razão das leis recentemente promulgadas. Agora, tais diplomas visam a, simultaneamente, descentralizar os órgãos de ação administrativa *e* os titulares das respectivas competências. Não se trata de mera *voluntas legislatoris*, mas de verdadeira e pura *voluntas legis*. Os textos legais são claros nesse sentido, ao qualificar de "especial" o regime autárquico de tais entidades e, em muitos casos, com a maior eficácia possível, descrever o que é tal "regime autárquico especial" (especificamente quanto à ANATEL) e atribuir competência normativa às agências.

Assim e com determinadas ponderações, parece inserido na legislação brasileira o chamado "regulamento autônomo". Aquilo que E. R. Grau denominou de *função normativa* da Administração tem maior gama de previsões expressas.[52]

18. Não se olvide que, em qualquer hipótese, hão de existir limites certos ao exercício de tal poder regulamentar. Fronteiras às disposições legais que os criem e ao conteúdo substancial dos próprios regulamentos.

Isso porque não é possível a existência de verdadeiros, puros e ilimitados "regulamentos autônomos", que "correspondem ao exercício da prerrogativa de legislar", enfeixando "faculdade regulamentar *praeter legem* e mesmo *contra legem*".[53] Acreditamos que tais prerrogativas regulamentares, que somente possuem fundamento e fronteiras constitucionais, não existem na ordem jurídica brasileira. A criação infraconstitucional de novas entidades e a atribuição a elas de poderes mais amplos não pode implicar o desvirtuamento da essência da Carta Magna.

O que há de inaugural em nosso ordenamento são competências regulamentares criadas por lei e por ela limitadas. Competências mais amplas do que aquela de simples execução dos comandos legais, alcançando a origem de novas hipóteses e mandamentos normativos. Tudo isso mediante obediência aos princípios a seguir propostos, como exigências mínimas do direito positivo brasileiro.

18.1 Em primeiro lugar, o regulamento autônomo não pode *contrariar* a lei, esta compreendida de forma ampla. Ainda que implique criação autônoma de disposições normativas, não pode opor-se a qualquer lei, pois é impossível o regulamento *contra legem*.

18.2 Em segundo lugar, o regulamento autônomo não pode *criar*, de forma *inédita* e *autônoma*, sem qualquer lastro normativo, obrigações e deveres às pessoas privadas. Não é viável que a autoridade administrativa inaugure a ordem jurídica através da emanação de regras que restrinjam o universo de direitos constitucional e (ou) legalmente assegurados aos administrados.

Contudo, é possível aos regulamentos gerar deveres, direitos e obrigações, desde que expressa e previamente autorizados em lei (ainda que de forma abstrata). Não somente na condição de atos executivos, mas criando prescrições legalmente autorizadas.

ço" que T. S. Ferraz Júnior denominou de "risco de distanciamento progressivo da própria realidade social" (ob. cit., p. 50). Impossível é qualificar tal teorização de verdadeira ou falsa.

52. Aliás, no XII Congresso Brasileiro e II Congresso Sul-americano de Direito Administrativo, o prof. E. R. Grau manifestou-se a respeito da competência normativa das Agências, destacando que "o caminho está a viabilizar o controle desse exercício normativo e por isso deve-se criticar as posições radicais, no sentido de que a função normativa das agências seria inconstitucional e pronto. O melhor é encontrar meios para viabilizar o controle" (material policopiado, sem revisão do autor, distribuído pelo IBDA — Instituto Brasileiro de Direito Administrativo).

53. Oswaldo Aranha Bandeira de Mello, *Princípios Gerais de Direito Administrativo*, p. 343.

A lei fixa o estândar genérico, outorgando com precisão, para autoridade administrativa específica, o título competencial básico, que a autorize a criar.

18.3 Em terceiro lugar, o regulamento não pode *criar* penas e sanções, nem tributos, inclusive contribuições da seguridade social (CF, arts. 5º, inc. XXXIX, 149, 150, I, e 195). Aplica-se o princípio da tipicidade penal (*nullum crime, nula poena, sine praevia lege*), tributária e da seguridade, ao Direito Administrativo.

18.4 Em quarto lugar, o regulamento não pode *restringir* a atividade econômica privada, subordinando seu exercício à expedição de prévia autorização por parte de órgãos públicos (CF, art. 170, parágrafo único).

18.5 Em quinto lugar, o regulamento não pode ter *efeito retroativo*, a não ser quando vise a beneficiar pessoas privadas, observado o princípio da igualdade e os limites da lei de outorga.

18.6 Em sexto lugar, o regulamento deve ser *fundamentado*, obedecendo à indispensável motivação pública, de fato e de direito, contemporânea à sua edição.

18.7 Em sétimo lugar, tendo em vista as peculiaridades da organização político-administrativa brasileira, o regulamento deve *respeitar a divisão de competências* entre as pessoas componentes da federação (CF, arts. 21 e ss.). Isso porque há, além das agências vinculadas à Administração federal, agências estaduais.[54] Ainda que a legislação instituidora de tais entidades valha-se de termos genéricos e ambíguos, é impossível a invasão dos limites competenciais fixados pela Constituição e os regulamentos autônomos devem estrita obediência a tal divisão.

54. *V.g.*, Agência Estadual de Regulação dos Serviços Públicos Delegados do Rio Grande do Sul — AGERGS (Lei Estadual 1.093, de 9.9.1997); Agência Reguladora de Serviços Públicos Concedidos para o Estado do Rio de Janeiro — ASEP/RJ (Lei Estadual 2.686, de 13.2.1997) e Agência Reguladora de Serviços Públicos Delegados do Estado do Ceará — ARCE (Lei Estadual 12.786, de 30.12.1997).

18.8 Ao final, os regulamentos autônomos serão sempre passíveis de *controle* pelo Poder Judiciário — quer no que diga respeito à possibilidade de sua emanação, quer quanto ao conteúdo de suas previsões.

19. Em suma, determinados órgãos da Administração Pública — especialmente as entidades do Sistema Financeiro Nacional e as Agências Administrativas reguladoras — podem (senão devem, em determinadas circunstâncias), observados os limites acima descritos, emanar regulamentos "autônomos".

V — Função regulamentar de CMN, BACEN e CVM, em face das Agências

20. Cumpre agora examinar o contraste entre a outorga de competências regulamentares contida nas Leis criadoras de CMN, BACEN e CVM, em face daquelas detidas pelas novas "Agências Administrativas reguladoras".

Reitere-se e se reforce o entendimento acima descrito, de que a superveniência de novas entidades de direito público, com características extravagantes, jamais poderia implicar ampliação e (ou) modificação da competência detida por aquele órgão do Ministério da Fazenda (CMN) e autarquias a ele vinculadas (BACEN e CVM).

21. Conforme mencionado, dentre as Agências Administrativas recém-criadas, a ANATEL é aquela que detém dispositivos mais precisos. A Lei 9.742/97 esmerou-se em detalhes, desde o porquê da definição de sua denominação como "agência", passando por suas atribuições, até a finalidade normativa que lhe foi incumbida.

Em muitos pontos, aliás, a Lei chega a ser repetitiva e enfadonha. Características que se potencializam no Regulamento da ANATEL (Decreto 2.338, de 7.10.1997).[55]

55. Não se perca de vista que tais repetições muitas vezes são necessárias perante a legislação brasileira. Ainda mais levando-se em conta a carac-

22. Não há dúvidas de que, também sob esse aspecto, a legislação espelhou-se no modelo clássico norte-americano, adotado desde a década de setenta por países da Europa continental,[56] em que é de extrema relevância a definição de estândares normativos precisos, que consubstanciem a outorga de poderes procedida pelo Congresso à autoridade administrativa.[57]

Na lição de Bernard Schwartz, "To preserve the position of Congress as the primary legislator, delegations of power may not be inordinate. Congress may not simply transfer its legislative authority to the Executive. The precise limits of the lawmaking power that Congress intended to confer must be defined in the statute. The delegation of power must be limited — limited either by legislative prescription of ends and means, or even of details, or by limitations upon the area of the power delegated".[58]

A delegação de poderes normativos por parte do Poder Legislativo estadunidense deve obedecer à doutrina do *meaningfull standards* ou *intelligible principle* — o conteúdo de tais atribuições deve ser o mais claro e compreensível, inclusive a fim de possibilitar controle *a priori* e *a posteriori*.

Assim, a competência da agência não só tornar-se-á passível de fiscalização quando da edição da lei que a criar, como também no momento em que for expedido o regulamento "autônomo" e os atos concretos que lhe dêem cumprimento. A clareza e precisão são atributos indeclináveis da legislação atributiva.

23. Desses parâmetros emana uma das principais diversidades entre as normas constitutivas de CMN, BACEN e CVM, em comparação com a Lei 9.742/97.

Enquanto que as Leis daquelas entidades pertencentes ao sistema financeiro são genéricas e abstratas, especialmente quando outorgam competência regulamentar, a legislação da ANATEL é determinada e certa. (Nesse ponto, aliás, as Leis referentes às demais Agências Administrativas mais se assemelham à legislação pretérita do que à hodierna.)

23.1 Basicamente duas seriam as conseqüências dessa constatação.

Quanto maior a generalidade substancial da legislação de outorga, tanto menor a certeza em relação aos limites dos regulamentos e maior a possibilidade de irregularidades (e conseqüentes restrições emanadas do Poder Judiciário). Ao contrário do que se poderia imaginar, não será o grau máximo da abstração normativa material, mas justamente sua precisão, que conferirá maior agilidade e estabilidade funcional às agências.

Mais do que isso, a definição material da competência regulamentar corresponde à grandeza do prestígio à segurança e estabilidade jurídicas. Serão conhecidas, ao certo, as fronteiras do legítimo exercício do poder regulamentar autônomo.

23.2 Não se imagine que se está a defender precisão minuciosa, ab-rogatória da concessão do poder regulamentar ou com resultado automatista. A lei não necessita descer a minúcias pontuais, definitórias em absoluto dos lindes de atuação regulamentar das agências. Não se trata disso.

O que se reputa essencial é o estabelecimento de estândares genéricos, mas, ainda assim, inteligíveis e certos, que contemplem o leque de possibilidades materiais atribuídas à pessoa administrativa.

23.3 Porém e na maioria das hipóteses, a averiguação do poder regulamentar,

terística inaugural da ANATEL (ao menos, quanto à amplitude e minúcias dos preceitos que a estatuem e regulam).

56. A respeito da evolução histórica em França e Espanha, além dos livros citados na nota 17, acima, confira-se, especialmente, Fernando Garrido Falla, "Origen y evolución de las entidades instrumentales", in *Administración Instrumental*, pp. 27-445.

57. Em sentido contrário, lembre-se a doutrina de E. R. Grau, acima mencionada, para quem os regulamentos autônomos não derivam de "delegação de poderes", mas de puro exercício da função normativa.

58. Ob. cit., p. 45.

seus conteúdos e limites, dependerá dos casos concretos.

Há enorme dificuldade em se definir, em teoria, como inconstitucional ou ilegal determinada competência regulamentar (ou seu exercício). Uma vez ultrapassado o conflito teórico fundamental (pode ou não haver regulamentos autônomos), a averiguação a respeito dos regulamentos eles mesmos deriva de duas circunstâncias: a gravidade absurda da competência, tal como atribuída, ou seu exercício de forma abusiva. No primeiro caso, incidem as regras acima rapidamente expostas.[59] No segundo, o exame do provimento concreto, verificando o exercício da competência outorgada em face das peculiaridades fáticas que exigiram a prolação do ato.

24. Por fim e acidentalmente, nem se diga que haveria necessidade de suspensão das entidades reguladoras do Sistema Financeiro Nacional, em decorrência do art. 192 da Constituição, que estabeleceu reserva de lei para muitas das atividades desempenhadas administrativamente por CMN, BACEN e CVM.

Ora, o fato de a Constituição prever matéria a ser disciplinada por lei complementar posterior não implica derrogação da legislação vigente ou impossibilidade absoluta de a Administração Pública seguir atuando na regulação do setor, ademais em setor econômico de extrema relevância, como o Sistema Financeiro Nacional. Permanecem vigentes as normas que outorgaram competência a tais entidades públicas. Raciocínio inverso, sim, resultaria em verdadeiro caos jurídico e fático.[60]

59. Parágrafo n. 16.

60. Aliás, a discussão inicial, que girou em torno da auto-aplicabilidade ou não do art. 192 e seu § 3º, já foi transposta pelo E. STF, ao decidir que "só o tratamento global do Sistema Financeiro Nacional, na futura lei complementar, com a observância de todas as normas do *caput*, dos incisos e parágrafos do art. 192, é que permitirá a incidência da referida norma sobre juros reais e desde que estes também sejam conceituados em tal diploma" (ADIn 4-DF, Min. Sydney Sanches, *RTJ* 147/720).

25. Por fim, merece análise o óbice do art. 25 do ADCT, que estabeleceu o prazo de 180 dias para vigência de "todos os dispositivos legais que atribuam ou deleguem a órgão do Poder Executivo competência assinalada pela Constituição ao Congresso Nacional" — depois do qual tais normas estariam revogadas.

Ocorre que o próprio art. 25 estabeleceu a possibilidade de "prorrogação por lei" desse prazo. Depois de sucessão de leis pertinentes à competência do Conselho Monetário Nacional, o art. 73 da Lei 9.069, de 29.6.1995 dispôs que o art. 1º da Lei 8.392/91 passaria a dispor sobre a prorrogação "até a data da promulgação da lei complementar de que trata o art. 192 da Constituição Federal o prazo a que se refere o art. 1º das Leis 8.056, de 28.6.1990, 8.201, de 29.6.1991, exceto no que se refere ao disposto nos arts. 4º, inc. I, 6º e 7º, todos da Lei 4.595, de 31.12.1964".

No que tange a tais entidades, não incide a revogação emanada do ADCT.

VI — Conclusão

26. Em conclusão, podemos afirmar que CMN, BACEN e CVM não são Agências Administrativas independentes, mas autoridades reguladoras, que detêm poder regulamentar autônomo — ainda que substancialmente diverso daqueles detidos pelas atuais agências.

Na atualidade, o estudo da competência regulamentar autônoma assume especial importância face às rápidas e contínuas alterações impostas ao ordenamento pátrio de Direito Administrativo. Ainda que diga respeito a ponto de especial divergência na doutrina e tribunais, sua análise é imperiosa especialmente para a criação de sistemas de controle da emanação de tais atos, visando, como essencial a um Estado Democrático de Direito, a proteção ao cidadão.

Curitiba, julho de 1999

Referências bibliográficas

ATALIBA, Geraldo. "Poder regulamentar do Executivo", *Revista de Direito Público* 57-58/184-208.

————. "Delegação normativa (limites às competências do CMN e BACEN)", *Revista de Direito Público* 98/50-69.

BANDEIRA DE MELLO, Celso Antônio. *Curso de Direito Administrativo.* 11ª ed. São Paulo, Malheiros Editores, 1999.

BANDEIRA DE MELLO, Oswaldo Aranha. *Princípios Gerais de Direito Administrativo.* v. I. 2ª ed. Rio de Janeiro, Forense, 1979.

BARROSO, Luís Roberto. "Dez anos da Constituição de 1988 (foi bom para você também?)", *RTDP* 20/29-49.

BETANCOR RODRÍGUEZ, Andrés. *Las Administraciones Independientes.* Madri, Tecnos, 1994.

BLACK, Henry Campbell. *Black's Law Dictionary.* 6ª ed. Estados Unidos da América do Norte, West Publishing Co., 1990.

BRESSER PEREIRA, Luiz Carlos. *Reforma do Estado para a Cidadania.* Brasília, ENAP e Editora 34, 1998.

CARBONELL PORRAS, Eloísa e MUGA MUÑOZ, José Luis. *Agencias y Procedimiento Administrativo en Estados Unidos de América.* Madri, Marcial Pons, 1996.

CARRAZZA, Roque Antonio. *O Regulamento no Direito Tributário Brasileiro.* São Paulo, Ed. RT, 1981.

CLÈVE, Clèmerson Merlin. *Atividade Legislativa do Poder Executivo no Estado Contemporâneo e na Constituição de 1988.* São Paulo, Ed. RT, 1993.

DAVID, René. *Os Grandes Sistemas do Direito Contemporâneo.* Trad. de Hermínio A. CARVALHO. 3ª ed. São Paulo, Martins Fontes, 1996.

DINIZ, Maria Helena. *Compêndio de Introdução à Ciência do Direito.* São Paulo, Saraiva, 1988.

————. *Lacunas no Direito.* 2ª ed. São Paulo, Saraiva, 1989.

DI PIETRO, Maria Sylvia Zanella. *Direito Administrativo.* 10ª ed. São Paulo, Atlas, 1999.

FALLA, Fernando Garrido. "Origen y evolución de las entidades instrumentales", in *Administración Instrumental.* v. I. Madri, Civitas, 1994.

FERRAZ, Sérgio. *3 Estudos de Direito.* São Paulo, Ed. RT, 1977.

FERRAZ JÚNIOR, Tércio Sampaio. *Introdução ao Estudo do Direito.* São Paulo, Atlas, 1988.

FREITAS, Juarez. *A Interpretação Sistemática do Direito.* São Paulo, Malheiros Editores, 1995.

GASPARINI, Diógenes. *Poder Regulamentar.* 2ª ed. São Paulo, Ed. RT, 1982.

————. *Direito Administrativo.* 4ª ed. São Paulo, Saraiva, 1995.

GRAU, Eros Roberto. "Crítica da *separação dos Poderes*: as funções estatais, os regulamentos e a legalidade no Direito brasileiro, as *Leis-Medida*", in *O Direito Posto e o Direito Pressuposto.* São Paulo, Malheiros Editores, 1996.

————. Manifestação no 3º Painel ("Agências Reguladoras") do XII Congresso Brasileiro de Direito Administrativo e II Congresso Sul-americano de Direito Administrativo (material policopiado, sem revisão do autor, distribuído pelo IBDA — Instituto Brasileiro de Direito Administrativo), 1999.

JUSTEN FILHO, Marçal. "Competência normativa do Conselho Monetário Nacional", in *Condições Gerais dos Contratos Bancários e a Ordem Econômica.* Curitiba, Juruá, 1988.

LEAL, Víctor Nunes. *Problemas de Direito Público.* Rio de Janeiro, Forense, 1960.

LEITE, Luciano Ferreira. *O Regulamento no Direito Brasileiro.* São Paulo, Ed. RT, 1986.

MEIRELLES, Hely Lopes. *Direito Administrativo Brasileiro.* 20ª ed. São Paulo, Malheiros Editores, 1995.

OLIVEIRA, Fernando A. Albino de. "CVM — Comissão de Valores Mobiliários e Mercado de Capitais", *Revista de Direito Público* 89/256-262.

SAN TIAGO DANTAS, F. C. de. "Poder regulamentar das autarquias", in *Problemas de Direito Positivo.* Rio de Janeiro, Forense, 1953.

SCHWARTZ, Bernard. *Administrative Law.* 3ª ed. Estados Unidos da América do Norte, Little, Brown and Company, 1991.

TÁCITO, Caio. "Comissão de Valores Mobiliários. Poder regulamentar", in *Temas de Direito Público.* v. 2. Rio de Janeiro, Renovar, 1997.

TALAMINI, Daniele Coutinho. "Regulamento e ato administrativo", *RTDP* 21/65-88.

WALD, Arnoldo. "Dos princípios constitucionais e da limitação do poder regulamentar na área bancária", *RDM* 88/5-9.

Atualidades

FECHAMENTO DE CAPITAL, EXTINÇÃO DA OFERTA PÚBLICA NO "TAKE OVER" DA COMPANHIA E OUTROS PROBLEMAS AFETOS À PROTEÇÃO DAS MINORIAS SOCIAIS

João Luiz Coelho da Rocha

A — As frustradas tentativas de democratizar o capital. B — O fechamento de capital das sociedades abertas: Concordância tácita; Oferta pública no fechamento; Direito de recesso. C — Oferta pública no "takeover" da companhia: Lei 9.457/97. D — Uma nova hipótese mascarada de recesso (Projeto de Lei 3.519/97). E — Uma nova oferta pública compulsória (IN/CVM 299/99). F — Conclusão.

A — *As frustradas tentativas de democratizar o capital*

Por mais que se tente — e, até mesmo por falta de alternativas não se vê razão para não se continuar tentando — o regime capitalista no Brasil ainda não conseguiu o desiderato da verdadeira e ampla democratização das sociedades anônimas.

Uma vez que são estas, as companhias, desde há muito, as células motoras da aglutinação empresarial, aqui e lá fora, até agora a mais aperfeiçoada expressão jurídica da grande sociedade de capitais, busca-se a assimilação do exemplo de comunidades mais evoluídas, onde é vasto e disseminado o acesso e a participação dos pequenos acionistas, da grande massa poupadora, ao capital das companhias.

Desvios culturais, mentalidade patrimonialista, carência de espírito gregário nos empreendimentos... pode-se especular sobre uma gama de fatores que entravam a democratização dos grandes capitais acionários, mas já será pauta para estudos mais aprofundados que o presente.

O certo é que o empresário de pequeno e médio porte não tem o hábito do apelo ao mercado, ao grande público investidor, para a alavancagem de recursos, seja pela emissão de valores mobiliários não participativos (debêntures, partes beneficiárias, *commercial papers* — que a moderna doutrina já enxerga como valor mobiliário — etc.), seja através do aumento de capital, pela agregação de novos sócios ou aumento do investimento dos antigos (o que geralmente ocorre, face ao direito de preferência dos sócios na subscrição do aumento de capital), a troca de expectativa de dividendos, de participação nos lucros.

A verdade é que o mercado de capitais é ainda uma área nebulosa, pouco acessível à grande parte dos empresários, que vão, assim, buscar recursos no sistema financeiro, sob a forma de empréstimos bancários.

A esse fato, soma-se a circunstância de que, muitas empresas antigas, que cresceram e se consolidaram através do suporte de investidores, no mercado, hoje contam com situação relativamente confortável, prescindindo do mercado para manter um fluxo de caixa positivo, para sustentar seu capital de giro e até, em determinados casos, financiar seu crescimento.

B — O fechamento de capital das sociedades abertas

É por esse fenômeno renitente que, ano a ano, é grande o número de sociedades anônimas que vão à CVM — Comissão de Valores Mobiliários participar sua intenção de fechamento do capital.

Realmente, se a companhia, operando como empresa aberta, onerada pela severa e intrusiva regulamentação ditada pelas Leis 6.404/76, 6.385/76 e regras inferiores, não logra aproveitar, na contrapartida, a experiência de um mercado forte e procurado para suas ações, onde possa arregimentar dinheiro barato, dinheiro de "sócio" e não de mutuante, a qualidade de sociedade aberta de pouco lhe vale.[1]

E, nesse contexto, o fechamento de capital lhe oferece, quando menos, determinadas vantagens de que se não podia valer enquanto companhia aberta: *a*) não obrigatoriedade de manutenção (e custeio) de um conselho de Administração, para hipóteses pontuais (art. 138, § 2º, da Lei 6.404); *b*) possibilidade de divisão das ações ordinárias em classes (arts. 15, § 1º e 16); *c*) poder deliberar, pela unanimidade das ações presentes à assembléia, não distribuir dividendos ou fazê-lo em bases menores do mínimo estatutário legal (art. 202, § 3º); *d*) faculdade de criação de partes beneficiárias além das hipóteses estritas do art. 47, parágrafo único; *e*) desnecessidade de auditoria das contas por auditores independentes[2] (art. 177, § 3º); *f*) poder aumentar o quórum para certas e específicas deliberações sociais (art. 29, § 1º); *g*) poder convocar acionistas que detenham 5% ao menos do capital social por telegrama ou carta registrada (art. 124, § 3º) e *h*) não ser obrigada a publicar os anúncios de convocação da assembléia e de outras formalidades legais se enquadrada como pequena S/A (art. 294), além de benefícios de menor relevo.

Além da questão da estrita regulamentação da CVM, da ampliação de competência da Comissão garantida pela Lei 9.457/97 (em especial em relação à regulamentação do mercado de balcão, já iniciada na IN/CVM 243/96) e do recente anteprojeto de Lei das S/A enviado ao governo pela autarquia,[3] ocorre que, a exemplo de outras medidas constritivas das companhias abertas e seus controladores, foi recentemente editada a Instrução Normativa CVM 299/99, a qual nos referiremos novamente adiante, e que criou entraves suplementares à administração da companhia aberta, como, por exemplo:

- "disclosure", envolvendo comunicação obrigatória à CVM e entidades do mercado de balcão organizado, de qualquer aumento de participação "efetiva ou potencial"[4] dos controladores, em 5% ou mais no capital social;

1. Lembramos, também, que muitas companhias abertas foram constituídas no esteio do PAEG 1964/1966, editado pelo Ministério do Planejamento e Coordenação Econômica, que visava à "democratização do capital das sociedades anônimas" através da concessão de incentivos fiscais às companhias abertas e aos investidores em ações, o que foi notadamente concretizado nas Leis 4.357/64, 4.506/64, 4.728/65, nos Decretos-lei 157/67, 238/67, 1.283/73, 1.338/74. Esses incentivos foram sendo, contudo, gradativamente reduzidos, notadamente nos Decretos-lei 1.338/74, 1.841/80 e, finalmente, o Decreto-lei 2.396/87, que definitivamente extinguiu, a partir de 1989, a dedução do Imposto de Renda por subscrição de ações.

2. Se bem que há anteprojeto legal oriundo da CVM criando tal obrigatoriedade para as sociedades fechadas.

3. Projeto este que, entre outros aspectos, amplia ainda mais o poder de fiscalização da CVM sobre as companhias abertas.

4. Entende-se por elevação potencial de participação aquela que resulte da aquisição de debêntures conversíveis em ações, bônus de subscrição "e/ou outros valores mobiliários de mesma índole" (art. 6º, parágrafo único IN/CVM 299/99).

• possibilidade, a critério da CVM, de divulgação compulsória na imprensa daquelas aquisições de valores mobiliários;

• oferta pública obrigatória pelo controlador a todos os acionistas, se desejar adquirir novos lotes de ações e se "sua participação acionária, na oportunidade do negócio, já tenha se elevado, efetiva ou potencialmente, em dez por cento das ações da mesma espécie e/ou classes daquelas que constituam o objeto da aquisição, ou, ainda, promitente comprador, detentor de opção ou intermediário em negócio de transferência do controle acionário correspondente, bem como pessoa ligada a qualquer deles, de modo direto ou indireto", devendo ser observadas uma série de regras ditadas pela CVM;

• vedação aos controladores, administradores e membros do Conselho Fiscal de qualquer negociação com ações de emissão da companhia, quando estiver em curso a aquisição ou a alienação de ações pela mesma, suas controladas, coligadas ou outra sociedade sob controle comum;

• proibição da deliberação, pelo Conselho de Administração da companhia, da aquisição ou alienação de ações de própria emissão, se houver sido celebrado, previamente, qualquer acordo ou contrato visando à transferência do controle acionário respectivo, e/ou se houver sido outorgada opção ou mandato para o mesmo fim, bem como se existir a intenção de promover incorporação, cisão total ou parcial, fusão, transformação ou reorganização societária que envolva investimento relevante em coligações.

O certo é que, sob o ponto de vista estrito do custo da gestão social, a empresa fechada tende a oferecer maiores vantagens.

O fechamento de capital das sociedades anônimas encontra matriz legal na Lei 6.385/76, particularmente em seu art. 21. Neste ponto nos parece interessante anotar algum complemento ao exposto por Renato Achimau e Paula Forzioni, que nesta mesma *RDM* (n. 90, p. 38) em seu artigo "Direito de retirada do acionista no fechamento de capital de companhia", se reportam diretamente às Instruções da CVM como normas base para tal fim.

A nós resulta claro que, de seu lado, a Lei 6.404 já capitula, no seu art. 4º, as empresas abertas ou fechadas, determinando que aquelas serão somente as que tenham seus valores mobiliários admitidos à negociação em bolsa ou no mercado de balcão.

Em razão disto, a Lei 6.385 no seu art. 21, § 6º, comete à CVM a competência para traçar os parâmetros para tal registro — constitutivo da abertura de capital, assim como o faz para o cancelamento do registro, i.e., para fechamento de capital.

Aí sim, por delegação legal, a CVM detalha, em suas Instruções, sempre, por óbvio, adstritas a termos e princípios legais, quais as demandas para que tal "fechamento de capital", cancelamento de registro de sociedade aberta, seja concedido.

A última delas até aqui é a Instrução CVM 229, de 16.1.1995, que sucedeu e revogou a Instrução CVM 185/92 e declara as seguintes bases para o cancelamento do registro de sociedade aberta (art. 1º).

"I — Aprovação prévia de deliberação de cancelamento dos registros pelos acionistas representantes de, no mínimo, ***51% do capital social***, *computando-se, nesta hipótese, também, os preferencialistas*, em Assembléia Geral Extraordinária especialmente *convocada para deliberar o fechamento de capital.*

"II — *Aceitação* da ***oferta pública*** feita pelo controlador, ou *concordância expressa* com o cancelamento dos registros, por parte dos acionistas minoritários titulares de, no mínimo, ***67% das ações em circulação no mercado***."

Para os efeitos da ***Lei 6.385/76***, e portanto dessas regras da CVM, entende-se por "***ações em circulação no mercado***" todas as ações, *excluídas aquelas de propriedade do controlador, de diretores e conselheiros, e as em tesouraria.*

Na hipótese do item II, acima, contudo, serão computadas também as ações dos diretores ou conselheiros que venham a se manifestar contrariamente ao fechamento do capital, conforme autoriza o art. 2º, II da IN/CVM 229.

Concordância tácita

Nos termos do ***inciso III do art. 1º, IN/CVM 229***, inexistindo aceitante na oferta pública do controlador que pretende fechar o capital, sem que ocorra, igualmente, manifestação de acionista minoritário, favorável ou contrariamente ao cancelamento do registro, o mesmo será concedido, se atendido o disposto no item I, acima.

Significa dizer que, para o cômputo dos 67% exigidos no item II, apenas contarão aqueles que efetivamente se manifestarem, *ou seja:*

• se apenas um acionista detentor de "ações em circulação no mercado" comparecer e se manifestar favoravelmente ao fechamento, considera-se que houve 100% de aceitação, e se perfaz o processo. Presume-se que os silentes não apresentam oposição;

• se, pelo contrário, apenas um acionista comparecer e negar o fechamento, considera-se 100% de insucesso no processo, e não se opera o fechamento.

*Concluindo, para o sucesso da oferta pública referida no item II, acima, será necessária a anuência expressa dos acionistas detentores de pelo menos 1/3 + 1 das ações em circulação, **dentre os que efetivamente se manifestarem.***

Oferta pública no fechamento

Na Assembléia-Geral convocada para deliberar sobre o cancelamento do registro, o acionista controlador deverá declarar que fará oferta pública de compra das ações em circulação, informando aos acionistas presentes o preço e as condições de pagamento, que deverão, obrigatoriamente, constar da ata da AGE.

Se findo o prazo de oferta não houver se configurado a hipótese do item II acima (aceitação da oferta pública feita pelo controlador, ou concordância expressa com o cancelamento dos registros, por parte dos acionistas minoritários titulares de, no mínimo, 67% das ações em circulação no mercado), é prevista, no art. 17 da IN/CVM 229, a possibilidade de nova oferta pública de compra de ações.

Esta oferta, ao contrário daquela que era prevista no revogado art. 254, é oferta de compra de ações dos minoritários pelos controladores, para consolidar seu bloco de controle e então fechar o capital da companhia.

Na hipótese do art. 254, conforme veremos mais detalhadamente adiante, tratava-se de compulsória oferta de compra das ações dos minoritários em igualdade de condições com as ações do bloco de controle, para promover o equilíbrio entre o *status* do controlador e do minoritário quando da transferência de controle.

Direito de recesso

Consoante a sistemática da Lei 6.404/76, são taxativas as hipóteses autorizativas do exercício do direito de recesso com reembolso das ações por seu valor patrimonial, ou seja, não há hipótese de retirada sem expressa previsão legal. No caso da Lei das S/A, as hipóteses de recesso estão previstas nos arts. 137/136, I a VI, 221 e 230.

A oferta pública, no intento do fechamento de capital, não é, portanto, de modo algum, elemento apto a ensejar o recesso. Deste modo, o acionista minoritário frustrado pela tentativa de cancelamento do registro não encontra aí motivo bastante ao expediente da retirada com apuração do valor patrimonial de suas ações.

C — Oferta pública no "takeover" da companhia

Consoante dispunha o art. 254 da Lei 6.404/76, fazia-se imperativo, nas hipóteses de alienação do bloco de ações representativo do controle acionário de determinada companhia, proceder-se à simultânea oferta pública aos minoritários.

A oferta pública para aquisição de ações consistia na obrigatoriedade de compra das ações dos minoritários, pelo adquirente do controle acionário, pelo mesmo preço pago pelas ações de controle.

A justificativa legal, conforme dispunha o parágrafo primeiro daquele dispositivo, era conceder tratamento igualitário aos acionistas que não participassem do negócio translativo, para que tivessem a oportunidade de transferir suas ações pelo mesmo preço e nas mesmas condições. O escopo, portanto, era evitar que os minoritários, preteridos na negociação translativa do controle, restassem inertes e prejudicados face ao novo controlador.

Nesse sentido, o dispositivo legal foi regulamentado pela Resolução CMN 401/76, que esposava o entendimento de que a obrigatoriedade da oferta pública referia-se apenas aos minoritários com direito de voto. Dispunha também que a oferta era elemento obrigatório para a efetivação da transferência do controle, devendo, inclusive, constar do instrumento de alienação cláusula, suspensiva ou resolutiva, neste sentido.

Lei 9.457/97

Tendo em vista facilitar a execução do Plano Nacional de Desestatização (que vem envolvendo alienações de blocos de controle de empresas pelas União Federal e alguns Estados), foi editada a Lei 9.457/97, que em seu art.6º revogou o art. 254. Por conseqüência, deixou de ser obrigatória a oferta pública a favor dos minoritários votantes, no caso de venda do bloco de ações que enseja o controle.

Com essa medida, tornou-se facultativa a oferta pública aos minoritários. Aplicar-se-iam, nesse caso, as disposições dos arts. 257 a 263 da Lei 6.404/76, relativas às ofertas públicas espontâneas.

D — Uma nova hipótese mascarada de recesso (Projeto de Lei 3.519/97)

O *Projeto de Lei 3.519/97*, de autoria do Dr. Luiz Carlos Hauly, tem por escopo a alteração de dispositivos da Lei 6.404/76.

Referido projeto, dentre outras regulações no sentido de um maior controle da companhia aberta, pretende inserir a seguinte disposição no art. 4º daquele diploma legal:

"Art. 4º. (...) § 2º. O cancelamento do registro no caso previsto no parágrafo anterior somente será efetuado pela Comissão de Valores Mobiliários se o acionista controlador formular proposta pública de aquisição da totalidade das ações em circulação no mercado, *por preço que corresponda, no mínimo, ao valor de reembolso previsto nos §§ 1º ao 4º do art. 45 desta lei*" (grifos nossos).

Ao que se nos afigura, pretende o legislador, por via transversa, cria nova hipótese de direito de recesso, uma vez que a aceitação da oferta pública equivaleria, para o aceitante, à retirada da sociedade com reembolso do valor patrimonial de suas ações, nos termos do art. 45, também aplicável às demais hipóteses de recesso referidas na Lei das S/A.

E — Uma nova oferta pública compulsória (IN/CVM 299/99)

Talvez perseguindo a recomposição de parte de seu poder de controle ali esgarçado, a CVM agora exige (Instrução 299/99) que o acionista controlador da sociedade aberta, "*cuja participação acionária na oportunidade do negócio já tenha se elevado, efetiva ou potencialmente em dez por cento da ações da mesma espécie e/ou classe daquelas que constituam o objeto da aquisição* (...)".

Ao pretender comprar ações de qualquer classe ou espécie da empresa, faça através de "*oferta pública*".

A obrigação, que se estende ao "promitente comprador, detentor de opção ou intermediário em negócio de transferência do controle acionário correspondente, bem como pessoa ligada a qualquer deles de modo direto ou indireto" se resolverá de modo bastante estrito, na forma dos parâmetros fixados nos diversos incisos e alíneas do art. 12 da Instrução.

A CVM exige que a si seja submetida, para prévia autorização, o pregão público a ser dirigido aos acionistas ordinários ou prefencialistas.

Ainda constrangendo em seus custos essas operações de "abocanhamento" pelo controlador (este agindo de modo direto ou oblíquo) de novas e ponderáveis parcelas de capital, e sempre na defesa das minorias sociais, a nova Instrução da CVM também assegura que:

• *se, dentro de dois anos da liquidação financeira (pagamento) da oferta pública de compra de ações acima referida, o mesmo ofertante vier a fornecer nova oferta para ações da mesma espécie e/ou classe que a anterior os "over prices" se existentes, na nova cotação, em confronto com a antiga, deverão ser pagas aos aceitantes da primeira oferta (art. 14);*

• *se, dentro de um ano da liquidação financeira da oferta pública, a companhia tome deliberação que, sob a lei regente enseje direito de recesso, os acionistas aceitantes daquela oferta, que teriam agora direito de reembolso à custa do recesso terão direito também à diferença de valor se o cálculo do reembolso for inferior àquele a eles pago na oferta, sendo vedado à empresa, para não ilidir a norma, alterar o critério de reembolso.*

F — Conclusão

Na suma desse estudo concluímos que:

• *a oferta pública por parte de terceiro interessado em adquirir o controle de companhia está emasculada em seus efeitos originais pois que depois da Lei 9.457 não é ele mais obrigado a comprar as posições minoritárias a oferta contudo, há de ser submetida ao crivo da CVM;*

• *a oferta pública que o acionista controlador deve formular para fins de fechamento de capital há de ser dirigida a todos os acionistas, sendo frustrada e inoperante a oferta e a operação de fechamento se não houver a aprovação assemblear e a aprovação específica de 67% dos minoritários presentes (excluídos diretores, membros de Conselhos, etc.);*

• *a oferta pública também imposta ao controlador que deseje aumentar seu bloco de controle está hoje balizada pela Instrução 299 da CVM e ali se demanda requisitos para garantir sobretudo preço aos minoritários diante do oferecimento existente;*

• *o Projeto de Lei 3.519/97 mascara nova hipótese de recesso com reembolso pelo valor patrimonial das ações, com base no fechamento de capital da companhia.*

5.11.1999

Atualidades

A ALIENAÇÃO DE CONTROLE ACIONÁRIO DE COMPANHIA ABERTA E O DEVER DE INFORMAÇÃO AO MERCADO

HELLER REDO BARROSO

I — Revogação da obrigatoriedade do "takeover bid". II – "Full and fair disclosure". III — Repúdio ao "insider trading". IV — "Leading case". V — Conclusão.

I — Revogação da obrigatoriedade do "takeover bid"

A oferta pública na transferência do controle acionário da companhia (*takeover bid*) tratava-se, conforme manifestou-se José Alexandre Tavares Guerreiro,[1] "de modalidade especial de oferta pública, cujo objetivo se diferencia substancialmente daquela regulada no art. 257 da referida lei. Não se tem em mira, aqui, a aquisição de controle, mas a proteção patrimonial dos acionistas minoritários, que não sejam parte no negócio translativo do controle e que devem ter a oportunidade de transferir suas ações pelo mesmo preço e nas mesmas condições aplicáveis ao alienante do controle. Em suma, a oferta pública de que cuida o art. 254 constitui instrumento para assegurar aos minoritários o tratamento desejado e imposto pelo legislador".

No mesmo sentido, o Parecer CVM/SJU-09/83,[2] ementa: "O instrumento de oferta pública para aquisição de ações emitidas por companhia aberta, cujo objetivo é estender aos acionistas minoritários as mesmas condições da aquisição do controle da companhia, deve atender aos dispositivos da Lei n. 6.404/76, e da Resolução n. 401/76, do Conselho Monetário Nacional. É de se proceder à verificação do cálculo do preço pago aos minoritários, para que estes recebam tratamento igualitário".

A regra da oferta pública, contudo, foi revogada pela Lei n. 9.457/97, com vistas a facilitar a execução do Programa Nacional de Desestatização.

Argumentam os defensores da revogação que a regra: (*a*) não implica efetiva proteção aos minoritários,[3] (*b*) não se coaduna com o moderno direito corporativo, tanto que a legislação norte-americana, avançada na regulamentação do mercado de capitais, não exige o *takeover bid.*

A nosso juízo, contudo, caminham mal estes argumentos.

1. Em "Alienação de controle de companhia aberta: o papel das instituições financeiras", *RDM*, ano XVII, 30/116, 1978.

2. Citado no excelente trabalho da Dra. Roberta Nioac Prado, "Da obrigatoriedade por parte do adquirente do controle de sociedade por ações de capital aberto de fazer simultânea oferta pública, em iguais condições aos acionistas minoritários — art. 254 da Lei n. 6.404/76 e Resolução CMN n. 401/76 — É efetivo mecanismo de proteção aos minoritários?", *RDM*, ano XXXVI, 106/83, 1997.

3. Vide Roberta Nioac Prado, ob. cit.

Relativamente à ineficiência do dispositivo revogado, concordamos com a crítica, mas pensamos que a solução mais racional não é de revogá-lo, e sim melhorá-lo.

Relativamente à lei norte-americana ressaltamos que, conforme bem lembrou Roberta Nioac Prado,[4] a doutrina daquele país, principalmente após a publicação, em 1932, da obra *The Modern Corporation and Private Property*, de Adolf Berle e Gardiner Means, vem desenvolvendo o entendimento de que, no esteio da clara distinção que deve-se traçar entre poder e propriedade na S/A, a alienação do controle implicava a alienação de bem da sociedade, e que, portanto, quem deveria receber o ágio contido no bloco de controle deveria ser a sociedade, e não os controladores.[5]

Nesse sentido, consolidou-se naquele país, pelo costume, a adoção nos contratos (principalmente da companhias fechadas, já que as abertas são contempladas pela *disclosure and insider trading rules)* das *Tag-Along, Drag-Along e Look Back Provision Clauses*, contornando a omissão legal acerca da situação dos minoritários no *takeover* da companhia".[6]

Conforme veremos, não obstante a revogação da exigência da oferta pública aos minoritários na alienação do bloco de controle da companhia, permanece, no direito brasileiro, de forma implícita, e também expressamente em regramentos esparsos, a obrigatoriedade do *full and fair disclosure* (a exemplo do direito norte-americano), nas negociações de transferência.

II — "Full and fair disclosure"

Conforme determina a Lei n. 6.404/76, em seu art. 157, § 4º, "os administradores da companhia aberta são obrigados a comunicar imediatamente à bolsa de valores e a divulgar pela imprensa qualquer deliberação da assembléia geral ou dos órgão de administração da companhia, ou fato relevante ocorrido nos seus negócios, que possa influir, de modo ponderável, na decisão dos investidores do mercado de vender ou comprar valores mobiliários emitidos pela companhia".

Nos termos do art. 1º, parágrafo único, da instrução CVM n. 31/84, Ato ou Fato Relevante (ou seja, de divulgação obrigatória ao mercado) não é apenas a mudança no controle da companhia (art. 1º, parágrafo único), mas "qualquer deliberação da assembléia geral ou dos órgãos de administração da companhia aberta, ou qualquer outro ato ou fato ocorrido nos seus negócios que possa influir de modo ponderável:

"I — *Na cotação dos valores mobiliários de emissão da companhia aberta; ou*

"II — *na decisão dos investidores em negociar com aqueles valores mobiliários; ou*

"III — na determinação de os investidores exercerem quaisquer direitos inerentes à condição de titular de valores mobiliários emitidos pela companhia" (grifos nossos.)

Não obstante não mais se verifique a obrigatoriedade de oferta pública aos minoritários, nos termos do revogado art. 254 da Lei n. 6.404/76, entende-se imperativo o *full and fair disclosure* da operação de alienação do controle, nos termos da *Instrução Normativa CVM n. 299/99*, que de-

4. Ob. cit.

5. Vide, a propósito, conforme indica Roberta Nioac Prado: Fábio Konder Comparato, *O Poder de Controle na Sociedade Anônima*, 2ª ed., pp. 217 e ss.; William D. Andrews, "The stockholder's right to equal opportunity in the sales of shares", *Harvard Law Review* 78/505-563, 1965; Lucien Arye Bebhuk, "Toward indistorced choice of equal treatment in corporate takeovers", *Harvard Law Review* 98/695-1.808, 1985; E. C. Lashbrooke Jr., "Substance of securities litigation — Asymetric information in mergers and the profits of deceit", *Securites Law Review* 28/591-629, 1996; Bernard S. Block, "Bidder overpayment in takeovers", *Securities Law Review* 22/381-444, 1990; e também os casos *Perlman v. Feldmann* (219 F.2d 173; 50ªLR 2d 1134), *Barnes v. Brown* (80 NY 527), *Levy v. American Beverage Group* (265 App Div 208) e *Essex Universal Corp. v. Yates* (305 F2d 572).

6. V. Roberta Nioac Prado, ob. cit., p. 99.

termina em seu art. 3º, que: "*sem prejuízo do disposto na Instrução CVM n. 31/84*, a operação que resultar na alienação de controle acionário de companhia aberta deverá ser comunicada de imediato, pelo adquirente do controle, à CVM e às Bolsas de Valores ou entidades do mercado de balcão organizado nas quais os valores mobiliários de emissão da companhia estejam admitidos à negociação, assim como divulgada na imprensa, mediante imediata publicação providenciada pelo mesmo adquirente nos jornais utilizados habitualmente pela companhia".

Determina ainda o art. 4º que, "no prazo de dez dias, contados da divulgação pública da operação, deverá ser encaminhada à CVM, pelo adquirente do controle, cópia da documentação relativa à alienação respectiva".

E, conforme ordena o art. 5º: "A assinatura de acordo ou contrato visando à transferência do controle acionário da companhia e a outorga de *opção ou mandato para esse fim* serão, também, objeto de imediata comunicação e divulgação, a serem efetivadas pelos acionistas controladores ou pelas pessoas que os representem sob qualquer forma, ressalvadas as hipóteses de manutenção de sigilo para preservação de legítimo interesse da companhia, em relação às quais serão observadas, no que couber, as regras pertinentes constantes da Instrução CVM n. 31/84".

III — Repúdio ao "insider trading"

O escopo da lei, como se vê, será sempre o de proteger o acionista minoritário e o mercado, em especial através de mandamentos que visem à vedação do *"insider trading", prática desleal de mercado condenada no Brasil principalmente na Instrução Normativa CVM n. 31/84, mas que, infelizmente, parece configurar a única explicação plausível para a oscilação brusca havida na cotação das ações de certas companhias brasileiras.*

Ora, esse específico dever de informação corresponde ao *affirmative duty of disclosure of any material fact*, obrigado pela jurisprudência americana, ainda pioneira em matéria de mercado de capitais, no art. 16(b) do *Securities Exchange Act* de 1934 (SEA) e na Regra 10b-5 da *Securities Exchange Commission*, como enfatizado no caso *Speed v. Transamerica Corp.*, *verbis*:

"A regra é clara. Ao *insider*, como por exemplo o acionista controlador, é vedado adquirir as ações dos acionistas minoritários sem antes revelar todos os fatos relevantes que possam influir no valor das ações, do conhecimento do acionista controlador em virtude da posição que ocupa na empresa, mas ignorados pelos demais acionistas, e que influiriam na decisão dos investidores. *O dever de informar promana da necessidade de impedir que o 'insider' se aproveite da posição que ocupa para tirar vantagens indevidas em detrimento dos acionistas minoritários desinformados. É uma tentativa de prover o acionista com um certo grau de igualdade em termos de poder de barganha, de modo a lhe fornecer condições para o exercício de um julgamento criterioso, em toda transação.* Algumas cortes falam aí do *dever de lealdade ('fiduciary duty')*, enquanto outras falam em dever imposto por 'circunstâncias especiais'".

No Brasil, também a Lei n. 6.404/76 contempla o *branch of the duty of loyalty*, ao prescrever, em seu art. 155, caput e § 1º:

"Art. 155. O administrador deve servir com lealdade à companhia e manter reserva sobre os seus negócios, sendo-lhe vedado: (...) § 1º. Cumpre, ademais, ao administrador de companhia aberta, guardar sigilo sobre qualquer informação que ainda não tenha sido divulgada para conhecimento do mercado, obtida em razão do cargo e capaz de influir de modo ponderável na cotação de valores mobiliários, sendo-lhe vedado valer-se da informação para obter, para si ou para outrem, vantagem mediante compra ou venda de valores mobiliários".

IV — "Leading case"

Caso interessante[7] ocorreu em 1981, e poderia ser considerado um *leading case* na espécie.

"Interessada em diversificar seus investimentos, a empresa *alfa*, em 9 de março de 1981, estabeleceu entendimentos com o acionista controlador da empresa *beta*, com vista a adquirir considerável participação em seu capital social.

"Desenrolavam-se os entendimentos, normalmente, quando, em fins de julho e princípios de agosto de 1981, a cotação das ações preferenciais da companhia *beta* sofreu forte oscilação, passando de Cr$ 3,60, em média, a Cr$ 10,10, também em média.

"Diante disto, em 3 de agosto, a Bolsa de Valores de São Paulo suspendeu as negociações com os citados papéis e indagou de *beta* se era do seu conhecimento *algum fato* capaz de justificar a flutuação havida na cotação das ações preferenciais de sua emissão.

"No mesmo dia, *beta* prestou esclarecimentos à Bolsa de Valores, que então providenciou a imediata publicidade dos fatos, com fins de resguardar o mercado, seguida da CVM, que igualmente passou a inquirir a companhia *beta* acerca das tratativas havidas."

Ora, conforme ensina o jurista americano Louis Loss,[8] a "luz do sol é o melhor dos desinfetantes e a luz elétrica o melhor dos policiais." Significa dizer: diante da necessidade de coibir a fraude e, ao mesmo tempo, manter intocada a liberdade de ação do gestor, a melhor solução é a adoção ampla de um "*dever de divulgação*", conforme se fez, com sabedoria, tanto no *Securities Act* americano quanto na Lei de S/A brasileira.

Como explica Joaquim Garrigues:[9] "Junto ao direito subjetivo do acionista (direito de informação), ao qual corresponde o correlato dever da sociedade de facilitar os informes, *aparece hoje um dever mais amplo, um dever de informação ao público, precisamente a cargo daquelas sociedades que fazem apelo ao crédito público, levando suas ações à Bolsa.* Em tal caso, a marcha dos negócios da sociedade não interessa apenas aos acionistas, mas também ao público em geral, a todos os cidadãos que podem, talvez, querer ser acionistas da sociedade em questão, e que, por isso, têm o *direito de ser informados do que ocorre no seio de determinada sociedade*. O direito individual converteu-se em direito público".

Nesse sentido, permanece atualíssima a máxima segundo a qual "a falta de informação é igual à divulgação de informações falsas".

Como afirmou Lamy Filho,[10] "O dever de guardar sigilo não conflita com o de divulgar notícia relevante: *disclose or abstain*, de acordo com a máxima inglesa. *Calar quando o mercado está notoriamente orientado por informações erradas, equivaleria a divulgar informação falsa.* Não existe obrigação de informar ao mercado as razões de desfecho negativo de negociações para aquisição de controle".

E mais adiante: "Se o sigilo já foi violado, o que se evidencia pela movimentação das ações na Bolsa, ou pela "credibilidade dos boatos", impõe-se, o quanto antes, divulgar a notícia, torná-la pública, para proteção dos acionistas antigos, e de todos os investidores, *ainda que as negociações não se tenham completado, nem venham a completar-se*: o que não se pode é deixar seus próprios acionistas, e o público, à mercê dos *insiders*, dos *iniciados*, dos boatos, pois isto seria conivência com o crime. *O dever maior, repita-se, é o da divulgação*".

Esta é, aliás, a orientação adotada no Brasil pela CVM, no bem-elaborado docu-

7. Citado pelo Prof. Alfredo Lamy Filho em sua obra *A Lei das S/A — Pareceres*, 2ª ed., p. 377.

8. Louis Loss, *Securitiers Regulation*, 1961, p. 123.

9. Joaquin Garrigues, *Hacia un Nuevo Derecho Mercantil*, Madrid, Editorial Tecnos, 1971, pp. 174-175.

10. Ob. cit., p. 377.

mento "Políticas de Divulgação de Informações", que tem servido como guia para as empresas, ainda sem o aprendizado dos precedentes e o auxílio das rotinas consagradas. Nesse documento, ao tratar da "pronta divulgação de informação relevante" (pp. 43-45), focalizando, especificamente, o problema "sigilo *x* divulgação" na compra e venda de controle, nos preparativos da oferta pública e em certos outros casos, firma a seguinte (e universalmente consagrada) orientação para as empresas:

"Quando existirem rumores no mercado que possam ser interpretados como indicadores de vazamento de informações, uma declaração franca e clara deve ser dada, seja para negar ou confirmar a notícia. Em determinadas situações não será mais desejável guardar sigilo, pois a única forma de corrigir a situação é através de seu rápido esclarecimento."

Nesse sentido, a ação da Bolsa e da CVM em busca do esclarecimento ao mercado visa, acima de tudo, a obstar a confiabilidade do boatos e impedir a ação dos *insiders*, colocando todos os investidores, efetivos ou potenciais, em pé de igualdade quanto a informações sobre as negociações em andamento.

Frisamos ainda, conforme lembra Lamy Filho, que a divulgação obrigatória é de decisões ou fatos relevantes, nunca de razões, motivos ou intenções.

V — Conclusão

Por todo o exposto, somos da opinião que:

• os acionistas minoritários e o mercado não podem ser alijados do que se passa no interior da companhia; não podem correr o risco de ver oscilar o preço de suas ações no mercado por conta de boatos especulativos (ou seja, o controlador, no esteio de seus deveres e responsabilidades para com os acionistas e a comunidade — art. 116, parágrafo único, Lei n. 6.404/76, deve pôr às claras tudo que se opera no seio da companhia, sem nada esconder ao mercado;

• não obstante a revogação do art. 254 da Lei n. 6.404/76 pelo art. 6º da Lei n. 9.457/97, eliminando as *takeover bids*, a obrigatoriedade de oferta pública na alienação de controle acionário, não devem ser os minoritários apartados do que se passa nas negociações, posto que delas exsurgirá o novo controlador da companhia, ao qual estarão, de um modo ou de outro, submetidos. Do contrário, estar-se-ia admitindo a completa elisão dos direitos das minorias em relação a "circulação" do bloco de controle, o que, certamente, não foi o objetivo do legislador de 97;

• o *disclosure* das negociações é útil, inclusive, ao próprio controlador, vez que possibilita o acesso de outros proponentes ao negócio, aumentando a disputa e, portanto, o valor de negociação do bloco acionário, em benefício de toda a companhia.

Atualidades

EMISSÃO DE AÇÕES PREFERENCIAIS POR INSTITUIÇÕES FINANCEIRAS – LIMITE DE 50% DO CAPITAL SOCIAL

SIMONE LAHORGUE NUNES

A descentralização legislativa é fenômeno conhecido que vem se desenvolvendo de uma maneira impressionante no contexto do Estado Social, mais acentuada, diga-se de passagem, no que diz respeito à emanação de normas pelo Poder Executivo — entenda-se aí Poder Executivo, órgãos da administração centralizada ou entes autônomos, dentre os quais inclui-se o Banco Central do Brasil, que atua como "voz" do Conselho Monetário Nacional na edição das resoluções, circulares, cartas —, circulares e outros atos mais.

Não questionaremos, neste texto, o tema objeto de controvérsia entre os doutrinadores nacionais (no que diz respeito ao "pseudo" atentado ao célebre princípio da Separação dos Poderes por aqueles que reconhecem como legítimo o exercício do chamado "poder regulamentar" a que nos referimos anteriormente), por ser esta questão para nós ultrapassada que, se aqui abordada, desviaria a atenção do leitor para o tema que nos propusemos a abordar, que é, na verdade, o do abuso das autoridades governamentais, por vezes detectado, no exercício deste poder.

A questão a ser aqui discutida diz respeito à exigência do Banco Central do Brasil, feita a diversas instituições financeiras, no sentido do respeito ao limite de 50% (cinqüenta por cento) do capital social para emissão de ações preferenciais, conforme estabelece a Circular BACEN 356, de 21.9.1977, exigência esta que julgamos estar em desacordo com a legislação vigente, como pretendemos demonstrar, sendo necessário, para tanto, iniciar-se por um histórico da legislação que vem tratando do assunto desde a edição da Lei de Reforma Bancária.

A Lei 4.595, quando editada, em 1964, não estabelecia limite algum a ser observado pelas instituições financeiras no que diz respeito ao percentual máximo do capital social a ser emitido em ações preferenciais, dispondo o artigo daquela lei, que será objeto de nossa análise, o seguinte: "Art. 25. As instituições financeiras privadas, exceto as cooperativas de crédito, constituir-se-ão unicamente sob a forma de sociedade anônima, com a totalidade de seu capital representado por ações nominativas".

Lembre-se que em tal época vigia, regulando as sociedades por ações, o Decreto-lei 2.627, de 26.9.1940, que estipulava (art. 9º, parágrafo único) como regra geral para as sociedades que se constituíssem sob a forma por ele regulamentada, o limite máximo de 50% do capital para ser emitido em ações preferenciais.

Assim, como nada diferente dispunha a Lei 4.595 — lei especial para as instituições financeiras —, tal limite era igualmente imposto às instituições ora mencionadas.

Em 7 de outubro de 1971, a Lei 5.710, dentre outras providências, deu nova redação ao art. 25 da Lei 4.595, que é a seguir transcrita:

"Art. 25. As instituições financeiras privadas, exceto as cooperativas de crédito, constituir-se-ão unicamente sob a forma de sociedade anônima, devendo a totalidade de seu capital com direito a voto ser representada por ações nominativas.

"§ 1º. *Observadas as normas fixadas pelo Conselho Monetário Nacional as instituições a que se refere este artigo poderão emitir até o limite de 50% de seu capital social em ações preferenciais, nas formas nominativas e ao portador, sem direito a voto, às quais não se aplicará o disposto no parágrafo único do art. 81 do Decreto-lei 2.627, de 26 de setembro de 1940* (grifo nosso).

"§ 2º. A emissão de ações preferenciais ao portador, que poderá ser feita em virtude de aumento de capital, conversão de ações ordinárias ou de ações preferenciais nominativas, ficará sujeita a alterações prévias dos Estatutos das Sociedades, a fim de que sejam neles incluídas as declarações sobre:

"I — as vantagens, preferenciais (*sic*) e restrições atribuídas a cada classe de ações preferenciais, de acordo com o Decreto-lei 2.627, de 26 de setembro de 1940;

"II — as formas e prazos em que poderá ser autorizada a conversão das ações, vedada a conversão das ações preferenciais em outro tipo de ações com direito a voto.

"§ 3º. Os títulos e cautelas representativas das ações preferenciais, emitidos nos termos dos parágrafos anteriores, deverão conter expressamente, as restrições ali especificadas."

Podemos, desta forma, identificar duas novidades introduzidas com a Lei 5.710, que são: (i) definição da abrangência do poder regulamentar a ser exercido pelo Conselho Monetário Nacional referente às limitações na divisão do capital social das instituições financeiras, observado, é claro, o limite máximo de 50% do capital social para emissão em ações preferenciais e (ii) permissão à emissão de ações ao portador pelas instituições financeiras.

Em 15 de dezembro de 1976, com o advento da nova lei societária (Lei 6.404), foi derrogado o Decreto-lei 2.627 com a alteração do dispositivo que tratava do assunto (parágrafo único do art. 9º), estabelecendo a nova lei, em seu art. 15, § 2º, como regra geral para as sociedades anônimas, um limite de 2/3 do capital social para emissão de ações preferenciais — maior, portanto, do que o previsto na legislação anterior, de 50%.

Em 21 de setembro de 1977, uma Circular do Banco Central, de número 356, fez questão de esclarecer que "não se aplica, às instituições financeiras, a possibilidade de emissão de ações preferenciais, nas formas nominativas ou ao portador, até o limite de 2/3 (dois terços) do capital social, como previsto no § 2º do art. 15 da Lei 6.404, de 15 de dezembro de 1976. Esclarecemos, a propósito, que, relativamente a instituições financeiras, a matéria em apreço está regulada por legislação específica (Lei 4.595, de 31 de dezembro de 1964, art. 25 e Lei 5.710, de 7 de outubro de 1971)".

Desnecessário parece-nos o esclarecimento, uma vez que a lei especial — Lei 4.595 — não foi revogada expressamente pela Lei 6.404 e, implicitamente, não poderia tê-lo sido eis que a Lei 6.404, perante a primeira, assume o caráter de lei geral, não lhe sendo possível, portanto, revogar lei especial.

Em 19 de dezembro de 1986, a Lei 7.565, que dispõe sobre o Código Brasileiro de Aeronáutica, em seu art. 324 revogou, dentre outras, a Lei 5.710, de 7.10.1971, que em seu § 1º estabelecia o limite máximo de 50% do capital social das instituições financeiras para ser emitido em ações preferenciais.

Como podemos verificar hoje — ou melhor, desde 19 de dezembro de 1986 — a norma vigente para todas as sociedades anônimas, inclusive as instituições financeiras, é a que limita a emissão de ações preferenciais a 2/3 do seu capital social, sendo também conveniente salientar que é ilegítimo, a partir de tal data, o exercício de poder regulamentar pelo Conselho Monetário Nacional — via Banco Central, como é usual — na normatização de tal matéria uma vez que o fundamento legal do exercício de tal poder encontrava-se na própria Lei 5.710, ora revogada.

Assim, descabida nos parece a orientação, recebida informalmente por uma instituição financeira, junto ao Banco Central do Brasil, no sentido de que persiste a limitação máxima de 50% do capital social para emissão de ações preferenciais por instituições financeiras, sendo certo que eventual resistência da referida autarquia na homologação de ato societário de instituição financeira que promova alteração na proporção de suas ações preferenciais até o limite de 2/3 do capital, será ato passível de ser atacado por mandado de segurança.

Outro aspecto que não pode passar despercebido ao se analisar a "trajetória" do art. 25 da Lei 4.595 é o que diz respeito à disposição, contida na sua redação original, de que as instituições financeiras privadas constituir-se-ão unicamente sob a forma de sociedade anônima. A análise da vigência, ou não, hoje, de tal disposição difere da já realizada no que diz respeito ao limite máximo de 50% para a emissão de ações preferenciais, na medida em que naquela a conclusão pela inexistência, desde 1986, da restrição no percentual de ações preferenciais a ser emitido por instituições financeiras permanece inalterada na eventualidade de chegar-se ao entendimento de que o art. 25 da Lei 4.595 vige hoje com a sua redação original, que é sobre o que falaremos a seguir.

A Lei 5.710 já referida, dispõe, no seu preâmbulo: "Dá nova redação ao art. 25 da Lei 4.595, de 31 de dezembro de 1964 (...) e dá outras providências" e, em seu art. 1º, estabelece que "o art. 25 da Lei 4.595, de 31 de dezembro de 1964, passa a vigorar com a seguinte redação: (...)" (redação esta já transcrita no início deste trabalho). Em seu art. 8º, dispõe a Lei 5.710 que: "Esta Lei entra em vigor na data de sua publicação, revogadas as disposições em contrário".

Assim, indaga-se: a Lei 5.710 revogou — ou, de modo mais preciso, derrogou — a Lei 4.595? A resposta a esta pergunta indicará se o art. 25, na sua redação original, continua em vigor ou se seria o caso de, utilizando-se a regra do § 3º do art. 2º da Lei de Introdução ao Código Civil — "Salvo disposição em contrário, a lei revogada não se restaura por ter a lei revogadora perdido a vigência" —, entender-se que o art. 25 não subsiste nem mesmo na sua redação original, uma vez que não houve na Lei 7.565 disposição repristinatória.

Conforme leciona Tércio Sampaio Ferraz Júnior,[1] "revogar significa retirar a validade por meio de outra norma. A norma revogada não vale mais, não faz mais parte do sistema. Não fazendo mais parte deixa de ser vigente. Revogar é, pois, fazer cessar interrompendo, definitivamente, o curso de sua vigência (...) A revogação depende de uma norma: a norma revogadora. *A norma revogadora*, diz Kelsen (1979:84), *é uma norma que tem por conteúdo o estabelecimento de um não-dever-ser. Ela não estabelece outra hipótese de incidência, outra 'facti species', apenas acaba com a validade da norma revogada*. Daí se segue uma outra regra estrutural, a proibição de repristinação: uma norma x revoga a norma b; posteriormente uma norma z revoga a norma x; isto não faz com que a norma b volte a valer. A proibição da repristinação significa, pois, que uma norma revogadora não pode revalidar as normas antes revogadas pela norma que ela revoga" (o grifo é nosso).

É de se notar que o art. 1º da Lei 5.710 não usou a expressão "revogar", determinando apenas que o art. 25 em questão pas-

1. *Introdução ao Estudo do Direito*, 2ª ed., Atlas, p. 203.

saria a vigorar com a nova redação que tal lei estava a lhe dar, o que me faz pensar se a Lei 5.710 não teria estabelecido outra hipótese de incidência, ficando, assim, fora da definição de Kelsen trazida pelo Professor Tércio, de uma norma revogadora. Mas, não sendo tal norma uma norma revogadora, o que é ela, uma norma *modificadora*?

Maria Helena Diniz,[2] *en passant*, fala sobre o assunto: "Em suma, a norma poderá ter, portanto: a) vigência temporária, pelo simples fato de já ter fixado o tempo de sua duração, contendo um limite para a sua eficácia; e b) vigência permanente, ou seja, para o futuro sem prazo determinado, durando até que seja *modificada* ou revogada por outra da mesma hierarquia ou de hierarquia superior" (grifo meu).

A doutrina,[3] de uma forma geral, não faz referência a este tipo de norma, o que fez com que nos parecesse mais razoável a conclusão no sentido de que a modificação estaria englobada no conceito de revogação, o que é razoável na medida em que a norma que modifica uma outra está, na verdade, substituindo a anterior e, portanto, necessariamente, tirando a vigência da anterior.

Entretanto, devemos mencionar que, ao ler o art. 8º da Lei 5.710, questiona-se acerca de ter a incompatibilidade da matéria tratada no art. 1º da Lei 5.710 com a tratada no art. 25 da Lei 4.595 revogado este último, se entendermos que o art. 1º da Lei 5.710 não logrou tal êxito. A este respeito, continua Tércio Ferraz: "a revogação tácita ocorre quando a norma revogadora é implícita e a revogação resulta da incompatibilidade entre a matéria regulada e as disposições antes vigentes (...) muitas leis costumam terminar com o conhecido dispositivo: 'revogam-se as disposições em contrário', fórmula desnecessária, embora usual, que não se confunde com uma norma revogadora manifesta, tratando-se de uma norma revogadora implícita, pois não se indica a norma revogada".

Assim, parece-nos apropriada a interpretação de que a parte do art. 25 que não é incompatível com a nova redação dada ao artigo pelo art. 1º da Lei 5.710, até porque dispõe da mesma forma — "As instituições financeiras privadas, exceto as cooperativas de crédito, constituir-se-ão unicamente sob a forma de sociedade anônima" —, não teria sido revogada se considerarmos que (i) o artigo não foi revogado expressamente pela Lei 5.710 e (ii) tal parte do artigo não foi revogada tacitamente porque não é incompatível com o que foi estabelecido no *caput* do art. 25 com a nova redação que lhe foi dada pela Lei 5.710.

Da mesma forma, fazendo uma interpretação sistemática e até teleológica da Lei 5.710, parece-nos que ela teve realmente outra intenção em seu art. 1º que não *revogar* o art. 25 da Lei 4.595, eis que, logo a seguir, no seu art. 6º, explicitou a intenção revogadora de outra norma, estabelecendo que: "Art. 6º. Fica revogado o art. 6º, com seu parágrafo único, do Decreto-lei 493, de 10 de março de 1969".

2. *Lei de Introdução ao Código Civil Brasileiro Interpretada*, Saraiva, 1994, p. 62.

3. Transcrevemos, a seguir, dois exemplos de revogação referidos pela doutrina:

"Uma lei é revogada se há incompatibilidade entre ela e os preceitos da nova lei. Com a lei que fixa a taxa de um imposto em 5%, é revogada a lei que fixava em 4%" (*Enciclopédia Saraiva de Direito*, v. 66, 1981, p. 318, verbete "Revogação da Lei").

"Não restauração da lei antiga. O tema em epígrafe diz respeito à questão de se saber se quando uma lei é revogada por outra e, por sua vez, a lei revogadora vem a ser suprimida por uma terceira lei, a lei primitiva volta a vigorar. (NR n. 140 deste parágrafo: 'É, por exemplo, o que sucedeu com o inciso IX do § 6º do art. 178 do Código Civil, que estabelecia a prescrição de um ano para a ação de cobrança de honorários médicos. O Decreto-lei 7.961, de 1945, aumentou o prazo para cinco anos. A Lei de 1948, revogou o decreto-lei sem restabelecer o prazo anterior, o que só se deu em 1956, com a Lei 2.923')" (*O Direito, a Lei e a Jurisprudência*, R. Limongi França, Ed. RT, 1974, pp. 122 e 139).

Como se vê, os dois exemplos tratam de situações em que não sobrou na norma revogada nenhuma disposição que pudesse sobreviver, após uma revogação da primeira norma revogadora, por não ter sido revogada por conflitar com a primeira norma revogadora, o que faz com que sejam distintos do caso analisado neste trabalho.

Entretanto, conhecendo a má técnica legislativa brasileira que, com certeza, seria capaz de se valer de meios distintos em um só diploma legal (arts. 1º e 6º da Lei 5.710) para atingir igual fim — a revogação de um dispositivo legal —, parece-nos questionável o entendimento de que o texto original do art. 25 esteja em vigor, sendo duvidosa a orientação de estar o conceito de alteração de uma lei dentro do de revogação ou constituir algo diverso dela e, neste caso, em que termos.

Ainda no que tange à obrigatoriedade, ou não, das instituições financeiras se revestirem na forma de sociedade anônima, devemos alertar que aquele que se interessar em um estudo mais detido da matéria deverá certificar-se de que o art. 25 era a única sede legal da restrição bem como de não haver em alguma outra lei a atribuição de competência normativa ao Executivo para dispor sobre esta matéria (e ter ele efetivamente disposto, mesmo que por delegação interna ao Conselho Monetário Nacional).

Por fim, salientamos que não há que se perquirir quanto ao caráter de lei complementar atribuído pela Constituição de 1988 à Lei 4.595 ao recepcioná-la e conseqüente impossibilidade de sua revogação e ou derrogação por lei outra que não complementar eis que a revogação de que se trata neste trabalho deu-se em 1986, quando tal *status* não havia ainda sido atribuído à Lei Bancária.

Atualidades

A CONVENÇÃO DE VIENA SOBRE COMPRA E VENDA INTERNACIONAL DE MERCADORIAS E SUA UTILIDADE NO BRASIL

ADRIANA DE OLIVEIRA GIFFONI

I — Pelas regras de Direito Internacional Privado brasileiro em conjunto com o art. 1(b) da Convenção. II — Pelo princípio da autonomia da vontade: a) no juízo estatal; b) no juízo arbitral. Conclusão.

Desde 1988, efetivamente, vários países têm adotado a Convenção das Nações Unidas sobre Compra de Venda Internacional de Mercadorias (a chamada Convenção de Viena de 1980) como o direito aplicável às transações comerciais internacionais. O número de países que a adotam cresce cada vez mais, demonstrando o seu alto grau de aceitação na comunidade mundial.

Embora tenha participado no processo de sua elaboração, o Brasil, até o momento, não a ratificou. No entanto, não podemos com isso concluir que a Convenção esteja definitivamente excluída do mundo jurídico brasileiro, dispensando a atenção dos juristas pátrios. Pelo contrário, há importantes obras a seu respeito na nossa doutrina.[1]

Afinal, *quais os motivos de tal importância*? Em primeiro lugar, a Convenção é a lei uniforme adotada pela vasta maioria dos principais países atuantes no comércio internacional.[2] Em segundo lugar, as normas de Direito Internacional Privado, brasileiras ou não, podem levar à aplicação da lei de um país signatário da Convenção em um contrato internacional de compra e venda de mercadorias. Finalmente, outro motivo relevante de sua importância é a vontade das partes contratantes em submeter-se a ela.

Há, atualmente, duas possibilidades de inserção da Convenção em contratos com parte brasileira:

I — pelas regras de Direito Internacional Privado brasileiro em conjunto com o art. 1(b) da Convenção;

II — pelo princípio da autonomia da vontade:

a) no juízo estatal e

b) no juízo arbitral.

Em seguida, analisaremos cada uma delas.

I — Pelas regras de Direito Internacional Privado brasileiro em conjunto com o art. 1(b) da Convenção

A Lei de Introdução ao Código Civil, em seu art. 9º,[3] estipula o princípio *locus*

1. Uma vasta relação de trabalhos em língua portuguesa encontra-se no *site* www.uff.br/direito da UFF (Universidade Federal Fluminense).

2. Países que efetivamente já ratificaram a Convenção: Argentina, Austrália, Áustria, Bulgária, Bielo-Rússia, Canadá, Chile, China, antiga Tchecoslováquia, Dinamarca, Egito, Finlândia, França, Alemanha, Guiné, Hungria, Iraque, Itália, Lesoto, México, Holanda, Noruega, Romênia, Rússia, Espanha, Síria, Suécia, Suíça, Ucrânia, Estados Unidos e Iugoslávia.

3. LICC (Decreto-lei n. 4.657, de 4.9.1942) art. 9, *caput*: "Para qualificar e reger as obrigações, aplicar-se-á a lei do país em que se constituírem".

regit actum aos contratos. Assim sendo, a lei material aplicável a estes é a do local de sua celebração. Se tal lei for a própria Convenção, conseqüentemente, esta será observada. O seu art. 1(b)[4] reafirma tal proposição, uma vez que permite a sua aplicação via normas de Direito Internacional Privado, quando uma das partes não for signatária. Para melhor compreensão, tomemos o seguinte exemplo: uma empresa brasileira contrata com outra argentina, e o contrato é firmado em Buenos Aires. Segundo a lei pátria, o direito que rege tal contrato é o do local de sua celebração, logo, o Direito argentino. A Argentina, por sua vez, é signatária da Convenção. O juiz brasileiro, caso provocado, utilizará a Convenção, em decorrência das normas de Direito Internacional Privado de seu fórum.

No entanto, a certeza de ser a Convenção a lei aplicável, em decorrência de seu art. 1(b) e pelas normas de Direito Internacional Privado, nem sempre ocorre. Há duas exceções: a primeira, quando as partes optam por excluir a própria Convenção como lei regedora do contrato (o que não deixa de ser uma autonomia da vontade), hipótese possível pelo art. 6 da mesma;[5] a segunda exceção ocorre quando a outra parte for proveniente de Estado signatário que revogou o art. 1(b). Pouquíssimos países o fizeram, dentre eles EUA e China, porém a intenção foi exatamente restringir o uso da Convenção a contratos onde todas as partes fossem de Estados signatários.[6]

4. Art. 1(b) da Convenção de Viena: "This Convention applies to contracts of sale of goods between parties whose places of business are in different States: (...) (b) When the rules of private international law lead to the application of the law of a Contracting State".

5. Art. 6 da Convenção de Viena: "The parties may exclude the application of this Convention or, subject to article 12, derogate from or vary the effect of any of its provisions".

6. U.S. State Departament, *Legal Analysis of the United Nations Convention on Contracts for the International Sale of Goods (1980), Appendix B* (Proposed United States declaration Under Article 95 Excluding Applicability of the Convention Based on Article 1(1)(b)).

II — Pelo princípio da autonomia da vontade

A outra hipótese de aplicação da Convenção em contratos com parte brasileira decorre do princípio da autonomia da vontade. Se há consenso entre os contratantes para utilizar a Convenção, no todo ou em parte, isto deveria ser respeitado. Afinal, ela não infringe a Ordem Pública nacional e tampouco versa sobre a validade dos contratos — ver seu art. 4(a) —,[7] matéria a ser regida pelas normas imperativas brasileiras, no que concerne à forma, capacidade etc. Ademais, há fortes argumentos a favor da escolha de sua aplicação a contratos de compra e venda internacional de mercadorias. Por exemplo, o seu caráter internacional, visando a uniformidade e o fomento das transações comerciais entre diferentes Estados, gera certeza aos contratantes sobre quais são as disposições regentes, evitando surpresas contrárias aos princípios gerais do comércio internacional.[8]

a) No juízo estatal

Diante de uma controvérsia, como trataria um juiz brasileiro a questão da livre escolha das partes pela Convenção?

Para responder esta pergunta, é fundamental analisar, brevemente, o princípio da autonomia da vontade no nosso direito. Pelo art. 9º da Lei de Introdução ao Código Civil, não é possível concluir que o Brasil permita a livre escolha da lei aplicável

7. Art. 4(a) da Convenção de Viena: "This Convention governs only the formation of the contract of sale and the rights and obligations of the seller and the buyer arising from such a contract. In particular, except as otherwise expressly provided in this Convention, it is not concerned with: (a) The validity of the contract or of any of its provisions or of any usage".

8. Preâmbulo da Convenção de Viena: "(...) *Being of the opinion that* the adoption of uniform rules which govern contracts for the international sale of goods and take into account the different social, economic and legal systems would contribute to the removal of legal barriers in international trade and promote the development of international trade (...)".

(*freedom of choice*) a seus contratos e, doutrinariamente, há enorme controvérsia sobre o assunto. Podemos concluir, na prática, que os tribunais brasileiros tendem a rejeitar o princípio da autonomia da vontade (como comentou Nádia de Araújo:[9] "Para nós, no estágio atual da legislação brasileira, a escolha da lei aplicável a um contrato internacional, nos moldes reconhecidos atualmente na comunidade internacional, não encontra amparo na legislação vigente (...)". Logo, a escolha da Convenção pelas partes não traz a garantia de ser acatada pelo juiz brasileiro.[10]

A título comparativo, é curioso mencionar como um juiz estrangeiro receberia a Convenção por meio da autonomia da vontade. Até mesmo em jurisdições onde este princípio é bem difundido, existem detalhes que tornam a questão controversa. Isto ocorre porque, embora a Convenção permita às partes "excluir" seu conteúdo, em todo ou em parte (pelo seu art. 6, como já demonstrado), ela silencia-se quanto à faculdade das partes em utilizá-la.

No Direito norte-americano, em decorrência da reserva feita ao art. 1(b), a aplicação da Convenção ficou, em princípio, restrita a contratos onde todas as partes sejam signatárias. Logo, as regras de Direito Internacional Privado, que poderiam levar à sua aplicação, tornam-se irrelevantes, assim como o princípio da autonomia da vontade. Ademais, a lei aplicável em tais casos seria o UCC (*Uniform Commercial Code*), o qual, em seu art. 1, § 1-105(1),[11] restringe a autonomia das partes à lei de uma jurisdição que mantenha uma relação razoável com a transação. Destarte, a utilização da Convenção por meio da livre escolha encontrará obstáculos, pois, ao mesmo tempo que as cortes norte-americanas recebem a orientação de realizar a vontade das partes, a Convenção não é auto-aplicável, há a reserva ao art. 1(b) e os argumentos a seu favor não são consistentes.[12]

Por outro lado, no Direito Europeu Comunitário, a utilização da Convenção, pelo mero argumento da autonomia da vontade, é bem mais simples. A Convenção da Comunidade Européia de 1980, em seu art. 3(1),[13] consagra o princípio da livre escolha da lei aplicável aos contratos. As partes têm, portanto, a discrição de optarem pela Convenção de Viena, desde que o façam clara e expressamente.

b) No juízo arbitral

Por fim, em contratos internacionais de compra e venda de mercadorias que tenham a Convenção como norma regedora escolhida, não resta dúvida ser a arbitragem privada o caminho mais seguro. A renúncia das partes ao fórum estatal evita o surgimento de indagações quanto à validade e eficácia da opção pela Convenção. A Lei n. 9.307/96 (Lei da Arbitragem) consagrou o princí-

9. Nádia de Araújo, *Contratos Internacionais*, Ed. Renovar, Rio de Janeiro, 1997, p. 105.

10. Não há registro de manifestação judicial brasileira a respeito da livre aplicação da Convenção. Aliás, como expõe Nádia de Araújo em sua obra acima citada, na p. 109: "A jurisprudência sobre a aplicação do antigo art. 13 da Introdução ao Código Civil, como do atual art. 9º da Lei de Introdução é muito escassa. Ás vezes trata-se da questão incidentalmente quando há um litígio a respeito do cumprimento mesmo de um contrato internacional, normalmente de compra e venda ou de transporte. Poder-se-ia dizer até que a questão da autonomia da vontade jamais foi enfrentada diretamente pelos poucos casos encontrados sobre contratos internacionais".

11. Art. 1, § 1-105 (1) do *Uniform Commercial Code* norte-americano: "Except as provided hereafter in this section, when a transaction bears a reasonable relation to this state and also to another state or nation the parties may agree that the law either of this state or of such other state or nation shall govern their rights and duties. Failing such agreement this Act applies to transactions bearing an appropriate relation to this state".

12. R. Folsom, *et al.*, *International Business Transactions in a Nutshell*, 1988, pp.70-71.

13. Art. 3(1) da Convenção da Comunidade Européia de 1980: "A contract shall be governed by the law chosen by the parties. The choice must be expressed and demonstrated with reasonable certainty by the terms of the contract or the circumstances of the case. By their choice the parties can select the law applicable to the whole or a part of the contract".

pio da autonomia da vontade no juízo arbitral localizado no Brasil, em seu art. 2º, § 1º.[14]

Destarte, cabe às partes acordarem por uma cláusula compromissória, designando a Convenção de Viena sobre Compra e Venda de Mercadorias de 1980 (com ou sem reservas) como a lei regedora do contrato.

Conclusão

É notório que o Brasil tem dado pouca atenção à ratificação de tratados e convenções ligados ao comércio internacional. Tal fato dificulta a agilidade, uniformidade e segurança das transações internacionais envolvendo o nosso país. A Convenção de Viena é somente um exemplo dentre os vários existentes.

A nova Lei de Arbitragem facilitou muito a solução desta polêmica, pois, em consagrando o princípio da autonomia da vontade, permite às partes eleger as regras mais convenientes para suas transações. No entanto, o juízo arbitral não é, por si, a chave para a solução do problema, uma vez que ele tem suas limitações. A convenção de arbitragem exige renúncia ao juízo estatal e isto pode não ser desejado pelas partes, especialmente quando se trata de contratos de pequeno valor.

A deficiência encontra-se no direito material interno, que carece de leis internacionalmente consagradas e não permite a livre escolha das partes pela lei aplicável aos contratos. Fica, portanto, nas mãos dos juristas brasileiros encontrar formas criativas de contornar o problema, dentro do contexto de legalidade atual. Enquanto mudanças não ocorrem, é o que resta a fazer.

14. Art. 2º, § 1º da Lei n. 9.307/96: "A arbitragem poderá ser de direito ou eqüidade, a critério das partes. § 1º: Poderão as partes escolher, livremente, as regras de direito que serão aplicadas na arbitragem, desde que não haja violação aos bons costumes e à ordem pública".

Jurisprudência Comentada

SOCIEDADE POR QUOTA — MORTE DE UM DOS SÓCIOS — HERDEIROS PRETENDENDO A DISSOLUÇÃO PARCIAL — DISSOLUÇÃO TOTAL REQUERIDA PELA MAIORIA SOCIAL — CONTINUIDADE DA EMPRESA

Comentários de
Paulo Salvador Frontini

Recurso Especial 61.278-SP (95/0008381-7)

Rel.: Exmo Min. César Asfor Rocha

Rectes.: Chou Shiu Tsung e outros

Rcdos.: Chan Beng Fein e outros

Advs.: Drs. Marcos Wenceslau Batista e outro e Edmo João Gela e outros

j. 25.11.1997

DJ 6.4.1998

Sociedade por quota — Morte de um dos sócios — Herdeiros pretendendo a dissolução parcial — Dissolução total requerida pela maioria social — Continuidade da empresa.

Se um dos sócios de uma sociedade por quotas de responsabilidade limitada pretende dar-lhe continuidade, como na hipótese, mesmo contra a vontade da maioria, que busca a sua dissolução total, deve-se princípio da preservação da empresa, acolhendo-se o pedido de sua desconstituição apenas parcial, formulado por aquela, pois a sua continuidade ajusta-se ao interesse coletivo, por importar em geração de empregos, em pagamento de impostos, em promoção do desenvolvimento das comunidades em que se integra e em outros benefícios gerais.

Recurso conhecido e provido.

ACÓRDÃO

Vistos, relatados e discutidos estes autos, acordam os Srs. Ministros da Quarta Turma do Superior Tribunal de Justiça, na conformidade dos votos e das notas taquigráficas a seguir, por unanimidade, conhecer do recurso e dar-lhe provimento, nos termos do voto do Sr. Ministro Relator. Votaram com o Relator os Srs. Ministros Ruy Rosado de Aguiar, Sálvio de Figueiredo Teixeira e Barros Monteiro. Ausente, justificadamente, o Sr. Ministro Bueno de Souza.

Custas, como de lei.

Brasília, 25 de novembro de 1997 (data do julgamento).

RELATÓRIO

O Exmo. Sr. Ministro César Asfor Rocha: Os ora recorrentes, viúva e filhos de sócio falecido, acionados pelos demais sócios que pretendiam a dissolução total da sociedade por quebra do *affectio societatis*, ingressaram, quase que concomitantemente, com uma ação de dissolução parcial e apuração de haveres.

As ações foram julgadas simultaneamente, tendo o ilustre julgador monocrático decidido pela dissolução *parcial* da sociedade, que permaneceria com os herdeiros do sócio falecido, com a exclusão dos demais sócios aos quais assegurou a apuração dos haveres.

A egrégia Décima Câmara Civil do Tribunal de Justiça do Estado de São Paulo acolheu o apelo dos sócios majoritários dando pela dissolução *total* da sociedade haja vista a prevalência da vontade da maioria social.

Daí o recurso especial, afirmando negativa de vigência ao art. 335, IV, do Código Comercial, e dissídio pretoriano com julgados apresentados apenas pela ementa que teriam determinado a continuação da sociedade no caso de falecimento de sócio.

Os recorridos ofereceram contra-razões alegando a intempestividade do especial e o acerto do aresto recorrido.

Admitido na origem, o recurso ascendeu a esta Corte, tendo sido recebido no meu gabinete, após vista aos advogados dos recorrentes, no dia 18 de abril do corrente ano, sendo remetido para a pauta em 10 de novembro seguinte.

É o relatório.

VOTO

Ementa: Comercial — Sociedade por quota — Morte de um dos sócios — Herdeiros pretendendo a dissolução total requerida pela maioria social — Continuidade da empresa.

I — Se um dos sócios de uma sociedade por quotas de responsabilidade limitada pretende dar-lhe continuidade, como na hipótese, mesmo contra a vontade da maioria, que busca a sua dissolução total, deve-se prestigiar o princípio da preservação da empresa, acolhendo-se o pedido de sua desconstituição apenas parcial, formulado por aquela, pois a sua continuidade ajusta-se ao interesse coletivo, por importar em geração de empregos, em pagamento de impostos, em promoção do desenvolvimento das comunidades em que se integra e em outros benefícios gerais.

II — Recurso conhecido e provido.

O Exmo. Sr. Ministro César Asfor Rocha (Relator):

1. A preliminar de intempestividade foi bem repelida pelo juízo primeiro de admissibilidade nos seguintes termos aqui mantidos:

Ora após a publicação do acórdão decorrente do julgamento dos embargos declaratórios, ainda restavam 11 dias para a interposição do recurso em questão. Como essa publicação se deu em mês de férias forenses, o prazo restante iniciou-se em 1º de agosto. O recurso, segundo se vê, foi protocolizado dia 9 de agosto; dentro, portanto, do prazo legal (fl.257).

2. Quanto ao mérito, tenho que o Eg. Tribunal *a quo* não agiu, desta vez, com o seu costumeiro acerto.

Da premissa de ser consolidado o entendimento de que a maioria social pode promover a exclusão de sócio minoritário, assegurando-lhe o reembolso do que lhe for devido, não se pode extrair, necessariamente, a conclusão de que a maioria social pode também dissolver a sociedade quando bem entender.

É que naquela hipótese, admite-se a exclusão de um sócio por ter sido atingido a *affectio societatis*, elemento preponderante nas sociedades de pessoas, como é a sociedade por quotas de responsabilidade limitada, de que cuida o caso em exame, pois é evidente que *a discórdia entre os sócios pode tornar-se causa determinante da inexeqüibilidade do fim social.*

Com efeito, o entendimento de que a maioria social pode, em situações excepcionais, excluir um sócio desajustado dos demais, repousa muito mais, senão totalmente, no princípio da preservação da empresa, reclamado pelo interesse coletivo, na medida em que a sua continuidade importa na geração de empregos, no pagamento de impostos, na promoção do desenvolvimento das comunidades em que se integra e em outros benefícios gerais.

Nesse contexto, e na linha da doutrina e da jurisprudência mais modernas, deve-se ter como regra que, para se ter pela preservação da empresa, é bastante que um dos seus sócios queira lhe dar continuidade, evidentemente que a garantia aos sócios retirantes a percepção de seus haveres, na forma pactuada no contrato social, e, no caso, tal como fixado na sentença, sobretudo quando se verifica, como nos autos, a existência de cláusula contratual no sentido de que, em caso de falecimento de um sócio, a sociedade continuará normalmente com os seus herdeiros.

Diante de tais pressupostos, conheço do recurso e lhe dou provimento, para restaurar a sentença monocrática.

Extrato da minuta

REsp 61.278–SP (95.0008381-7)

Rel. Exmo. Sr. Ministro César Asfor Rocha

Rectes.: Chou Shiu Tsung e outros

Recdos.: Chan Beng Fein e outros

Advs.: Drs. Marcos Wenceslau Batista e outro e Edmo João Gela e outros

Decisão: a Turma, por unanimidade, conheceu do recurso e deu-lhe provimento, nos termos do voto do Exmo. Sr. Ministro Relator (em 25.11.1997, 4ª T.).

Votaram com o Exmo. Sr. Ministro Relator os Exmos. Srs. Ministros Ruy Rosado de Aguiar, Sálvio de Figueiredo Teixeira e Barros Monteiro.

Ausente, justificadamente, o Exmo. Sr. Ministro Bueno de Souza.

Presidiu o julgamento o Exmo. Sr. Ministro Barros Monteiro.

Comentários de

Paulo Salvador Frontini

1. Parece-nos de extraordinária importância o r. acórdão acima reproduzido, em razão do fato de que acresce, à construção pretoriana do instituto da *dissolução parcial*, um componente que, nos anais do Egrégio Superior Tribunal de Justiça, se nos afigura inédito.

De fato, não nos consta que, em sua primeira década de existência, haja essa nobre instância, em alguma outra oportunidade, decidido que, dentro do modelo da *dissolução parcial*, era lícito ao sócio minoritário opor-se à extinção da sociedade (dissolução total) pretendida pelos demais sócios, integrantes da maioria.

Há, em verdade, um precedente clássico, firmado pelo Supremo Tribunal Federal, no julgamento do recurso extraordinário 104.596–PA–2ª T., Rel. o eminente Ministro Cordeiro Guerra, em caso de sociedade limitada constituída de dois sócios, com deferimento da dissolução parcial "*com apuração exata dos haveres do sócio falecido, sem prejuízo da continuidade da empresa pelo sócio sobrevivente*" (*RTJ* 114/851) (acompanhou o voto do Relator, o eminente Ministro Décio Miranda, sendo vencido o voto do ilustre Ministro Aldir Passarinho).

Alguns meses após o julgamento do E. Superior Tribunal de Justiça, acima reproduzido e objeto deste comentário, o E. Tribunal de Justiça de São Paulo, pela sua 2ª Câmara de Direito Privado, sendo Relator o DD. Desembargador Osvaldo Caron, proferiu decisão de idêntico teor, cuja ementa oficial destaca: "Dissolução parcial de sociedade comercial (...) Sociedade constituída por dois sócios — Admissibilidade — Ademais, previsão contratual no sentido de que a retirada de qualquer um dos sócios-quotistas não dissolve a sociedade" (agravo de instrumento 83.768-4, in *LEX-JTJ* 206/215).

O ineditismo, que se vislumbra, no douto acórdão ora comentado, desponta não na reafirmação da *dissolução parcial*, em ação em que foi pedida a dissolução total, mas no *reconhecimento desse direito ao sócio minoritário*, *isolado*, determinando-se a retirada dos demais sócios, e a continuidade da sociedade com apenas um sócio!

De há muito, *suprindo omissão do direito positivo* (Decreto 3.708, de 1919, silente a respeito) e *alargando o alcance* do que preceitua o Código Comercial (art. 335, V), os tribunais brasileiros passaram a deferir apenas a *dissolução da sociedade restritamente ao sócio que a postula*, negando a extinção societária, que ocorreria por força da dissolução prevista na codificação mercantil. A dissolução de toda a sociedade acarreta, como principal efeito, insculpido na parte final do já citado art. 335, a determinação de que, uma vez decretada, *deve continuar a sociedade somente para se ultimarem as negociações pendentes, procedendo-se à liquidação das ultimadas.*

Assim, se, por um lado, o Código Comercial conferia ao sócio o direito de rescindir o contrato de sociedade (a chamada *resilição*, ou *denúncia*) quando ajustada por tempo indeterminado, produzindo, como efeito, a dissolução total da sociedade, a construção jurisprudencial que se seguiu foi, por outro lado, pouco a pouco, abrindo um novo rumo nesse território, em que as relações jurídicas são geralmente melindrosas. Assim, a jurisprudência acabou se consolidando na linha de que, embora possa o sócio pedir a dissolução, esta somente se processará *parcialmente*, restrita à posição societária do sócio requerente, com apuração e pagamento de seus haveres. Antigo estudo do Professor Nelson Abrão (*RDM* 4/66 e ss.) comenta dois acórdãos, datados de 1970 e 1971, um admitindo a dissolução parcial e outro, pelo contrário, negando-a. Conclui, o saudoso Professor, seus comentários, abonados por amplas citações doutrinárias, favoravelmente à decisão que admitiu a dissolução parcial. Em nenhum desses dois acórdãos, todavia, estava presente o desejo de continuidade da sociedade pela minoria. Terceiro acórdão, do E. Tribunal de Justiça da Guanabara, prolatado em 1972, foi também objeto de comentário do Professor Nelson Abrão, que louvou a decisão judicial, acolhedora da dissolução parcial, em contraste com o pedido de dissolução total feito por sócio minoritário, em sociedade composta por três sócios (*RDM* 15-16/127).

No Egrégio Tribunal de Justiça de São Paulo, inúmeros acórdãos reiteradamente consagraram a dissolução parcial (ver *LEX-JTJ* 178/163, Relator o Des. Carlos de Carvalho, com citação de ampla doutrina e de precedentes jurisprudenciais, também colacionados no voto vencedor do Des. Lair Loureiro). Sobre o tema, oportuna remissão exemplificativa encontra-se na obra do saudoso Professor Nelson Abrão, em seu capítulo final, "Jurisprudência" (*Sociedade por Quotas de Responsabilidade Limitada*, 6ª ed., revista, atualizada e ampliada por Carlos Henrique Abrão, São Paulo, Ed. RT, 1998, pp. 182 e ss.).

São expressivos, no tópico, os casos pertinentes ao tema, versados na apelação cível 247.268-2/1 (Relator Des. Gildo dos Santos), na apelação cível 251.064-2, já acima referida, na apelação cível 267.079-2 (Relator Des. Cezar Peluso) e na apelação cível 3.181-4 (Relator Des. Cunha Cintra).

Nos dois primeiros arestos acima elencados, o autor do pedido de dissolução era sócio minoritário, havendo a maioria dos sócios resistido, com êxito, no sentido de obstar a extinção da sociedade. O r. acórdão constante da apelação 251.064-2 reporta-se a precedente constante da apelação 74.936-2, da E. 10ª Câmara do Tribunal de Justiça de São Paulo (Relator Des. Oliveira Costa), contendo valiosas remissões doutrinárias e jurisprudenciais.

Dentro dessa linha de pensamento, registram-se precedentes no E. Superior Tribunal de Justiça (RE 24.544-4, Relator o Ministro Waldemar Zveiter, *Lex–JSTJ e TRF* 42/276 e RE 77.122–PR (95.0053846-6), Rel. o Ministro Ruy Rosado de Aguiar, in *Lex-JSTJ e TRF* 84/208).

Hipótese seguinte, nessa temática, foi admitir, a jurisprudência, a possibilidade de sócios majoritários pedirem, a título de dissolução parcial, a exclusão de sócio minoritário, permanecendo na sociedade os autores do pedido (sócios majoritários), mantendo-se em atividade a sociedade comercial (apelação cível 267.079-2, Relator Des. Cezar Peluso). (O acórdão consta da p. 246 da já citada obra de Nelson Abrão.) Timbra-se este caso pelo fato de que, invocando perda de *affectio societatis*, os majoritários na prática *expulsaram* do quadro social o minoritário. Merece anotar que o sócio excluído não cometera qualquer infração contratual. Em caso de infração de cláusula do contrato de sociedade por um dos sócios, o Código Comercial sempre admitiu a dissolução da sociedade, a qualquer tempo (ou seja, mesmo durante a vigência do prazo ajustado contratualmente). É o que se lê no art. 336, 3º, do venerando Código. Assim, o que ficou afirmado foi, na verdade, que, sobrevindo *incompatibilidade* entre sócios majoritários e sócio minoritário, com ruptura da *affectio societatis*, haveria de ser admitida a exclusão do minoritário, por iniciativa daqueles. Daí afigurar-se pertinente dizer que a maioria *expulsou* o sócio minoritário.

No quarto caso (apelação cível 3.181-4, Relator Des. Cunha Cintra), a hipótese é mais expressiva, pois o pedido de dissolução total foi formulado por sócio detentor de metade do capital social, ou seja, sem existência de *maioria ou minoria*. Não obstante essa igualdade na participação societária, o r. julgado afirmou claramente: "Embora a autora detenha 50% das cotas sociais, há interesse social — e que deve prevalecer — na preservação e continuidade do empreendimento, o que foi buscado pelas demais sócias, titulares dos restantes 50%".

Traço mais expressivo, porém, da evolução jurisprudencial deu-se nos casos em que a sociedade continha apenas dois sócios, pedindo um deles sua dissolução. Considerando o pressuposto clássico do contrato de sociedade, consistente na existência de pelo menos dois sócios (Carvalho de Mendonça, *Tratado*, III/14, 5ª ed., Freitas Bastos, 1957, ns. 514, 515 e 529; Clóvis Bevilaqua, *Código Civil Comentado*, 5/85, Livraria Francisco Alves, 1957), parece um contra-senso cogitar da hipótese em que, havendo apenas dois sócios, e pedindo um deles a dissolução da sociedade, seja esta deferida apenas parcialmente, gerando, como efeito, a subsistência da sociedade com apenas um sócio.

Não obstante a lógica linear desse raciocínio, consolidou-se a jurisprudência no sentido da possibilidade de subsistir a sociedade com apenas um sócio. Nesse sentido decidiu a E. 6ª Câmara de Direito Privado do Tribunal de Justiça de São Paulo (apelação cível 269.588-2, Relator Des. Octávio Helene, constando o acórdão da fonte bibliográfica já referida, p. 244). No mesmo sentido, decidiu o mesmo e E. Tribunal paulista (*RT* 649/70), invocando por analogia o art. 206, I, *d*, da Lei 6.404/76, com destaque à asserção, constante da ementa, do "superior interesse na permanência das empresas em atividade que não faz da redução desta a um único sócio fator determinante de sua dissolução total". Igualmente, nesse linha de raciocínio, veja-se *Lex–JTJ* 122/227 e apelação cível 15.455-4, E. 2ª Câmara de Direito Privado, Relator Des. Linneu Carvalho. Ainda, *RT* 698/160, neste caso sendo judicante o E. Tribunal de Alçada de Minas Gerais.

2. Pode-se, a esta altura, sumariar como se deu, passo a passo, a construção pretoriana do instituto da dissolução parcial:

a) por primeiro, superando omissão legislativa e ultrapassando os textos legais afirmativos apenas da dissolução *total*, foi admitida a figura da dissolução *parcial*, no interesse da maioria, quando sócio minoritário pedia a dissolução total;

b) subseqüentemente, passou-se a admitir a dissolução parcial mesmo quando presente quadro societário de igualdade, ou seja, sem sócios majoritários ou minoritários;

c) reconheceu-se, posteriormente, no âmbito de sociedade composta apenas por dois sócios, e ocorrendo pedido de dissolução total por um deles, a validade da sociedade subsistir com apenas um sócio, como efeito da dissolução *parcial*, devendo o quadro societário ser, oportunamente, recomposto, com aplicação de dispositivo pertinente da lei de sociedades por ações.

3. No v. acórdão do Egrégio Superior Tribunal de Justiça, acima transcrito e ora sob comento, foi dado um passo a mais dentro dessa evolução jurisprudencial do Direito Societário. Decidiu o E. STJ, pelo voto do ilustre Relator, Min. César Asfor Rocha, que *se um dos sócios de uma sociedade por quotas de responsabilidade limitada pretende dar-lhe continuidade mesmo contra a vontade da maioria, que busca sua dissolução total, deve-se prestigiar o princípio da preservação da empresa, acolhendo-se o pedido de sua desconstituição apenas parcial, formulado por aquele.*

O fundamento dessa decisão está centrado no tópico do voto que ora se destaca: "Com efeito, o entendimento de que a maioria social pode, em situações excepcionais, excluir um sócio desajustado dos demais, repousa muito mais, senão totalmente, no princípio da preservação da empresa, reclamado pelo interesse coletivo, na medida em que a sua continuidade importa na geração de empregos, no pagamento de impostos, na promoção do desenvolvimento das comunidades em que se integra, e em outros benefícios gerais". Dessa premissa (*preservação da empresa*) deflui a conclusão: *deve-se ter como regra que, para se ter pela preservação da empresa, é bastante que um dos sócios queira dar-lhe continuidade*, consoante consta, também, do corpo do voto do Ministro Relator.

O acórdão, pois, amparando-se no *princípio da preservação da empresa*, não apenas confirma a tese de que a sociedade comercial subsiste com apenas um sócio, mas reconhece essa situação contra a maioria societária, que pretendia a dissolução total da sociedade.

Tendo em vista a superior instância judiciária de onde o acórdão comentado promana, trata-se, como facilmente se percebe, de precedente da maior magnitude.

3.1 O alto significado desse pioneiro julgado é facilmente perceptível se se levar em consideração que o Projeto do Código Civil, ora em tramitação final na Câmara dos Deputados, não cogitou, ao menos expressamente, da hipótese de exclusão de todos os sócios, remanescendo um só, como decidiu o E. STJ no acórdão ora comentado. A dissolução parcial, sem que essa designação seja usada no projeto, está prevista nas regras gerais sobre sociedades simples, sob a figura de *retirada da sociedade*, com notificação prévia de dois meses aos demais sócios, podendo estes optar, então, pela dissolução total (art. 1.032 e parágrafo único). Anote-se, a propósito, que, ao tramitar pelo Senado da República, recebeu, o projeto, a ER 420-R, que incluiu, logo após o art. 1.086, a Seção VII, intitulada "Da Resolução da sociedade em relação a sócios minoritários", com dois artigos a mais no Capítulo da "Sociedade Limitada". Um desses artigos prevê, expressamente, o mecanismo da exclusão de sócio(s), por justa causa, ante deliberação da maioria, mediante alteração do contrato social, desde que haja previsão expressa a respeito (in *Novo Código Civil — Projeto aprovado pelo Senado Federal*, Ed. Oliveira Mendes, 1997, p. 195). O preceito valerá especificamente para a sociedade limitada, já que para as demais sociedades de pessoas, a exclusão dependerá de decisão judicial (art. 1.033) (todas as referências a textos adotam a numeração do Senado, decorrentes das modificações por este aprovadas).

Em síntese, o Projeto de Código Civil não acolhe a hipótese versada no acórdão comentado: a exclusão de sócio, pelo citado projeto, alcançará apenas o minoritário, deliberada pela maioria social, se o contrato social contiver previsão nesse sentido. Já a *retirada da sociedade* (a atual *dissolução parcial*), embora sem suficiente clareza no texto projetado, destina-se a uso do sócio *presumivelmente* minoritário, contra os demais sócios.

4. Toda temática do contrato de sociedade, no Brasil — por inspiração, sem dúvida do sistema jurídico do direito continental europeu — tem sua explicação fundamentada no contrato plurilateral (veja-se, a propósito, José Waldecy Lucena, *Das Sociedades por Quotas de Responsabilidade Limitada*, livro primoroso, que superiormente examina o estatuto jurídico da atual *sociedade limitada*, especialmente o capítulo XV, p. 750 — 2ª ed., Renovar, 1997).

A verdadeira natureza da estrutura jurídica do contrato de sociedade, antiga em sua existência, pois implícita no multissecular fenômeno do associativismo, foi difundida, em nosso país, por Tullio Ascarelli (*Problemas das Sociedades Anônimas*, 2ª ed., Saraiva, 1969, p. 255), quando de sua proveitosa jornada entre nós, na década de 1940. A verdade, porém, é que o contrato plurilateral já encontrara assento no Código Civil italiano (*Reggio Decreto 16 marzo 1942*, XX, n. 262), ainda que em dispositivos esparsos (arts. 1.420, 1.446, 1.459 e 1.466). Esses preceitos constaram da versão original do *Códice Civile* e, não obstante alterações posteriormente introduzidas nessa codificação, não sofreram modificações.

De qualquer modo, Ascarelli aponta os traços marcantes do contrato plurilateral: a) a participação de mais de duas partes; b) titularidade de direitos e obrigações de cada uma das partes, não para com outra parte, mas para com todas as outras partes; c) peculiaridades específicas no processo de formação e conclusão do contrato, caracterizada pela sucessiva declaração de vontade dos aderentes; d) especificidades na questão do dolo contratual, como vício de vontade, sendo relevante, para fins de nulidade ou anulabilidade apenas quando presente em todas as partes do contrato (e não apenas na "parte contrária", como ocorre na generalidade dos contratos bilaterais); e) finalidade comum, de tal modo que "os contratos plurilaterais aparecem como contratos com comunhão de fim" (ob. cit., p. 271), em contraste com o antagonismo de interesses, sensível nos contratos bilaterais); f) instrumentalidade, pois "a função do contrato plurilateral não termina quando executadas as obrigações das partes", já que "a execução das obrigações das partes constitui a premissa para uma atividade ulterior" e "a realização desta constitui finalidade do contrato" (id. ibidem, p. 272). Após elencar outras características, dentre as quais excele a viabilidade de contratos plurilaterais *externos ou internos*, destaca o eminente jurista a peculiaridade do contrato plurilateral como *contrato aberto*. Neste caso, o contrato importa numa "permanente oferta de adesão a novas partes (que satisfaçam determinadas condições) e numa permanente possibilidade de desistência de quantos deles participem, sem que haja necessidade de uma reforma do contrato" (id. ibidem, p. 283). (No mesmo sentido, veja-se a lição de Enzo Roppo, *O Contrato*, trad. de Ana Coimbra e J. Gomes, Coimbra, Livraria Almedina, 1988, p. 82.) A doutrina de Ascarelli foi, com a habitual clareza, bem analisada entre nós por Rubens Requião, in *Preservação da Sociedade Comercial pela Exclusão do Sócio* (tese acadêmica para concurso de cátedra, Curitiba, 1959, 2ª Parte, I, "c", pp. 45 e ss., especialmente pp. 65 e ss., e especificamente, pp.75-80).

É fácil, dentro desse espectro contratual, enquadrar nesse figurino a *companhia aberta* (sociedade anônima de capital aberto), cujo quadro societário se altera diariamente, ao sabor das operações de bolsa ou do mercado. Ocorre, nesse caso, uma inequívoca *fungibilidade* da figura do acionista.

Essa mesma configuração pode ser vista em outras figuras contratuais (além da companhia aberta), presentes, por exemplo, nas *cooperativas*, nos *fundos mútuos de investimento* (por isso mesmo qualificados como *condomínios*, na verdade "comunhão aberta de investidores"), em certos contratos de *plano de saúde*, de *consórcio para aquisição de bens duráveis*, *incorporação de condomínio* e *comunhão de debenturistas*. Parece-nos, salvo melhor juízo, que em todas essas hipóteses são celebrados *contratos plurilaterais.*

Na sociedade limitada, cujo instrumento contratual deve ser alterado a cada modificação do quadro societário, esse ângulo do contrato plurilateral, como contrato aberto, não é facilmente perceptível. Isso porque, em seu feitio normal, tal como praticado na imensa generalidade dos casos em que é utilizada no mundo dos negócios, e consoante as palavras de Sylvio Marcondes, a sociedade limitada — "tipo intermediário entre a sociedade anônima e a sociedade em nome coletivo" — "(...) ocupa uma posição mista e (...) pode ser enquadrada como a espécie em que 'todos os sócios prestam contribuição patrimonial, limitada por quotas e contribuição pessoal máxima'" (*Ensaio sobre a Sociedade de Responsabilidade Limitada*, dissertação à livre-docência da Faculdade de Direito da USP, edição do autor, para o concurso, São Paulo, 1940, p. 101).

Todavia, não obstante essa *contribuição pessoal máxima*, que reforça o *intuitu personae* inerente à afinidade e identificação recíproca entre os sócios (*affectio societatis*), claro está que a jurisprudência, também nesse caso, está impondo a *fungibilidade* do sócio.

Não obstante tal, há que reconhecer-se que, pelo seu traço mais expressivo — a *finalidade comum* (*contratos com comunhão de fim*), caracterizam-se, as relações jurídicas estabelecidas pelos sócios ao instituírem a sociedade, como próprias do *contrato plurilateral.*

Todavia, urge reconhecer, a esta altura da evolução pretoriana da dissolução parcial, que o significado jurisprudencial de toda essa soma de arestos é justamente a confirmação do contrato de sociedade como contrato plurilateral. Afinal, o que os Tribunais estão dizendo é que predomina o fim sobre os meios. De fato, a figura pessoal do sócio esmaece-se em face da realidade funcional da *atividade*, que a sociedade desenvolve. Esta deve continuar, como verdadeira *coisa principal*, sendo substituíveis os sócios, como algo acessório, fungível.

5. No âmago desse fenômeno, como que a alimentá-lo, está o *princípio da preservação da empresa.* A jurisprudência, nos casos citados, e em tantos outros, faz questão de proclamá-lo. Assim, o *princípio de preservação da empresa*, pioneiramente focado por Requião (ob. cit., p. 197), vem se alçando ao patamar de matriz legitimadora dos negócios jurídicos celebrados no plano societário e também em diversas configurações jurídicas contemporâneas. No direito falimentar, a tendência inequívoca é manter a empresa, fazendo-a reerguer-se em face da crise que a atingiu (Comparato, *Aspectos Jurídicos da Macroempresa*, São Paulo, Ed. RT, 1972, 2ª Parte). No Direito Administrativo, de há muito se reconhece o princípio da continuidade do serviço público que, em sua versão descentralizada e empresarial, impõe a continuação da atividade desempenhada pelas empresas estatais e obsta seja sua falência decretada. Parece-nos, dentro dessa linha de raciocínio, que há um fundamento constitucional em que se ancora esse entendimento, situado no âmbito dos *princípios gerais da atividade econômica* (Constituição, art. 170). Esta se funda *na valorização do trabalho humano e na livre iniciativa.* Desse modo, é curial que, ao interpretar-se a legislação ordinária, para o fim de aplicá-la a determinado caso concreto, cabe optar pela exegese que se coaduna com os enunciados lógico-constitucionais, estabelecidos pelo constituinte, em plano hierarquicamente superior, como requisitos básicos que legitimam e servem de assento a todo sistema normativo que constitui a *ordem econômica e financeira.* Aí se encontra, a nosso ver, o fundamento maior, em que se baseia o *princípio da preservação da empresa*, fundamento esse implícito na jurisprudência predominante aqui mencionada.

Em suma, há que ver-se em todas essas manifestações a pujança dos mecanismos que destacam os valores comunitários, presentes na empresa, cuja função social fica assim plenamente afirmada. É um entendimento que importa deprimir o conceito antigo e hoje inaceitável de que a empresa é apenas algo que integra o patrimônio de seu "proprietário" (estes seriam os sócios, na sociedade limitada). Conquanto essa imputabilidade patrimonial evidentemente exista, o conceito de *função social da propriedade* demarca esse território, de tal sorte que o direito de propriedade deve, como todos os direitos, ser exercido regularmente, voltado para sua função social (Constituição, art. 170, III). E esta não tolera a extinção de empresas produtivas.

6. É evidente que, no desdobramento *prático* de acórdãos, como o objeto deste comentário, sobrevêm questões delicadas, especialmente referidas à inevitável descapitalização da sociedade, na medida em que os que dela se retiram, por dissolução parcial (os sócios majoritários), devem levar consigo seus haveres. É de supor-se, todavia, que, em toda e qualquer ação de dissolução parcial, o sócio que pretende dar continuidade à empresa deve ter condições de reembolsar, devida e oportunamente, aqueles que se dissociam. Mas essa é uma outra questão, também tormentosa perante os tribunais, que merece ser examinada à parte, em outro estudo.

A riqueza do tema, e sua atualidade, parece-nos, justificam assim o destaque que, a nosso ver, merece o interessantíssimo acórdão do E. Superior Tribunal de Justiça, aqui comentado.

São Paulo, julho de 1999

Jurisprudência Comentada

A LEI E A VONTADE DO ESTADO

Sociedade anônima. Cisão. Direito de recesso. Subsistência desse direito mesmo após a vigência da Lei 7.958/89 que, modificando o disposto no art. 137 da Lei 6.404/76, absteve-se, entretanto, de alterar o contido no art. 230, *caput* da mesma Lei que também regulava o direito de retirada

Comentários de
FREDERICO SIMIONATO

Recurso Especial 68.376-MG (95/0030964-5) do STF, 3ª T.

Rel.: Min. Eduardo Ribeiro

Recte.: Cia. de Telefones do Brasil Central — CTBC

Adv.: Luiz Rafael Mayer e outros

Recdo.: Carlos Alberto Pereira da Rocha

Adv.: Norma Jonssen Parente e outros

Sust. oral: Dr. Luiz Rafael Mayer, pela recte. e Dr. Nelson Eizirik, pelo recdo.

A Dra. Norma Jonssen Parente esteve presente ao julgamento

j. 10.12.1998

DJU de 22.3.1999

ACÓRDÃO

Vistos, relatados e discutidos estes autos, acordam os Srs. Ministros da Terceira Turma do Superior Tribunal de Justiça, na conformidade dos votos e das notas taquigráficas a seguir, por unanimidade, não conhecer do recurso especial.

Participaram do julgamento os Srs. Ministros Waldemar Zveiter e Menezes Direito.

Não participaram do julgamento os Srs. Ministros Costa Leite e Nílson Naves (§ 2º, art. 162, RISTJ).

Brasília, 10 de dezembro de 1998 (data do julgamento).

Ministro Waldemar Zveiter, Presidente. Ministro Eduardo Ribeiro, Relator.

RELATÓRIO

O Sr. Ministro Eduardo Ribeiro: Carlos Alberto Pereira da Rocha, com base no art. 230 da Lei 6.404/76, ajuizou ação, visando obter o reconhecimento do direito de recesso, acionista que é da Companhia de Telefones do Brasil Central — CTBC. Alegou que realizada assembléia-geral dos acionistas da ré, deliberou-se sua cisão parcial, com absorção de parte de seu patrimônio por ABC — Árvore Participações Ltda., e incorporação da Empresa Telefônica de Uberaba S/A — ETUSA, da qual também é sócio minoritário. Ocorre que a demandada não lhe reembolsou o valor das ações ao argumento de que as deliberações tomadas estavam de "acordo com a Lei 6.404/76, e amparadas pela Lei 7.958/89".

Confirmada, em grau de apelação, a sentença de procedência do pedido, a vencida manifestou recurso especial.

Apontou ofensa aos arts. 1º da Lei 7.958/89, 2º, § 1º da LICC e 137 da Lei

6.404/76, em sua redação atual. Aduziu que o acórdão impugnado se teria equivocado quando não atentou para o texto do art. 137 da Lei 6.404/76, entendendo aplicável o art. 230, revogado implicitamente pela aludida Lei 7.598/89, que excluiu, do art. 137 da Lei das Sociedades por Ações, as hipóteses de cisão e incorporação, como causas autorizadoras da retirada do acionista dissidente.

Recurso admitido e processado.

É o relatório.

VOTO

O Sr. Ministro Eduardo Ribeiro: Suscita o recorrido preliminar de deserção. Não teria sido atendido o disposto no art. 511 do Código de Processo Civil. O despacho que admitiu o recurso esclareceu, entretanto, que as despesas de que cogita o dispositivo não são exigidas naquele Tribunal, tendo em vista o disposto no art. 112 do Regimento Interno do Superior Tribunal de Justiça. Não se viabilizava, pois, o recolhimento, o que basta para tornar desnecessária maior discussão sobre a matéria.

Afasto a preliminar e passo ao exame do mérito do recurso.

A questão jurídica, ampla e percucientemente discutida, nos autos e em memoriais ofertados neste Tribunal, prende-se à subsistência do direito de recesso, nos casos de incorporação, fusão e cisão de sociedade por ações. Desse cuidavam duas normas, contidas na Lei 6.404/76: o art. 137 e o art. 230. O primeiro desses estabelecia que teria o acionista dissidente direito de retirar-se da companhia, com o reembolso do valor de suas ações, se aprovada matéria prevista nos números I, II e IV a VIII do art. 136. E o item VI cuida exatamente de incorporação, fusão e cisão. A Lei 7.958/89, entretanto, modificou o art. 137, que passou a reportar-se apenas aos itens I, II, IV, V e VII do art. 136. Desse modo, incorporação a outra companhia, fusão e cisão deixaram de figurar entre os casos que, consoante a norma citada, ensejavam o recesso.

Ocorre que, como dito, a matéria encontrava-se regulada também no art. 230, cujo *caput* tem a seguinte redação: "O acionista dissidente da deliberação que aprovar a incorporação da companhia em outra sociedade, ou sua fusão ou cisão, tem direito de retirar-se da companhia, mediante o reembolso do valor de suas ações (art. 137)".

Esse dispositivo não foi mencionado pela Lei 7.958/89. Ao menos expressamente não sofreu revogação. Toda a controvérsia doutrinária, refletida no presente processo, prende-se a saber se o teria sido implicitamente. Se o foi, não existe mais direito de retirada, com base nos fatos em exame. Se continua em vigor, tal direito obviamente permanece.

Cumpre ter-se em conta, de início, que constitui opinião que se há de ter como praticamente pacífica, não se dever emprestar maior valia à chamada *mens legislatoris*, aliás, dificílima de apurar. Com efeito, pode-se conhecer o que se expõe em justificativas e, eventualmente, em pareceres e debates. Não é dado afirmar com segurança, entretanto, que todos os que decidiram pela feitura da lei — parlamentares e chefe do Executivo — fizeram-no inspirados pelas razões expostas naqueles pronunciamentos. Menos ainda, *data venia*, se há de outorgar importância decisiva a manifestação do autor do projeto, de maneira a que se pudesse ter como refletindo interpretação autêntica.

Sem desprezar o elemento histórico, que pode ter relevo principalmente quando se cuide de modificação em texto de lei, importa, em verdade, como reiteradamente se tem afirmado, não o que o legislador quis fazer, mas o que efetivamente fez. Interessa a obra pronta, de que se possa extrair a *mens legis*.

Feitas essas colocações, cumpre verificar se o art. 230 se há de ter como revogado tacitamente, já que às expressas não o foi.

Rege a matéria o disposto no § 1º do art. 2º da Lei de Introdução ao Código Civil. Afasta-se, de logo, a primeira hipótese, que é de revogação expressa. Igualmente a última, pois certamente a Lei 7.958/89 não veio regular inteiramente a matéria pertinente ao direito de recesso. Resta a de incompatibilidade entre a lei posterior e a anterior.

Essa ressalta clara quando a lei nova, sem se referir a que se ache em vigor, disponha de modo a ela contrário. Isso ocorreria, por exemplo, se o texto ora em exame houvesse disposto que não haveria direito de recesso em casos de incorporação, fusão ou cisão. Dificilmente se legislaria desse modo, já que, sendo o direito de recesso uma criação da lei, só existirá caso ela o preveja. Daí que, mais adequado à boa técnica, simplesmente eliminar a previsão. O mesmo resultado será alcançado. O problema, no caso concreto, está em que apenas uma dessas previsões haver sido cancelada.

Revogação também existe, por incompatibilidade, quando determinada norma seja subordinada a outra, dela constitua conseqüência, e ocorra a revogação da norma principal. Parece-me que disso cuidam as citações que figuram no excelente parecer de Bulhões Pedreira (fl. 437). Vale transcrever a de Carlos Maximiliano, constante de sua obra clássica *Hermenêutica e Aplicação do Direito* (3ª ed., Freitas Bastos, p. 421): "Extinta uma disposição, ou um instituto jurídico, cessam todas as determinações que aparecem como simples conseqüências, explicações, limitações, ou se destinam a lhes facilitar a execução ou funcionamento, a fortalecer ou abrandar os seus efeitos. O preceito principal arrasta em sua queda o seu dependente ou acessório".

Esse princípio, lembra aquele autor, fora acolhido no art. 6º do projeto de Código Civil de Felício dos Santos, assim redigido: "Quando uma lei é revogada em suas principais disposições, abrange essa revogação as disposições secundárias que emanam daquelas".

Creio que exemplo histórico de relevo foi a "Lei Áurea" que, com disposição particularmente sucinta, extinguiu um instituto, acarretando a revogação de numerosas outras normas.

No caso em exame, abolido o direito de retirada, com a revogação das normas que o consagram, revogadas estariam todas as outras que cuidassem do seu exercício.

Os doutrinadores que têm sustentado não mais existir direito de recesso na espécie amparam-se em que esse tipo de revogação se teria verificado. O art. 137 seria a matriz, a ele se vinculando as outras normas, notadamente o art. 230.

Não me convenci do acerto desse entendimento. Assinale-se, em primeiro lugar, como vêm fazendo os partidários da outra corrente, que aquele dispositivo não esgota a previsão do direito de retirada. Em segundo, que o *caput* do art. 230 não se pode considerar como norma dependente, subordinada, ou que se destine a facilitar a execução do que se continha no art. 137. Bem ao contrário, dispõe diretamente sobre o recesso, estabelecendo que a ele terão direito os dissidentes, quando se verifique alguma das hipóteses reguladas na seção em que se acha inserido. Norma dependente é a que se acha em seu parágrafo único, que cuida do prazo para exercício do direito.

Nem importa a remissão ao art. 137, que isso não faz um dispositivo subordinado ao outro.

A maior objeção estaria na inutilidade da lei, na parte em exame. Não terá sido, entretanto, a primeira vez que isso ocorreu. É também de Maximiliano a advertência de que não é de ser aceito com caráter absoluto o brocardo *verba cum effectu sunt accipienda* (ob. cit., p. 301).

No caso em exame, aliás, o Poder Executivo, que, via medidas provisórias, detém poder de editar leis, em sentido material, considerou que permanecia o direito de retirada previsto no questionado art. 230. Tanto assim que afastou sua incidência, para determinados casos, por meio da Medida Provisória 1.179/95, sucessivamente reeditada. Desse modo, a mesma dificuldade existiria se adotada a tese do recurso. Com efeito, teria sido inútil a edição daquele ato legislativo, afastando a incidência de disposição legal que estaria revogada.

Em vista de todo o exposto, tenho que não afrontada a lei quanto ao ponto.

No que diz com a correção monetária, exato o acórdão, a meu sentir. Transcrevo o trecho pertinente:

"No que concerne à atualização monetária do valor do reembolso, deve incidir, a toda evidência, a partir do laudo de avaliação e não da ata da Assembléia Geral dos acionistas, haja vista que aquela não é um *plus* que se acrescenta, mas um *minus* que se evita, com a perda do poder aquisitivo da moeda.

"Ora, se os próprios laudos de avaliação, realizados em 31.8.90, foram deflacionados para 6.8.90, pela variação das BTNFs, para adequação aos balanços das empresas envolvidas na operação, levados a efeito em 6.8.90, não há motivo para não se atualizar o valor do reembolso a partir desta data, não sendo justo, nem legal, prever data de mais de sete meses após a avaliação."

Não há na lei norma que se oponha à correção nesses termos. Deixar de aplicá-la levaria a que o acionista recebesse apenas parte do que lhe seria devido. A jurisprudência deste Tribunal vem sistematicamente repudiando soluções a isso conducentes.

Não conheço do recurso.

Registro: 95/0030964-5-Resp 68.367-MG

Pauta: 24.9.1996

j. 24.9.1996

Rel.: Exmo. Sr. Min. Eduardo Ribeiro

Presidente da Sessão: Exmo Sr. Min. Waldemar Zveiter

Subprocurador-Geral da República: Exmo. Sr. Dr. Roberto Casali

Secretário(a): Leila Maria Pedrosa Roggia

Autuação

Recte.: Cia. de Telefones do Brasil Central — CTBC

Adv.: Luiz Rafael Mayer e Outros

Recdo.: Carlos Alberto Pereira da Rocha

Adv.: Norma Jonssen Parente e Outros

Sustentação oral

Sustentaram oralmente, o Dr. Luiz Rafael Mayer, pela recorrente e o Dr. Nelson Eizirik, pelo recorrido.

Certidão

Certifico que a Egrégia 3ª Turma ao apreciar o processo em epígrafe, em sessão realizada nesta data, proferiu a seguinte decisão: "Após o voto do Sr. Ministro Relator não conhecendo do recurso especial, solicitou vista o Sr. Ministro Waldemar Zveiter. Aguarda o Sr. Ministro Nílson Naves". Ausentes, justificadamente, os Srs. Ministros Costa Leite e Menezes Direito.

O referido é verdade. Dou fé.

Brasília, 24 de setembro de 1996.

VOTO-VISTA

O Exmo. Sr. Min. Waldemar Zveiter: Relembro a hipótese fazendo a leitura do relatório elaborado pelo Sr. Ministro Eduardo Ribeiro assim:

Carlos Alberto Pereira da Rocha, com base no art. 230 da Lei 6.404/76, ajuizou ação, visando a ser-lhe reconhecido o direito de recesso, acionista que é da Companhia de Telefones do Brasil Central — CTBC. Alegou que realizada assembléia geral dos acionistas da ré, deliberou-se sua cisão parcial, com absorção de parte de seu patrimônio por ABC — Árvore Participações Ltda., e incorporação da Empresa Telefônica de Uberaba S/A — ETUSA, da qual também é sócio minoritário. Ocorre que a demandada não lhe reembolsou o valor das ações, ao argumento de que as deliberações tomadas estavam "de acordo com a Lei 6.404/76 e amparada pela Lei 7.958/89".

Confirmada, em grau de apelação, a sentença de procedência do pedido, a vencida manifestou recurso especial.

Apontou ofensa aos arts. 1º da Lei 7.958/89, 2º, § 1º da LICC e 137 da Lei 6.404/76, em sua redação atual. Aduziu que o acórdão impugnado se teria equivocado quando não atentou para o texto do art. 137 da Lei 6.404/76, entendendo aplicável o art. 230, revogado implicitamente pela aludida Lei 7.598/89, que excluiu, do art. 137 da Lei das S/A, as hipóteses de cisão e incorporação como causas autorizadoras da retirada do acionista dissidente.

Após afastar a preliminar de deserção com suporte no despacho de admissão que afirmou não serem exigidos no Tribunal de origem as despesas cogitadas no *art. 511 do CPC*, tendo em vista o disposto no *art. 112 do Regimento Interno do STJ*, no exame do mérito do Recurso Especial assim manifestou-se:

A questão jurídica, ampla e percucientemente discutida, nos autos e em memoriais ofertados neste Tribunal, prende-se à subsistência do direito de recesso, nos casos de incorporação, fusão e cisão de sociedade por ações. Desse cuidavam duas normas, contidas na Lei 6.404/76: o art. 137 e o art. 230. O primeiro desses estabelecia que teria o acionista dissidente direito de retirar-se da companhia, com o reembolso do valor de suas ações, se aprovada matéria prevista nos números I, II e IV a VIII do art. 136. E o item VI cuida exatamente de incorporação, fusão e cisão. A Lei 7.958/89, entretanto, modificou o art. 137 que passou a reportar-se apenas aos itens I, II, IV, V e VII do art. 136. Desse modo, incorporação a outra companhia, fusão e cisão deixaram de figurar entre os casos que, consoante a norma citada, ensejavam o recesso.

Ocorre que, como dito, a matéria encontrava-se regulada também no art. 230, cujo *caput* tem a seguinte redação: "O acionista dissidente da deliberação que aprovar a incorporação da companhia em outra sociedade, ou sua fusão ou cisão, tem direito de retirar-se da companhia, mediante o reembolso do valor de suas ações (art. 137)".

Esse artigo não foi mencionado pela Lei 7.958/89. Ao menos expressamente não sofreu revogação. Toda a controvérsia doutrinária, refletida no presente processo, prende-se a saber se o teria sido implicitamente. Se o foi, não existe mais direito de retirada, com base nos fatos em exame. Se continua em vigor, tal direito obviamente permanece.

Cumpre ter-se em conta, de início, que constitui opinião que se há de ter como praticamente pacífico, não se dever emprestar maior valia à chamada *mens legislatoris*, aliás, dificílima de apurar. Com efeito, pode-se conhecer o que se expõe em justificativas e, eventualmente, em pareceres e debates. Não é dado afirmar com segurança, entretanto, que todos os que decidiram pela feitura da lei — parlamentares e chefe do Executivo — fizeram-no inspirados pelas razões expostas naqueles pronunciamentos. Menos ainda, *data venia*, se há de outorgar importância decisiva a manifestação do autor do projeto, de maneira a que se pudesse ter como refletindo interpretação autêntica.

Sem desprezar o elemento histórico, que pode ter relevo principalmente quando se cuide de modificação em texto de lei, importa, em verdade, como reiteradamente se tem afirmado, não o que o legislador quis fazer, mas o que efetivamente fez. Interessa a obra pronta, de que se possa extrair a *mens legis*.

Feitas essas colocações, cumpre verificar se o art. 230 se há de ter como revogado tacitamente, já que às expressas não o foi.

Rege a matéria o disposto no § 1º do art. 2º da Lei de Introdução ao Código Civil. Afasta-se, de logo, a primeira hipótese, que é de revogação expressa. Igualmente a última, pois certamente a Lei 7.958/89 não veio regular inteiramente a matéria pertinente ao direito de recesso. Resta a de incompatibilidade entre a lei posterior e a anterior.

Essa ressalta clara quando a lei nova, sem se referir à que se ache em vigor, disponha de modo a ela contrário. Isso ocorreria, por exemplo, se o texto ora em exame houvesse disposto que não haveria direito de recesso em casos de incorporação, fusão ou cisão. Dificilmente se legislaria desse modo, já que, sendo o direito de recesso uma criação da lei, só existirá caso ela o preveja. O mesmo resultado será alcançado. O problema no caso concreto, está em que apenas uma dessas previsões haver sido cancelada.

Revogação também existe por incompatibilidade, quando determinada norma seja subordinada a outra, dela constitua conseqüência, e ocorra a revogação da norma principal. Parece-me que disso cuidam as citações que figuram no excelente parecer de Bulhões Pedreira (fl. 437). Vale transcrever a de Carlos Maximiliano, constante de sua obra clássica *Hermenêutica e Aplicação do Direito* (3ª ed., Freitas Bastos, p. 421):

"Extinta uma disposição, ou um instituto jurídico, cessam todas as determinações que aparecem como simples conseqüências, explicações, limitações, ou se destinam a lhes facilitar a execução ou funcionamento, a fortalecer ou abrandar os seus efeitos. O preceito principal arrasta em sua queda o seu dependente ou acessório".

Esse princípio, lembra aquele autor, fora acolhido no art. 6º do projeto de Código Civil de Felício dos Santos, assim redigido:

"Quando uma lei é revogada em suas principais disposições, abrange essa revogação as disposições secundárias que emanam daquelas".

Creio que exemplo histórico de relevo foi a "Lei Áurea" que, com disposição particularmente sucinta, extinguiu um instituto, acarretando a revogação de numerosas outras normas.

No caso em exame, abolido o direito de retirada, com a revogação das normas que o consagram, revogadas estariam todas as outras que cuidassem do seu exercício.

Os doutrinadores que têm sustentado não mais existir direito de recesso na espécie amparam-se em que esse tipo de revogação se teria verificado. O art. 137 seria a matriz, a ele se vinculando as outras normas, notadamente o art. 230.

Não me convenci do acerto desse entendimento. Assinale-se, em primeiro lugar, como vêm fazendo os partidários da outra corrente, que aquele dispositivo não esgota a previsão do direito de retirada. Em segundo, que o *caput* do art. 230 não se pode considerar como norma dependente, subordinada, ou que se destine a facilitar a execução do que se continha no art. 137. Bem ao contrário, dispõe diretamente sobre o recesso, estabelecendo que a ele terão direito os dissidentes, quando se verifique alguma das hipóteses reguladas na seção em que se acha inserido.

Norma dependente é a que se acha em seu parágrafo único, que cuida do prazo para exercício do direito.

Nem importa a remissão ao art. 137, que isso não faz um dispositivo subordinado ao outro.

A maior objeção estaria na inutilidade da lei, na parte em exame. Não terá sido, entretanto, a primeira vez que isso ocorreu. É também de Maximiliano a advertência de que não é de ser aceito com caráter absoluto o brocardo *verba cum affectu sunt accipienda* (ob. cit., p.301).

No caso em exame, aliás, o Poder Executivo, que via medidas provisórias, detém poder de editar leis, em sentido material, considerou que permanecia o direito de retirada previsto no questionado art. 230. Tanto assim que afastou sua incidência, para determinados casos, por meio da Medida Provisória 1.179/95, sucessivamente reeditada. Desse modo, a mesma dificuldade existiria se adotada a tese do recurso. Com efeito, teria sido inútil a edição daquele ato legislativo, afastando a incidência de disposição legal que estaria revogada.

Pela relevância do tema e por ter recebido memoriais das partes solicitei vista dos autos para melhor refletir. Esclareço que a demora em trazer o processo a julgamento deveu-se, também, à solicitação dos eminentes advogados que me enviaram memoriais aditivos, assim como Parecer do eminente Professor Arnoldo Wald, que somado ao do não menos eminente Professor Bulhões Pedreira, dão suporte à tese defendida pelo recorrente, qual a da inexistência ao direito de recesso do acionista que discorde da incorporação, fusão, cisão ou participação da Companhia em grupo de sociedades. Municiaram-me, ainda, os Srs. Advogados, com decisões da CVM dando contas, consoante interpretação administrativa, de que o direito de recesso na incorporação não foi revogado pela Lei 7.958/89. Assim como, tal decisão, fora modificada, força de outra proferida por Órgão recursal da mesma entidade, firmando ponto de vista em sentido contrário.

Destaco que as razões do recorrido além da reconhecida autoridade na matéria de seus ilustres subscritores, buscou amparo em, também, eminentes Tratadistas para compreender existente o direito de recesso.

Vê-se, assim, que a matéria encontra boas e robustas razões de sustentação nos dois ângulos em que se situa.

Com a proficiência de sempre, e exata precisão, com que se manifesta em seus sempre doutos pronunciamentos nesta Corte, destacou o Sr. Min. Relator, em passagem de seu voto, que no exame de temas envolvendo a modificação de texto de lei, não se há de desprezar o elemento histórico, pelo relevo que pode ter, destacando, contudo, sobrelevar, como se tem afirmado, não o que o legislador quis fazer, mas o que efetivamente fez. O que vale dizer, segundo a compreensão que da assertiva extraio: O julgador há de se preocupar com a *mens legis*, sem, contudo, desprezar a fonte, a *mens legislatoris*.

Neste caso, como afirmei, boas são as razões a dar suporte às duas correntes doutrinárias que se confrontam.

E, sendo assim, louvo-me, por primeiro, na fonte para, segundo compreendendo, buscar a razão que informa o direito de recesso a ser exercido pelo acionista dissidente.

Tal direito, como se sabe, originário da Itália, tem entre seus fundamentos (Vivante, *Trattato*, II/288) a proteção do interesse individual do sócio, que pode ser atingido, mesmo quando legítima a decisão tomada pela Assembléia Geral dos Acionistas.

Constitui-se na proteção do interesse pessoal do acionista minoritário diante de decisões tomadas em certas matérias, consoante os termos da lei.

O exercício do sistema capitalista democrático em que se insere nosso ordenamento jurídico, como não poderia deixar de ser , dá prevalência à vontade da maioria. Mas democrático não seria se deixasse ao olvídio a vontade da minoria, extinguindo sua existência ou eliminando seu direito de manifestar-se ou, tratando seus integrantes, tão-só por serem da minoria, de forma desigual.

Induvidoso ser a sociedade anônima instituição cujo regramento deve conformar-se com os critérios orientadores da ordem jurídica.

O princípio da *eficácia reflexa* recomenda que as regras básicas estabelecidas na Constituição da República, que dispõem sobre o exercício do poder e servem para regular as relações do cidadão com o Estado, também devem informar as relações na ordem privada, entre os cidadãos, ou entre instituições privadas e seus associados, com a mesma aplicação dos princípios básicos que estruturam o Estado, tais o de igualdade, o da moralidade, o respeito à boa-fé e o direito da minoria, dentre outros.

O direito de retirada, previsto no *art. 137 da Lei das Sociedades Anônimas* é pois expressão do direito da minoria.

Para demonstrar quão infeliz foi a iniciativa de editar a *Lei 7.958/89*, no afã de emprestar maior habilidade na condição da empresa quanto à matéria, na pesquisa a que procedi, colho da *Justificação* do Projeto de Lei objetivando alterar dispositivos da Lei das Sociedades Anônimas, apresentada por seu autor, o nobre deputado Antônio Kandir, os seguintes tópicos:

Como se sabe, a Lei 6.404/76 (Lei das Sociedades Anônimas) estabeleceu, dentre o elenco de mecanismos de proteção ao acionista minoritário, o direito de o mesmo retirar-se da companhia, a seu exclusivo critério, fazendo jus a indenização, caso a maioria tome decisões que a lei elegeu como extremamente graves, por implicarem modificação da essência da empresa ou de direitos a ele, acionista minoritário, previamente conferidos pelos estatutos.

Em 1989, a Lei 7.958 alterou a lei societária para excluir, expressamente, os casos de incorporação, fusão e cisão, bem como a participação em grupos de sociedades, do elenco de decisões que facultariam o exercício do direito de retirada por parte do acionista dissidente. A questão, entretanto, persistiu controversa, devido à imprecisão da Lei 7.958/89. Esse diploma legal, embora eliminando nos inc. VI e VII do art. 137 a referência genérica ao direito de retirada, deixou de fazê-lo nos dispositivos em que havia referência específica ao referido direito (arts. 230, 264, § 3º, e 270, parágrafo único).

A confusão jurídica resultante produziu o pior dos mundos. De um lado, inibiram-se, truncaram-se processos de reestruturação societária. De outro, e simultaneamente, deixou-se o acionista minoritário sem nenhuma garantia, à mercê de longas pendências judicias, ao final das quais, na prática, as indenizações não ocorrem (...).

Com a Lei 7.958/89, o Congresso Nacional revogou — repita-se que de modo parcial e canhestro — o direito de retirada nos casos de incorporação, fusão, cisão e constituição de grupos de sociedades, seja para acionistas de companhias abertas ou fechadas. No ver dos legisladores da época, o direito pareceu "excessivo", uma vez que, com efeito, entre aqueles reconhecidos aos acionistas, o direito de retirada é o único que, uma vez exercido, pode comprometer a própria sobrevivência financeira da empresa.

A falta de vigência prática desse direito em pouco afeta o acionista de companhias com ações de liquidez apreciável em bolsa de valores ou no mercado de balcão organizado, uma vez que, insatisfeito, tem sempre à mão a alternativa de alienar suas ações nesses mercados. Já não ocorre o mesmo com os acionistas de companhias cujas ações não sejam admitidas em bolsa ou no mercado de balcão organizado ou acionistas de companhias cujas ações não sejam significativamente transacionadas nesses mercados. Para esses, a restauração do direito de retirada tem efetiva importância prática, visto que, sem ele, ficam desprotegidos contra modificações que atinjam de modo essencial sua posição societária.

Em vista disso, este projeto de lei propõe restabelecer, nos casos de fusão e incorporação, o direito de retirada para os acionistas de empresas cujas ações não sejam admitidas à negociação em bolsa de valores ou no mercado de balcão organizado, prevendo-se adicionalmente que, no caso de ações transacionadas nesses mercados, porém em situação de iliquidez, caberá à Comissão de Valores Mobiliários estabelecer a aplicabilidade ou não do direito de retirada, mediante parâmetros e critérios que permitam determinar se as ações em pauta são ou não efetiva e regularmente negociadas.

Esse projeto veio converter-se na *Lei 9.457, de 5 de maio do ano corrente*; que mantendo o direito de recesso, em princípio e ao que penso, haverá de pôr fim a tal controvérsia pelas novas regras impostas ao tema.

Matéria, aliás, que na legislação de regência Argentina, país integrante do MERCOSUL, também é prevista no *art. 240 da Lei 19.550*, ao qual agregou-se por força da *Lei 22.903/89*, dispositivo cominando de nulidade toda disposição que exclua o direito de recesso ou agrave as condições de seu exercício.

Mas isto, como óbvio, dispondo a nova lei para o futuro. Todavia, impende ressaltar que nela manteve-se o princípio do direito de recesso do acionista dissidente; coerentemente aos elementos históricos que o informaram.

Nesta linha de raciocínio, se por primeiro, louvo-me na fonte que informa o direito de recesso do acionista minoritário dissidente; no caso destes autos e sob a égide da legislação em que se ampara, não tenho, por segundo, como não aderir, com a devida vênia dos que sustentam em contrário, às inteiras a exegese dela extraída pelo sempre lúcido voto proferido pelo eminente Ministro Eduardo Ribeiro, relator.

Não compreender assim, ainda com a vênia devida, constitui-se extravasar os lindes democráticos que devem presidir as relações dos Acionistas na Sociedade Anônima, distanciando-se do princípio da igualdade que deve reger as relações entre seus componentes, impondo à minoria, tão-só por tal condição, a vontade despótica da maioria.

A conclusão lógica imposta pela hermenêutica, não há de conduzir à conclusão de que a supressão feita pelo *art. 137 do inciso VII do art. 136*, pela *Lei 7.958/89*, tenha, implicitamente, revogado o que dispõe o *art. 230* da *Lei 6.404/76*, preservando esta o direito de recesso do acionista minoritário dissidente, porque isto implicaria a quebra do sistema que visa compatibilizar os direitos da maioria com os da minoria na composição da Sociedade Anônima.

Finalmente, no tópico que diz com a correção monetária, consoante a pacífica orientação desta Corte, e para que o acionista dissidente possa receber o que lhe seja devido, ponho-me, ainda com o Sr. Relator, também, de acordo com a solução dada pelo Acórdão recorrido, assim:

No que concerne à atualização monetária do valor do reembolso, deve incidir, a toda evidência, a partir do laudo de avaliação e não da ata da Assembléia Geral dos acionistas, haja vista que aquela não é um *plus* que se acrescenta, mas um *minus* que se evita, com a perda do poder aquisitivo da moeda.

Ora, se os próprios laudos de avaliação, realizados em 31.8.90, foram deflacionados para 6.8.90, pela variação das BTNFs, para adequação aos balanços das empresas envolvidas na operação, levados a efeito em 6.8.90, não há motivo para não se atualizar o valor do reembolso a partir desta data, não sendo justo, nem legal, prever data de mais de sete meses após a avaliação.

Em conclusão, Sr. Presidente, peço vênia aos nobres advogados da recorrente que brilhantemente sustentaram suas razões nestes autos, nos memoriais ofertados e na Tribuna, para não conhecer do recurso, acompanhando, por inteiro, com as considerações aqui expedidas, o voto do Sr. Ministro Relator Eduardo Ribeiro.

É o meu voto.

Registro: 95/0030964-5-Resp 68.367-MG

Pauta: 24.9.1996

j. 24.6.1997

Rel.: Exmo. Sr. Min. Eduardo Ribeiro.

Presidente da Sessão: Exmo. Sr. Min. Waldemar Zveiter

Subprocurador-Geral da República: Exmo. Sr. Dr. Roberto Casali

Secretário(a): Leila Maria Pedrosa Roggia

Autuação

Recte: Cia. de Telefones do Brasil Central — CTBC

Adv.: Luiz Rafael Mayer e outros

Recdo.: Carlos Alberto Pereira da Rocha

Adv.: Norma Jonssen Parente e outros

Sustentação oral

A Dra. Norma Jonssen Parente esteve presente ao julgamento.

Certidão

Certifico que a egrégia 3ª Turma ao apreciar o processo em epígrafe, em sessão realizada nesta data, proferiu a seguinte decisão: "Prosseguindo no julgamento, após o voto-vista do Sr. Ministro Waldemar Zveiter, não conhecendo do recurso especial, solicitou vista dos autos o Sr. Ministro Nílson Naves". Não participaram do julgamento os Srs. Ministros Costa Leite e Menezes Direito (§ 2º, art. 162, RISTJ).

O referido é verdade. Dou fé.

Brasília, 24 de junho de 1997.

VOTO (VISTA)

O Exmo. Sr. Ministro Nilson Naves: Trata-se da pretensão de exercer o direito de retirada da companhia, em caso de cisão e incorporação. Pela instância ordinária, o pedido foi acolhido, determinando-se o reembolso do valor das ações, corrigido monetariamente. Aqui no Superior Tribunal, os Ministros Eduardo Ribeiro e Waldemar Zveiter não estão conhecendo do especial interposto pela ré.

Do recurso também eu não conheço. Dele não conheço porque, como se cuida de saber se a Lei 7.958, alterando o art. 137, revogara o art. 230, ambos da Lei 6.404, o meu entendimento é o de que, após meditada reflexão, explícita ou implicitamente a Lei 7.958 não revogou o indigitado art. 230, de modo que em princípio ao acionista dissidente de deliberação que aprovasse incorporação, fusão ou cisão assistiria o direito de retirar-se da companhia.

Inteligentemente interpretados, a lei e o direito não conduziriam à interpretação diversa, porquanto, de tão malfeita (quão infeliz, conforme o voto do Ministro Zveiter), a alteração ficou a meio-caminho, sem dispor a Lei 7.958 de plena eficácia e validez para atingir, como se pretendeu fazer crer que atingisse, a própria existência do direito de recesso, nas hipóteses inscritas no art. 136, VI e VIII. Das leituras a que me dediquei, *pude verificar*, por exemplo, *que* "Nelson Eizirik, em seu recente livro *Reforma das S/A & do Mercado de Capitais*, Renovar, p. 65, faz um levantamento das opiniões pró e contra a eficácia da Lei 7.958/89 para o fim de revogar o direito de retirada naquelas situações e no balanço final as segundas preponderam, inclusive com o respaldo de duas decisões judiciais e da Comissão de Valores Mobiliários" (*Revista do Advogado* 52/45). Aliás, em termos de recesso, o direito do acionista dissidente sempre foi plenamente justificado (Fran Martins, *Comentários...*, p. 165). No REsp 51.655 (*DJ* de 3.3.1997), de minha relatoria designada, disse o Ministro Ruy Rosado, em voto de desempate:

2. O direito de recesso do acionista dissidente, que nos veio da Itália, tem entre seus fundamentos (Vivante, *Trattato*, II/288) a proteção do interesse individual do sócio, que pode ser atingido ainda que legítima a decisão adotada pela AGE. É uma salvaguarda do interesse pessoal do acionista, minoritário diante de decisões tomadas em certas matérias, nos termos da lei.

O regime democrático dá prevalência à vontade da maioria, mas deixaria de sê-lo se desconsiderasse a vontade da minoria, eliminando a sua possibilidade de existir ou de se manifestar, ou tratando os seus integrantes, apenas por serem da minoria, de forma desigual. A sociedade anônima é uma instituição cujo regramento deve estar conforme com os critérios orientadores da ordem jurídica. O princípio da eficácia reflexa (*drittewirkung*) recomenda que as regras básicas estabelecidas na Constituição da República, que dispõem sobre o exercício do poder e servem para regular as relações do cidadão com o Estado, também devem orientar as relações na ordem privada, entre os cidadãos, ou entre as instituições privadas e seus associados, com a mesma aplicação dos princípios básicos que estruturam o Estado, tais como o da igualdade, o da moralidade, o respeito à boa-fé, o direito da minoria etc.

O direito de retirada, previsto no art. 137 da Lei das S/A é expressão do direito da minoria. Essa garantia, porém, para que não seja simples forma, regra abstrata, deve ser exercida à luz do princípio da igualdade (...).

De tão justificável e de tão sensível o direito de se retirar que, entre duas soluções possíveis, há o intérprete de se inclinar "para a que melhor se coaduna com os seus pendores morais" (Maximiliano, *Hermenêutica*, p. 173). Tanto que, para o REsp 51.655, escrevi o seguinte na sua ementa: "Não é juridicamente aceitável, nem moralmente justificável, seja o acionista dissidente compelido a aceitar a oferta da maioria, mormente em se tratando de oferta irrisória". Em tal aspecto, os brocardos segundo os quais "deve prevalecer a exegese que conduza a um sentido lógico" e "deve ser preterida a inteligência que conduza a situações vazias", a meu juízo, servem mais para atestar a higidez do instituto da retirada, que há, no caso em foco, de continuar dispondo de eficácia e validez tal como disposto no aludido art. 230. Uma vez criada, toda lei se desprende de seu criador, tornando-se objeto de interpretação pelos juízes, que não de aplicá-la sob a inspiração do bem comum, da justiça social e da eqüidade. Di-lo o art. 5º da Lei de Introdução: "Na aplicação da lei, o juiz atenderá aos fins sociais a que ela se dirige e às exigências do bem comum".

O que importa, anotou com toda propriedade o Ministro Eduardo Ribeiro, não é "o que o legislador quis fazer, mas o que efetivamente fez". Na espécie, o que efetivamente se fez não importou na indigitada revogação, explícita ou implicitamente. Mesmo que se dê relevo a teoria da unidade, ou da fusão, consoante a qual a interpretação deve procurar um sentido conforme tanto à vontade do legislador como à vontade da lei, a mim se me afigura que o que deve sempre prevalecer é a vontade da lei, da obra feita e acabada, aquela que deixa o domínio do legislador e passa ao domínio do aplicador.

Nesse sentido é que verifico que bem andou a instância ordinária acolhendo o pedido formulado pelo autor, motivo por que acompanho o Ministro Eduardo Ribeiro, não conhecendo do recurso especial.

Registro: 95/0030964-5-Resp 68.367-MG

Pauta: 24.9.1996

j. 10.12.1998

Rel.: Exmo. Sr. Min. Eduardo Ribeiro

Presidente da Sessão: Exmo. Sr. Min. Waldemar Zveiter

Subprocurador-Geral da República: Exmo. Sr. Dr. Washington Bolivar Junior

Secretário(a): Leila Maria Pedrosa Roggia

Autuação

Recte.: Cia. de Telefones do Brasil Central — CTBC

Adv.: Luiz Rafael Mayer e outros

Recdo.: Carlos Alberto Pereira da Rocha

Adv.: Norma Jonssen Parente e outros

Certidão

Certifico que a egrégia 3ª Turma ao apreciar o processo em epígrafe, em sessão realizada nesta data, proferiu a seguinte decisão: "Prosseguindo no julgamento, após o voto-vista do Sr. Ministro Nílson Naves, a Turma, por unanimidade, não conheceu do recurso especial".

Participaram do julgamento os Srs. Ministros Waldemar Zveiter e Menezes Direito. Não participaram do julgamento os Srs. Ministros Costa Leite e Nílson Naves (§ 2º, art. 162, RISTJ).

O referido é verdade. Dou fé.

Brasília, 10 de dezembro de 1998.

Comentários de

Frederico Simionato

A lei deve atender a quais interesses? Esta parece ser uma pergunta que demonstra como a democracia dificilmente se ajusta à vontade geral. Se a vontade da lei não tem relação alguma com a vontade do legislador, é evidente que o Estado não se materializa na lei, e vice-versa. Se fosse assim, qualquer decisão estatal teria validade, o que não é verdade, ainda mais pelo controle que se faz sobre a constitucionalidade das leis, e das questões formais. Não foi isto que aconteceu com a edição da Lei 7.958/89.[1]

Por sua vez, no julgado se decidiu corretamente que "sem desprezar o elemento histórico, que pode ter relevo principalmente quando se cuide de modificação em texto de lei, importa, em verdade, como reiteradamente se tem afirmado, não o que o legislador quis dizer, mas o que efetivamente fez" e "o julgador há de se preocupar com a *mens legis*, sem, contudo, desprezar a fonte, a *mens legislatoris*".

Ora, a Lei 7.958/89 foi feita para proteger interesses bem determinados, e de empresas específicas, retirando a incorporação, fusão e cisão como hipóteses ensejadoras do recesso (art. 137). O legislador olvidou toda uma realidade empresarial de um país como o Brasil. Bem demonstrou como a lei pode ser utilizada para impor condutas desejadas pelos amigos do rei, sem levar em consideração a repercussão social que as medidas jurídicas provocam na sociedade.[2] Conforme analisamos, esta ainda é a tônica do Estado brasileiro, que editou a Lei 9.457/97 para dar meios econômicos a privatização do sistema Telebrás,[3] suprimindo direito dos acionistas minoritários, e modificando a estrutura do recesso na cisão.

O que foi notado quando da edição da Lei 7.958/89 foi a péssima técnica legislativa para a revogação dos artigos respectivos, fora os motivos subjetivos.[4] Tanto é verdade que o art. 230 da Lei das S/A não foi alterado pela Lei de 1989, sendo que ele tratava diretamente da figura do recesso. O art. 230, na antiga redação, estabelecia que "o acionista dissidente da deliberação que aprovar a incorporação da companhia em outra sociedade, ou sua fusão ou cisão, tem direito de retirar-se da companhia, *mediante o reembolso do valor de suas ações*". Este aspecto também foi objeto do Acórdão em questão. Ora, como se pretende retirar o direito de recesso, somente por força do art. 137, sem revogar o art. 230 da Lei das S/A? O legislador de 1997, um pouco mais bem informado, alterou o referido art. 230, que passou a ter a seguinte redação: "nos casos de incorporação ou fusão, o prazo para o exercício do direito de retirada, previsto no art. 137, II, será conta-

1. "As opiniões e intenções subjetivas do legislador, dos redatores da lei ou das pessoas singulares que intervieram na legislação não têm relevo. Por isso é a partir dela apenas, do seu próprio contexto significativo, que deve ser interpretada". Karl Larens, *Metodologia da Ciência do Direito*, Lisboa, F. C. Gulbenkian, 1997, p. 41.

2. "A democracia moderna, nascida como democracia representativa em contraposição à democracia dos antigos, deveria ser caracterizada pela representação política, isto é, por uma forma de representação na qual o representante, sendo chamado a perseguir os interesses da nação, não pode estar sujeito a um mandato vinculado. O princípio sobre o qual se funda a representação política é a antítese exata do princípio sobre o qual se funda a representação dos interesses, no qual o representante, devendo perseguir os interesses particulares do representado, está sujeito a um mandato vinculado". Norberto Bobbio, *O Futuro da Democracia*, Rio de Janeiro, 1997, p. 24. O Parlamento leva consigo a característica de um órgão autônomo que, na verdade, não representa ninguém, a não ser a Nação. Na formação do Estado liberal J. Locke falava que o poder do legislativo, nos seus limites extremos, limita-se ao bem público da sociedade.

3. Cf. "A privatização no Brasil", *RDM* 112/93-96.

4. Foi decisivo para esta matéria o artigo do Prof. Mauro Rodrigues Penteado, "A Lei 7.958 e a pretensa modificação do direito de retirada dos acionistas: uma discussão inócua", *RDM* 77/29 e ss.

do a partir da publicação da ata que aprovar o protocolo ou justificação, mas o pagamento do preço do reembolso somente será devido se a operação vier a efetivar-se".

Mas, a situação ainda continua bastante discutível. Os acionistas que se acharem prejudicados com a Lei 9.457/97 podem se insurgir contra ela. Isto porque a referida Lei, no que diz respeito à cisão, teve um único objetivo: a privatização. Ora, mais uma vez o direito de recesso se circunscreve a uma situação específica, e para empresas específicas. A fusão, incorporação e a cisão são institutos e meios de reorganização financeira que se complementam no meio empresarial, e a separação que a Lei 9.457/97 fez quanto ao direito de recesso, art. 137, II, *a-b*, contraria o princípio da igualdade nas decisões dos órgãos sociais, em prejuízo para o acionista. A comprovação disto é que o art. 231 da Lei das S.A. determina que "a incorporação, fusão ou *cisão* da companhia emissora de debêntures em circulação dependerá de prévia aprovação dos debenturistas, reunidos em assembléia especialmente convocada com esse fim. *Será dispensada a aprovação pela assembléia se for assegurado aos debenturistas que o desejarem, durante o prazo mínimo de seis meses a contar da data da publicação das atas das assembléias relativas à operação, o resgate das debêntures de que forem titulares* (§ 1º). No caso do § 1º, a sociedade cindida e as sociedades que absorverem parcelas do seu patrimônio responderão solidariamente pelo resgate das debêntures". Ora, a Lei mantém toda a proteção para os debenturistas, que são meros credores, mas relega os acionistas minoritários.

É bem verdade que o excessivo número de casos que permitem o recesso acaba por deixar a empresa sem meios de efetuar medidas que possibilitem, inclusive, o seu financiamento, o que pode ocasionar problemas na condução dos negócios.

Mas, cada ordenamento jurídico, no tocante às sociedades por ações, procura equilibrar estas hipóteses, sem deixar o acionista minoritário entregue às decisões prejudiciais. Outra hipótese é a diluição da participação acionária, que pode ocorrer com o aumento de capital (art. 170). No direito comparado podem ser encontradas legislações que restringem ao máximo os casos que permitem o recesso, isto em razão da perspectiva institucional das grandes companhias, e da importância do mercado acionário em alguns países. Noutros, como no Brasil, há casos e mais casos que permitem o recesso, situação esta que mostra a feição contratual das companhias, e a restrita importância do seu mercado de valores mobiliários.

Mesmo que toda a Lei das S/A tenha o objetivo de trazer novos institutos para o desenvolvimento deste mercado acionário, é somente o desenvolvimento econômico e a alteração da direção dos investimentos da economia pública que possibilitam, realmente, este crescimento.[5] Isto fica mais evidente ainda com as reformas parciais da Lei das S/A, amparadas num legalismo absurdo, e que dá azo para tantas medidas discriminatórias e abusivas.[6] Então, o que se coloca é a revisão de casos que permitem o recesso. Mas, esta revisão somente pode ter efetividade se estiver de acordo com a realidade de uma prática empresarial bem sedimen-

5. "Por isso, na apreciação do seu sistema, assim como de cada um de seus dispositivos e soluções, um dos principais critérios de julgamento há de ser a sua funcionalidade, no quadro da realidade brasileira atual, como instrumento para atingir seu objetivo maior — de criar um mercado primário de ações", e "com efeito, o objeto da interpretação é a busca da vontade da lei, do conteúdo objetivo da norma — e esse, no caso, seja pelo elemento lógico e sistemático, seja pelo elemento histórico, seja pelo dado cronológico da antinomia emergente, não deixa margens a dúvidas. Em conclusão: a Lei n. 7.958, de 1989, pode ser alvo de críticas quanto à técnica adotada, e, mesmo, quanto ao seu mérito (a nosso ver, críticas procedentes) mas é lei; e enquanto não revogada, terá de ser cumprida: *legem habemus*". Alfredo Lamy Filho e José Luiz B. Pedreira, *A Lei das S/A*, Rio de Janeiro, Renovar, 1992, pp. 156 e 567. Acertadamente o STJ foi contra esta tendência.

6. Como as isenções e incentivos que alguns Estados fornecem para a instalação de grandes grupos econômicos.

tada, e que seja o reflexo de todo um sistema jurídico e econômico. Não é com uma lei, a Lei de 1989, que se altera uma perspectiva jurídica, sem qualquer ligação com a realidade da fenomenologia societária.

Por sua vez, o que não se leva em consideração é a companhia fechada. É evidente que o sistema societário estaria completo se o mercado acionário brasileiro estivesse desenvolvido, com várias empresas participando. Mas não é isto que ocorre. Há apenas alguns títulos que são negociados, e outros muitas vezes não alcançam valores mínimos para a negociação, prejudicando os minoritários, no caso da fusão, incorporação e cisão. O reembolso dos valores das ações pelo direito de recesso é uma garantia para o acionista dissidente. Se o mercado acionário brasileiro é inexpressivo, não é relegando os minoritários ou preferencialistas que se alterará esta situação, mas exatamente o contrário. Outro aspecto que se nota na prática empresarial brasileira é a quantidade de companhias fechadas. Nestas, a disciplina poderá provocar prejuízo excessivo para acionistas dissidentes que não conseguiram alcançar valores corretos para suas ações, o que levará ao enriquecimento dos controladores ou novos acionistas. Mesmo que o estatuto determine *quorum* elevado para algumas deliberações da assembléia, não evitará prejuízos em casos específicos.

O julgado acertou em não dar validade à Lei 7.958/89. O que se coloca neste momento é a Lei 9.457/97. Se ela for aplicada em todos os casos de reorganização empresarial, certamente será um instrumento para viabilizar medidas administrativas que prejudicaram vários acionistas em todo o Brasil, para o ganho de uma elite de controladores, que cada vez mais se une, em volta do poder das companhias, formando conglomerados econômicos e impondo sua vontade na condução dos negócios empresariais. O julgado foi preciso quando determinou que "o princípio da *eficácia jurídica* recomenda que as regras básicas estabelecidas na Constituição da República, que dispõem sobre o exercício do poder e servem para regular as relações do cidadão com o Estado, também devem informar as relações na ordem privada, entre os cidadãos, ou entre instituições privadas e seus associados, com a mesma aplicação dos princípios básicos que estruturam o Estado, tais o de igualdade, o da moralidade, o respeito, a boa-fé e o direito da minoria, dentre outros".

Tudo isto é importante para a eficácia jurídica, tanto que "o escopo da interpretação só pode ser, nestes termos, o sentido do que é agora juridicamente determinante, quer dizer, o sentido normativo da lei. Mas o sentido da lei que há-de ser considerado juridicamente determinante tem de ser estabelecido atendendo à intenção de regulação e às ideais normativas concretas do legislador histórico, e, de modo nenhum, independentemente delas".[7]

Com efeito, o que o julgado fez foi sufragar a solução que a melhor doutrina já defendia desde a edição da Lei 7.958/89. Este caso mostra como o legislador pode cometer equívocos, o que é um desserviço para a democracia. A reforma da Lei das S/A deve sempre e necessariamente ser precedida de discussões doutrinárias, políticas e empresariais, e que reflitam o momento histórico do país e seus objetivos, sem esquecer a vontade geral desta mesma sociedade. Se a disciplinação das companhias continuar protegendo um único interesse, é evidente que o sistema societário brasileiro continuará atendendo vontades segmentadas, como recentemente o foi nas privatizações, no sistema financeiro etc. O que se nota de tudo isto é a ruptura de um conceito, o conceito normativo, que se prende àquele positivismo incongruente, que vê na lei, e somente na lei, a fonte de todo o poder e da supremacia de interesses, permitindo que cada governo se intitule senhor do Estado como se este pudesse ser apropriado. O caso em questão, e que mereceu o julgamento do STJ, ultrapassa a questão econômica, e chega mesmo a alcançar a noção de Estado.

7. Karl Larens, *Metodologia da Ciência do Direito*, cit., p. 448.

Espaço Discente

EFICIÊNCIA ALOCATIVA DAS NORMAS DE DIREITO SOCIETÁRIO EM RELAÇÃO AO ACIONISTA MINORITÁRIO

UNIE CAMINHA

1. Introdução. 2. Diversos tipos de acionista e a necessidade de tutela. 3. Equacionamento dos problemas de "Agency". 4. A regulação eficiente do mercado de capitais. 5. Conclusão.

1. Introdução

O conflito de interesses entre os administradores e acionistas, especialmente não controladores, das sociedades anônimas surge como efeito da separação entre a propriedade e o controle.

É pacífico que o modelo societário de sociedade anônima tende a distinguir, como agentes com funções diversas, os proprietários do capital, ou seja, aqueles que investem e aplicam recursos na companhia, e aqueles que efetivamente administram o patrimônio aí depositado. Há, nos dias atuais, uma flagrante tendência à delegação da tarefa de gerir, a administradores profissionais, que não são, necessariamente, sócios da empresa que administram.[1]

Com efeito, o fato de se colocar nas mãos de um administrador a responsabilidade pela gestão de patrimônio de terceiros provoca, inevitavelmente, problemas de conflitos de interesses, que, por sua vez, causam perdas de valor para os verdadeiros proprietários do patrimônio administrado.[2]

Os administradores e gestores de recursos alheios encontram-se, amiúde, em situações em que poderiam agir em seu próprio interesse, por um instinto natural, ou no interesse das pessoas que lhe confiaram a administração e gestão de seus patrimônio, por um dever legal.[3] Esse problema de

1. Fábio Konder Comparato, *O Poder de Controle na Sociedade Anônima*, 3ª ed., Rio de Janeiro, Forense, 1983, pp. 57 e ss., distingue quatro modalidades de controle interno empresarial, apresentando-os em ordem crescente no que diz respeito à sua separação da propriedade: controle totalitário, controle majoritário, controle minoritário e controle gerencial. Assim, de acordo com essa classificação, o controle gerencial, que se apresenta como tendência no direito societário moderno, é aquele em que mais distanciam os proprietários do capital da sua efetiva administração.

2. Nesse sentido, cf. Michael C. Jesen, "Self-interest, altruism, incentives and agency theory", in *The new Corporate Finance — Where theory meets practice*, pp. 29-34, p. 30: "Agency theory says that because people pursue their own best interests, conflicts of interests inevitably arise over least some issues when they engage in cooperative endeavors. Such activities include not only commerce conduct by partnerships and corporations, but also the interaction among members of families and other social organizations".

3. Com efeito, dispõe o art. 153 da Lei 6.404/76, sobre o dever de diligência do administrador de sociedade anônima, que "o administrador da companhia deve empregar, no exercício de suas funções,

conflito de interesses pode levar, em uma situação limite, ao ponto em que os interesses da companhia e os da pessoa do administrador sejam diametralmente contrários.

Torna-se difícil, na prática, então, induzir os administradores a tomar decisões que visem o interesse da sociedade, se, normalmente, os investidores, acionistas da companhia, por sua vez, encontram-se impossibilitados, quer formalmente, quer materialmente, de exercer influência na administração da companhia, ou mesmo de fiscalizar seus membros de forma satisfatória, a fim de direcionar as ações dos administradores no sentido que mais agregue valor à companhia.

A questão que se propõe, nesse ponto, e que se pretende discutir de forma breve nesse trabalho, diz respeito aos limites adequados à regulação do mercado, de modo que o direito venha a efetivamente proteger os acionistas não controladores dos atos praticados pelo administradores das companhias das quais são sócios, que em última análise, acarretem perdas patrimoniais, sem, no entanto, provocar custos tais que impliquem, em contrapartida, a uma retração desse mercado.[4]

Em outras palavras, pretende-se discutir como as regras de direto societário podem incentivar os administradores das sociedades anônimas a agregar valor ao capital investido pelos acionistas, tornar o mercado mais seguro e atrativo a investidores e tomadores de recursos.

Mais especificamente, pode-se afirmar que um dos principais problemas do direito societário, especialmente ligado aos mecanismos de "Corporate Governance", é de como incentivar, induzir ou mesmo obrigar os administradores a gerir a companhia, não de acordo com seus interesses particulares, mas de forma coerente com os interesses societários, visando, em última análise, ao desenvolvimento e agregação de valor à companhia, e, por conseguinte, aos acionistas que nela investem.

2. *Diversos tipos de acionista e a necessidade de tutela*

Inicialmente, faz-se necessário precisar que tipo de acionista se pretende proteger com as normas de direito societário, vez que podem-se encontrar, no mercado de capitais, pessoas, físicas e jurídicas com diferentes perfis.

Com efeito, Rubens Requião[5] aponta a existência de três tipos de acionistas, quais sejam: o acionista empresário, o acionista especulador e o acionista rendeiro.[6]

O primeiro tipo de acionista, ou seja, o acionista empresário, tem como principal objetivo obter ou manter o controle da companhia, de modo a geri-la conforme seus critérios. Ele tem, portanto, a atividade empresarial como profissão.

Já o acionista especulador é o que detém ações por curtíssimo prazo, obtendo lucro ou prejuízo segundo as flutuações do

o cuidado e a diligência que todo homem ativo e probo costuma empregar na administração dos seus próprios negócios".

4. Se, por um lado, para o desenvolvimento e competitividade com os mercados internacionais, necessita-se de uma flexibilidade na regulação dos mercados (cf. James Cheek III, "Approches to market regulation", in *The Future for the Global Securities Markets*, Nova Iorque, Oxford, 1996, pp. 241-255, p. 251 e ss.), por outro, a incerteza de uma mercado não regulado satisfatoriamente gera desconforto, cria risco e, por conseqüência, maior retorno é exigido pelo investidor (cf. Rachel Sztajn, "Os custos provocados pelo direito", in *RDM* 112/75).

5. *RDM* 15-16/28.

6. É válido ressaltar que o ilustre professor paranaense define o acionista rendeiro como aquele *cujo escopo ao adquirir ações é auferir dividendos, como fonte de renda pessoal, não se preocupando geralmente com a empresa, mas apenas com a fruição dos dividendos*. Embora a distinção entre as várias espécies de acionistas pareça válida, não se pode afirmar que o acionista rendeiro, ou investidor, como se adotará no presente trabalho, não deva estar preocupado com os rumos que a administração da companhia imprimirá aos negócios, pois é justamente a política administrativa que regerá a empresa que vai definir tanto de forma imediata como mediata, a distribuição ou não de dividendos.

mercado nesse período. Efetua operações de risco e, portanto, não possui grande interesse nas políticas adotadas pela administração da Companhia da qual detém ações. Seu ganho depende das flutuações diárias nas bolsas ou mercados de balcão, não levando, portanto, em consideração, a distribuição de dividendos ou o destino, a longo prazo, da sociedade emissora das ações que adquire.

O acionista rendeiro, que no presente trabalho será designado acionista investidor, pode ser definido como aquele que compra ações de uma companhia, não para vendê-las em seguida, visando o ganho de capital oriundo de sua variação de preço. Nesse caso, o acionista investe, efetivamente, em determinada companhia, como forma de garantir renda através de dividendos, ou mesmo para garantir um patrimônio estável, sem, no entanto, fazer parte do bloco de controle da companhia.

É nesse tipo de acionista que se pensa quando se fala de eficácia das normas de direito societário, pois é ele que está mais sujeito às políticas da administração das companhias, pois sua vinculação às mesmas se dá por longos períodos, estando, por conseqüência, seu patrimônio mais sujeito às decisões da administração sem, no entanto, ter poder político para nela influir.

Ainda dentro da espécie de acionista investidor, pode-se identificar duas novas subespécies, quais sejam, os acionistas individuais e os acionistas institucionais.

Podem ser considerados acionistas individuais as pessoas físicas que investem em uma companhia e não detêm poder de influenciar as decisões da companhia da qual é sócio.

Já os acionistas institucionais são pessoas jurídicas, como instituições financeiras e, especialmente, fundos de investimento e fundos de pensão, que detém carteiras de ações de diversas companhias.

Apesar de estarem em situação similar, ou seja, nem o acionista investidor individual nem o acionista investidor institucional podem, formalmente, devido à participação acionária que possuem, influenciar nas deliberações assembleares. Materialmente, apresentam-se em posições bem distintas, e, portanto, devem ser abordados de forma diferente.

Com efeito, os investidores institucionais, mesmo com participação acionária reduzida, têm maior poder de barganha pois por agirem "profissionalmente" no mercado cumprem um papel de formadores de opinião, chegando a dirigir, de uma forma ou de outra, a cotação dos papéis que compram ou vendem.

Assim, os investidores institucionais exercem uma certa pressão informal[7] para que os administradores ajam segundo seus critérios, sob pena de se desfazendo das ações da companhia com a qual se mostram insatisfeitos, induzam a uma queda do valor dessas ações através de uma onda de vendas por parte de outros acionistas.[8]

7. Fábio Konder Comparato, ob. cit., pp. 68-69, dá suporte a essa observação quando identifica o controle externo com uma "influência dominante". Com efeito, ensina o mestre que "o emprego da expressão 'influência', e não 'poder', já dá idéia de que estaríamos diante de situação qualitativamente diversa da analisada no capítulo anterior. Lembramos, no prólogo, que a ciência política moderna procura distinguir a influência determinante do poder, pela ausência de sanção. *Não se pode, porém, dizer que nas hipóteses em que a jurisprudência e a lei caracterizam como 'influência dominante', na sociedade anônima, sejam, todas, despidas de sanção. O que há, como veremos, é a ausência de sanção jurídica, tudo se passando, no mais das vezes, no plano fático*" (não há grifos no original).

8. Nesse sentido, Bernard S. Black, "Institutional investors and corporate governance: the case for institutional voice", in *Studies in International Corporate Finance and Governance Systems*, Nova Iorque, Oxford University Press, 1997, pp. 160-173, preconiza a função de monitoramento da administração das companhias pelos investidores institucionais que nelas investem, incentivando-os, mesmo, a diversificar menos seus investimentos, de modo a possuírem parcelas mais consideráveis do patrimônio das sociedades das quais são sócios, e, assim, alcançarem maior influência na sua administração. No mesmo sentido, William F. Mahoney, *The Active Shareholder — Exercising your Rights, Increasing your Profits and Minimizing your Risks*, Nova Iorque, John Wiley & Sons, 1993.

Já os acionistas investidores individuais não possuem poder formal para influenciar nas deliberações assembleares, nem o poder material de barganha dos investidores institucionais para pressionar a administração. Da mesma forma, normalmente, não possuem conhecimentos técnicos ou recursos suficientes para diversificar sua carteira de ações ao ponto de não ser tão relevante as políticas da administração da companhia em que investem. Resta-lhes, assim, para proteger seus interesses e seu patrimônio investido na companhia, a presença do Estado, através das normas legais.

É o conjunto de relações estabelecidas entre esse tipo de acionista e o mercado de capitais, portanto, que se pretende abordar nesse trabalho, de maneira a se estabelecer a melhor forma de tutela para seus interesses.[9]

3. *Equacionamento dos problemas de "Agency"*

Identificado o problema, e a quem ele atinge de forma mais direta, resta estabelecer de que forma a tutela ao acionista investidor pode apresentar-se benéfica, no sentido de mitigar os problemas gerados pelo conflito de interesses entre acionistas e administradores, promover a agregação de valor a seu patrimônio, sem, em contrapartida, retrair o mercado por excesso de regulação.

Surgem, nesse ponto, diversos problemas cuja solução depende, em grande parte, de políticas de "Corporate Governance" da companhia, senão para sua solução, ao menos para seu equacionamento.

O primeiro problema, que atinge especialmente companhias com base acionária dispersa, é o de que a grande maioria dos acionistas investidores — preferencialistas ou ordinaristas não controladores —, não participa ativamente da administração da sociedade de que são sócios, ou sequer fiscaliza a ação dos de seus administradores.

Parte dessa apatia se dá por desídia do próprio acionista, porém, a grande razão está no fato de não disporem de mecanismos legais eficazes para tal. Isso dá aos administradores um considerável grau de liberdade, se não de discricionariedade, para gerir a sociedade como melhor lhe aprouver.

Para se minimizar esse problema, podem ser utilizadas, em conjunto ou isoladamente, três estratégias, e de certa forma, compatibilizar os interesses dos proprietários e dos gestores de capitais.

De um lado, a nível interno, oferecer incentivos aos administradores, ligados à performance da companhia, para que se possa criar uma identidade entre o interesse do administrador e o interesse da empresa.[10]

De outro, intensificar o dever do administrador de prestar contas em relação aos acionistas, seria uma forma mais eficiente de estimular os gestores a agir de acordo com os interesses da sociedade e, ao mesmo tempo, incentivar os investidores a participar nas tomadas de decisão da companhia da qual são sócios.[11]

9. Não se pretende afirmar, com esta distinção, que os acionistas institucionais não tenham necessidade de tutela jurídica. Apenas, devido às características distintas entre as duas espécies de investidores, pretende-se restringir o âmbito do enfoque do presente trabalho. É claro que, mesmo se tratando de investidor pessoa jurídica, a necessidade de tutela idêntica àquela que seria prestada à investidor pessoa física faz com que assuma as características desse tipo de investidor, podendo, portanto, ser considerado como se tal fosse.

10. Dentre as formas mais comuns de incentivo, está a de oferecer ao administrador opção de compra das ações da companhia, de modo que seja de seu interesse que seu preço se eleve.

11. Na opinião de Black, ob. cit., p. 160, os mecanismos de fiscalização e prestação de contas mostram-se bem mais eficientes que aqueles ligados à incentivos. Nesse sentido, afirma o autor que "accountability is central to efficiency for any large organization, be it a government, a university or a corporation. The other forces that tend to keep corporate managers from wasting the shareholders' money, including financial incentives and product market competition, are often weak or come into play only after much damage has been done".

Ainda, a aplicação de sanções a certas condutas dos administradores, na opinião de alguns doutrinadores, pode ser meio eficaz para garantir que venham a agir no melhor interesse da companhia.[12]

Isso depende, no entanto, de como o direito regula o mercado, e de como os mecanismos jurídicos existentes são eficazes para garantir, ao acionista investidor, acesso à administração das companhias.

4. *A regulação eficiente do mercado de capitais*

Que forma de tutela seria capaz de equacionar a segurança dos acionistas investidores e um mercado de capitais desenvolvido, com custos de captação razoáveis?

Esse paradoxo é inevitável, e se torna intransponível se se visualiza a legislação aplicável ao mercado de capitais como voltada à mera proteção dos acionistas não controladores.

Com efeito, o funcionamento eficiente do mercado de capitais e, por conseguinte, das sociedades anônimas é um ponto crucial em qualquer economia, e é esse funcionamento eficiente que a legislação deve buscar.[13] A sociedade anônima não deve apenas procurar satisfazer ao acionista, mas, como agente econômico, a outras necessidades mais globais.[14]

A maior parte da doutrina pátria, no entanto, assume a defesa dos acionistas investidores como principal, e, por vezes, único escopo da legislação atinente às sociedades anônimas e à distribuição de seus valores mobiliários. Essa disciplina, todavia, nem de longe atinge esse objetivo, e, ao mesmo tempo, entrava o desenvolvimento do mercado com um número excessivo de regras.

Com efeito, em linhas gerais, pode-se, sem maiores dificuldades, dizer que o mercado de capitais brasileiro é incipiente, concentrado e pouco atrativo tanto para quem capta quanto para quem investe recursos.[15]

Assim, enquanto para as companhias abertas, os custos causados por acionistas minoritários podem não justificar a captação de recursos no mercado, para os investidores, os riscos de se submeter ao arbítrio de administrações instáveis e não profissionais pode não justificar o retorno oferecido.

O que se vê, atualmente, é que a estratégia adotada por nossa legislação societária tem como base, essencialmente, a proteção do acionista não controlador dos administradores de seus próprios bens, através de mecanismos como o direito de recesso, oferta pública e outros. Ou seja, mecanismos que não visam a prevenção, e sim uma tutela *a posteriori* dos atos da administração da sociedade.

Esse tipo de tutela implica, na maior parte das vezes, para que se torne efetiva, a

12. Nesse sentido, Robert D. Cooter, *Models of Morality in Law and Economics: self Control, self-Improvement, for the "Bad Man" of Holmes*, UC Berkeley Program in Law, Economics & Institutions.

13. Cf. Cheek, ob. cit., p. 252: "It is a maxim that efficient operation of the capital markets are critical to national economy. Without investors confidence, an economy cannot raise capital, sustain economic growth or give individuals a mean to provide for their long term financial needs. Investors demand liquid, transparent and well informed markets. They demand markets with low transaction costs and high integrity. It is the very goals that regulatory system applicable to transnational securities offering and markets must seek, and it is also these very demands which are at work to force closer harmonization of different regulatory approches".

14. Sobre o assunto, cf. C. K. Prahalad, "Corporate Governance or corporate value added? Rethinking the primacy of shareholder value", in *Studies in International Corporate Finance and Governance Systems*, Nova Iorque, Oxford University Press, 1997, pp. 46-55.

15. A confirmar esse fato, tem-se que o IBOVESPA — carteira teórica que reúne as ações mais negociada na Bolsa de Valores de São Paulo — BOVESPA, é composta, atualmente, por apenas 47 diferentes ações, sendo que uma parcela significativa é de companhias recém privatizadas ou estatais. E, ao que parece, a tendência não é das mais animadoras. De acordo com reportagem do jornal *Gazeta Mercantil*, do dia 7.6.1999, a emissão de títulos por sociedades anônimas caiu 70% em relação ao ano passado, o que demonstra que o mercado de capitais está se tornando menos atrativo.

anulação ou desfazimento de operações já efetuadas. Isso, obviamente, gera insegurança e incerteza ao mercado.

Ocorre que o foco da legislação deveria ser outro. Ao invés de remediar males já causados, viabilizar uma tutela *a priori*, através da imposição de políticas de "compliance", e a viabilização da participação, ou, ao menos a fiscalização efetiva da administração por parte dos investidores.

Quanto ao primeiro ponto, já há uma clara tendência à implementação dessas políticas, tendo em vista, por exemplo, a Resolução 2.554/98, do Conselho Monetário Nacional — CMN, que trata da adoção de sistemas de controles internos por parte de instituições financeiras. Espera-se que a obrigatoriedade desses mecanismos seja estendida a todas as companhias que captem recursos públicos, como forma de se garantir aos investidores que os administradores daquela companhia seguem padrões de comportamento, na adoção das políticas para a gestão da empresa.

No que diz respeito à participação ativa do acionista investidor na própria administração, ou em sua fiscalização, deve-se considerar que ela gera para ele custos elevados, que nem sempre são compensados pelos resultados, dada sua pequena participação acionária.[16]

Cumpre ao direto, assim, criar mecanismos capazes de tornar mais simples e eficaz a participação do acionista no monitoramento das atividades de administração.

Porém, o conselho fiscal que, em tese, deveria fiscalizar a administração das companhias sofre, em nossa legislação, uma séria distorção: a maioria de seus membros é indicada pelo acionista controlador.

Uma alteração na legislação societária a mudar a composição do conselho fiscal das companhias, não permitindo que o bloco de controle elegesse a maioria de seus membros seria, já, um estímulo à participação mais intensa dos acionistas investidores no monitoramento das atividades da administração societária, e tornaria o órgão mais ativo.

5. *Conclusão*

Assim, por todo o exposto, pode-se concluir que proteção aos acionistas investidores deve ser efetivada, o máximo possível, no âmbito interno das companhias, através de mecanismos de "Corporate Governance" que lhes permitam ter maior participação na fiscalização da administração, de forma a tornar o mercado de capitais mais atrativo e seguro.

Dessa forma, os controles internos poderiam fornecer uma tutela *a priori* aos investidores, pois estes estariam mais seguros de que as políticas da administração da companhias na qual investem seguem padrões de "compliance", implementados para torná-la mais efetiva, diminuindo a necessidade de tutela posterior.

É claro que não se advoga o fim das medidas hoje adotadas para se corrigir abusos praticados no mercado de capitais; mas, apenas, defende-se que a adoção de políticas mais definidas de "corporate governance" diminuiria consideravelmente, a necessidade de aplicação dessas medidas.

16. Cf. Black, ob. cit.

Pareceres

CESSÃO DE CRÉDITO NO MERCADO FINANCEIRO

NELSON EIZIRIK

I — A consulta. II — Os fatos e sua qualificação. III — O cabimento do recurso hierárquico. IV — A cessão de crédito. V – A cessão de crédito e o mútuo. VI — O mercado de cessões de crédito e sua regulamentação administrativa. VII — A legitimidade dos contratos de cessão de créditos. VIII — As respostas aos quesitos.

I — A consulta

Os Bancos *A*, *B*, *C*, *D* e *E*, consultam-nos sobre a legitimidade e a legalidade de recentes atos mediante os quais a Divisão de Processos Administrativos e de Regimes Especiais da Delegacia Regional de Belo Horizonte do Banco Central do Brasil — DEBHO-REPAD, confirmando a orientação do Sr. Liquidante do Banco X, decidiu que os contratos de cessão de crédito firmados entre os Consulentes e o Banco X constituiriam, na realidade, dadas as suas características, contratos de mútuo.

A prevalecer a orientação da DEBHO-REPAD, os Bancos Consulentes não seriam *cessionários* dos créditos objeto dos contratos, mas *mutuantes*, devendo, assim habilitarem-se na liquidação extrajudicial do Banco X.

Inconformados com as decisões do DEBHO-REPAD, cada um dos Consulentes está apresentando, separadamente, Recurso Hierárquico ao Chefe do Departamento de Controle de Processos Administrativos e de Regimes Especiais do Banco Central.

Apresentam-nos os Consulentes as seguintes indagações:

1. É cabível a propositura de Recurso Hierárquico da decisão tomada pela Divisão de Processos Administrativos de Regimes Especiais da Delegacia Regional de Belo Horizonte à instância administrativa superior?

2. Os contratos sob discussão, dadas as suas características, constituem contratos de mútuo ou instrumentos de cessão de crédito?

Juntam à Consulta os instrumentos contratuais, assim como a documentação referente aos processos administrativos ora em curso junto ao Banco Central.

II — Os fatos e sua qualificação

Após o exame da documentação apresentada pelos Consulentes, verificamos que são relevantes, para o deslinde das questões apresentadas, os seguintes fatos:

1. Cada um dos Consulentes firmou com o Banco X grande quantidade de contratos de cessão de crédito, com algumas ou todas as seguintes características:

1.1 Em todos eles, o Banco X aparece como *cedente* de determinados créditos oriundos de financiamentos para seus clientes, livres e desembaraçados de quaisquer ônus ou gravames, discriminados em documentos anexos aos Contratos de cessão de crédito;

1.2 Os Bancos Consulentes figuram como *cessionários* dos referidos créditos, que lhes são cedidos e transferidos por um preço determinado, do qual o *cedente* lhes dá plena e irrevogável quitação;

1.3 O *cedente* responde pela existência dos créditos e sua correta formalização e como devedor solidário, em alguns casos, ou subsidiário em outros, pela pontual liquidação, por parte dos financiados, da totalidade dos créditos objeto de cessão;

1.4 O *cedente* declara que a cessão dos créditos abrange todos os direitos, prerrogativas e garantias asseguradas nos instrumentos firmados com os financiados, podendo o *cessionário* deles dispor, ceder, transferir, receber e dar quitação, assim como cobrar judicialmente, inclusive acionando as correspondentes garantias;

1.5 O *cessionário* constitui o *cedente* como depositário dos instrumentos referentes aos créditos, encarregando-o, na condição de seu mandatário, de promover a cobrança de tais créditos e de repassar ao *cessionário* os valores recebidos; fica o *cessionário* expressamente autorizado a revogar o referido mandato para cobrança dos créditos junto aos financiados, na hipótese de ocorrência de qualquer situação que, a critério do *cessionário*, impeça ou possa impedir a eficácia do cumprimento do mandato e a oportuna realização do crédito cedido;

1.6 Caso o *cedente* não cumpra com as suas obrigações, pode o *cessionário* notificar os devedores dos créditos cedidos, ou os Bancos encarregados de sua cobrança, dando-lhes conta da cessão, ficando o *cedente* obrigado a abster-se de realizar a cobrança dos créditos junto aos financiados ou de solicitar aos Bancos arrecadadores a transferência de tais valores;

1.7 Na hipótese de inadimplência de suas obrigações, entre as quais a de atraso na liquidação financeira da cessão, o *cedente* deve pagar ao *cessionário* o montante em atraso, acrescido de atualização monetária, de juros de mora e de multa convencional;

1.8 Adicionalmente, em alguns casos, figurando como fiadora nos Contratos de Cessão; em outros, mediante uma Carta de Fiança, instituição financeira internacional garante a totalidade ou parte das obrigações do *cedente* — afiançado — ocorrendo qualquer das hipóteses contratuais de exigibilidade das obrigações afiançadas.

2. Após a decretação da liquidação extrajudicial do Banco X, o Liquidante informou aos Consulentes que:

"A propósito das operações nominadas de *Cessão de Créditos* (...) cumpre-nos informar que segundo interpretação e orientação do Banco Central do Brasil em casos análogos, das quais não nos cabe divergir, referidas operações não tipificam-se como cessão de crédito a teor das normas regulamentares em vigor, ou seja, Resolução 1.962/92 e Carta-Circular 2.065/95 por contemplarem condições vedadas pelos referidos normativos, dando-lhes caracterização de verdadeiro 'mútuo' concedido ao (Banco X), ato que, segundo entendimentos pretéritos, invade competência privativa do Banco Central do Brasil nos termos do art. 10 da Lei 4.595/64.

"Nesse sentido, ficam V.Sas. *notificadas* da decisão deste liquidante, por extensão interpretativa, de que o produto do recebimento dos créditos cedidos serão arrecadados pela massa, resultando em crédito de V.Sas. a ser objeto de habilitação na forma da lei, para pagamento consoante as diretrizes aplicáveis."

3. Os Consulentes, inconformados, apelaram, na forma do art. 30 da Lei 6.024/74, à Delegacia Regional de Belo Horizonte, argumentando, em resumo, que:

a) as partes haviam firmado verdadeiros e legítimos contratos de cessão de crédito;

b) a Resolução 1.962/92 do CMN não fora infringida em qualquer de seus dispositivos; e

c) nem a Resolução 1.962/92, nem o Código Civil, tampouco a melhor doutrina e a jurisprudência, autorizam o enquadramento das cessões de crédito realizadas como contratos de mútuo.

4. Os recursos interpostos ao DEBHO-REPAD não lograram êxito, mantendo-se a decisão do Liquidante do Banco X; entendeu a DEBHO-REPAD que os contratos estão caracterizados como mútuos, embora travestidos na forma de "cessão", pois presentes algumas ou todas as características abaixo:

a) o *cedente* assumiu a condição de devedor solidário;

b) os créditos cedidos foram adquiridos com deságio;

c) em caso de mora, o *cedente* seria penalizado com correção monetária, juros e multas;

d) havia carta de fiança garantindo as obrigações do *cedente*; e

e) não ocorreu a transferência efetiva dos créditos, pois o *cedente* foi constituído como depositário dos instrumentos de crédito e como mandatário do *cessionário* para proceder à sua cobrança.

5. Devidamente descritos e qualificados os fatos, passaremos, em seguida, à análise das questões jurídicas pertinentes.

III — O cabimento do recurso hierárquico

6. Cabe analisarmos, inicialmente, o cabimento, no caso presente, de Recurso Hierárquico à Chefia do Departamento de Processos Administrativos e de Regimes Especiais contra a decisão da Divisão de Processos Administrativos e de Regimes Especiais da Delegacia Regional de Belo Horizonte, antes mencionada.

7. A *hierarquia* constitui, basicamente, a subordinação de uma ou mais vontades à vontade superior, caracterizando-se como elemento essencial à Administração Pública, na medida em que logra comensurar às forças dos indivíduos — funcionários públicos — o desenvolvimento das tarefas estatais.[1]

8. Dentre os princípios essenciais do funcionamento da organização hierárquica estatal, insere-se o de que incumbe sempre ao superior hierárquico suspender, revogar ou modificar os atos administrativos praticados por subalterno quando contrários ao direito, inconvenientes ou inoportunos.

9. Quando o ato administrativo é inválido, a doutrina entende que a Administração tem não o poder, mas sim o *dever* de anulá-lo ou modificá-lo.[2]

10. A plena admissibilidade da revisão de seus atos pela própria Administração, por motivos de conveniência ou oportunidade, sempre respeitados os direitos adquiridos e ressalvada a possibilidade de apreciação judicial, é hoje pacificamente aceita, a teor da Súmula 473 do Supremo Tribunal Federal.

11. Assim, quando o ato administrativo é ilegal, inconveniente ou inoportuno, cabe o *recurso hierárquico* à autoridade de nível superior àquela que o praticou.

12. Conforme amplamente aceito em nosso Direito Administrativo, admite-se o recurso hierárquico, nas decisões que causem lesão aos interesses legítimos dos particulares, mesmo quando prolatadas por autarquias; com efeito, a plena recorribilidade dos atos administrativos constitui um dos elementos essenciais do Estado de Direito.

13. No presente caso, em que a decisão da instância administrativa recorrida é manifestamente ilegal, conforme mais adian-

1. Ruy Cirne Lima, *Princípios de Direito Administrativo*, 5ª ed., São Paulo, Ed. RT, p. 153.

2. Almiro Couto e Silva, "Princípios da legalidade da Administração Pública e da segurança jurídica no Estado de Direito contemporâneo", *Revista de Direito Público* 84/46; Weida Zancaner, *Da Convalidação e da Invalidação dos Atos Administrativos*, São Paulo, Malheiros Editores, 1993, p. 63.

te demonstrar-se-á, não temos qualquer dúvida quanto ao cabimento do recurso hierárquico, como forma de reparar ato que estará a causar, caso mantido, manifesta lesão a interesses legítimos dos particulares.

IV — A cessão de crédito

14. A decisão da DEBHO-REPAD opera a confusão entre institutos jurídicos manifestamente distintos, como são o da cessão de crédito e o de mútuo, além de apartar-se das práticas de negociação consagradas no mercado financeiro e aceitas pelas autoridades monetárias.

15. Cumpre-nos assim, inicialmente, delinear os contornos essenciais do instituto da *cessão de crédito*, que tem tratamento legal próprio e plenamente diferenciado daquele conferido ao mútuo.

16. Vale referir, preliminarmente, que a cessão de crédito somente veio a ser sistematizada e normatizada como instituto jurídico autônomo com a edição do Código Civil alemão, no século passado. Até então, os sistemas de direito obrigacional não lhe reconheciam autonomia, o que decorria da influência do direito privado romano.

17. A resistência em se tratar da transmissão dos créditos de forma específica pode ser explicada pelo fato de o direito romano, base de quase todas as legislações modernas, ter tardado em admitir a alteração subjetiva das obrigações.

18. Como os romanos entendiam que a obrigação tinha um caráter personalíssimo, era-lhes inconcebível a noção de que esta pudesse ser transferida. A *obligatio* importava num vínculo pessoal que unia indelevelmente o devedor ao credor. Daí decorria que o credor da obrigação tinha o direito de dispor da *pessoa* do devedor, dela utilizando-se, inclusive para escravizá-la, até a plena satisfação de seu crédito.

19. As necessidades práticas, no entanto, fizeram com que os romanos utilizassem os mais diversos artifícios jurídicos para permitirem a mutação da relação creditícia.

20. Admitiram-na os romanos, inicialmente, na sucessão *causa mortis*, vislumbrando no herdeiro uma continuação do *de cujus*. Recorreram, posteriormente, à novação, em que o credor era "substituído" por outro, na medida em que havia a extinção de uma obrigação e a criação, paralela, de uma nova, com o mesmo objeto da obrigação anterior.

21. Utilizaram-se, depois, do mecanismo da procuração em causa própria (*procurator in rem suam*), através da qual o titular de um crédito outorgava a outrem, seu procurador, um mandato para que este exercesse todos os direitos de credor, recebendo do devedor a quantia que lhe fosse devida, sem ter que lhe prestar contas.

22. Recorreram, ainda, a um outro expediente chamado "cessão das ações úteis" (*actio utilis*), em que o credor cedia ao cessionário as ações que lhe competiam como tal, habilitando-o a demandar e a tomar todas as medidas processuais necessárias para cobrar do devedor o crédito, como se fora o próprio credor.

23. Presentemente, no entanto, a cessão de crédito é amplamente admitida, como instituto jurídico autônomo, na generalidade dos sistemas de direito obrigacional.

24. Com efeito, superada a noção que atribuía caráter personalista à obrigação, os sistemas jurídicos ocidentais passaram a reconhecer a *despersonalização do crédito*, aceitando a substituição do credor, inclusive *sem* a concordância do devedor.

25. Aliás, a grande tendência do direito obrigacional contemporâneo é a da plena e irrestrita aceitação da *circulação dos créditos*. Tal ocorre pelo fato de ser imprescindível, ao desenvolvimento da economia de mercado, a livre circulação de bens, apenas restrita, em caráter excepcional, por parte do Estado, quando indispensável à tutela de interesses de consumidores ou de indivíduos tidos como hipossuficientes.

26. A cessão de crédito, regulada basicamente nos arts. 1.065 a 1.077 do Código Civil, constitui o negócio jurídico pelo qual um credor (cedente), transmite seu crédito a outrem (cessionário), que passa a ser o novo credor, com todos os acessórios e garantias, salvo estipulação em contrário (art. 1.066 do Código Civil).

27. Trata-se de negócio jurídico bilateral, gratuito ou oneroso, mediante o qual o credor de uma obrigação — cedente — transfere a outra pessoa — cessionário — o seu direito de crédito, com todos os seus acessórios e garantias, sem que se verifique a extinção do vínculo obrigacional.

28. A cessão de crédito, assim, opera a *transferência* que o credor faz de seus direitos a outra pessoa. É inequívoco, conforme tradicionalmente aceito pela doutrina, que a cessão importa a *alienação do direito de crédito* do cedente para o cessionário.[3]

29. O principal efeito da cessão é o de transmitir, do cedente para o cessionário, o *direito à prestação*; uma vez realizada a cessão, o cessionário adquire não só o poder formal de exigir a prestação do devedor, como também o direito à prestação, no qual se incluem o direito aos danos moratórios e por inadimplemento, na hipótese de descumprimento da obrigação de pagar.

30. A propósito dispõe o art. 1.065 do Código Civil: "Art. 1.065. O credor pode ceder o seu crédito, se a isso não se opuser a natureza da obrigação, a lei, ou a convenção com o devedor".

31. Quando realizada através de um contrato, em que as partes determinam livremente como a cessão será efetuada, diz-se que a cessão de crédito é *convencional*, não sendo exigida, para a sua validade, quanto à forma, qualquer espécie de solenidade.

32. Em princípio, *todo crédito pode ser cedido* (art. 1.065 do CC). A regra, em nosso sistema de direito positivo, é a da *livre cessibilidade dos créditos*. Ou seja, o credor *sempre* pode ceder o seu crédito, que, como qualquer outro elemento integrante de seu patrimônio, pode ser objeto de transferência.

33. Apenas excepcionalmente veda-se a cessão de créditos, nos casos expressamente elencados no art. 1.065 do Código Civil. A proibição à cessão de crédito deve decorrer:

a) da natureza da obrigação, como é o caso das obrigações personalíssimas;

b) da lei, como ocorre no caso da proibição de cessão de crédito do menor para seu tutor (art. 428, III do Código Civil);

c) da convenção entre as partes, isto é, quando existe cláusula contratual proibindo expressamente a cessão.

34. Nos termos expressos do art. 1.074 do Código Civil, o cedente não responde pela solvência do devedor, salvo estipulação em contrário.

35. Ou seja, no silêncio do contrato, presume-se que o cedente garante apenas a existência do direito de crédito que está a transmitir, ou seja, assegura a validade e a consistência do direito cedido, não respondendo, porém, pela solvência do devedor.

36. É perfeitamente lícito que as partes convencionem, válida e legitimamente, conforme previsto no art. 1.974 do Código Civil, que o cedente seja responsável não só pela existência do crédito como também pela solvência do devedor.

37. Tendo em vista a natureza da responsabilidade assumida pelo cedente, existem duas modalidades de cessão:

a) cessão *pro soluto*, também denominada, na prática do mercado financeiro, *cessão sem coobrigação*, na qual o cedente garante apenas a existência do crédito, não respondendo por sua boa liquidação; e

b) cessão *pro solvendo*, ou *cessão com coobrigação*, em que o cedente obriga-se a pagar ao cessionário na hipótese de insolvência do devedor.

3. Clóvis Bevilaqua, *Código Civil dos Estados Unidos do Brasil*, 4ª ed., Rio de Janeiro, Francisco Alves, p. 231.

38. Na cessão *pro solvendo*, admite-se que a garantia prestada pelo cedente seja:

a) *subsidiária*, hipótese em que responde o cedente caso o devedor não pague e após excutidos os seus bens, nos termos do art. 1.491 do Código Civil; emerge a responsabilidade do cedente somente após ter o cessionário desenvolvido todos os meios, inclusive os judiciais, para o recebimento de seu crédito;

b) *solidária*, caso em que, a teor do art. 896 do Código Civil, o cedente concorre com o devedor no pagamento da dívida, podendo o cessionário cobrar diretamente do cedente, sem a necessidade de esgotar os meios de cobrança frente ao devedor original.

V — A cessão de crédito e o mútuo

39. O instituto jurídico da cessão de crédito, cujos contornos essenciais estão acima expostos, *não* se confunde com o do mútuo, conforme veremos a seguir.

40. Nos termos do art. 1.256 do Código Civil, o mútuo constitui o empréstimo de coisas fungíveis, ou seja, é o contrato pelo qual uma das partes (mutuante) transfere uma coisa fungível a outra (mutuário), que se obriga a lhe restituir coisa do mesmo gênero, qualidade e quantidade.

41. Trata-se o mútuo de verdadeiro empréstimo de consumo, uma vez que a coisa emprestada, sendo fungível ou consumível, *não* pode ser devolvida, motivo pelo qual ocorre a restituição por igual quantidade de bens do mesmo gênero e qualidade (*tantudem eiusdem generis et qualitatis*).

42. O mútuo recai em coisas *fungíveis*, que, de modo geral, são as que se consomem pelo uso. Pode acontecer, ainda, que uma coisa não consumível pelo uso venha a se tornar fungível pelo seu destino, ou mesmo por convenção entre as partes. Seu objeto mais comum, no entanto, é o dinheiro, coisa fungível por excelência.

43. As principais características do contrato de mútuo são as seguintes:

a) o mútuo constitui tipicamente um contrato de natureza real, exigindo, pois, a tradição da coisa para se perfazer. A *tradição* do bem mutuado integra o contrato — é condição de sua *existência*, isto é, a entrega efetiva da coisa constitui requisito de *formação da relação contratual*. A *traditio*, considerada como essencial à índole do contrato, é elemento do mútuo e não propriamente adimplemento de dever do mutuante. Por outro lado, sem a transferência da propriedade da coisa emprestada, existe apenas a promessa de mutuar (*pactum de mutuo dando*, contrato preliminar), que se não confunde com o próprio mútuo. Com a tradição, o objeto do mútuo passa para o pleno domínio do mutuário, que se torna proprietário da coisa emprestada, podendo dar-lhe a destinação que entender: alienar, consumir, dispor, ou mesmo abandonar. A tradição apresenta-se, ainda, como a *conditio iuris* da restituição, ou seja, somente é exigível a restituição do bem do mutuário que tenha efetivamente tomado posse real da coisa;

b) como a tradição integra a constituição do contrato, não podendo ser considerada a entrega da coisa como obrigação do mutuante, diz-se que o mútuo tem natureza *unilateral*, uma vez que, em regra, somente o mutuário contrai obrigações. De fato, o mutuante tem o direito de exigir do mutuário a restituição da coisa mutuada, e, na hipótese de mútuo feneratício, o pagamento dos juros estipulados;

c) a transferência da propriedade da coisa emprestada para o mutuário ocorre com a tradição, motivo pelo qual considera-se o mútuo um *contrato translativo*. Caio Mário salienta, no entanto, que "o mútuo *não* é contrato de alienação, como a doação ou a compra e venda, porque o efeito translativo não é o seu fim principal, mas o *meio* de sua efetivação";[4]

d) a obrigação fundamental do mutuário é a de restituir o que recebeu, em coisa

4. Caio Mário, *Instituições de Direito Civil*, 10ª ed., Rio de Janeiro, Forense, 1997, p. 219.

do mesmo gênero, quantidade e qualidade. No mútuo de dinheiro, que é o objeto mais comum desta espécie de contrato, a identidade repousa na soma. A restituição de outra coisa da mesma espécie, qualidade e quantidade é *imprescindível* para a caracterização do contrato de mútuo, caso contrário o contrato seria de troca, se o mutuante restituísse coisa diversa, ou de compra e venda, se houvesse restituição de soma em dinheiro. A obrigação de restituir é tão importante que perdura mesmo na hipótese de destruição da coisa;

e) caracterizando-se o mútuo pela transferência da propriedade da coisa mutuada e pela restituição de bem equivalente, o contrato somente só se configura com a estipulação de que, oportunamente, haverá a devolução. Trata-se, portanto, de um contrato *temporário*. Se fosse perpétuo, o mútuo confundir-se-ia com a doação, se gratuito, ou com a compra e venda, se oneroso. O mútuo deve ser constituído por tempo determinado ou indeterminado, sempre, porém, com a obrigação de restituir; e

f) por fim, registre-se que a *gratuidade* não é da essência do contrato de mútuo, ao contrário do que ocorre com o comodato, que é empréstimo de uso. O contrato de mútuo é, de natureza, gratuito. Contudo, a lei permite a fixação, por cláusula expressa, de juros, quando, então, o mútuo passa a ser oneroso, recebendo a designação de mútuo feneratício.

44. Feitas estas considerações, cumpre-nos estabelecer as diferenças entre a cessão de crédito e o mútuo.

45. Inicialmente, esclareça-se que ambos os institutos possuem um ponto em comum — o cessionário e o mutuário adquirem a propriedade plena dos bens respectivamente cedidos e mutuados, deles podendo dispor como bem entenderem.

46. Assim, embora se reconheça alguma semelhança entre a cessão e o mútuo, vários são os aspectos que os distanciam, a saber:

a) no mútuo, tem de haver a entrega efetiva da coisa, ou seja, a tradição é elemento integrante do contrato; na cessão, permite-se que o cedente seja depositário da coisa cedida;

b) o objetivo, no contrato de mútuo, não é a transferência do direito de propriedade, como ocorre na cessão; a propriedade, no mútuo, somente é transferida porque é necessária para se poder atribuir ao mutuário o gozo da coisa mutuada. O fim precípuo do mútuo é o transferir o uso da coisa. Na cessão, o fito é o de transferir a coisa em si;[5]

c) no mútuo, a transferência de propriedade da coisa emprestada constitui mera circunstância acidental e não fundamental, por ser apenas um efeito resultante do contrato, em virtude da tradição do bem ao mutuário. A natureza do objeto do mútuo pressupõe sua destruição pelo uso. A destinação do mútuo não é a alienação da coisa, mas sua restituição. O mútuo não visa a atribuir ao mutuário um direito de propriedade sobre o bem que lhe foi entregue pelo mutuante, mas a conferir-lhe um direito de gozo sobre coisa determinada. A transferência da titularidade constitui um meio para a consecução do gozo que se colhe pelo uso da coisa fungível. Na cessão, ao contrário, a transferência de propriedade encerra um fim em si;[6]

d) o contrato de mútuo pressupõe a obrigação de o mutuário restituir coisa do mesmo gênero, qualidade e quantidade; enquanto que na cessão, há uma liberalidade, se gratuita, ou a obrigação de pagar, se onerosa, caso em que é considerada verdadeira *compra e venda*;

e) o mútuo constitui um contrato de natureza temporária, enquanto que a cessão de créditos tem, via de regra, feições definitivas;

5. Pontes de Miranda, *Tratado de Direito Privado*, v. 42, 3ª ed., São Paulo, Ed. RT, 1984, p. 18.

6. Antonio Chaves, *Lições de Direito Civil. Direito das Obrigações IV*, São Paulo, Ed. RT, 1977, p. 232.

f) no mútuo, há dação da coisa fungível e o nascimento do crédito contra o mutuário. Na cessão, o cedente cede o crédito e o que recebe é contraprestação da cessão de crédito. No primeiro contrato, há nascimento de um crédito; no segundo, o crédito é cedido; e

g) o mutuário deve desde o momento em que recebeu o bem mutuado; o cedente pode vir a dever, eventualmente, se tiver estipulado não somente que responderia pela existência do crédito, como também por sua liquidação.

47. Estabelecidas as distinções entre cessão e mútuo, conclui-se que as operações de cessão ora analisadas *não* podem ser consideradas como mútuo, pelos seguintes motivos:

a) *não* há por parte do Banco X — Cedente — obrigação de restituir, obrigação esta que constitui essência do contrato de mútuo;

b) os Consulentes não tinham a *intenção* de entregar numerário ao Banco X para que este o devolvesse, com juros. Eles entregaram ao Banco X dinheiro para que este lhes entregasse créditos que detinha contra terceiros; e

c) os Consulentes, presume-se, para efetuarem a cessão, analisaram a carteira de créditos do Banco X. O preço da cessão foi estabelecido, em princípio, tendo em vista a solidez dos créditos e a possibilidade de inadimplência, não tendo sido considerado o "risco Banco X", como ocorreria caso o contrato por eles firmado fosse mútuo e não cessão de créditos.

48. Registre-se, ainda, que, em direito obrigacional, as cláusulas contratuais devem ser interpretadas tendo em vista a *intenção* manifestada das partes, quando da realização do negócio jurídico.

49. Na hipótese ora analisada, a vontade dos Consulentes foi a de *adquirir a carteira de créditos do Banco X* e não, como entende o Banco Central do Brasil, a de celebrar um contrato de mútuo com o mesmo.

VI — O mercado de cessões de crédito e sua regulamentação administrativa

50. Nos últimos anos, verificou-se, no mercado financeiro, um expressivo crescimento do volume de negócios de cessão de crédito realizados entre instituições financeiras.

51. Trata-se do chamado *mercado de cessões de crédito*, o qual constitui, atualmente, um dos mais ativos segmentos do sistema financeiro creditício.

52. A função econômica essencial do *mercado de cessões de crédito* é a de assegurar *liquidez* às instituições financeiras cedentes, que podem, mediante a cessão dos créditos, transformar créditos em dinheiro.

53. Conforme vem sendo reconhecido pelas autoridades reguladoras do sistema financeiro, há um *interesse público* no ordenado e seguro desenvolvimento de operações de cessão de crédito entre instituições financeiras.

54. Nesse sentido, a Diretoria do Banco Central vem enfatizando, publicamente, *que é interesse da autoridade monetária criar condições para que a liquidez do sistema financeiro não fique concentrada em algumas instituições. A cessão de créditos* ***ajuda a fazer com que a liquidez fique melhor distribuída***.[7]

55. Os negócios de cessão de crédito realizados no mercado financeiro são submetidos à regulamentação do Conselho Monetário Nacional — CMN — e do Banco Central do Brasil.

56. Nesse sentido, foi inicialmente elaborada, pelo então Departamento de Fiscalização do Mercado de Capitais do Banco Central, e divulgada ao mercado, mediante o Ofício DEFIM-G-82/32, de 24.2.1982, uma minuta de contrato de cessão de crédito, considerada como conforme aos requisitos do MNI 4-4-6-2-g.

7. *Gazeta Mercantil*, 6.11.1998, p. B3.

57. Tal minuta de contrato de cessão de crédito previa:

a) a possibilidade de responder o cedente, subsidiariamente, pela boa liquidação dos créditos cedidos;

b) a possibilidade de o cessionário constituir o cedente como depositário dos contratos e das garantias, assim como encarregá-lo da cobrança dos créditos cedidos;

c) a possibilidade de multa a ser cobrada pelo cessionário no caso de não cobrar o cedente os valores devidos pelos devedores;

d) a interveniência de fiadores, que se responsabilizariam, em caráter irrenunciável e irrevogável, sem benefício de ordem, como principais pagadores, solidariamente com o cedente, por todas as obrigações por ele assumidas.

58. A partir de então, não restou qualquer dúvida quanto à plena legitimidade de serem tais operações realizadas no âmbito do sistema financeiro nacional, como negócios jurídicos típicos e submetidos a uma disciplina regulamentar própria, que *não* se confunde com aquela referente às operações de empréstimo.

59. Posteriormente, em 1992, foi baixada, pelo CMN, a Resolução 1.962, que regulamentou as operações de cessão de crédito realizadas no âmbito do sistema financeiro nacional. Em 1995, o Banco Central editou a Carta Circular 2.065, também disciplinando tais negócios jurídicos e estabelecendo determinadas condições vedadas às instituições financeiras.

60. O art. 1º da Resolução 1.962/92 expressamente autoriza as instituições financeiras a ceder a outras instituições da mesma espécie os créditos oriundos de operações de empréstimo, de financiamento e de arrendamento mercantil.

61. O art. 2º da Resolução admite a cessão de créditos nas seguintes modalidades:

a) com coobrigação da instituição cedente, que se responsabilizará subsidiariamente pela liquidação dos créditos cedidos; e

b) sem coobrigação da instituição financeira cedente.

62. Já o art. 7º da Resolução 1.962/92 estabelece que não será admitida:

a) a cessão de créditos inscritos nas contas de créditos em liquidação; e

b) a recompra, a prazo, de créditos vincendos, anteriormente cedidos.

63. A Carta Circular 2.065, do Banco Central, determinou que deveriam ser observadas as disposições constantes dos arts. 1.065 a 1.078 do Código Civil, assim como aquelas da Resolução 1.962/92, admitindo, expressamente, as cessões de crédito com coobrigação subsidiária da instituição financeira cedente.

64. O mercado financeiro, porém, consagrou inequivocamente os negócios jurídicos de cessão com coobrigação *solidária* da instituição cedente, por motivos de ordem prática. Com efeito, os usos e costumes do sistema financeiro creditício indicam que, sem a existência de coobrigação solidária, tais negócios estariam fadados à ineficácia.

65. Tal ocorreu pelo fato evidente de que acarretaria enormes e desnecessários custos de transação para os participantes do mercado a necessidade de, em cada caso de inadimplemento, ser a instituição cessionária obrigada a esgotar os esforços de cobrança, inclusive judicial, do devedor, *antes* de proceder à cobrança da instituição financeira cedente, solidariamente responsável.

66. Jamais cogitou-se de ser a cessão de crédito *desnaturada* pelo fato de prever-se, no instrumento contratual, a responsabilidade solidária do cedente.

67. Em primeiro lugar, porque o Código Civil admite a coobrigação do cedente, em qualquer de suas modalidades: subsidiária *ou* solidária.

68. Em segundo lugar, pela inexistência de qualquer norma regulamentar que proibisse expressamente a instituição de responsabilidade solidária por parte da instituição financeira cedente.

69. Ainda que se pudesse eventualmente inquinar de irregular a previsão de solidariedade, a inclusão de cláusula de tal natureza jamais poderia acarretar a nulidade da cessão, muito menos a sua *transformação*, ***contra a vontade das partes***, em contrato de mútuo.

70. Com efeito, o Código Civil, em seu art. 153, dispõe expressamente que a nulidade parcial de um ato *não* o prejudicará na parte válida, se esta for separável. Embora a nulidade da obrigação principal implique a das obrigações acessórias, a destas evidentemente *não* induz a nulidade da obrigação principal.

71. Daí decorre, sem qualquer dúvida, que a inclusão de cláusula de solidariedade, ainda que pudesse ser considerada irregular por parte do Banco Central, por caracterizar obrigação acessória do cedente, jamais poderia acarretar a nulidade do contrato de cessão de crédito, muito menos a sua *transformação* em negócio jurídico de mútuo.

72. Tendo em vista a necessidade de conciliar a regulamentação administrativa com as práticas consagradas no mercado, o CMN editou, em 5.11.1998, a Resolução 2.561, que admitiu, inequivocamente, a coobrigação *solidária* do cedente.

73. Com efeito, seu art. 3º assim dispõe: "Art. 3º. A cessão de créditos de que trata esta Resolução pode ser efetuada com ou sem coobrigação da instituição cedente".

74. Conforme a interpretação do próprio Banco Central, a Resolução 2.561/98 objetiva corrigir falha verificada na regulamentação anterior, que *travava* o pleno desenvolvimento do mercado de cessões de crédito, ao exigir que a instituição cessionária somente pudesse cobrar da cedente após esgotar os esforços de cobrança, inclusive judicial, do devedor inadimplente.[8]

VII — A legitimidade dos contratos de cessão de créditos

75. Analisando os contratos de cessão de créditos firmados entre os Bancos Consulentes e o Banco X, não temos qualquer dúvida em concluir pela sua plena legalidade e legitimidade, dada a conformidade de sua *causa* com as finalidades almejadas pelas partes.

76. A *causa* de qualquer negócio jurídico constitui o resultado concreto, predominantemente econômico, que as partes contratantes propõem-se a atingir, ou seja, a contraprestação que um dos contraentes visa a obter, por meio de sua prestação.

77. No caso presente, não há qualquer dúvida de que os contratantes estavam firmemente convencidos de que praticavam negócios jurídicos de *cessão de créditos*, inexistindo qualquer contradição entre os objetivos por eles visados e os instrumentos contratuais utilizados.

78. Da análise dos contratos que empreendemos, resulta-nos cristalino que as partes estavam atuando em conformidade com o princípio da boa fé que deve necessariamente presidir os negócios jurídicos, sem qualquer propósito de atingir resultados diversos daqueles que podem ser logrados com a realização de contratos de cessão de crédito.

79. Ademais, as cessões de crédito submetidas à nossa análise estavam não só atendendo às normas do Código Civil e da regulamentação administrativa, como também plenamente conformes às práticas e aos usos do mercado financeiro.

80. Não há, nos argumentos apresentados na decisão DEBHO-REPAD qualquer fundamentação jurídica ou mesmo derivada das práticas legítimas do mercado que possa justificar a desqualificação dos contratos de cessão de crédito submetidos à nossa análise, muito menos a sua *transformação* em contratos de mútuo.

VIII — As respostas aos quesitos

81. Face à análise até aqui desenvolvida, assim respondemos aos quesitos formulados pelos Consulentes:

Pergunta

1. É cabível a propositura de Recurso Hierárquico à decisão tomada pela Divisão

8. *Gazeta Mercantil*, cit.

de Processos Administrativos de Regimes Especiais da Delegacia Regional de Belo Horizonte à instância administrativa superior?

Resposta

É plenamente cabível o Recurso Hierárquico apresentado pelos Consulentes, dada a ilegalidade da decisão administrativa da DEBHO-REPAD, cuja eventual manutenção poderia causar manifesta lesão aos interesses legítimos dos Bancos cessionários.

Pergunta

2. Os contratos sob discussão, dadas as suas características, constituem contratos de mútuo ou instrumentos de cessão de crédito?

Resposta

Os contratos submetidos à nossa análise constituem, inequivocamente, instrumentos legítimos de cessão de crédito, aptos a produzirem todos os seus efeitos legais, não se confundindo com contratos de mútuo.

É o nosso parecer

Rio de Janeiro, 13 de novembro de 1998

Pareceres

ILEGALIDADE DA ARRECADAÇÃO DOS BENS DA SOCIEDADE CONTROLADA NA FALÊNCIA DE SUA CONTROLADORA

CELSO BARBI FILHO

Exposição e Consulta. Parecer: 1. Falência do sócio e falência da sociedade; 2. Arrecadação de bens da sociedade em virtude da falência do sócio; 3. Continuação da empresa e proteção aos credores. Conclusão e Resposta.

EXPOSIÇÃO E CONSULTA

A Consulente noticia-me que tem interesse no arrendamento de um imóvel com respectivo galpão industrial pertencente à sociedade X, localizado na sede desta, em Minas Gerais.

Os sócios dessa sociedade são duas pessoas jurídicas sediadas no Estado de São Paulo, a saber, a sociedade *Y*, controladora, titular de 90% (noventa por cento) do capital social, e a sociedade *Z*, minoritária, titular dos restantes 10% (dez por cento).

Ocorre que essa sócia controladora teve sua falência decretada pelo Juízo da Comarca de (...), SP. E, como conseqüência disso, foi efetuada, por carta precatória à Comarca de (...), MG, a arrecadação para a massa falida do já aludido imóvel da controlada, juntamente com todo o patrimônio social, indicado para tanto por um dos ex-administradores de ambas as sociedades.

Diante disso, indaga-me a Consulente sobre a legalidade dessa arrecadação e a forma juridicamente correta para a locação do mencionado imóvel com o galpão industrial que, apesar de pertencente a uma sociedade não falida, foi arrecadado na falência de sua sócia controladora.

PARECER

1. Falência do sócio e falência da sociedade

O vigente Decreto-lei 7.661/45 venceu no direito brasileiro a vinculação que existia entre a quebra da sociedade e a situação jurídica de seus sócios, bem como aquela existente entre a situação da sociedade na falência de um dos sócios.

A legislação anterior impunha normas que atrelavam o estado falimentar da sociedade ao dos sócios e vice-versa.

A revogada Lei 2.024, de 1908, considerava falidos, *contra rationem juris*,[1] os sócios solidários da sociedade falida. A norma do art. 5º, do vigente Decreto-lei 7.661/45, dirimiu a acesa contestação que se fazia ao texto da antiga lei, estabelecendo que "os sócios solidária e ilimitadamente

1. A expressão justifica-se porque, mesmo antes da edição do Decreto-lei 7.661/45, já estava assentado na doutrina e jurisprudência nacionais que os sócios não eram, como não o são, comerciantes apenas por terem a qualidade de sócios de uma sociedade mercantil. A propósito, veja-se por todos a crítica de Trajano de Miranda Valverde, em seus *Comentários à Lei de Falências*, v. 1, 1ª ed., Rio de Janeiro, Revista Forense, 1948, p. 66.

responsáveis pelas obrigações sociais não são atingidos pela falência da sociedade".

É verdade que a mesma norma do art. 5º ressalvou ficarem tais sócios "sujeitos aos demais efeitos jurídicos que a sentença declaratória produza em relação à sociedade falida", entre os quais está a própria arrecadação de seus bens particulares, prevista no art. 71, do Decreto-lei 7.661/45.

Tal circunstância fez a doutrina tradicional ponderar que a mudança fora apenas *terminológica* e não efetiva, vez que o sócio solidário passou a não ser considerado falido, mas continuou a sofrer todos os efeitos da falência.

Em verdade, a inovação do Decreto-lei 7.661/45 teve significado, pois, embora possa submeter-se ao efeitos patrimoniais da falência da sociedade, o sócio, que nem é necessariamente comerciante, não assume o estado jurídico de falido, que tem implicações próprias, como à restrição ao exercício da atividade mercantil, prevista no art. 2º, do Código Comercial.

Já no que se refere à relação entre a falência do sócio e a situação jurídica da sociedade, ponto de interesse deste Parecer, a alteração trazida pelo Decreto-lei 7.661/45 foi de inegável efeito, jurídico e prático.

Sabe-se que o art. 335, n. 2, do Código Comercial, continha norma prevendo como causa de dissolução total da sociedade mercantil a falência de qualquer de seus sócios. Semelhante conteúdo tinha o art. 51, da Lei 2.024, de 1908, o revogado diploma falimentar.

Tais dispositivos trouxeram diversos desconfortos ao empresariado da época, tendo sido alvo de acirrada crítica doutrinária e atenuação pretoriana. Isso porque revelava-se autêntico contra-senso econômico a necessária dissolução de uma, por vezes, próspera sociedade, em virtude da falência de algum de seus sócios.

Eram preceitos marcados pelo princípio individualista que orientou a normatização societária do nosso Código Comercial de 1850, herdado da influência que lhe imprimiu o Código francês.

O Decreto-lei 7.661/45 modificou frontalmente o sistema então vigente, revogando o art. 335, n. 2, do Código Comercial e o art. 51, da Lei 2.024/08. Dispôs o atual diploma falimentar, em seu art. 48, que: "Se o falido fizer parte de alguma sociedade, como sócio solidário, comanditário ou cotista, para a massa falida entrarão somente os haveres que na sociedade ele possuir e forem apurados na forma estabelecida no contrato. Se este nada dispuser a respeito, a apuração far-se-á judicialmente, salvo se, por lei ou pelo contrato, a sociedade tiver de liquidar-se, caso em que os haveres do falido, somente após o pagamento de todo o passivo da sociedade, entrarão para a massa".

Interessante notarem-se aqui os dois princípios lançados pelo texto do dispositivo legal.

O primeiro, de continuidade da empresa explorada pela sociedade, que não tem sua existência jurídica e funcionamento afetados pela falência do sócio.

E o segundo, bem expresso na parte final do art. 48, concernente à proteção dos credores da sociedade cujo sócio faliu. Tais credores nada têm a ver com o concurso que se instala quanto ao patrimônio do sócio falido. A massa deste só receberá os haveres líquidos que o sócio possuía na sociedade de que participava, após o pagamento de todo o passivo desta.

Em síntese, fica evidenciado que, no sistema do Decreto-lei 7.661/45, a falência da sociedade não faz juridicamente falido seu sócio. E a falência do sócio não modifica o estado jurídico da sociedade, nem prejudica os credores desta, tendo a massa falida do sócio apenas o direito a receber os haveres respectivos, na forma do contrato ou judicialmente, sempre depois de pagos os credores da sociedade.

2. Arrecadação de bens da sociedade em virtude da falência do sócio

Considerando o exposto no item anterior, resta inequívoco, no caso sob exame, que a decisão proferida pelo Juízo em que se processa a falência da sócia controladora, de arrecadar os bens da sociedade controlada, viola frontalmente a norma do art. 48, do Decreto-lei 7.661/45.

A previsão contida nesse dispositivo legal tende a desvincular totalmente a vida da sociedade da falência do sócio, seja quanto ao funcionamento da empresa, seja quanto aos direitos dos credores sociais.

Os comentaristas da Lei Falimentar são bastante enfáticos ao demonstrarem a ausência de reflexos da falência do sócio sobre a sociedade. Wilson de Souza Campos Batalha, por exemplo, anota que "*em se tratando de acionista ou quotista, que venha a ter sua falência declarada, as ações ou quotas serão arrecadadas pela massa falida, sem qualquer reflexo sobre a sociedade*".[2]

Na situação presente, nota-se ainda que existe disposição expressa no contrato social da controlada, constante de sua Cláusula 10ª, no sentido de que "*a sociedade não entrará em dissolução e, consequentemente, liquidação, por retirada, exclusão, falência, ou concordata de qualquer dos sócios, desde que os sócios remanescentes queiram prosseguir com a sociedade*".

Evidencia-se, pois, que a falência de uma sócia não torna falida, despersonalizada, nem necessariamente dissolvida a sociedade. Assim, parece-me injurídico que os bens desta sejam arrecadados na falência daquela, incorporando-se diretamente à massa falida, ao arrepio da própria personalidade jurídica da sociedade *in bonis*.

3. *Continuação da empresa e proteção aos credores*

Abordados os aspectos normativos e contratuais pertinentes, cumpre verificar a circunstância fática, peculiar ao caso ora discutido, de ser a sócia falida controladora da sociedade proprietária dos bens arrecadados.

Com efeito, a falida é titular de 90% (noventa por cento) do capital da controlada, pertencendo os restantes 10% (dez por cento) a outra sociedade, cujos sócios são os mesmos da controladora.

Tal situação induz a duas conclusões.

A primeira, de que a falência da sócia controladora torna inviável, na prática, a continuação da sociedade controlada, fato inclusive admitido por um dos ex-administradores da falida, em petição dirigida ao Juízo da falência.

E a segunda, de que inexiste interesse, ou mesmo possibilidade, da sócia minoritária da controlada, cujos sócios individuais são os mesmos da controladora, em dar continuidade às atividades da sociedade *in bonis*, na forma preconizada pelo contrato social.

Assim sendo, a sociedade controlada ruma mesmo para uma dissolução, conforme previsto em seu contrato e no art. 48, do Decreto 7.661/45, mas por circunstâncias fáticas, e não jurídicas.

Esse dado, contudo, não permite que tal procedimento dissolutório seja considerado simples incidente no curso da falência da sócia controladora, arrecadando-se diretamente todos os bens da controlada, tal como ocorrido.

Isso porque, inviabilizando-se a continuação da controlada, sua dissolução separada é requisito para a apuração dos haveres líquidos da sócia controladora e da minoritária, com a necessária proteção dos interesses dos credores da sociedade controlada.

Com efeito, de acordo com o disposto no mencionado art. 48, do Decreto-lei 7.661/45, o pagamento dos haveres sociais ao sócio falido, seja por sua apuração parcial na forma do contrato, seja pela liquidação total da sociedade, pressupõe sempre o prévio pagamento de todo o passivo da controlada.

Se assim não o fosse, os credores da sociedade controlada concorreriam direta-

2. *Falências e Concordatas*, São Paulo, LTr, 1991, p. 308, g.n.

mente com os da sócia falida, o que é expressamente repelido pela lei. Os credores de uma sociedade nada têm a ver com a falência do sócio, não podendo ser lançados a concurso com os credores deste.

Nesse sentido, a precisa observação de Bonelli, para quem "la quota che passa al fallimento è composta dell'attivo e del passivo, e consiste nel risultato attivo di essi (deducto aere alieno). Non potrebbe la massa appropriarsi l'attivo e ammettere i creditori sociali in concorso. L'attivo sociale, finchè c'é, serve a pagare i creditori sociali; solo quando questo è finito, i creditori sociali insinuerano il credito residuale nel fallimento del socio".[3]

Analisando essa conhecida lição do mestre italiano, o Prof. Campos Batalha conclui que, "portanto, a parcela que passa à massa falida é composta de ativo e passivo, consistindo no saldo ativo, deduzido o dinheiro alheio (as dívidas). Não poderia a massa apropriar-se do ativo e admitir os credores sociais no concurso. O ativo social, enquanto existe, serve a pagar os credores sociais; apenas quando se extingue, os credores sociais habilitarão o crédito residual na falência do sócio".[4]

Dessa maneira, a norma do art. 48 da Lei Falimentar, tem, antes de mais nada, sentido lógico, pois, ao se permitir a simples arrecadação, pela massa do sócio falido, do patrimônio da sociedade de que participava, poder-se-ia facilmente fraudar os credores daquela, que se veriam reunidos em única massa subjetiva, sendo que contrataram com uma sociedade solvente.

CONCLUSÃO E RESPOSTA

Em face do exposto, concluo que não é lícito, à luz do art. 48 do Decreto-lei 7.661/45, o ato de arrecadação direta de bens da sociedade controlada na falência de sua sócia controladora.

Isso, considerando que, a despeito da continuação ou não das atividades da controlada, seu patrimônio é garantia dos seus próprios credores e não dos de sua sócia falida.

Nesse contexto, a forma juridicamente correta de se contratar o arrendamento do galpão industrial sediado em imóvel da sociedade controlada é por meio de ajuste locatício a ser firmado com ela própria, representada na forma do seu contrato social.

Em face da falência da controladora, que nomeava os administradores da sociedade controlada, a representação desta cabe agora a quem for indicado pelo síndico da massa falida daquela, sendo também prudente para o contrato de locação a anuência da sócia minoritária não falida.

A eventual intervenção do Juízo da falência da controladora nesse contrato seria apenas para ciência do ato, porquanto, até segunda ordem, há uma constrição judicial sobre o imóvel, qual seja a indevida arrecadação, e também porque o bem pertence a uma sociedade em que a falida tem haveres a receber.

Mas o recebimento desses haveres, repita-se, não se dá pela simples arrecadação dos bens da sociedade controlada, só podendo operar-se após regular dissolução e liquidação desta, com pagamento de todos os seus credores, que podem inclusive insurgir-se contra a indevida arrecadação dos bens sociais.

É o parecer, *sub censura.*

Belo Horizonte, janeiro de 1998

3. Gustavo Bonelli, *Del Fallimento*, I, Milão, Vallardi, 1923, p. 535.

4. Wilson de Souza Campos Batalha, ob. cit., p. 307.

Impressão e acabamento:
GRÁFICA PAYM
Tel. (011) 4392-3344

Revista de Direito Mercantil

industrial, econômico e financeiro

vol. 133

M